An Index to The Spanish Theatre Collection in the London Library

Karl C. Gregg

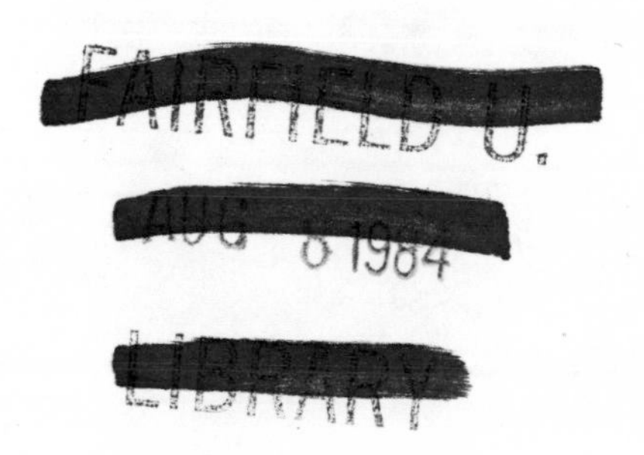

5

Biblioteca Siglo De Oro
Charlottesville, Virginia
1984

To My Wife

BIBLIOTECA SIGLO DE ORO
530 North First Street
Charlottesville, Virginia 22901
Editor, Donald McGrady

ISBN 0-916613-00-3
Library of Congress Catalog Card Number 84-70405

FOREWORD

One of the least-known yet sizable holdings of early editions of Spanish plays is that of the London Library, St. James's Square, London, England. The purpose of this *Index* is to provide a more useful description of the collection than that to be found in the Library's printed catalogue of 1914. My debt to those who have compiled catalogues for other major collections will be only too evident. The labors of B.B. Ashcom, A.J.C. Bainton, Mildred Boyer, Harold G. Jones, Jaime Moll, José M. Regueiro, Paul Patrick Rogers, the teams of Hannah E. Bergman and Szilvia E. Szmuk, of J.A. Molinaro, J.H. Parker and Evelyn Rugg, and of William A. McKnight and Mabel Jones have made the contents of the Wayne State-Ashcom, Cambridge, Texas, Barberini-Vatican, Real Academia Española de la Lengua, Pennsylvania, Oberlin, New York Public Library, Toronto, and North Carolina collections accessible to us all. I hope that this present work will be an equally useful contribution to our increasing fund of information about the Spanish theatre: authors, works, editions, and publishers. My basic data were obtained during an all-too-brief stay in London and Madrid, summer and fall of 1978, as part of a sabbatical leave granted by The University of Arizona. I am deeply appreciative of the courtesy and consideration shown by members of the staff of the London Library, and of the graciousness of the Library itself in allowing access to its collection. My thanks also go to the College of Liberal Arts of The University of Arizona for a grant toward the publication of this work. While I hope that errors herein are few, whatever exist are mine alone.

CONTENTS

INTRODUCTION

THE COLLECTION

The Spanish Theatre Collection of the London Library is to be found in one volume of loose *sueltas* and 112 bound volumes.[1] Save for several of the rebound *partes* (*Comedias escogidas,* 1652-1704) all volumes must be considered as factitious. According to the 1914 catalogue: "These volumes, containing many rare Spanish Plays of the 17th and 18th centuries . . . include a collection which Mr. J.R. Chorley formed & presented to the London Library; & also that presented by Mrs. G.H. Dawkins, part of which had previously belonged to Mr. W.B. Chorley."[2] The dated *sueltas* range from the early seventeenth to the early nineteenth centuries (see Appendix V). Four principal multi-volume sets can be identified specifically, despite the occasional modern rebindings. The largest is of at least twenty-nine volumes with "Comedias Antiguas" and "Tome 1 (etc.)" stamped on the spine. The next largest set is of twenty-four volumes, each with an identical printed title page as follows:

COLECCION DE COMEDIAS SUELTAS

I. EPOCA. *Nacimiento, Flor, y Madurez del*

DRAMA NACIONAL

Periodo I°	*Siglo de Lope*	(1.-6.)
II°	*Siglo de Calderon*	(7.-18.)
	Van ordenados en este Periodo:	
1.	Los Autores principales.	
2.	Los Autores menores por orden alfabético.	
3.	Piezas de un y de mas Ingenios–y Algunos Autores anónimos.	

II. EPOCA. *Decadencia y Caida del*

DRAMA NACIONAL

Periodo I°	*Principios de Decadencia*	(19.-20.)
II°	*Degradacion y completa Caida*	(21.-23.)
	Van ordenados en este Periodo:	
1.	Los Autores principales	

2. Los Autores menores por orden alfabético, con algunos poco importantes de incierta edad.

3. Coleccion de Saynetes.

Siguen algunas piezas, compuestas despues de la Caida del antiguo Drama Nacional, hasta fines del Siglo xviii. (24.)

The only volume within this set that is not identifiable in the London Library collection is the third, which – given the proposed organization, and the absence of Tirso plays elsewhere in this series – may well be the "lost" Pamphlet 973. A third set, of at least twenty volumes, has the general title "Comedias de diversos autores." Most of the volumes bear internally the ink stamp of the Libraria Colonna, which I surmise to have been a bookstore in the Fiesole-Florence area of Italy during the early nineteenth century. These three sets may be those donated by J.R. Chorley. The fourth collection is of at least six volumes clearly identified as from the library of W.B. Chorley. These four and other apparent sets within the general collection are identified in Appendix I by pamphlet number. The contents of all volumes in the London Library theatre collection are identified in Appendix II by pamphlet (or call) number and reference to the appropriate item numbers in the *Index.*

A notable feature of the London Library collection, as compared with others of similar size, is the large quantity of *sueltas desglosadas,* many of which bear pasted or added-sheet manuscript title pages. Where possible I have attempted to identify the source of each separated item. As will be noted later, such identification can only be regarded as tentative since direct comparison of London Library *sueltas* with counterparts elsewhere was impossible. Many of the *desglosadas,* however, appear to be from the *Comedias escogidas* series (1652-1704).

The collection indexed here is a peculiarly rich one, whether in breadth and depth of selection or in rarity of individual items. The quantity of editions not identifiable with holdings elsewhere – including those of the Biblioteca Nacional in Madrid and the British Library – is not perhaps overwhelming, but certainly impressive.

THE INDEX

My intent has been to present a "short" descriptive listing rather than the more complete, traditional, bibliographical format for each item. Measurement of page size, for example, would be of little real value as almost all of the *sueltas* have been cropped, some radically, in binding, Further, I have departed from traditional practice by avoiding, usually, negative information (e.g., "no place, no date, no publisher," etc.). Each entry contains data obtained directly from the edition described, subject to the practices listed below, plus whatever additional information I have been able to conjecture. All editions within the collection are listed alphabetically by title; where differing titles exist for a single play all editions are described under that title most commonly recognized. Minor poems, to include *loas,* are not listed separately in the title sequence, but *bailes* and *entremeses* (when titled) are cross-referred as appropriate. All alphabetization in the *Index* is according to the Spanish alphabet. Author attribution for each play is that generally held today, or as ascribed by the edition; where debatable such is indicated with a question mark. Individual editions are numbered consecutively throughout, with apparently identical copies (or obvious reprintings, whether by the same or another publisher) sublettered alphabetically, and pertinent data provided. For each play entry undated editions are listed first, followed by dated or datable editions in chronological sequence, even when the undated item is obviously of later date than those datable. Following is the basic entry format utilized in the *Index:*

1. *Number,* if numbered edition, arbitrarily followed by a period. All Roman numbers have been modernized to Arabic. Pagination or foliation as it appears in the upper margin of the first page has been omitted as redundant to the subsequent pagination.

2. *Title, epithet(s), and stated author(s),* with / to indicate change of line, are transcribed literally. Printed titles are in upper case without diacritical marks. Manuscript titles are in upper or lower case with diacritical marks as in the original. Epithets (*Comedia Famosa,* etc.) are treated uniformly as lower case, capitalized. Author attributions are presented in either of two ways: where originally small or regular upper case, in lower case with *all* initial letters capitalized; where originally lower case, capitalized, the transcription is exact (see also n. 1). The same is true for all material intervening between title and author. Attention is called to typographical errors, misprints, or unusual readings with [sic], but not to reasonable or customary spelling variants (e.g., Zarate-Zerate; Montalvan-Montalban).

3. *Signatures and pagination.* Signature indications are those actually appearing in the original; modern notation (e.g., D^4 for D^2 or D_2) is not used. Missing or erroneous signatures are supplied or corrected parenthetically. Internal anomaly or discrepancy in page numbering is generally not noted. Pagination/foliation for discrete editions is indicated according to the following conventions:

a. 32pp.=all pages numbered, 1-32;

b. 16fols.=all folios numbered, recto, 1-16;

c. (32pp.)=no numbered pages;

d. 32pp.(-1)=all pages numbered, save unnumbered or lacking initial or terminal number(s) as indicated in parentheses; and

e. 16fols.(-1)=all folios numbered, save unnumbered or lacking initial or terminal number(s) as indicated in parentheses.

Where pagination/foliation obviously indicates a part of a larger whole it is given exactly (e.g., fols.16r-32v; recto and verso indications supplied, as is customary). For those items in this category with pasted or ms pages the true pagination/foliation is supplied parenthetically, as are corrections of typographical errors in the original.

4. *Place, printer, publisher, bookseller.* Original orthography is retained, but data are accented according to modern practice and, where possible without ambiguity, abridged (e.g., Aragón instead of Aragón y Compañia; but Librería de Quiroga, as there are Quiroga variants). If determinable, the printer is listed first, bookseller second; the two separated by a semicolon.

5. *Date,* when stated in the edition.

6. *Modern s.* The majority of the *sueltas* in the London Library Collection use long rather than modern s. Only those with modern s are so noted; all others must be presumed as using lower-case long s.

7. *First and last printed lines* (complete or not) of the play copy, speaker not indicated. Transcription, including punctuation, is exact. Incomplete words, terminal or initial, are resolved in accord with customary practice. Abbreviations (e.g.: a, e, o, u, and q with tilde) are indicated by the letter in italic (Roman in 1426).

8. *Editorial comment,* if any, to include the possible/probable provenance of the edition if part of a collection or volume. Direct comparison has not been possible; attribution, therefore, must be regarded as tentative. *Sueltas* which I presume *desglosadas* from the well-known series of *Comedias escogidas* (1652-1704) are identified within the *Index* as *Comedias escogidas,* plus the pertinent *parte* number, sequential number of the item within the *parte,* place, publisher, for whom published (as applicable), and date of publication (e.g., *Comedias escogidas,* 45, 12. Madrid: Ioseph Fernandez de Buendia for

Iuan Fernandez, 1679). This information, in parentheses, will appear as printer/publisher data preceding the play-line citations when the item is found in a recognizable *parte* within the London Library Collection. The presumed provenance of any other *desglosada* item is fully identified within the initial entry (and again in Appendix III), short-listed thereafter. Names are spelled and accented as in the original for all source identifications. The presence of a separate title page is noted, as is that of any portion in ms. Occasionally a possible date or number, etc., is suggested.

9. *Volume call number* for the item in the London Library, with an editorial addition. All of the volumes, save the three containing *sainetes,* are referred to by the Library as Pamphlets. I have added to the Pamphlet number, separated by a hyphen, another number indicating the sequential location of that item in the volume. Hence, reference P 956-2 means that the item in question is the second in the volume with the call number Pamphlet 956. This is true for all volumes save the "lost" P 973, where I have arbitrarily treated items contained therein alphabetically by title and in sequence a through z (see n. 1). Items for Pamphlet 1121, which are unbound, are indexed numerically according to the sequence in which I found them. As they can easily have been rearranged by later users a question mark is placed immediately following the sequence number (e.g., P 1121-16?). The three volumes of *sainetes* have their individual call numbers: (1) *Saynetes. Coleccion de s.* t. 1 (1791) 87546, (2) – t.2 (1792) 87547, and (3) – t. 2 (1806), which I have abridged to CS I, CS IIa, and CS IIb, respectively, with internal item location indicated as for Pamphlets. CS IIb is essentially identical to CS IIa save slight internal rearrangement as noted in pertinent items.

For a thorough, and scholarly, discussion of cataloguing procedures and problems with regard to *comedia* editions, I recommend without hesitation the respective introductions to the A.J.C. Bainton and Mildred Boyer catalogues (see Bibliography). It would be redundant to repeat or paraphrase here what has been so well expressed elsewhere.

NOTES

[1]One additional volume (P 973) of plays by Tirso de Molina has been missing from the London Library for several years. I have reconstructed its contents, as possible, from the printed catalogue of 1914. As appropriate within the *Index* the 1914 London Library Catalogue entry is included verbatim, followed by conjectural identification of the edition, in the hope that someone, somewhere, will discover the missing volume so that it may return to its proper place within the collection.

[2]C.T. Hagberg Wright and C.J. Purnell, *Catalogue of the London Library. St. James's Square, London* (London: privately printed, 1914), II (L-Z), p. 969.

There were three Chorley brothers, William Brownsword (before 1807? to before 1866? – I surmise his relationship), John Rutter (1807? -1867), and Henry Fothergill (1808-1872). All three were writers, principally of criticism. John and Henry (and possibly William) were regular contributor critics to the *Athenaeum* of London in foreign literature and music, respectively. On 21-24 October 1846, Sotheby's of London offered for sale by auction a collection of Spanish books belonging to W.B. Chorley and consisting of 1172 items. That the items reaching the London Library collection through Mrs. Dawkins' gift derive originally from this sale cannot be determined from the catalogue of the sale; certainly there is no Dawkins listed as a buyer for any of the *comedia* items (*Catalogue of an Extensive and Valuable Collection of Spanish Books, the Property of W.B. Chorley, Esq.*, London: J. Davy & Sons, 1846. 58pp., esp. pp. 18-19). The collection of Spanish *comedias* made by J.R. Chorley was undoubtedly larger than that of his brother. In addition to his gifts and bequests to the British Library, which form the sizable core of that institution's *comedia* collection, as well as what he donated to the London Library, there were additional items offered for sale on 27 November 1867, following his death the preceding June (*Catalogue of the Select Library of the Late John Rutter Chorley*. . ., London: Puttick & Simpson, 1867. 35pp.). I have not been able to examine this sale catalogue; the apparently unique copy, supposed to be in the British Library, is either lost or not reproducible. A most interesting discussion of J.R. Chorley is to be found in J.C.J. Metford, "An Early Liverpool Hispanist: John Rutter Chorley," *BHS*, 25 (1948), 247-59.

The Index

THE INDEX

A BUEN PADRE MEJOR HIJO, ANTÍOCO Y SELEUCO.
See: *Antíoco y Seleuco.*

A CADA PASO UN PELIGRO. Diego & José de Figueroa y Cordoba.

1. *N. 2. / Comedia Famosa. / A CADA PASSO / UN PELIGRO. / De Un Ingenio De Esta Corte. A-E, 36pp. Madrid: Antonio Sanz, 1754.
–ESTO Don Lope me escrive
–A cada passo un peligro. P 925-6

2. N. 206. / Comedia Famosa. / A CADA PASSO / UN PELIGRO. / De Un Ingenio. A-E, 36pp. Madrid: Librería de (Manuel?) González,
–ESto Don Lope me escribe
–A cada passo un peligro.
Possibly identical to the Valencia: Joseph y Thomás de Orga edition, same number and date. P 967-1

A CUÁL MEJOR, CONFESADA Y CONFESOR, SAN JUAN DE LA CRUZ Y SANTA TERESA DE JESÚS José de Cañizares.

3. Num. 166. / Comedia Famosa / A QUAL MEJOR / CONFESSADA, Y CONFESSOR, / SAN JUAN DE LA CRUZ, / Y SANTA TERESA DE JESUS. / De Don Joseph de Cañizares. A-D_2, 32pp. (-1). Salamanca: Santa Cruz.
–VIVA el Gran Phelipe, viva
–que humilde os le pide, un Vitor. P 952-15

4. N. 6. / Comedia Famosa. / A QUAL MEJOR / CONFESADA, Y CONFESOR, / SAN JUAN DE LA CRUZ, / Y SANTA TERESA DE JESUS. / De Don Joseph Cañizares. A-D_2, 32pp.(-1). Madrid: Antonio Sanz, 1747.
–VIVA el Gran Phelipe, viva.
–que humilde os le pide, un Vitor. P 920-6

A FALTA DE HECHICEROS LO QUIEREN SER LOS GALLEGOS, Y ASOMBRO DE SALAMANCA. Nicolás Fernández Martínez.

5. Num. 223. / Comedia Famosa. / A FALTA DE HECHICEROS / LO QUIEREN SER / LOS GALLEGOS, / Y / ASOMBRO DE SALAMANCA. A-E, (34pp.). Barcelona: Francisco Suriá y Burgada. Modern s.

—YA que en el quarto, señor,
—perdonad sus muchos yerros. P 925-5

A IGUAL AGRAVIO NO HAY DUELO.
Ambrosio de Cuenca y Argüello.

6. Comedia Famosa / A IGVAL AGRAVIO, NO AY DVELO. / De D. Ambrosio de Cuenca. Gg_4-Ii_2, pp.470-504.

—Gracias a Dios, que pisamos
—auditorio tan discreto.

Comedias escogidas, 13, 12. Madrid: Mateo Fernandez for Francisco Serrano de Figueroa, 1660. P 914-2

A LO QUE OBLIGA EL HONOR. Antonio Enríquez Gómez.

7. A LO QVE OBLIGA EL HONOR. / Comedia Famosa / De Antonio Enriqvez / Gomez. A-D_2, (32pp.).

—Despejad la quadra todos,
—para serviros su ingenio. P 963-1

8. Plos. 4. Num. 23. / A LO QVE OBLIGA EL HONOR. / Comedia Famosa. / De Don Antonio Enriqvez Gomez. A-D_2 32pp.(-1). Salamanca: Francisco Diego de Torres.

—Despejad la quadra todos,
—para serviros su ingenio.

In ms on title page: "la Lonja de Comedias á la puerta del Sol" (Madrid). P 977-12

A LO QUE OBLIGA EL SER REY. Luis Vélez de Guevara.

9. A LO QUE OBLIGA EL SER REY / Comedia Famosa / De Luis Velez. (ms). R-S_4, fols.(125v)-143r. Modern s in ms portion.

—A estas horas sin dormir? (ms).
—que ha sido dicha notable.

Comedias escogidas, 10, 7. Madrid: Imprenta Real for Francisco Serrano de Figueroa, 1658. First page ms. P 943-3

A LO QUE OBLIGAN LOS CELOS. Antonio Enríquez Gômez.

10. A LO QVE OBLIGAN LOS ZELOS. / Comedia / Famosa. / Del Doctor Ivan Perez / De Montalvan. A-E, (36pp.).
–Recojanse los monteros,
–de a lo que obligan los zelos. P 912-3

11. Num. 12. / Comedia Famosa. / A LO QVE OBLIGAN / LOS ZELOS. / De Don Fernando Zerate. A-E, 35pp.(-1). Barcelona: Pedro Escuder.
–Recojanse los Monteros,
–de à lo que obligan los zelos. P 985-21

12. N. 242. / Comedia Famosa. / A LO QUE OBLIGAN / LOS ZELOS. / De Don Fernando de Zarate. A-D_2, 32pp. Valencia: Joseph y Thomás de Orga, 1781.
–REcojanse los Monteros,
–de à lo que obligan los zelos. P 926-7

A PÍCARO, PÍCARO Y MEDIO. Luis A.J. Moncín?

13. 30. / Comedia En Un Acto. / A PICARO, / PICARO Y MEDIO. (*)-**, 12pp.(-1). Valencia: José Ferrer de Orga, 1816. Modern s.
–El hombre que sea astuto
–Colme á los dos desposados. P 945-10

A SECRETO AGRAVIO, SECRETA VENGANZA.
Pedro Calderón de la Barca.

14. Num. 21. / Comedia Famosa. / A SECRETO AGRAVIO / SECRETA VENGANZA. / De Don Pedro Calderon De La Barca. A-D_2, (32pp.). Barcelona: Francisco Suriá y Burgada.
–OTra vez, gran señor, os he
–fin àla Tragicomedia. P 1050-13

15. A SECRETO / AGRAVIO, SECRETA / VENGANZA. / Comedia Famosa. / De don Pedro Calderon de la Barca. Bb-Dd, fols.189r-209v.
–Otra vez gran señor, os he pedido
–fin a la tragicomedia.
Segunda parte de las comedias de don Pedro Calderon de la Barca. Madrid: Carlos Sanchez for Antonio de Ribero, 1641. The S edition, eighth item. P 997-12

A SER REY ENSEÑA UN ÁNGEL. Anonymous.

16. N. 8. / Comedia Famosa. / A SER REY / ENSENA UN ANGEL. / De Un Ingenio De Esta Corte. A-D_2, 32pp.(-1). Madrid: Antonio Sanz, 1746.

—MUcho tarda el Conde, Flora.

—perdonad sus muchos yerros. P 927-2

17. N. 184. / Comedia Famosa. / A SER REY / ENSENA UN ANGEL. / De Un Ingenio. A-D_2, 32pp. Valencia: Joseph y Thomás de Orga, 1773.

—MUcho tarda el Conde, Flora.

—perdonad sus muchos yerros. P 967-12

A SU TIEMPO EL DESENGAÑO. Juan de Matos Fragoso.

18. La Gran Comedia / de à su tiempo el desengaño. / de D. Juan de Matos. (ms). I_3-L_4, fols.(66v)-88r. Modern s in ms portion.

—Gracias à Dios, que llegamos (ms).

—que las faltas perdoneis.

Comedias escogidas, 7, 4. Madrid: Domingo Garcia y Morràs for Domingo de Palacio, 1654. First page ms. P 990-1

A UN TIEMPO, REY Y VASALLO. Luis de Belmonte Bermúdez, José de Cañizares, & Manuel Antonio de Vargas?.

19. A VN TIEMPO REY, Y VASSALLO. / Comedia Famosa / De Tres Ingenios. A-D_2, (29pp.).

—Dexame, Silvia morir,

—de a vn tiempo Rey, y vassallo.

Comedias escogidas, 6, 10. Zaragoza: Herederos de Pedro Lanaja for Robert Dupont, 1654 edition. Followed, pp. 30-32, by poems: "Oye Amarilis discreta," and "Pintvra A Vna Dama;" the latter by Jerónimo de Cáncer y Velasco. P 965-11

20. Num. 13. / Comedia Famosa. / A UN TIEMPO / REY, Y VASSALLO, / De Tres Ingenios. A-C_2, 24pp.(-1). Salamanca: Santa Cruz.

—DExame, Silvia, morir,

—de à un tiempo Rey, y Vassallo. P 924-11

21. Num. 6. / Comedia Famosa. / A UN TIEMPO / REY, Y

VASSALLO. / De Tres Ingenios. A-C_2, (24pp.). Madrid: Antonio Sanz; Librería de (Manuel?) González, 1745.

–DExame, Silvia, morir,

–de á un tiempo Rey, y Vassallo.

Sticker of bookseller pasted over printer data. P 980-14

22. N. 245. / Comedia Famosa. / A UN TIEMPO REY, / Y VASSALLO. / De Tres Ingenios. A-C_2, 24pp. Valencia: Joseph y Thomás de Orga, 1781.

–DExame, Silvia, morir,

–de à un tiempo Rey, y Vassallo. P 945-9

A UN TRAIDOR DOS ALEVOSOS, Y A LOS DOS EL MÁS LEAL.
Miguel González de Canedo.

23. A VN TRAYDOR DOS ALEVOSOS, Y A / LOS DOS EL MAS LEAL. / Comedia / Famosa / De Migvel Gonzalez de Cvnedo / natural de Murzia. L_4-O_2, fols.84r-106v.

–La Iglesia socorred Virgen Maria;

–y a los dos el mas leal.

Comedias escogidas, 3, 5. Madrid: Melchor Sanchez for Ioseph Muñoz Barma, 1653. P 932-5

23a. Another copy P 990-12

ABATE Y EL ALBAÑIL, EL. Anonymous.

24. Saynete, / Intitulado / EL ABATE Y ALBANIL, / Representado En Los Teatros De Esta Corte. / Para Cinco Personas. (a)-a_3, 12pp.(-1). Madrid: Manuel Quiroga. Modern s.

–Entre col y col lechuga,

–el perdon de nuestros yerros.

With title page, in bound volume issued Madrid: Benito Cano; Manuel Quiroga, 1791. CS I-1

25. Saynete. / EL ABATE Y EL ALBANIL. 8pp. Sevilla: Aragón, 1816. Modern s.

–Entre col y col lechuga,

–el perdon de nuestros yerros. P 1353-1

ABELARDO, O EL AMANTE DE HELOÍSA. D. V. M. Y M.

26. ABELARDO, / O / EL AMANTE DE HELOISA. / Escena Unipersonal / Tragica: / Por D. V. M. Y M. 8pp.(-1). Valencia: Estevan, 1817. Modern s.

—EL sepulcro::::la muerte::::un heroismo::::

— ¡ah Heloisa::::Buen Dios::::espiro:::: ¡oh Cielo::::

Núm. 22, according to McKnight, item 27. P 959-22

ABOGAR POR SU OFENSOR, Y BARÓN DEL PINEL.

José de Cañizares.

27. *N. 1. / Comedia Famosa. / ABOGAR / POR SU OFENSOR, / Y BARÓN DEL PINEL. / De Don Joseph Cañizares. A-D_2, 32pp. Madrid: Antonio Sanz; Librería de (Manuel?) González, 1754.

—ANem, anem, fadriens,

—conceder quiere al Ingenio.

Sticker of bookseller pasted over printer data. P 920-1

ABRAHÁN CASTELLANO, Y BLASON DE LOS GUZMANES, EL.

Juan Claudio de la Hoz y Mota.

28. Num. 185. / Comedia Famosa. / EL ABRAHAN CASTELLANO, / Y BLASON DE LOS GUZMANES. / De Don Juan Claudio De La Hoz. A-D, (28pp.). Barcelona: Juan Nadal, 1774.

—INfante Don Juan, señor,

—y Blason de los Guzmanes. P 985-1

ABRE EL OJO, O SEA EL AVISO A LOS SOLTEROS.

Félix Enciso Castrillón

29. ABRE EL OJO, / O SEA / EL AVISO A LOS SOLTEROS. / Comedia En Tres Actos, / Escrita Por Don Francisco De Rojas: / Y Refundida / Por D.F.E. Castrillon. / Representada por primera vez en el teatro de la calle del Principe. A-$_2$D, 32pp.(-1). Madrid: Viuda de Quiroga, 1814. Modern s.

—Está muerta esta muger, *lla-/mand.*

—que aquesto en el mundo pasa.

On title page, stamped in ink: "SE HALLARA / EN LA IMPREN / TA DE ORGA / CALLE DE LAS / BARCAS / EN VALENCIA. / N°. 13."

P 904-11

29a. Another copy, without Orga stamp. P 962-13

29b. Another copy, without Orga stamp. P 971-1

ABRIR EL OJO. Francisco de Rojas Zorrilla.

30. ABRIR EL OJO. / Comedia Famosa. / De Don Francisco De Roxas. A-D_2, (32pp.).
–Dexame ir. *Hip.* A donde vas?
–pues nobles sois, sed piadosos. P 998-6

ABUELO Y LA NIETA, EL. Luciano Francisco Comella.

31. *Núm.* 58. / EL ABUELO, Y LA NIETA. / Comedia De Musica, / En Tres Actos: / Por D. Luciano Francisco Comella. (A)-D_2, 32pp. Barcelona: Juan Francisco Piferrer; Juan Sellent. Modern ş.
–FIel traslado de mi dueño,
–el exemplo de esta pieza. P 962-8

ADELINA, LA. *Segunda Parte.* Antonio Valladares de Sotomayor.

32. Comedia Nueva. / En Dos Actos / LA ADELINA. / Por Don Antonio Valladares de Sotomayor. / Segunda Parte. A-C_2, 25pp.(-1)+list of titles, pp. 26-28. (Madrid): (Puesto de) Josef Sanchez, 1801. Modern s.
–Son las cinco de la tarde:
–pues el fin es complaceros.
For first part see: *Emperador Alberto I y la Adelina, El.* With ink stamp of the Librería de Josef Carlos Navarro, Valencia. P 961-3

ADÚLTERA PENITENTE, LA. Jerónimo de Cáncer y Velasco, Agustín Moreto y Cabaña, & Juan de Matos Fragoso.

33. Comedia Famosa. / LA ADULTERA / PENITENTE. / De tres Ingenios, Cancer, Moreto, y Matos. A-D_2, 32pp.(-1). Salamanca: Santa Cruz; Madrid: Manuel Losada y Quiroga.
–DExadme morir los dos
–la Adúltera Penitente.
Num. 7? P 957-6

33a. Another copy, ms pp.1-2. Sticker of Librería de (Manuel?) González (Madrid) pasted over printer data. P 905-5

ADULTERA VIRTUOSA, LA. Antonio Mira de Amescua.

34. LA ADVLTERA VIRTVOSA. / Comedia / Famosa. / Del Doctor Mira de Mesqva. A-D_2, 16fols.

—Ya en el Domo el Cardenal
—que os pida perdon, señores.

Extremely rare. The only other known copy (or edition) of this play is in the Munich Staatsbibliothek (Rar. 711), item seven in a factitious volume of Mira plays. Cotarelo, p.44, cites the Munich copy as "único conocido." See Stiefel, pp.218-19, for a brief description of the volume in Munich. P 996-9

AFECTOS DE ODIO Y AMOR. Pedro Calderón de la Barca.

35. Num. 29 / Comedia Famosa. / AFECTOS DE ODIO Y AMOR. / Fiesta que se representó à SS. MM. en el Salon de Palacio. / De Don Pedro Calderon De La Barca. A-E_2, (40pp.). Barcelona: Francisco Suriá y Burgada. Modern s.
—Qué hace mi hermano?
—es el amor el que vence. P 1050-1

AGENTE DE SUS NEGOCIOS, EL. Ramón de la Cruz.

36. Saynete, / Intitulado / *EL AGENTE* / DE SUS NEGOCIOS, / Representado En Los Teatros De Esta Corte, / Para Doce Personas. (a)-a_2, 8pp.(-1). Madrid: Manuel Quiroga, 1791. Modern s.
—Te tengo de poner como mereces,
—el perdon de nuestras faltas.

With title page, in bound volume issued Madrid: Benito Cano; Manuel Quiroga, 1792. CS IIa-1

36a. Identical printing, in bound volume issued Madrid: Benito García; Viuda de Quiroga, 1806. CS IIb-1

AGRADECER Y NO AMAR. Pedro Calderón de la Barca.

37. Num. 17 / Comedia Famosa. / AGRADECER / Y NO AMAR. / De Don Pedro Calderon De La Barca. A-E_2, (40pp.).
—COrred todas al Castillo,
—à vuestras plantas invictas. P 1050-2

38. La Gran Comedia / AGRADECER, Y / NO AMAR. / De Don Pedro Calderon / de la Barca. Aa_2-Dd_2, pp. 423-471. (*Comedias escogidas,* 5, 10. Madrid: Pablo de Val for Iuan de S. Vicente, 1654 edition).
—Corred todas al castillo,
—a vuestras plantas inuictas. P 918-10

AL AUDAZ FORTUNA AYUDA. José Fernández de Bustamante.

39. Comedia Nueva. / AL AUDAZ / FORTUNA AYUDA. / Por Don Joseph Fernandez de Bustamante. A-E_2, 38pp.(-1). Madrid: Francisco Xavier García, 1758.

–AL sueño, al letargo
– y à los Tímidos desecha.

Comedias nuevas, su autor D. Joseph Fernandez de Bustamante. Primera parte. Francisco Xavier Garcia; Francisco Palacios, Juan de Morales, 1759. First item. P 907-8

AL DESHONOR HEREDADO VENCE EL HONOR ADQUIRIDO.
Manuel Fermín de Laviano.

40. N. 318. / Comedia Famosa. / AL DESHONOR HEREDADO / VENCE EL HONOR ADQUIRIDO. / De Un Ingenio. A-D_2, 32pp. Valencia: Joseph de Orga; Madrid: Librería de Quiroga, 1796. Modern s.

–QUé poco duerme quien tiene
–y es noble quien bien procede. P 928-9

40a. Another copy. P 944-8

40b. Another copy. P 956-12

AL NOBLE SU SANGRE AVISA. Tomás Manuel de Paz.

41. Num. 108. / Comedia Famosa. / AL NOBLE / SU SANGRE AVI-SA. / Del Maestro Thomas Manuel / de Paz. A-D_2, 32pp.(-1).

–YA Astolfo, y señor, que el Cielo,
–dirà al mundo, para exemplo. P 969-10

42. AL NOBLE / SV SANGRE AVISA. / Comedia Famosa. / Del Maestro Tomas Manvel De Paz. F_2-H_4, fols.41v-60v. (*Comedias escogidas,* 46, 3. Madrid: Francisco Sanz, 1679).

–Ya, Astolfo, y señor, *q* el cielo,
–dirà al mundo para exemplo. P 1000-11

ALBA Y EL SOL, EL. Luis Vêlez de Guevara.

43. N. 301. / Comedia Famosa. / EL ALBA Y EL SOL. / De Un Ingenio. A-E, 34pp. Valencia: Hermanos de Orga, 1793. Modern s.

–O bruto desbocado!

—la primer parte se acabe. P 924-6

ALCAIDE DE SÍ MISMO, EL. Pedro Calderón de la Barca.

44. Num. 49. / Comedia Famosa. / EL ALCAYDE / DE SI MISMO. / De Don Pedro Calderon. A-D, 28pp.(-1). Sevilla: Joseph Padrino.
—Precipitado vuelo
—esta Comedia se acaba. P 1050-4

ALCALDE DE LA ALDEA, EL. Anonymous.

45. Saynete, / Intitulado / *EL ALCALDE* / DE LA ALDEA, / Representado En Los Teatros De Esta Corte, / Para Veinte Personas. (a)-a_3, 12pp.(—1). Madrid: Manuel Quiroga, 1792. Modern s.
—"En la funcion del Santo
—del que por serviros yerra.
With title page, in bound volume issued Madrid: Benito Cano; Manuel Quiroga, 1792. CS IIa-2

45a. Identical printing, in bound volume issued Madrid: Benito García; Viuda de Quiroga, 1806. CS IIb-2

ALCALDE DE ZALAMEA, EL. Pedro Calderón de la Barca.

46. Num. 6. / Comedia Famosa. / EL GARROTE MAS BIEN DADO, / Y ALCALDE DE ZALAMEA. / De Don Pedro Calderon De La Barca. A-D_2, 32pp.(-1).
—Cuerpo de Christo con quien
—los defectos perdonad. P 1053-2

47. N. 279. / Comedia Famosa. / EL ALCALDE / DE ZALAMEA. / De D. Pedro Calderon De La Barca. A-D_2, 32pp. Valencia; Joseph y Thomás de Orga, 1782.
—CUerpo de Christo con quien
—sus defectos perdonad. P 954-4

47a. Another copy. P 1050-3

ALCALDE JUSTICIERO, EL. Anonymous.

48. Saynete, / Intitulado / *EL ALCALDE* / JUSTICIERO, / Representado En Los Teatros De Esta Corte. / Para Seis Personas. (A)-A_2,

8pp.(-1). Madrid: Manuel Quiroga, 1791. Modern s.

—¿Conque por fin, aunque indigno
—en su vida en esta casa.

With title page, in bound volume issued Madrid: Benito Cano; Manuel Quiroga, 1792. CS IIa-3

48a. Identical printing, in bound volume issued Madrid: Benito García; Viuda de Quiroga, 1806. CS IIb-3

ALCAZAR DEL SECRETO, EL. Antonio de Solis.

49. La Gran / Comedia / EL ALCAZAR DEL SECRETO. / Fiesta que se representò a sus Magestades / en el Buen Retiro. / De Don Antonio De Solis. d-f_3, fols.23v-43r. *(Comedias escogidas,* 41, 8. Pamplona: Ioseph del Espiritu Santo, undated but probably 1675 or 1676).

—Amor, donde irà el deseo,
—el ennoblecer sus yerros. P 909-8

50. N. 86. / Comedia Famosa. / EL ALCAZAR / DEL SECRETO. / De Don Antonio De Solís. A-D_2, 32pp. Valencia: Viuda de Joseph de Orga, 1765. Modern s.

—AMor, dónde irá el deseo,
—el ennoblecer sus yerros. P 947-2

50a. Another copy. P 981-9

50b. Another copy: earlier printing (with attribution to Antonio Solís), using grave accent and long s. P 1121-25?

ALCIDES DE LA MANCHA, Y FAMOSO DON QUIJOTE, EL. Anonymous.

51. Comedia Nueva. / EL ALCIDES / DE LA MANCHA, / Y FAMOSO / DON QUIXOTE. / De Un Ingenio De Esta Corte. A-E_2, 40pp.

—Vive Dios, que yà no hay
—Quien seràn (inc.)

Incomplete copy: last four pages missing. Should be A-F, 44pp. Valencia: Imprenta del Mercurio for Joseph de Orga; (Madrid): Francisco López, 1750. Correct last line is "triunfe, reyne, y viva." P 927-12

ALMACÉN DE CRIADAS, EL. Anonymous.

52. Saynete, / Intitulado / *EL ALMACEN* / DE CRIADAS, / Representado En Los Teatros De Esta Corte, / Para Quince Personas. (a)-a_3, 11pp.(-1)+page of titles. Madrid: Manuel Quiroga, 1791. Modern s.

–¡Jesus! ¡Jesus! ¡Qué haya infame,

–merezca perdon y aplauso.

With title page, in bound volume issued Madrid: Benito Cano; Manuel Quiroga, 1792. CS IIa-4

52a. Identical printing, in bound volume issued Madrid: Benito García; Viuda de Quiroga, 1806. CS IIb-4

ALMACÉN DE NOVIAS, EL. Ramón de la Cruz.

53. Saynete, / Intitulado / EL ALMACEN DE NOVIAS, / Representado En Los Teatros De Esta Corte. / Para Diez Personas. (A)-A_3, 12pp.(-1). Madrid: Manuel Quiroga. Modern s.

–¿Con que en fin, Señor, Vmd.

–premio de nuestro trabajo.

With title page, in bound volume issued Madrid: Benito Cano; Manuel Quiroga, 1791. CS I-2

ALLÁ VAN LEYES, DONDE QUIEREN REYES. Guillén de Castro y Bellvis.

54. Comedia Famosa. / ALLA VAN LEYES, DONDE / quieren Reyes. / De Don Gvillen De Castro. A-D_2, 16fols.(-1).

–Yo poca razón?

–mis desengaños comiencen.

Comedias escogidas, 16, 7. Madrid: Melchor Sanchez for Mateo de la Bastida, 1662. P 993-3

AMADÍS Y NIQUEA. Francisco de Leiva Ramírez de Arellano.

55. AMADIS, Y NIQVEA. / De Don Francisco de Leiva Ramirez de Arellano. N_3-P_4, fols.98v-118v. (*Comedias escogidas,* 40, 6. Madrid: Iulian de Paredes, 1675).

–Seguilde todos, seguilde.

–perdon de sus muchos yerros. P 915-6

AMADO Y ABORRECIDO. Pedro Calderón de la Barca.

56. Num. 314. / Comedia Famosa. / AMADO, Y ABORRECIDO, / De Don Pedro Calderon De La Barca. A-E_2, 20fols.(-1).
—DOnde queda el Rey?
—viva la Deidad de Venus. P 1050-5

AMÁN Y MARDOQUEO, O, LA HORCA PARA SU DUEÑO.
Felipe Godínez.

57. Comedia Famosa. / AMAN, Y MARDOQUEO. / Por Otro Titulo: / LA HORCA PARA SU DUENO. / Del Doctor Don Phelipe Godinez. A-D, 28pp.(-1). Salamanca: Santa Cruz.
—Gran Artaxerxes Assuero,
—fin, y principio dichoso. P 916-7

58. Comedia Famosa / De AMAN, Y MAR / DOCHEO. / Del Doctor Felipe Godinez. D-E_4, pp.48-79. (*Comedias escogidas,* 5, 2. Madrid: Pablo de Val for Iuan de S. Vicente, 1654 edition).
—Gran Artagerges Assuero,
—fin, y principio dichoso. P 918-2

AMANTE GENEROSO, EL. Gaspar Zavala y Zamora.

59. Núm. 132. / Comedia Nueva. / EL AMANTE GENEROSO. / De Un Ingenio. A-D, 27pp.(-1).
—Corazon, quándo podrás
—Al placer nos entreguemos. P 960-14

AMANTE MUDO, LA FUERZA DE LA SANGRE, Y AMOR HACE HABLAR LOS MUDOS, EL. Sebastián de Villaviciosa, Juan de Matos Fragoso, & Juan de Zabaleta.

60. Num. 289. / EL AMANTE MVDO, LA FVERZA DE LA SANGRE, / Y AMOR HAZE HABLAR LOS MVDOS. / Comedia / Famosa, / De Tres Ingenios. A-D, 28pp.(-1). Sevilla: Viuda de Francisco de Leefdael.
—Viva Creso, Rey de Lidia,
—perdonad defectos tantos. P 938-12

61. Comedia Famosa, / AMOR HAZE HABLAR LOS MVDOS. / Primera Iornada De Villaviciosa, / la segunda de don Iuan de Matos, y la tercera / de Zaualeta. Y-Aa_4, fols.169r-190r.
—Viua Creso Rey de Lidia

—perdonad defectos tantos.
Comedias escogidas, 17, 9. Madrid: Melchor Sanchez for San Vicente, 1662. P 992-6

62. N. 75. / Comedia Famosa. / LA FUERZA / DE LA SANGRE, / Y AMOR HACE HABLAR / LOS MUDOS. / De Tres Ingenios. A-E, 36pp. Valencia; Viuda de Joseph de Orga, 1764. Modern s.
—VIva Creso, Rey de Lidia,
—perdonad defectos tantos. P 980-5

AMANTES DE SALERNO, LOS. Tomás de Añorbe y Corregel.

63. (Cross patée) / Comedia Nueva. / LOS AMANTES DE SALERNO. / Compuesta Por Don Thomas De Añorbe, Y Corregel. / Capellan del Real Monasterio de la Encarnacion de esta Corte. A-D_2, 32pp. (Madrid): Joseph Gómez Bot.
—A essos Arboles copados
—como practicar se vè. P 976-1

64. Comedia Nueva. / LOS AMANTES DE SALERNO. / Compuesta Por D. Thomas De Añorbe Y Corregel. / Capellan del Real Monasterio de la Encarnacion de esta Corte. A-D_2, 31pp. Madrid, printed in Barcelona: Isidro Lopez, 1790. Modern s.
—A esos Arboles copados
—como practicar se vé. P 958-6

AMANTES DE TERUEL, LOS. Juan Pérez de Montalván.

65. N. 90. / Comedia Famosa. / LOS AMANTES / DE TERUEL. / Del Doctor Juan Perez De Montalvan. A-E, 35pp. Valencia: Viuda de Joseph de Orga, 1765. Modern s.
—VIóte mi padre? *Dieg.* No sé.
—quien á serviros se ofrece. P 959-17

66. N. 204. / Comedia Famosa. / LOS AMANTES / DE TERUEL. / Del Doctor Juan Perez De Montalvan. A-D, 28pp. Madrid: Imprenta de la calle de la Paz, 1785. Modern s.
—VIóte mi padre? *Dieg.* No sè.
—quien à serviros se ofrece. P 984-1

AMANTES PORTUGUESES, Y QUERER HASTA MORIR, LOS.
Cristóbal Lozano.

67. Num. 81. / LOS AMANTES PORTVGVESES, / Y QVERER HASTA MORIR. / Comedia / Famosa, / Del Licenc. Gaspar Lozano Montesino. A-D_2, 32pp.(-1). Sevilla: Imprenta Real.
—Si lloras, Belif, zelosa, y ausente,
—del fuerte amor Portugués. P 969-3

AMAR DESPUÉS DE LA MUERTE. Pedro Calderón de la Barca.

68. Num. 100. / La Gran Comedia, / AMAR / DESPUES DE LA MUERTE. / De Don Pedro Calderon de la Barca. A-E_2, (40pp.).
—EStȃn cerradas las puertas?
—y el sitio de la Alpujarra. P 1050-6

AMAR POR RAZÓN DE ESTADO. Gabriel Têllez (Tirso de Molina).

69. "Amar por razon de estado. Comedia sin fama. Madrid, *n.d.*" In missing volume. Possibly: Num. 96, A-E, 36pp. Madrid: for Theresa de Guzmán (1735?). P 973-*a*

AMAR POR SEÑAS. Gabriel Téllez (Tirso de Molina).

70. "Amar por señas. Comedia sin fama. Madrid, 1733." In missing volume. Possibly: Num. 100, A-E_2, 40pp. Madrid: Joseph Gonzâlez; Theresa de Guzmân, 1733. P 973-*b*

AMAR SIN VER. Antonio Martínez de Meneses.

71. AMAR SIN VER. / Comedia Famosa: De Don Antonio / Martinez. (ms). Aa-Cc_3, pp. (364)-404. Modern s in ms portion.
—Nacio como el Sol Diana, (ms).
—de solos sus ojos tema.
Comedias escogidas, 21, 10. Madrid: Ioseph Fernandez de Buendia for Agustin Verges, 1663. First page ms. P 963-6

AMAR Y NO AGRADECER. Francisco Salgado.

72. Comedia Famosa. / AMAR, Y NO AGRADECER. / De Don Francisco Salgado. S_3-V_4, fols.(139r)-157r.
—Traicion, traicion.
—Mas agradezcan el quento.
Comedias escogidas, 22, 8. Madrid: Andres Garcia de la Iglesia for Iuan Martin Merinero, 1665. P 914-8

AMAZONA DE MONTGAZ, Y AVENTURAS DE TEQUELÍ, LA.
Narciso Agustín Solano y Lobo.

73. N. 117. / Comedia Nueva. / LA AMAZONA / DE MONTGAZ / Y / AVENTURAS DE TEQUELI. / De Don Narciso Agustin Solano Y Lobo. A-F, 43pp. Barcelona: Carlos Gibert y Tutó.
–DEjame, Pica.
–sino disgusta esta parte.
Followed, p.44, by sonnet: "EN un tiempo de tanta critiquéz." With ink stamp of the Librería de Josef Carlos Navarro, Valencia. P 961-1

AMAZONAS, LAS. Antonio de Solís.

74. Num. 5 / Comedia Famosa. / LAS AMAZONAS / DE ESPANA. A-D_2, (32pp.). Madrid: Herederos de Juan Sanz.
–INjusto padre mio,
–vivan los hombres, las mugeres vivan. P 931-1

74a. Another copy. Top of first page torn: number lost; ms attribution to Antonio de Solís. P 903-1

75. Comedia / Famosa / De LAS AMAZONAS. F_3-H_4, pp.85-124.
–Injusto padre mio,
–viuan.
Comedias escogidas, 9, 3. Madrid: Gregorio Rodriguez for Mateo de la Bastida, 1657. P 991-1

76. N. 68. / Comedia Famosa. / LAS AMAZONAS / DE ESCITIA. / De Don Antonio De Solis. A-D_2, 32pp. Valencia: Viuda de Joseph de Orga; Madrid: Librería de (Manuel?) González. Modern s.
–Injusto padre mio,
–Viv*a* los hombres, las mugeres vivan.
Date cut off (1764). P 981-10

AMAZONAS DE ESCITIA, LAS.
See: *Amazonas, Las.*

AMAZONAS DE ESPAÑA, LAS.
See: *Amazonas, Las.*

AMAZONAS EN LAS INDIAS, Y HAZAÑAS DE LOS PIZARROS, LAS. *Segunda Parte.* Gabriel Téllez (Tirso de Molina).

77. Comedia Famosa / Segunda Parte / De LAS AMAZONAS EN LAS INDIAS, / Y HAZANAS DE LOS PIZARROS, / Del Maestro Tirso De Molina. A-E_2, 40pp. Madrid: Theresa de Guzmán, Lonja de Comedias de la Puerta del Sol.

–MAtadme estas harpías,

–quien lo fuere, nuestras faltas.

1736? For parts one and three see: *Todo es dar en una cosa, y hazañas de los Pizarros,* and *La Lealtad contra la envidia, y hazañas de los Pizarros.* P 904-5

77a. Another copy? In missing volume. P 973-*c*

77b. Another copy. P 1120-19

AMIGO, AMANTE, Y LEAL. Pedro Calderón de la Barca.

78. Num. 41. / Comedia Famosa, / AMIGO, / AMANTE, Y LEAL / De Don Pedro Calderon De La Barca. A-E_2, (40pp.).

–CElio, à esta esquina se quede

–a Dios, y a esta (cross patée) que es suya. P 1050-8

79. Comedia Famosa, / AMIGO, AMANTE, Y LEAL. / De Don Pedro Calderon. D-F_2, fols.21r-42v.

–Zelio, a essa esquina se quede

–a Dios, y a esta (crux immissa) que es suya.

Comedias escogidas, 18, 10. Madrid: Gregorio Rodriguez, 1662. P 964-9

AMIGO DE TODOS, EL. Ramón de la Cruz.

80. Saynete, / Intitulado / *EL AMIGO* / DE TODOS, / Representado En Los Teatros De Esta Corte, / Para Once Personas. (a)-a_3, 12pp.(-1). Madrid: Manuel Quiroga, 1791. Modern s.

–"Todo sea placeres,

–Perdon tengan nuestros yerros.

With title page, in bound volume issued Madrid: Benito Cano; Manuel Quiroga, 1792. CS IIa-5

80a. Identical printing, in bound volume issued Madrid: Benito García; Viuda de Quiroga, 1806. CS IIb-5

AMIGO POR FUERZA, EL. Lope Félix de Vega Carpio.

81. Comedia Famosa. / EL AMIGO / POR FUERZA. / Del Fenix De Los Ingenios Lope De Vega. A-F, 44pp. Madrid: Theresa de Guzmán, Lonja de Comedias de la Puerta del Sol.

–SI el medio del manto obscuro,
–se acaba, ilustre Senado. P 974-1

AMISTAD CASTIGADA, LA. Juan Ruiz de Alarcón y Mendoza.

82. Num. 21. / Comedia Famosa, / LA AMISTAD / CASTIGADA. / De D. Juan Ruiz De Alarcon Y Mendoza. A-E, 36pp. Madrid: Lonja de Comedias de la Puerta del Sol.

–Filipo, no ay mal que iguale
–no castigueis como agravio.

On first page the number did not print, leaving "Pag." alone. P 958-1

82a. Another copy. Sticker of Librería de (Manuel?) González (Madrid) pasted over bookseller data. First page number printed. P 968-1

83. Num. 21. / Comedia Famosa, / LA AMISTAD / CASTIGADA. / De D. Juan Ruiz De Alarcon Y Mendoza. A-E, 36pp. Zaragoza: Imprenta de la Plaza del Carbón.

–Filipo, no ay mal que iguale
–no castigueis como agravio.

Apparently identical to items 82 and 82a, save different place and publisher. P 1057-4

AMISTAD VENCE AL RIGOR, LA. Jerónimo Malo de Molina.

84. (Cross patée) Comedia Famosa / LA AMISTAD / VENCE AL RIGOR. / De Don Geronymo Malo De Molina. A-E, (40pp.). Burgos: Imprenta de la Santa Iglesia.

–AL Templo de Libèo,
–la Amistad vence al rigor. P 969-6

AMO Y CRIADO EN LA CASA DE VINOS GENEROSOS.
Vicente Rodríguez de Arellano?

85. Saynete, / Intitulado / AMO Y CRIADO / EN LA CASA DE VINOS GENEROSOS / Representado En Los Teatros De Esta Corte / Para Nueve Personas. (A)-A_3, 11pp.(-1). Madrid: Manuel Quiroga. Modern s.

–Válgame Dios, que enredada

—El licor, &c.
With title page, in bound volume issued Madrid: Benito Cano; Manuel Quiroga, 1791. CS I-3

AMOR AL USO, EL. Antonio de Solís.

86. Comedia. / EL AMOR AL USO. / De Don Antonio De Solis. A-D_2, 32pp. Madrid: Manuel Quiroga, 1799. Modern s.
—¿Viste à Doña Clara bella?
—que perdoneis tantos yerros. P 947-1

86a. Another copy. P 981-11

AMOR, ASTUCIA, Y VALOR. Pedro de Leiva, & Pedro Correa.

87. Num. 89. / Comedia Famosa. / AMOR, / ASTUCIA, / Y VALOR. / De Don Pedro De Leyva, / y de Don Pedro Correa. A-A_2, 8pp.(-1).
—Al monte.
—en aquel que posseyesse (inc.)
Incomplete copy. Should be A-E, 36pp.(-1). Salamanca: Santa Cruz. P 978-10

AMOR CON VALOR SE OBLIGA. Pedro Calderón de la Barca.

88. La Gran / Comedia / AMOR CON VALOR / SE OBLIGA. / De Don Pedro Calderon. (A)-E, 18fols.(-1).
—Ya es tiempo, bella Isabela,
—dad perdon a yerros tantos. P 997-5

AMOR CON VISTA Y CORDURA. Antonio Enríquez Gómez.

89. Pliegos quatro. / AMOR CON VISTA, I CORDVRA. / Comedia / Famosa, / De Antonio Enriquez Gomez. A-D_2, 32pp.(-1). Sevilla: Joseph Antonio de Hermosilla.
—Quando te veo venir
—que el criado no acabò. P 977-11

AMOR DESTRONA MONARCAS, Y REY MUERTO POR AMOR. Lorenzo Villel y Suay?

90. Num. 89. / Comedia Heroyca / AMOR / DESTRONA

MONARCAS, / Y / REY MUERTO POR AMOR. / De Un Ingenio Valenciano. A-E, 36pp. Barcelona: Juan Francisco Piferrer; Juan Sellent. Modern's.

—Iza camina, átierra, á tierra.
—y tambien las faltas nuestras. P 936-1

AMOR EN VIZCAÍNO, LOS CELOS EN FRANCÉS, Y TORNEOS DE NAVARRA, EL. Luis Vélez de Guevara.

91. Num. 193. / Comedia Famosa. / EL AMOR / EN VIZCAINO, / LOS ZELOS / EN FRANCES, / Y TORNEOS DE NAVARRA. / De Luis Velez De Guevara. A-D_2, (32pp.). Barcelona; Carlos Sapera y Pi, 1773. Modern s.

—EStimo à Enrico mi tio,
—la ha trasladado al theatro. P 923-12

AMOR ES NATURALEZA. Juan Pérez de Montalván.

92. AMOR ES NATVRALEZA. / Comedia Famosa. / Del Doctor Ivan Perez De Montalvan. A-D_2, (32pp.).

—Aspirò a estrella el nebli,
—y acabando la comedia. P 995-7

93. —1 g. 3. y med. / AMOR ES NATURALEZA. / Comedia / Famosa, / Del Doctor Don Juan Perez De Montalvan. A-D, 28pp. Sevilla; Juan Andrés Caballero.

—Aspirò a estrella el Nebli,
—y acabando la Comedia. P 984-2

AMOR ES OCULTA FUERZA. Nicasio Alvarez de Cienfuegos.

94. (Cross patée) / Comedia Comedida / De Nicoals [sic] Cienfuegos / AMOR / ES OCULTA FUERZA. A-D_2, 32pp.(-1).

—Barbaro Rey de los Montes,
—es preciso que ayga un vitor. P 978-6

AMOR HACE DISCRETOS, EL.
See: *De una causa dos efectos.*

AMOR HACE HABLAR LOS MUDOS.
See: *Amante mudo, la fuerza de la sangre, y amor hace hablar los mudos, El.*

AMOR HACE VALIENTES, EL. Juan de Matos Fragoso.

95. EL AMOR HAZE VALIENTES. / Comedia / Famosa. / De Don Iuan de Matos Fragoso. A-F, 41pp.(-1).
—Señor
—el amor haze valientes. P 917-5

AMOR, HONOR, Y PODER. Pedro Calderón de la Barca.

96. *N. 5. / Comedia Famosa. / AMOR, / HONOR, / Y PODER. / De Don Pedro Calderon De La Barca. A-D_2, 32pp. Madrid: Antonio Sanz, 1754.
—NO salgas, Estela, al monte
—Poder, Amor, y Honor dèn fin con esto. P 1050-7

AMOR, INGENIO, Y MUJER. Antonio Mira de Amescua.

97. AMOR, INGENIO, Y MVGER. / Comedia / Famosa. / Del Doctor Mira De Mescva. A-D_2, (32pp.).
—Solo a vuestra Magestad
—en su historia verdadera. P 921-4

97a. Another copy. P 996-7

AMOR MÁS DESGRACIADO, CÉFALO Y POCRIS, EL.
Agustín de Salazar y Torres.

98. N. 139. / EL AMOR MAS DESGRACIADO, / CEFALO, Y POCRIS. / Comedia / Famosa, / De D. Agustin De Salazar. A-C_2, 24pp.(-1). Sevilla: Imprenta Real.
—Seguid al javali todos.
—tenga perdon de sus yerros. P 932-12

99. Num. 22. / Comedia Famosa. / EL AMOR / MAS DESGRACIADO, / CEFALO, Y POCRIS. / De Don Agustin De Salazar. A-C_2, 24pp.(-1). Sevilla: Joseph Padrino.
—Seguid al javali todos.
—tenga perdon de sus yerros. P 981-1

AMOR MÁS VERDADERO, EL. Guillén Pierres.

100. Comedia / Famosa. / EL AMOR MAS VERDADERO. / Por El

Doctor Mosen Guillen Pierres. A-Dd_4, pp.419-434.
–Bello rostro de caçuela
–aqui la historia da fin.

Incomplete: lacks pp.425-428; would be A(Dd)-Dd_4, pp.419-434. *Comedias escogidas,* 45, 12. Madrid: Ioseph Fernandez de Buendia for Iuan Fernandez, 1679. P 911-6

AMOR MÉDICO, EL Gabriel Téllez (Tirso de Molina).

101. "El amor medico. *n.d.*" In missing volume. Possibly: Num. 99, A-E_3, (40pp.). Madrid: Theresa de Guzmán (1733?). P 973-*d*

AMOR Y HONOR. Luis de Belmonte Bermúdez.

102. Comedia Famosa / AMOR, Y HONOR. Kk-Mm, fols.264r-280r.
–Hasta donde ha de llegar,
–respeto, honor, y valor.

Comedias escogidas, 2, 12. Madrid: Imprenta Real for Antonio de Ribero, 1652. At page headings (recto): "de Luis de Velmonte." P 910-12

AMOR, Y LA AMISTAD, Y PRUEBA REAL PARA CONOCER LOS VERDADEROS AMANTES Y AMIGOS, EL.
Gabriel Téllez (Tirso de Molina).

103. "El amor, y la amistad, y prueba real para conocer los verdaderos amantes y amigos. Comedia sin fama. Madrid, 1734." In missing volume. Possibly: Num. 97, A-E, (36pp.). Madrid: Theresa de Guzmán, 1734. P 973-*e*

AMOR Y OBLIGACIÓN. Agustín Moreto y Cabaña.

104. N. 112. / Comedia Famosa. / AMOR, / Y OBLIGACION. / De Don Agustin Moreto. A-D_2, 32pp. Valencia: Viuda de Joseph de Orga, 1766.
–AQuel Cavallo và precipitado.
–tiene fin con vuestro aplauso. P 905-6

104a. Another copy. P 913-5

104b. Another copy. P 951-12

AMOR Y VIRTUD A UN TIEMPO. Antonio Marqués y Espejo.

105. AMOR, / Y VIRTUD A UN TIEMPO. / Drama En Cinco Actos / Y En Prosa. / Por El Dr. D. A. M. y E. Pensionado Por S. M. / Y Autor De Otras Varias Piezas En Prosa Y Verso. / Representado Por Primera Vez / En El Teatro De Esta Ciudad A Beneficio De / La Señora Josefa Garcia, Segunda Actriz, En / El Dia [sic] De Febrero De Este Año. (A)-D_2, 32pp.(-1). Valencia: José Ferrer de Orga y compañía; José Carlos Navarro, 1816. Modern s.

—¿Que hay mi sargento? . . .
—siempre fue recompensada.

With title page. P 959-8

AMORES DE DIDO Y ENEAS, LOS. Cristóbal de Morales.

106. LOS AMORES DE DIDO, Y ENEAS. / Comedia Famosa / De Don Christoval / De Morales. A-D_2, (32pp.).

—Deste monte que sube
—que perdoneis sus delitos. P 988-11

AMOTINADOS DE FLANDES, LOS. Luis Vélez de Guevara.

107. La Gran Comedia / LOS AMOTINADOS / DE FLANDES. / De Lvis Velez De Gvevara. Gg_4-Kk, pp.527-572. (*Comedias escogidas*, 5, 12. Madrid: Pablo de Val for Iuan de S. Vicente, 1654 edition).

—Flamenca de Barrabas,
—por ser la pluma tan corta. P 918-12

108. Comedia Famosa, / LOS AMOTINADOS / DE FLANDES. / De Lvis Velez De Gvevara. A-D_2, (28pp.).

—Flamenca de Barrabãs, q́ [sic] me quieres?
—por ser la pluma tan corta. P 975-6

AMPARAR AL ENEMIGO. Antonio de Soiís.

109. AMPARAR AL ENEMIGO. / Comedia / Famosa. A-(E), (36pp.).

—Fuiste a la estafeta.
—perdon, ò al menos vn victor.

At page headings (recto): "de Don Antonio Solis." Ink stamp of Libraria Colonna. P 987-12

110. N. 85. / Comedia Famosa. / AMPARAR / AL ENEMIGO. / De Don Antonio De Solís. A-D_2, 32pp. Valencia: Viuda de Joseph de Orga, 1765. Modern s.

—FUiste á la estafeta?
—perdon ó al menos un vitor. P 947-3

110a. Another copy. P 981-12

ANA BOLENA. Lorenzo María de Villarroel.

111. ANA BOLENA. / Tragedia / En Tres Actos / Por / D. Lorenzo Maria De Villarroel, / Marques De Palacios, / Vizconde De La Frontera. / Segunda Edicion. *2, A-H_2; (viiipp.=Prólogo & Argumento; 63pp.=play)+page of titles. Madrid: Hilario Santos Alonso; Juan Blangues, 1781. Modern s.
—AMada Cathalina: mas que nunca
—Es á todos aviso, si no exemplo.
With title page. P 966-7

ANGEL DE LAS ESCUELAS, SANTO TOMÁS DE AQUINO, EL.
Pedro Francisco de Lanini y Sagredo.

112. Num. 2. / Comedia Famosa. / EL ANGEL DE LAS / ESCUELAS / S. THOMAS / DE AQUINO. / De Don Pedro Francisco Lanini Y Sagredo. (A)-F_2, 45pp.(-1). Barcelona: Pedro Escuder.
—Arma, arma.
—el Angel de las Escuelas. P 938-6

ANGEL LEGO Y PASTOR, SAN PASCUAL BAYLÓN, EL.
Antonio Pablo Fernández.

113. *N. 30. / Comedia Famosa. / EL ANGEL, / LEGO, Y PASTOR, / SAN PASQUAL / BAYLON. / De Don Antonio Pablo Fernandez. A-E_2, 40pp. Madrid: Antonio Sanz, 1745.
—VIva el Rey, viva la Patria,
—Thesoro tan cierto. P 931-7

113a. Another copy. P 1121-11?

ANGELES ENCONTRADOS, LOS. Antonio de Castilla.

114. Auto / Al Nacimiento Del Hijo De Dios, / LOS ANGELES / ENCONTRADOS. / De Don Antonio De Castilla, Natural De Ubeda. A-C_2, (21pp.). Madrid: Antonio Sanz.
—ESta novia se lleva la flor;

–cantadle amores.
Followed, pp.22-24, by: "Loa Para Este Auto / De LOS ANGELES / ENCONTRADOS."
–Despierta, Invierno, despierta.
–nuevo triunfo en vuestro afecto. P 940-2

ANILLO DE GIGES, Y MÁGICO REY DE LIDIA, EL. *Primera Parte.*
José de Cañizares.

115. N. 28. / Comedia Famosa. / EL ANILLO / DE GIGES, / Y MAXICO / REY DE LIDIA. / Primera Parte. / De Don Joseph De Cañizares. A-D_2, 32pp. Madrid: Antonio Sanz, 1764.
–VIctoria por los Magnesios.
–que son infinitas. P 920-3

ANILLO DE GIGES, Y MÁGICO REY DE LIDIA, EL. *Segunda Parte.*
José de Cañizares.

116. N. 29. / Comedia Famosa. / EL ANILLO / DE GIGES, / Y MAXICO / REY DE LIDIA. / Segunda Parte. / De Don Joseph De Cañizares. A-D_2, 32pp. Madrid: Antonio Sanz, 1764.
–CAjas, y Clarines hagan
–del bravo, y el lindo. P 920-4

ANILLO DE GIGES, Y MÁGICO REY DE LIDIA, EL. *Tercera Parte.*
José de Cañizares *or* Herrera y Barrionuevo?

117. N. 30. / Comedia Famosa. / EL ANILLO / DE GIGES, / Y MAXICO / REY DE LIDIA. / Tercera Parte. / De Un Ingenio. A-D_2, 34pp. Madrid: Antonio Sanz, 1764.
–VIva el grande Manasès.
–En motin confuso, &c. P 920-5

ANIMAL DE HUNGRÍA, EL. Lope Félix de Vega Carpio.

118. N. 11. / Comedia Famosa. / EL ANIMAL / DE UNGRIA. / De Lope De Vega Carpio. A-D, 28pp.(-1). Sevilla: Joseph Padrino.
–Valedme ligeros pies,
–esta historia verdadera. P 945-2

119. Comedia Famosa, / EL ANIMAL / DE UNGRIA. / De Lope De Vega Carpio. A-D_2, 32pp.(-1). Salamanca: Santa Cruz.

–VAledme ligeros pies,
–esta Historia verdadera. P 972-1

120. N. 73. / Comedia Famosa. / EL ANIMAL / DE UNGRIA. / De Frey Lope De Vega Carpio. A-D_2, 32pp. Valencia; Viuda de Joseph de Orga, 1764.
–VAledme, ligeros pies,
–esta Historia verdadera. P 1120-2

ANIMAL PROFETA, Y SAN JULIÁN, EL. Antonio Mira de Amescua *or* Lope Félix de Vega Carpio?

121. Num. 58. / Comedia Famosa. / EL ANIMAL / PROFETA, / Y SAN JULIAN. / "De Lope De Vega Carpio." A-D_2, 32pp.(-1); small 4º.
–JArdin hermoso, y rico,
–que partieron deste mundo. P 972-2

ANTES QUE TE CASES, MIRA LO QUE HACES, Y EXAMEN DE MARIDOS. Juan Ruiz de Alarcón y Mendoza.

122. Comedia En Tres Actos. / ANTES QUE TE CASES / MIRA LO QUE HACES, / Y EXAMEN DE MARIDOS, / De Lope De Vega Cárpio. / Representada / Por La Compañia De La Calle De La Cruz. 34pp.(-1)+2pp. of titles. Madrid: (Antonio) Cruzado; Puesto de Josef Sánchez, 1803. Modern s.
–Ya que tan sola has quedado
–perdona al Autor los yerros. P 950-19

ANTES QUE TODO ES MI AMIGO. Fernando de Zárate.

123. Famosa / Comedia / ANTES QVE TODO / es mi Amigo. / De Don Fernando De Zarate. f_4-h_4, fols.43v-59r. (*Comedias escogidas,* 41, 9. Pamplona: Ioseph del Espiritu Santo, undated but probably 1675 or 1676).
–Que seguiste la carroça?
–pidiendo perdon el Poeta. P 909-9

124. N. 215. / Comedia Famosa. / ANTES QUE TODO / ES MI AMIGO. / De Don Fernando De Zarate. A-D, 28pp. Valencia: Joseph y Thomás de Orga, 1777.
–QUȅ [sic] seguiste la carroza?
–pidiendo perdon el Poeta. P 926-11

124a. Another copy. P 944-2

ANTES QUE TODO ES MI DAMA. Pedro Calderón de la Barca.

125. La Gran Comedia, / ANTES QVE TODO ES MI DAMA. / De D. Pedro Calderon. I-L_4, fols.62r-86v.

–Donde tengo de poner

–à socorrer es forçoso, (inc.)

Comedias escogidas, 17, 4. Madrid: Melchor Sanchez for San Vicente, 1662. Incomplete: fol.87r missing. P 992-10

126. Num. 96. / Comedia Famosa. / ANTES QUE TODO / ES MI DAMA. / De Don Pedro Calderon De La Barca. A-E_2, (40pp.). Barcelona: Francisco Suriá y Burgada; Carlos Sapera, 1766. Modern s.

–DOnde tengo de poner

–pero perdonad las faltas. P 1050-9

ANTÍOCO Y SELEUCO. Agustín Moreto y Cabaña.

127. Comedia / A BUEN PADRE MEJOR HIJO, / ANTIOCO Y SELEUCO. / De D. Agustin Moreto. A-D, 28pp.(-1). Modern s.

–Terrible tempestad! valgame el Cielo!

–aqui tiene fin dichoso. P 905-7

128. N. 25. / Comedia Famosa. / ANTIOCO, / Y SELEUCO. / De Don Agustin Moreto. A-E, 36pp.(-1). Barcelona: Pedro Escuder.

–Terrible tempestad: valgame el Cielo!

–aqui tiene fin dichoso.

On last page is stamped: "EN LIMA, en la Tienda de la Imprenta, calle de CONCHA." P 951-13

AÑASCO, EL DE TALAVERA. Alvaro Cubillo de Aragón.

129. ANASCO EL DE TALAVERA. / Comedia / Famosa. / De Alvaro Cvbillo. A-D_2, 16fols.

–Notable es tu capricho!

–perdon de sus faltas pido. P 994-9

APOLO Y CLIMENE. Pedro Calderón de la Barca.

130. Comedia Famosa, / APOLO, Y CLIMENE. / Fiesta que se representò a sus Magestades en el Sa- / lòn Real de Palacio. / De Don

Pedro Calderon / de la Barca. A-G_2, 28fols.(-1).

–Ha del Teplo, ha del Alcazar,

–quandò otras en casamiento. P 1050-10

ARCA DE NOÉ, EL. Antonio Martínez de Meneses, Pedro Rosete Niño, & Jerónimo de Cáncer y Velasco.

131. Num. 231. / Comedia Famosa. / EL ARCA DE NOE. / De Tres Ingenios. A-D, (28pp.). Barcelona: Francisco Suriá y Burgada. Modern s.

–Sierpe ó luz aunque presumas,

–serviros muchas edades. P 942-11

132. N. 169. / Comedia Famosa. / EL ARCA / DE NOE. / De D. Antonio Martinez, D. Pedro / Rosete Niño, y D. Geronimo Cancer. A-D_2, 32pp. Valencia: Joseph y Thomás de Orga, 1771.

–SIerpe, ò luz, aunque presumas,

–perdonad sus faltas grandes. P 980-1

ARCADIA, LA. Lope Félix de Vega Carpio.

133. N. 7. / LA ARCADIA, / Comedia Famosa / De Lope De Vega Carpio. A-F_2, pp.197-242. Madrid: Librería de Castillo, Librería de Sancha, Puesto de (Josef) Sánchez, 1804. Modern s.

–HErmosas luces del cielo,

–dé fin la Arcadia de Lope.

Printed with dedicatory letter to Dr. Gregorio López Madera, del Consejo Supremo de S. M., pp.197-200; play begins p.201. See Karl C. Gregg, "The 1804 Castillo 'Volume' of Lope de Vega Plays," *RN*, 32, 2(1981), 182-5. P 950-14

133a. Another copy. P 972-3

ARCADIA EN BELÉN, Y AMOR EL MAYOR HECHIZO, LA.
Francisco de Matos y Guzmán.

134. Comedia Famosa. / Al Nacimiento / *Del Hijo De Dios,* / Intitulada: / LA ARCADIA EN BELEN, / Y AMOR / EL MAYOR HECHIZO. / Compuesta Por Don Francisco De Matos, Y Guzman. A-E_2 40pp.(-1). Madrid: (Isidro) López, Puesto de Josef Sánchez. Modern s.

–DIme Felisardo amigo,

—y su trabajo aplaudido.
Preceded, pp.(1)-5, by *Loa:*
—YO la he de llevar. *Volunt.* La Palma,
—pueden estar seguros los delinquentes. P 937-12

ARGENIS Y POLIARCO. Pedro Calderón de la Barca.

135. Comedia Famosa, / ARGENIS, / Y POLIARCO. / Fiesta que se representò à sus Magestades en el Salòn / de su Real Palacio. / De Don Pedro Calderon De La Barca. A-F_2, 24fols.(-1).
—Dè el esquife à la playa
—de Poliarco, y Argenis. P 1050-11

ARMAS DE LA HERMOSURA, LAS. Pedro Calderón de la Barca.

136. La Gran Comedia, / LAS ARMAS / DE LA HERMOSVRA. / De Don Pedro Calderon De La Barca. L_4-O_4, fols.84r-110v. (*Comedias escogidas,* 46, 5. Madrid: Francisco Sanz, 1679).
—No puede amor
—vencer dos vezes. P 1000-13

137. Num. 38. / Comedia Famosa, / LAS ARMAS / DE LA HERMOSURA, / De Don Pedro Calderon De La Barca. A-F, 44pp.(-1). Salamanca: Santa Cruz.
—No puede amor
—vencer dos veces. P 1050-12

ARQUITECTO, BAILE DEL.
See: *Triunfos de misericordia, y la justicia vencida.*

ASOMBRO DE JEREZ, JUANA LA RABICORTONA, EL. *Primera Parte.* Antonio Pablo Fernández?

138. N. 153. / Comedia Famosa. / EL ASOMBRO / DE XEREZ, / JUANA LA RABICORTONA. / Primera Parte / De Un Ingenio. A-D_2, 32pp. Valencia: Viuda de Joseph de Orga, 1769. Modern s.
—SI el señor Corregidor
—un vitor ó dos palmadas. P 935-6

ASOMBRO DE JEREZ, JUANA LA RABICORTONA, EL. *Segunda Parte.* Antonio Pablo Fernández?

139. N. 154. / Comedia Famosa. / EL ASOMBRO / DE XEREZ, / JUANA LA RABICORTONA. / Segunda Parte / De Un Ingenio. A-D2, 32pp. Valencia: Viuda de Joseph de Orga, 1769. Modern s.

—ENamarado [sic] el Amor
—al blason de estas piedades. P935-7

ASOMBRO DE LA FRANCIA, MARTA LA ROMARANTINA, EL. *Segunda Parte.* José de Cañizares?

140. Num. 155./ Comedia Famosa. / EL ASOMBRO DE LA FRANCIA, / MARTA LA ROMARANTINA. / Segunda Parte. / De Un Ingenio De La Corte. A-D, (32pp.). Barcelona: Francisco Suriá y Burgada, 1771.

—OLvida ya memoria
—perdonad sus muchas faltas.

For the first part see: *Marta la Romarantina.* For a possible fifth part see: *Astucias del enemigo contra la naturaleza, Marta imaginaria, segundo asombro de la Francia.* P935-2

ASOMBRO DE LA FRANCIA, MARTA LA ROMARANTINA, EL. *Tercera Parte.* Francisco Antonio Ripoll Fernández de Urueña.

141. Num. 156. / Comedia Famosa. / EL ASOMBRO DE LA FRANCIA, / MARTA LA ROMARANTINA. / Tercera Parte. / De Un Ingenio De La Corte. A-D, (28pp.).
Barcelona: Francisco Suriá y Burgada, 1771.

—BRuto feroz, que el abismo
—el perdon de sus defectos. P935-3

ASOMBRO DE LA FRANCIA, MARTA LA ROMARANTINA, EL. *Cuarta Parte.* Manuel Hidalgo.

142. Num. 212. / Comedia Famosa. / EL ASOMBRO DE LA FRANCIA, / MARTA LA ROMARANTINA. / Quarta Parte. / De Don Manuel Hidalgo. A-E, (36pp.). Barcelona: Francisco Suriá y Burgada, 1771.

—POsible ha sido, ama mia,
—de sus yerros infinitos. P935-4

ASOMBRO DE TURQUÍA, Y VALIENTE TOLEDANO, EL. Luis Vélez de Guevara.

143. Num. 154. / Comedia Famosa. / EL ASSOMBRO / DE TURQUIA, / Y VALIENTE TOLEDANO. / De Luis Velez De Guevara. A-D, 28pp.(-1). Salamanca: Santa Cruz.
–GRacias à los Cielos doy
–à essas plantas generosas. P 926-6

143a. Another copy. P 953-14

ÁSPIDES, LOS. Anonymous.

144. Saynete, / Intitulado / LOS ASPIDES / Representado En Los Teatros De Esta Corte / Para Seis Personas. -A-, 7pp.(-1). Madrid: Manuel Quiroga. Modern s.
–Huye, Gilote, huye Bras.
–de las faltas el perdon.
With title page, in bound volume issued Madrid: Benito Cano; Manuel Quiroga, 1791. CS I-4

ÁSPIDES DE CLEOPATRA, LOS. Francisco de Rojas Zorrilla.

145. *Num. 205. / Comedia Famosa. / LOS ASPIDES / DE CLEOPATRA. / De Don Francisco De Roxas. A-E, 36pp.(-1). Madrid: Antonio Sanz, 1769.
–CAnsado, Lèpido, estàs.
–hacedle el favor que siempre. P 971-7

ASTRÓLOGO FINGIDO, EL. Pedro Calderón de la Barca.

146. Comedia Famosa. / EL ASTROLOGO / FINGIDO. / De Don Pedro Calderon De La Barca. A-E_2, (40pp.).
–Dime, y passò tan galàn?
–si tantas perdon merecen. P 1050-14

ASTUCIA DE LA ALCARREÑA, LA. Anonymous.

147. Saynete, / Intitulado / LA ASTUCIA / DE / LA ALCARRENA, / Representado En Los Teatros De Esta Corte. / Para Seis Personas. (A)-A_3 11pp.(-1). Madrid: Manuel Quiroga. Modern s.
–Ya que la tarde convida
–perdon de nuestras ofensas.
With title page, in bound volume issued Madrid: Benito Cano; Manuel Quiroga, 1791. CS I-5

148. Saynete. / LA ASTUCIA DE LA ALCARRENA. 8pp. Sevilla: Aragón, 1816. Modern s.

—Ya que la tarde convida,
—perdon de nuestras ofensas. P 1353-2

ASTUCIAS DEL ENEMIGO CONTRA LA NATURALEZA; MARTA IMAGINARIA, SEGUNDO ASOMBRO DE FRANCIA. José de Concha.

149. Num. 213. / Comedia Famosa. / ASTUCIAS DEL ENEMIGO / CONTRA LA NATURALEZA. / MARTA IMAGINARIA, / SEGUNDO ASOMBRO DE FRANCIA. / De Don Joseph Concha. A-D, (27pp.). Barcelona: Francisco Suría y Burgada, 1771. Modern s.

—INfierno, recibe en ti
—nos toleran tan prudentes.

A fifth part? See: *Marta la Romarantina* (first part); *El asombro de la Francia, Marta la Romarantina* (second, third, and fourth parts).P 935-5

ASTURIANO EN MADRID, Y OBSERVADOR INSTRUIDO, EL.
Luis A. J. Moncín?

150. Comedia / De Figuron, / EL ASTURIANO EN MADRID, / Y OBSERVADOR INSTRUIDO. A-E2, 37pp.(-1)+2pp. of titles. (Madrid): Librería y Puesto de Cerro. Modern s.

—Inés, de tu pensamiento
—benigno supla los yerros.

Coleccion de las mejores comedias nuevas que se van representando en los teatros de esta corte. T. IX. Madrid: Antonio Cruzado, 1796. Item six. P 944-3

151. Núm. 157. / Comedia / De Figuron, / EL ASTURIANO EN MADRID, / Y OBSERVADOR INSTRUIDO. A-E, 36pp. Barcelona: Juan Francisco Piferrer; Juan Sellent. Modern s.

—Inés de tu pensamiento
—benigno supla los yerros. P 960-13

ATAHUALPA. Cristóbal María Cortés.

152. Num. 66. / ATAHUALPA. / Tragedia Premiada. / Por La Villa De Madrid. / Su Autor Don Christoval Maria Cortes. A-D, 28pp. Barcelona: Pablo Nadal, 1799. Modern s.

—¿TIenen término ya las crueldades.
—señora de este Imperio dilatado. P 1353-4

AUN DE NOCHE ALUMBRA EL SOL. Felipe Godínez.

153. Num. 7. / Comedia Famosa. / AUN DE NOCHE / ALUMBRA EL SOL. / Del Doctor Phelipe Godinez. A-D_2, 32pp.(-1). Sevilla: Joseph Padrino.

–Seas, Neblì, mui bien venido.
–agradecido el Poeta. P 929-1

AUN DESPUÉS DE MUERTO VENCE. Pablo Anselmo Brioso y Ossorio.

154. AVN DESPVES DE MVERTO VENCE. / Zarzvela / De / D. Pablo Anselmo Brioso, Y Ossorio. A-C_2, 18pp. Zaragoza: Viuda de Manuel Ortiz, 1736.

–Con quexas muy tristes
–para obedecer preceptos.
At end: "OPVS CORONATVR A FINE." P 978-4

AURISTELA Y LISIDANTE. Pedro Calderón de la Barca.

155. La Gran Comedia. / AURISTELA / Y LISIDANTE. / Fiesta que se representò à sus Magestades en el Coliseo / de Buen-Retiro. / De Don Pedro Calderon De La Barca. A-G_2, (56pp.).

–Muera el homicida.
–Perdonad sus muchas faltas. P 1050-15

AURORA EN COPACABANA, LA. Pedro Calderón de la Barca.

156. Comedia Famosa. / LA AVRORA / EN COPACABANA. / De D. Pedro Calderon De La Barca. A-H, (60pp.).

–En el venturoso Dia,
–la Aurora en Copacabana. P 957-10

156a. Another copy. P 1050-16

AURORAS DE SEVILLA, LAS. Anonymous: Tres Ingenios.

157. LAS AVRORAS DE SEVILLA / Comedia / Famosa / De Tres Ingenios.A-D_2, 32pp.(-1).

–Clñe, ò joben valiente
–que dissimuleis sus culpas. P 938-8

AUSTRIA EN JERUSALÉN, EL. Francisco Antonio de Bances Candamo.

158. N. 30. / Comedia Famosa. / EL AUSTRIA / EN JERUSALEN. / De Don Francisco Bances Candamo. A-E, 36pp. Valencia: Viuda de Joseph de Orga, 1762.

–SOmbra, què quieres? mi ley
–el Austria en Jerusalèn. P 958-13

158a. Another copy. Sticker of Librería de (Manuel?) González (Madrid) pasted over printer data. P 983-1

AVARICIA CASTIGADA, O LOS SEGUNDONES, LA.
Ramón de la Cruz?

159. Saynete, / Intitulado / LA AVARICIA CASTIGADA, / O LOS SEGUNDONES, / Representado En Los Teatros De Esta Corte. / Para Ocho Personas. (a)-a_3, 12pp.(-1). Madrid: Manuel Quiroga. Modern s.

–Amigos, dadme consejos,
–perdon á todos pidamos.

With title page, in bound volume issued Madrid: Benito Cano; Manuel Quiroga, 1791. CS I-6

AYO DE SU HIJO, EL. Luciano Francisco Comella.

160. N. 105. / EL AYO DE SU HIJO, / Comedia En Dos Actos: / De Don Luciano Francisco Comella: A-C, 20pp. Barcelona: Juan Francisco Piferrer; Juan Sellent. Modern s.

–Embebida en la lectura
–la Divina Providencia. P 954-7

* * *

BAILE DEL POETA DE BAILES Y EL LETRADO.
See: *Carboneros de Francia, Los,* and also *Poeta de bailes y el letrado, Baile del.*

BANDA DE CASTILLA, Y DUELO CONTRA SÍ MISMO, LA.
José de Cañizares.

161. N. 1. / Comedia Famosa. / LA VANDA DE CASTILLA, / Y DUELO CONTRA SI MISMO. / De Don Joseph De Cañizares. A-E_2,

40pp.(-1). Madrid: Juan Pablo González, Josef Cano. Modern s.
–Dicha ha sido, que sin ser
–el Duelo contra sí mesmo. P 920-23

BANDA Y LA FLOR, LA, Pedro Calderón de la Barca.

162. LA VANDA, Y LA FLOR. / Comedia / Famosa. / De Don Pedro Calderon. A-E_2, (40pp.).
–Que alegre cosa es bolver
–a todos hazed merced.
Comedias escogidas, 6, 9. Zaragoza: Herederos de Pedro Lanaja for Robert Dupont, 1654 edition? P 997-4

163. N. 274. / Comedia Famosa. / LA VANDA, / Y LA FLOR. / De D. Pedro Calderon De La Barca. A-D_2, 32pp. Valencia: Joseph y Thomás de Orga, 1782.
–QUé alegre cosa es bolver,
–à todos haced merced. P 1055-19

BANDIDO MÁS HONRADO, Y QUE TUVO MEJOR FIN, MATEO VICENTE BENET, EL. Gabriel Suárez.

164. (Cross patée) / Comedia Nueva, / EL VANDIDO / MAS HONRADO, / Y QUE TUVO MEJOR FIN, / MATHEO VICENTE / BENET. A-D_2, (31pp.). Madrid: Antonio Sanz, 1744.
–ACabame de vestir,
–aqui la primera acaba. P 924-2

164a. Another copy. P 978-3

BANDOLERA DE ITALIA, Y ENEMIGA DE LOS HOMBRES, LA. Anonymous.

165. (Star)Num. 184. / Comedia Famosa. / LA VANDOLERA / DE ITALIA, / Y ENEMIGA DE LOS HOMBRES. / De Un Ingenio De Esta Corte. A-E, 36pp.(-1).
–A Socorrer el Alcòn,
–perdonad sus muchos yerros. P 922-3

166. Num. 147. / Comedia Famosa. / LA BANDOLERA / DE ITALIA, / Y ENEMIGA DE LOS HOMBRES. / De Un Ingenio De Esta Corte. A-E_2, (40pp.). Barcelona: Francisco Suriá y Burgada.

–A Socorrer el halcon,
–perdonad sus muchos yerros. P 942-10

BANDOLERO DE FLANDES, EL. Alvaro Cubillo de Aragón.

167. Comedia Famosa. / EL / VANDOLERO / DE FLANDES / De Don Alvaro Cvbillo. A-E_2, (40pp.). Salamanca: Francisco Diego de Torres.
–Bolveos de aqui los dos
–El Vandolero de Flandes. P 902-12

BANDOS DE LUCA Y PISA, LOS. Antonio de Fajardo y Acevedo.

168. LOS VANDOS DE LVCA, / Y PISA / De Antonio De Azevedo. Aa-Bb_4, fols.183r-200r. (*Comedias escogidas,* 40, 10. Madrid: Iulian de Paredes, 1675).
–Mas que Principe, vandido
–el que perdoneis sus faltas. P 915-10

BANDOS DE RAVENA, Y FUNDACIÓN DE LA CAMÁNDULA, LOS.
Antonio Enríquez Gómez *or*
Juan de Matos Fragoso.

169. Num. 56. / Comedia Famosa. / LOS VANDOS / DE RAVENA, / Y FUNDACION / DE LA CAMANDULA. / De Antonio Enriquez Gomez. A-D, 28pp.(-1). Sevilla: Joseph Padrino.
–Volved de nuevo à cantar.
–que â Italia espanto pusieron. P 977-13

170. *N. 218. / Comedia Famosa. / LOS VANDOS / DE RABENA, / Y FUNDACION / DE LA CAMANDULA. / De Don Juan De Matos Fregoso. A-D_2, 32pp.
–BOlved de nuevo à cantar.
–dan fin, perdonad los yerros.
Note differing last lines. P 986-25

BANDOS DE VERONA, MONTESCOS Y CAPELETES, LOS.
Francisco de Rojas Zorrilla.

171. Num. 28. / Comedia Famosa. / LOS VANDOS / DE VERONA, / MONTESCOS, Y CAPELETES. / De Don Francisco De Roxas. A-D, 28pp.(-1). Sevilla: Joseph Padrino.

—Lloras, mi Julia? *Julia.* Sì Elena.
—merezca el aplauso vuestro. P 953-5

172. Num. 153. / Comedia Famosa. / LOS VANDOS / DE VERONA, / MONTESCOS, / Y CAPELETES, / De Don Francisco De Roxas. A-D2, 32pp.(-1). Salamanca: Santa Cruz.
—LLoras, mi Julia?
—merezca el aplauso vuestro. P 971-24

173. Num. 8. / Comedia Famosa / LOS VANDOS DE VERONA, / MONTESCOS, Y CAPELETES. / De Don Francisco De Roxas. A-E, fols.269r-293r.
—Lloras mi Julia? *Jul.* Si Elena
—merezca el aplauso vuestro.
Parte quarenta y una de comedias de varios autores. Valencia (1650?). Item eight. Suggested by La Barrera listing, p.686. P 1121-23?

174. N. 233. / Comedia Famosa. / LOS VANDOS / DE VERONA, / MONTESCOS, / Y CAPELETES. / De Don Francisco De Roxas. A-D2, 32pp. Valencia: Joseph y Thomás de Orga, 1780.
—LLoras, mi Julia?
—merezca el aplauso vuestro. P 904-10

174a. Another copy. P 949-1

BANDOS DEL AVAPIÉS, Y LA VENGANZA DEL ZURDILLO, LOS. Ramón de la Cruz.

175. Saynete, / Intitulado / LOS BANDOS DEL AVAPIES, / Y LA VENGANZA DEL ZURDILLO. / Representado En Los Teatros De Esta Corte, / Para Diez Personas. (a)-a2, 11pp.(-1). Madrid: Manuel Quiroga, 1800. Modern s.
—Ya que su gran desver- / güenza
—"Al pasar por un Convento, &c.
With title page. P 979-1

BARÓN, EL. Leandro Fernández de Moratín.

176. Núm. 324. / EL BARON. / Comedia En Dos Actos, En Verso. / Su Autor. / Inarco Celenio P. A. (A)-D2, 34pp. Valencia: Josef Ferrer de Orga y compañía, 1810. Modern s.
—Sí, Fermina, yo no sé

—el que no sabe apreciarlas! P 962-5

BASTA CALLAR. Pedro Calderón de la Barca.

177. Num. 153. / La Gran Comedia / BASTA CALLAR. / De Don Pedro Calderon De La Barca. A-E_2, (40pp.).
—Mucho, Flora, de ti fio.
—basta callar. P 1050-17

BATALLA DE LAS NAVAS, Y EL REY DON ALFONSO EL BUENO, LA. Pedro Francisco de Lanini y Sagredo.

178. EL REY DON ALFONSO EL BVENO. / De Don Pedro Francisco Lanine Sagredo. C_2-F_2, fols. 18r-42r. (*Comedias escogidas*, 40, 2. Madrid: Iulian de Paredes, 1675).
—Viva Alfonso.
—ganò y el mundo celebra. P 915-2

179. N. 2. / Comedia Famosa. / LA BATALLA / DE LAS NAVAS, / Y EL REY / D. ALFONSO EL BUENO. / De D. Pedro Lanine Sagredo. A-E_2, 40pp. Valencia: Viuda de Joseph de Orga, 1761.
—VIva Alfonso.
—ganò, y el mundo celebra. P 938-5

179a. Another copy, later printing: acute accent, modern s. P 946-5

BATALLA DE PAVÍA, Y PRISIÓN DEL REY FRANCISCO, LA.
Cristóbal de Monroy y Silva.

180. Num. 36. / Comedia Famosa, / LA BATALLA / DE PAVIA, / Y PRISION DEL REY FRANCISCO. / De Don Christoval De Monroy. A-D_2, (32pp.).
—Què està resuelto el Marquès
—y prision del Rey Francisco. P 1121-24?

181. N. 58. / Comedia Famosa. / LA BATALLA / DE PAVIA, / Y PRISION / DEL REY FRANCISCO. / De D. Christobal De Monroy Y Silva. A-D, 28pp. Valencia: Viuda de Joseph de Orga, 1763. Modern s.
—QUe está resuelto el Marques
—y prision del Rey Francisco. P 929-2

BATALLA DEL HONOR, LA. Lope Félix de Vega Carpio.

182. Comedia / Intitulada La Batalla del honor. / de Don Fernando de Zarate. (ms). K-M_3, fols.(68v)-91r.

–Al passo desta desdicha (ms).

–perdonad yerros tan grandes.

Comedias escogidas, 15, 4. Madrid: Melchor Sanchez for Iuan de San Vicente, 1661. First page ms. P 990-9

BELLA INGLESA PAMELA EN EL ESTADO DE CASADA, LA. *Segunda Parte.* Anonymous.

183. N. 316. / Comedia Famosa. / LA BELLA INGLESA / PAMELA / EN EL ESTADO DE CASADA. / Escrita En Prosa Italiana / Por El Abogado Goldoni, / Y Puesta En Verso Castellano. / Segunda Parte. A-E_2, 38pp. Valencia: Joseph de Orga; Madrid: Librería de Quiroga, 1796. Modern s.

NO, Miledi Pamela, dolor tanto

–A los pies de la inocencia.

From Carlo Goldoni's *Pamela maritata.* See following item for first part. P 959-7

BELLA INGLESA PAMELA EN EL ESTADO DE SOLTERA, LA. *Primera Parte.* Anonymous.

184. N. 315. / Comedia Famosa. / LA BELLA INGLESA / PAMELA / EN EL ESTADO DE SOLTERA. / Escrita En Prosa Italiana / Por El Abogado Goldoni, / Y Puesta En Verso Castellano. / Primera Parte. A-E_2, 40pp. Valencia: Joseph de Orga; Madrid: Librería de Quiroga, 1796. Modern s.

–DExa un rato la labor,

–la bella Inglesa Pamela.

From Carlo Goldoni's *Pamela fanciulla.* See preceding item for second part, and item 1092 for another version of this play. P 959-6

BERNARDO DE CARPIO EN FRANCIA. Lope de Liaño.

185. BERNARDO DEL CARPIO EN FRANCIA / Comedia. / Famosa, / De Don Lope De Llano. A-D, (28pp.).

–DOs dichas, y dos penas vé oy

–perdon de sus muchos yerros. P 903-3

186. Num. 34. / Comedia Famosa / BERNARDO / DEL CARPIO / EN FRANCIA. / De Don Lope De Llano. A-D_2, 31pp.(-1). Barcelona:

Pedro Escuder, 1756.

–DOS dichas, y dos penas vè oy mi suerte,
–perdon de sus muchos yerros. P 931-4

187. Comedia / BERNARDO DEL CARPIO / EN FRANCIA. / De Don Lope De Llano. A-C_2, 24pp. Madrid: Manuel Quiroga, 1798. Modern s.

–Dos dichas y dos penas ve hoy mi
–perdon de sus muchos yerros. P 978-12

BESUGUERAS, LAS. Gaspar Zavala y Zamora?

188. Núm. 154. / Saynete Nuevo Intitulado: / LAS BESUGUERAS. / Para Doce Personas. ( )-*, 12pp.(-1). Valencia: Estevan, 1817. Modern s.

–A La miel de Fuencarral,
–los yerros que haya notado.

With title page. P 979-2

BEVERLEY, O EL JUGADOR INGLÉS. Anonymous.

189. Núm. (5, horizontal) / Tragedia Urbana. / BEVERLEY, / Por Otro Título / EL JUGADOR INGLES / En Cinco Actos. / Traducida Del Frances / Corregida Y Enmendada En Esta Segunda Impresion. (Prose). A-C_2, 24pp. Barcelona: Juan Francisco Piferrer; Juan Sellent. Modern s.

–Amada Henriqueta, mi esposo
–esposa mia . . . Adios . . . Yo muero.

From Bernard-Joseph Saurin's version of Edward Moore's *The Gamester.* With ink stamp of the Imprenta de Orga, Valencia (see item 29). P 959-10

BIEN VENGAS MAL. Pedro Calderón de la Barca.

190. Num. 107. / Comedia Famosa. / BIEN VENGAS MAL. / De Don Pedro Calderon De La Barca. A-E, 36pp.(-1). Barcelona: Francisco Suriá y Burgada.

–AL amor, tiempo, y fortuna
–Perdonen vuesas mercedes. P 1050-18

BIZARRÍAS DE BELISA, LAS. Lope Félix de Vega Carpio.

191. N. 1. / LAS BIZARRIAS / DE BELISA. / Comedia Famosa. / De Lope De Vega Carpio. A-E, 34pp. Madrid: Librería de Castillo, Puesto de Sánchez, Librería de (Manuel?) González. Modern s.

–Así rasgas el papel?

–y aqui la comedia acaba.

Sticker of the Librería de (Manuel?) González pasted over bookseller data. 1804? See comment to item 133. P 972-4

BLASÓN DE DON RAMIRO, Y LIBERTAD DEL FUERO DE LAS CIEN DONCELLAS, EL. Luis de Guzmán.

192. Comedia Famosa. / EL BLASON DE D. RAMIRO, Y LIBERTAD DEL / FVERO DE LAS CIEN DONZELLAS. Bb-Dd_4, fols.200r-222r.

–Ya la caça me ha cansado.

–del Blason de don Ramiro.

Comedias escogidas, 2, 9. Madrid: Imprenta Real for Antonio de Ribero, 1652. Page headings (recto): "de D. Luis de Guzman." P 910-9

BOBA DISCRETA, LA. Lope Félix de Vega Carpio.

193. Num. 16. / LA BOBA DISCRETA. / Comedia Famosa, / De Lope De Vega Carpio. A-E, 36pp. Madrid: Lonja de Comedias de la Puerta del Sol.

–Que buenas posadas. *Tur.* Frescas.

–da fin la Comedia Boba. P 972-5

BRUTO DE BABILONIA, EL. Juan de Matos Fragoso, Jerónimo de Cáncer y Velasco, & Agustín Moreto y Cabaña.

194. Comedia. / EL BRUTO / DE BABILONIA. / De Matos, Cancer Y Moreto. A-D_2, 32pp.(-1). Madrid: Manuel Quiroga, 1792. Modern s.

–JOaquin, y Susana

–perdonad las faltas nuestras. P 905-9

BUEN CABALLERO, MAESTRE DE CALATRAVA, EL
Juan Bautista de Villegas.

195. Comedia Famosa. / EL BVEN CAVALLERO / MAESTRE DE CALATRAVA. / De Ivan Bavtista de Villegas. G-I_2, fols.47r-66r.

–Boluieron huyendo al fin.

–quando su tragedia acaba.

Comedias escogidas, 7, 3. Madrid: Domingo Garcia y Morrás for Domingo de Palacio, 1654. P 989-11

BUEN HIJO, O MARÍA TERESA DE AUSTRIA, EL.
Luciano Francisco Comella.

196. Drama En Tres Actos / Intitulado / EL BUEN HIJO, / O MARIA TERESA DE AUSTRIA: / Por Don Luciano Francisco Comella. / Segunda Edicion. A-E_2, 37pp.(-1)+list of titles at end, and on p.38. Madrid: Librería de Castillo, Librería y Puesto de Cerro, Puesto del Diario. Modern s.

—Nada hay. Todo es infeliz,
—siempre protege benigno.

With ink stamp of the Imprenta de Orga, Valencia (see item 29)
P 954-11

BUEN PAGADOR ES DIOS, EL. Anonymous.

197. N. 37. / Comedia Famosa. / EL BUEN PAGADOR / ES DIOS. / De Un Ingenio De Esta Corte. A-E, 36pp. Madrid: Antonio Sanz, 1751*.

—VIva nuestro Emperador
—el Buen Pagador es Dios. P 928-5

BUEN Y EL MAL AMIGO, EL. Gaspar Zavala y Zamora.

198. *Núm.* 57. / Comedia Nueva. / EL BUEN Y EL MAL AMIGO. / De Don Gaspar Zavala Y Zamora. A-E_2, 40pp. Barcelona: Juan Francisco Piferrer; Juan Sellent. Modern s.

—Ay mi Leonardo, qué poco
—docil, incauta y sencilla. P 962-2

BURLA DEL POSADERO, Y CASTIGO DE LA ESTAFA, LA.
José de Concha?

199. Saynete Nuevo, / Intitulado: / LA BURLA DEL POSADERO, / Y CASTIGO DE LA ESTAFA. D-D_2, pp.25-32. Modern s.

—Amigos, llegó la hora.
—le dé el premio que merezca.

In bound volume issued Madrid: Benito Cano; Manuel Quiroga, 1791. Probably from yet another source, as signatures and page-numbers are not appropriate to the 1791 volume. CS I-7

BURLADOR DE SEVILLA, Y CONVIDADO DE PIEDRA, EL.
Gabriel Téllez (Tirso de Molina).

200. Num. 245. / Comedia Famosa. / EL BURLADOR / DE SEVILLA, / Y CONVIDADO DE PIEDRA. / Del Maestro Tyrso De Molina. A-D, 28pp.(-1). Sevilla: Joseph Padrino.

–Duque Octavio, por aqui
–para memoria mas grande. P 1120-22

200a. Another copy? In missing volume. P 973-*f*

BURLAS VERAS, LAS. Lope Felix de Vega Carpio.

201. LAS BVRLAS VERAS. / Comedia / Famosa. / De Lope De Vega Carpio. A-D_2, (32pp.).

–En fin no eres de nadie conocido
–acaban las burlas veras. P 972-6

BUSCONA, O EL ANZUELO DE FENISA, LA. Cándido María Trigueros.

202. LA BUSCONA, / O / EL ANZUELO DE FENISA: / Comedia / De Frey Lope Felix De Vega Carpio / Y Refundida / Por Don Candido Maria Trigueros. (A)-E_2, 39pp.(-1). Madrid: Librería de (Manuel?) González, 1803. Modern s.

–Palermo es gran pais, quan- / do
–*Tod.* Viva.

"Advertencia" by Trigueros, pp.3-5. P 950-9

* * *

CABALLERO, EL. Agustín Moreto y Cabaña.

203. La Gran / Comedia / DEL CAVALLERO. / De Don Agvstin Moreto. a_2-c_4, 23 fols. (*Comedias escogidas,* 41, 7. Pamplona: Ioseph del Espiritu Santo, undated but probably 1675-1676).

–Iesus! Iesus!
–aqui acaba el Canallero [sic]. P 909-7

204. N. 162. / Comedia Famosa. / EL CAVALLERO. / De Don Agustin Moreto. A-D_2, 32pp. Valencia: Viuda de Joseph de Orga, 1768.

–JEsus! Jesus!
–aqui acaba el Cavallero. P 905-10

204a. Another copy. P 951-23

CABALLERO DAMA, EL. Cristóbal de Monroy y Silva.

205. Num. 65. / EL CAVALLERO DAMA. / Comedia / Famosa, / De D. Christoval De Monroy, Y Silva. A-D, 28pp.(-1). Sevilla: Viuda de Francisco de Leefdael.

–Aquiles. *Dent. Pul.* Ola, Aquiles.
–en otra humilde Comedia. P 970-2

206. N. 129. / Comedia Famosa. / EL CAVALLERO / DAMA. / De D. Christoval De Monroy Y Silva. A-D, 28pp. Valencia: Viuda de Joseph de Orga, 1768. Modern s.

–AQuiles.
–en otra humilde Comedia. P 929-6

206a. Another copy. P 946-7

CABALLERO DE MEDINA, EL. Ramón de la Cruz.

207. Saynete, / Intitulado / EL CABALLERO DE MEDINA, / Representado En Los Teatros De Esta Corte, / Para Trece Personas. (a)-a_3, 12pp.(-1). Madrid: Manuel Quiroga. Modern s.

–Viva, viva himeneo,
–ya que no aplauso, merezca.

With title page, in bound volume issued Madrid: Benito Cano; Manuel Quiroga, 1791. CS I-8

CABALLERO DE OLMEDO, EL. Francisco Antonio de Monteser.

208. Comedia Famosa. / DEL CAVALLERO DE OLMEDO. / Bvrlesca. Dd-Ee_2, (24pp.).

–La noche està muy cerrada,
–del Cauallero de Olmedo.

El mejor de los mejores libros que han salido de comedias nuevas. Alcalá: María Fernandez for Tomás Alfay, 1651. Item eleven. Suggested by La Barrera listing, p.708. P 937-6

CABALLERO DE SIGÜENZA, DON PATRICIO LUCAS, EL.
Anonymous.

209. Saynete, / Intitulado / EL CABALLERO DE SIGUENZA, / DON PATRICIO LUCAS, / Representado En Los Teatros De Esta Corte / Para Diez Personas. (a)-A_3, 12pp.(-1). Madrid: Manuel Quiroga. Modern s.

—,,Pues hoy himeneo
—los prudentes nuestras faltas.

Sainete for José de Cañizares' play *El dómine Lucas* (McKnight, item 262). With title page, in bound volume issued Madrid: Benito Cano; Manuel Quiroga, 1791. CS I-17

CABELLOS DE ABSALÓN, LOS. Pedro Calderón de la Barca.

210. Num. 103. / Comedia Famosa. / LOS CABELLOS / DE ABSALON. / De Don Pedro Calderon. A-E_2, 40pp.(-1).

—Buelva felizemente
—perdonad sus muchos yerros. P 1050-19

CADA CUAL A SU NEGOCIO. Jerónimo de Cuéllar.

211. Num. 186. / Comedia Famosa. / CADA QUAL A SU NEGOCIO. / De Don Geronimo De Cuellar. A-D_2, (28pp.). Barcelona: Francisco Suriá y Burgada.

—YA estoy cansado, Marin,
—estemos à vuestros pies. P 922-9

212. Comedia Famosa. / CADA CVAL A SV NEGOCIO. / De Don Geronimo De Cuellar. A-D_2, (32pp.).

—Yà estoy cansado, Marin,
—estemos a vuestros pies.

Comedias escogidas, 6, 2. Zaragoza: Herederos de Pedro Lanaja for Robert Dupont, 1654 edition? P 977-9

CADA CUAL LO QUE LE TOCA. Francisco de Rojas Zorrilla.

213. CADA CVAL LO QVE LE TOCA. / Comedia Famosa, / De Don Francisco De Rojas. A-E, 36pp.(-1).

—A esta sala mi señor
—vn vitor por premio alcance. P 988-8

CADA UNO EN SU CASA, Y DIOS EN LA DE TODOS; O NO HAY QUE FIAR EN VECINOS AUNQUE PAREZCAN AMIGOS.
Domingo María de Ripoll?

214. Saynete. / Intitulado / *CADA UNO EN SU CASA* / Y DIOS EN LA DE TODOS / O / NO HAY QUE FIAR EN VECINOS / AUNQUE PAREZCAN AMIGOS, / Representado En Los Teatros De Esta Corte: / Para Diez Personas. (a)-a_2, 8pp.(-1). Madrid: Manuel Quiroga, 1792. Modern s.

—Abre, que llaman.

—una segura indulgencia.

With title page, in bound volume issued Madrid: Benito Cano; Manuel Quiroga, 1792. CS IIa-6

214a. Identical printing, in bound volume issued Madrid: Benito García; Viuda de Quiroga, 1806. CS IIb-6

CADA UNO PARA SÍ. Pedro Calderón de la Barca.

215. Num. 293. / Comedia Famosa, / CADA VNO PARA SI. / De Don Pedro Calderon. A-E_2, (40pp.).

—DI al Mozo, *q* trate Hernando

—Cada vno para Si. P 1051-1

CADENAS DEL DEMONIO, LAS. Pedro Calderón de la Barca.

216. Num. 26. / LAS CADENAS DEL DEMONIO. / Comedia Famosa. / De Don Pedro Calderon. A-D_2, (32pp.).

—Dexadme las dos. *Flor.* Señora.

—perdonad sus muchas faltas. P 1051-2

CAER PARA LEVANTAR. Juan de Matos Fragoso, Jerónimo de Cáncer y Velasco, & Agustín Moreto y Cabaña.

217. La Gran Comedia, / CAER PARA LEVANTAR. / De Don Ivan De Matos Fregoso, / D. Geronimo Cancer, y D. Agustin Moreto. P-Q_4, fols.109v-128r.

—Leonor, Viol*a*te, hijas mias,

—de exemplo, y aplauso sirua.

Comedias escogidas, 17, 6. Madrid: Melchor Sanchez for San Vicente, 1662. P 992-3

218. N. 100. / Comedia Famosa. / CAER / PARA LEVANTAR. / De Don Juan De Matos Fragoso, / D. Gerónimo Cáncer y. D. Agustin Moreto. A-D_2, 32pp. Valencia: Viuda de Joseph de Orga, 1765. Modern s.

–LEonor, Violante, hijas mias,
–de exemplo y aplauso sirva. P 986-2

CAÍN DE CATALUÑA, EL. Francisco de Rojas Zorrilla.

219. EL CAIN DE CATALUNA, / Comedia / Famosa. / De D. Francisco De Roxas. A-E, (36pp.).
–Deshonra buenos, vergante,
–perdon llega a conseguir. P 988-5

220. Num. 188. / Comedia Famosa. / EL CAIN DE CATALUNA. / De Don Francisco De Roxas. A-E_2, 40pp.(-1). Barcelona: Juan Serra y Nadal.
–DEshonra buenos, vergante,
–Perdon llegà à conseguir P 971-9

221. N. 254. / Comedia Famosa. / EL CAIN DE CATALUNA. / De Don Francisco De Roxas. A-E, 36pp. Valencia: Joseph y Thomás de Orga, 1781.
–DEshonra buenos, vergante
–perdon llega à conseguir. P 949-2

CALCETERAS, LAS. Ramón de la Cruz.

222. N. 164. / Saynete Nuevo. / Intitulado / LAS CALCETERAS. / Para Nueve Personas. 8pp.(-1). Valencia: Jose Ferrer de Orga y compañía; José Carlos Navarro, 1813. Modern s.
–Por mas que del oficio
–nuestros yerros perdonadnos.
With title page. P 979-3

CALDERERO DE SAN GERMÁN, O EL MUTUO AGRADECIMIENTO, EL. Gaspar Zavala y Zamora.

223. N. 322. / Comedia Famosa. / EL CALDERERO / DE SAN GERMAN, / O EL MUTUO AGRADECIMIENTO. / De Don Gaspar Zavala Y Zamora. A-E, 36pp. Valencia: Joseph de Orga; Madrid: Librería de Quiroga, 1796. Modern s.
–YA es hora de que se haya
–dichosa la Monarquía. P 954-19

CALDERERO Y VECINDAD, EL. Ramón de la Cruz.

224. N. 132. / Saynete Nuevo / Intitulado / EL CALDERERO / Y VECINDAD. / Para Trece Personas. (A)-B, 10pp.(-1)+2pp. of titles. Valencia: José Ferrer de Orga y compañía; José Carlos Navarro, 1813. Modern s.

—Muchachos, si hay buenas ga- / (nas
—Calderero y Vecindad.

With title page. P 979-4

CALLEJÓN DE LA PLAZA MAYOR DE MADRID, EL. Anonymous.

225. Saynete. / Intitulado / *EL CALLEJON* / DE LA PLAZA MAYOR / DE MADRID. / Representado En Los Teatros De Esta Corte. / Para Ocho Personas Y Acompañamiento. (a)-a_2, 8pp.(-1). Madrid: Manuel Quiroga, 1791. Modern s.

—¿Qué hora será?
—Fué solo por agradaros.

With title page, in bound volume issued Madrid: Benito Cano; Manuel Quiroga, 1792. CS IIa-7

225a. Identical printing, in bound volume issued Madrid: Benito García; Viuda de Quiroga, 1806. CS IIb-7

CANAS EN EL PAPEL, Y DUDOSO EN LA VENGANZA, LAS.
Guillén de Castro y Bellvis?

226. LAS CANAS EN EL PAPEL, / Y DVDOSO EN LA VENGANZA. / Comedia / Famosa, / De Don Pedro Calderon De La Barca. A-D_2, 32pp.(-1).

—Jo, mula de Barrabas.
—este es el dichoso fruto. P 1051-3

227. Num. 14. / Comedia Famosa, / LAS CANAS EN EL PAPEL, / Y DUDOSO EN LA VENGANZA. / De Don Pedro Calderon De La Barca. A-E, 36pp. Zaragoza: Imprenta de la Plaza del Carbón.

—Jó mula de Barrabàs,
—este es el dichoso fruto. P 957-8

228. N. 279. / Comedia Famosa, / LAS CANAS EN EL PAPEL, / Y DVDOSO EN LA VENGANZA. / De D. Pedro Calderon De La Barca. A-D_2, 16fols.(-1). Madrid: Herederos de Gabriel (de) León (1704?).

—Jò mula de Barrabas.
—este es dichoso fruto. P 1121-18?

CAPRICHOS DE AMOR Y CELOS. Fermín del Rey.

229. N. 4. / Comedia Nueva Joco-Seria, / En Tres Actos. / CAPRICHOS / DE AMOR Y ZELOS. / Por Fermin Del Rey. (1)-4(*), 31pp. Valencia: Ildefonso Mompíe; (Miguel) Domingo y (Ildefonso) Mompié, 1817. Modern s.

–Hermana, veo que estás
–logren perdon, si no aplauso. P 946-8

CARBONERO DE LONDRES, EL. Antonio Valladares de Sotomayor?

230. Comedia. / EL CARBONERO / DE LONDRES. a-d, 28pp. Modern s.

– ¡Qué preciosa madrugada!
–tenga un aplauso por premio. P 960-4

230a. Another copy, with ink stamp of the Librería de Josef Carlos Navarro, Valencia. P 961-10

CARBONEROS DE FRANCIA, LOS. Antonio Mira de Amescua.

231. Num. 98. / Comedia Famosa. / LOS CABONEROS [sic] DE FRANCIA. / Del Doctor Mirademescua. A-D_2, (30pp.). Madrid: Herederos de Juan Sanz.

–Blancaflor, què novedad
–quien el perdon os suplica. P 974-12

232. Num. 247. / Comedia Famosa. / LOS CARBONEROS / DE FRANCIA, / Y REYNA SEVILLA. / De Don Francisco De Roxas. A-D, 28pp.(-1). Sevilla: Joseph Padrino.

–Blancaflor, qué novedad
–quien el perdon os suplica.

Followed, pp.27-28, by: "BAYLE / DEL POETA DE BAYLES, / Y EL LETRADO. / De Benavente" (Segunda Parte).

–Como son mis letras unas
–Del Bayle exemplo tomad.

See item 1155 for another edition of the *baile*. P 971-10

CÁRCELES DE LEMBERG, LAS. Anonymous.

233. Núm. 10. / Comedia. / En Prosa / LAS CARCELES DE LEMBERG, / En Cinco Actos. (A)-C, 24pp. Valencia: Miguel Domingo,

1821. Modern s.

—Entrad, buenas gentes, no
—Amigos . . . . Hijos mios . . . . A Dios. P 960-6

CARLOS QUINTO SOBRE TÚNEZ. José de Cañizares.

234. N. 167. / Comedia Famosa. / CARLOS QUINTO / SOBRE TUNEZ. / De Don Joseph De Cañizares. A-D_2, 34pp. Valencia: Viuda de Joseph de Orga, 1770. Modern s.

—VIctoria por Barbarroja.
—faltas, que tiene infinitas. P 920-7

CARPINTERO DE LIVONIA, EL. Anonymous.

235. Núm. 159. / Comedia Nueva / EL CARPINTERO DE LIVONIA / En Tres Actos. (Prose). A-D, 28pp. Barcelona: Juan Francisco Piferrer; Juan Sellent. Modern s.

—AL fin os veo Señorita; ya ha- / bia
—Carpinte- / ro en una posada de Livonia.

A translation of Alexandre Duval's *Le Menuisier de Livonie* (McClelland, II, p.577). P 962-15

CASA CON DOS PUERTAS MALA ES DE GUARDAR.
Pedro Calderón de la Barca.

236. Num. 58. / La Gran Comedia. / CASA CON DOS PUERTAS / MALA ES DE GUARDAR. / De Don Pdero Calderon De La Barca. A-E, (36pp.).

—VIenes [sic] tras nosotros? *Sylv.* Si.
—aqui la Comedia acaba. P 1051-4

CASA DE LOS ABATES LOCOS, LA. Anonymous.

237. Saynete, / Intitulado / LA CASA DE LOS ABATES LOCOS, / Representado En Los Teatros De Esta Corte. / Para Diez Personas. (A)-A_3, 12pp.(-1). Madrid: Manuel Quiroga. Modern s.

—Entre las penas del mundo
—mil favores nos franquea.

With title page, in bound volume issued Madrid: Benito Cano; Manuel Quiroga, 1791. CS I-10

CASADO POR FUERZA, EL. Ramón de la Cruz.

238. Saynete, / Intitulado / EL CASADO / POR FUERZA, / Representado En Los Teatros De Esta Corte. / Para Once Personas. (a)-A_3, 11pp.(-1). Madrid: Manuel Quiroga. Modern s.

—Márchate á casa, que yo
—el perdon de nuestros yerros.

With title page, in bound volume issued Madrid: Benito Cano; Manuel Quiroga, 1791. CS I-9

CASAMIENTO DESIGUAL, Y LOS GUTIBAMBAS Y MUZIBARRENAS, EL. Ramón de la Cruz.

239. Saynete, / Intitulado / *EL CASAMIENTO DESIGUAL,* / Y LOS GUTIBAMBAS Y MUZIBARRENAS, / Representado En Los Teatros De Esta Corte. / Para Diez Personas. (a)-a_2(a_3), 12pp.(-1). Madrid: Manuel Quiroga, 1791. Modern s.

—Todos los que fueren tontos
—perdonen las faltas nuestras.

With title page, in bound volume issued Madrid: Benito Cano; Manuel Quiroga, 1792. CS IIa-8

239a. Identical printing, in bound volume issued Madrid: Benito García; Viuda de Quiroga, 1806. CS IIb-8

240. 26. / Saynete Nuevo. / Intitulado / EL CASAMIENTO DESIGUAL, / Y LOS GUTIBAMBAS Y MUZIBARRENAS. / Para Diez Personas. (A)-A_2, 8pp.(-1). Valencia: José Ferrer de Orga, 1811. Modern s.

—Todos los que fueren tontos
—perdonen las faltas nuestras.

With title page. P 979-5

241. Saynete. / EL CASAMIENTO DESIGUAL, / Y LOS BUTIBAMBAS [sic] Y MUZIBARRENAS. 8pp. Sevilla: Aragón, 1816. Modern s.

—Todos los que fueren tontos
—perdonen las faltas nuestras. P 1353-8

CASAMIENTO EN LA MUERTE, Y HECHOS DE BERNARDO DEL CARPIO, EL. Lope Félix de Vega Carpio.

242. Num. 24. / Comedia Famosa. / EL CASAMIENTO / EN LA MUERTE, / Y HECHOS / DE BERNARDO / DEL CARPIO. / De Lope

De Vega Carpio. A-D, 28pp.(-1). Sevilla: Joseph Padrino.
–El que fuere Español no lo consienta,
–del Casamiento en la Muerte. P 950-5

CASAMIENTO FINGIDO, EL. Cristóbal de Monroy y Silva.

243. EL CASAMIENTO FINGIDO. / Comedia Famosa / De Don Christoval De Monroy / Y Silva. A-D_4, (32pp.).
–Albricias. *Carl.* Acaba. *Mea.* albricias.
–dàn fin con humilde estilo. P 989-5

CASARSE POR VENGARSE. Francisco de Rojas Zorrilla.

244. CASARSE POR VENGARSE. / Comedia Famosa. / De D. Francisco De Rojas. A-E_2, (40pp.).
–Pardo y risco de sauzes coronado,
–quando otra comedia acabe. P 988-3

245. Comedia. / CASARSE / POR VENGARSE. / De Don Francisco De Roxas. A-D_2, 32pp.(-1). Madrid: Manuel Quiroga, 1793. Modern s.
–PArdo risco de sauces coronado,
–quando otra Comedia acabe. P 904-9

245a. Another copy. P 971-11

CASERO BURLADO, EL. Ramón de la Cruz.

246. Saynete. / EL CASERO BURLADO. a-a_2, 8pp. Madrid: Manuel Quiroga. Modern s.
–Esta sí que es buena vida,
–de todas las faltas nuestras.
In bound volume issued Madrid: Benito Cano; Manuel Quiroga, 1791. CS I-11

CASTIGAR POR DEFENDER. Rodrigo de Herrera y Ribera.

247. Comedia Famosa. / CASTIGAR POR DEFENDER. / De Don Rodrigo De Herrera. A-D_2, 16fols.(-1).
–Detente cieruo racional, detente,
–que ya sale el entremes.
Comedias escogidas, 16, 12. Madrid: Melchor Sanchez for Mateo de la Bastida, 1662. P 999-11

CASTIGO DE LA MISERIA, EL. Juan Claudio de la Hoz y Mota.

248. *Num. 39. / Comedia Famosa. / EL CASTIGO / DE LA MISERIA. / De Don Juan de Hoz. A-E, (36pp.). Madrid: Antonio Sanz, 1749.

—CApàz, y alegre es el quarto.
—tenga perdon, si no aplauso. P 985-2

CASTIGO DE LA MISERIA, EL. Anonymous.

249. Saynete, / Intitulado / *EL CASTIGO DE LA MISERIA,* / Representado En Los Teatros De Esta Corte: / Para Nueve Personas. (a)-a_3, 12pp.(-1). Madrid: Manuel Quiroga, 1791. Modern s.

—Aquí está mas retirado,
—acostumbra, los defectos.

With title page, in bound volume issued Madrid: Benito Cano; Manuel Quiroga, 1792. CS IIa-9

249a. Identical printing, in bound volume issued Madrid: Benito García; Viuda de Quiroga, 1806. CS IIb-9

CASTILLO DE LINDABRIDIS, EL. Pedro Calderón de la Barca.

250. La Gran Comedia. / EL CASTILLO / DE LINDABRIDIS. / De Don Pedro Calderon / de la Barca. / Fiesta que se representò à sus Magestades en el Salòn Real / de Palacio. A-G_2, (56pp.).

— a este Orizonte, [sic].
—lo ruega humilde à essas plantas.

First line should be "Talad deste Orizonte." P 1051-5

CATALÁN SERRALLONGA, Y BANDOS DE BARCELONA, EL.
Luis Antonio Coello y Ochoa, Francisco de Rojas Zorrilla, & Luis Vélez de Guevara.

251. Num. 206. / Comedia Famosa. / EL CATALAN SERRALLONGA, / Y VANDOS DE BARCELONA. / De Tres Ingenios / La primera jornada de Don Antonio Coello: la segunda de Don / Francisco de Roxas: y la tercera de Luís Velez de Guevara. A-E, 36pp.(-1). Barcelona: Juan Centené y Juan Serra. Modern s.

—FUése ya mi padre? *Alcar.* Si,
—victores de los aciertos. P 971-12

CATALINA SEGUNDA, EMPERATRIZ DE RUSIA.
Luciano Francisco Comella.

252. N. 310. / Comedia Famosa. / CATALINA SEGUNDA / EMPERATRIZ DE RUSIA. / Por D. Luciano Francisco Comella. A-E, 34pp. Valencia; Hermanos de Orga, 1795. Modern s.
–MAs obscura està la noche,
–se haga eterno entre los Siglos. P 954-15

CAUDAL DEL ESTUDIANTE, EL. Anonymous.

253. Saynete / Intitulado / EL CAUDAL / DEL ESTUDIANTE. / Para Siete Personas. (A)-A_2, 8pp.(-1). Madrid (printed in Barcelona): (Isidro) López, 1799. Modern s.
–Compañero, todo el pueblo
–da fin al Saynete nuevo.
With title page. P 979-6

CÉFALO Y POCRIS. Pedro Calderón de la Barca.

254. Comedia Bvrlesca. / CEFALO, Y POCRIS. / De D. Pedro Calderon De La Barca. / Fiesta que se representò à sus Magestades Dia de Carnestolen- / das, en el Salòn Real de Palacio. A-D_2, (32pp.).
–Principe soterrado,
–Vaya, vaya de Mogiganga, &c. P 1051-6

CEGAR PARA VER MEJOR. Ambrosio Arce de los Reyes.

255. Comedia Famosa. / CEGAR PARA VER MEJOR. / De D. Ambrosio de Arce. X-Y_4, pp.312-350.
–Tu conmigo essa altiuez?
–sino aplaudid perdonad.
Comedias escogidas, 13, 8. Madrid: Mateo Fernandez for Francisco Serrano de Figueroa, 1660. P 907-6

CELOS, AMOR, Y VENGANZA. Luis Vélez de Guevara.

256. Comedia Famosa / ZELOS, AMOR, Y VENGANZA. / De Lvis Velez De Gvevara Y Dueñas. H-L_4, fols.64r-93v.
–Arroja el esquife al mar,
–no ay mal, que por bien no venga.
Comedias escogidas, 2, 3. Madrid: Imprenta Real for Antonio del Ribero, 1652. P 910-3

CELOS AUN DEL AIRE MATAN. Pedro Calderón de la Barca.

257. Num. 307. / La Gran Comedia, / ZELOS / AUN DEL AYRE MATAN. / Fiesta cantada, que se hizo à sus Magestades en el Coliseo / de Buen Retiro. / De Don Pedro Calderon. A-E, (36pp.).

–ESta, hermosa Diana,

–tal vez blasonadas desdizen de / nobles. P 1055-21

258. La Gran / Comedia, / ZELOS AVN DEL AYRE MATAN / Fiesta que se representò à sus Magestades en el Buen / Retiro. Cantada. / De Don Pedro Calderon. O-Q, fols.107v-118r. (*Comedias escogidas*, 41, 12. Pamplona: Ioseph del Espiritu Santo, undated but probably 1675 or 1676).

–Esta (hermosa Diana)

–tal vez blasonadas desdi*ze* de no- / bles. P 909-12

CELOS AUN IMAGINADOS CONDUCEN AL PRECIPICIO, Y MÁGICO DIEGO TRIANA. José Fernández de Bustamante.

259. Comedia Nueva. / ZELOS, AUN IMAGINADOS, / CONDUCEN AL PRECIPICIO, / Y MAGICO DIEGO TRIANA. / De Don Joseph Fernandez De Bustamante. Cc-Ff_2, pp.199-232. Madrid: Francisco Xavier García, 1759.

–A Hercules Thebáno

–Zelos, aun imaginados.

Com. Bustamante, 1, item seven. Madrid: Francisco Xavier Garcia; Francisco Palacios, Juan de Morales, 1759. See item 39. P 939-4

CELOS CON CELOS SE CURAN. Gabriel Téllez (Tirso de Molina).

260. "Zelos con zelos se curan. Comedia sin fama. *n.d.*" In missing volume. Possibly: Num. 82, A-E, (36pp.). Madrid: for Theresa de Guzmán, (1733-1734?). P 973-*z*

CELOS DE SAN JOSÉ, LOS. Cristóbal de Monroy y Silva.

261. LOS ZELOS DE SAN IOSEPH / Comedia Famosa / De Don Christoval De Monroy. A_2-D, (28pp.).

–Agora que està mi Esposo

–que yerre su humilde ingenio. P 903-22

262. LOS ZELOS DE SAN IOSEPH. / Comedia Famosa. / De Don

Christoval De Monroy. A-D, (30pp.).

–Aora que està mi Esposo
–que yerre su humilde ingenio. P 989-4

263. Comedia Famosa. / LOS ZELOS / DE SAN JOSEPH. / De Don Christoval De Monroy, Y Silva. (A)-C_2, 24pp.(-1). Salamanca: Santa Cruz.

–AOra que està mi Esposo
–que yerre su humilde ingenio. P 921-7

264. *N. 219. / Comedia Famosa. / LOS ZELOS / DE SAN JOSEPH. / De Don Christoval De Monroy, Y Silva. A-C_2, 24pp. Madrid: Antonio Sanz, 1754.

–AOra que està mi Esposo
–que yerre su humilde ingenio. P 952-19

264a. Another copy. P 970-15

CELOS HACEN ESTRELLAS, Y EL AMOR HACE PRODIGIOS, LOS.
Juan (or Luis?) Vélez de Guevara.

265. LOS ZELOS / HACEN ESTRELLAS, / Y EL AMOR HACE PRODIGIOS, / Representacion De Dos Jornadas. / De Don Juan Velez De Guevara. A-F, 42pp. Modern s.

–CElebren por las Selvas,
–y el Amor hace prodigios.

At end: Licencia del Consejo, 16 Nov. 1757; Fee de Erratas, 23 Dic. 1757; and Tassa, 24 Dic. 1757. Probably published 1758. P 923-6

CELOS HASTA LOS CIELOS, Y DESDICHADA ESTEFANÍA, LOS.
Luis Vélez de Guevara.

266. Num. 171. / Comedia Famosa. / LOS ZELOS / HASTA LOS CIELOS, / Y DESDICHADA / ESTEFANIA. / De Don Luis Velez De Guevara. A-D, 28pp.(-1). Salamanca: Santa Cruz.

–QUè hermosa nevada mano
–que los rayos del Sol turban. P 923-5

CELOS NO OFENDEN AL SOL. Antonio Enríquez Gómez.

267. ZELOS NO OFENDEN AL SOL: / Comedia Famosa, / De Don Pedro Calderon. A-E, (36pp.).

–La quinta, señor, es esta.
–en dos dozenas de coplas. P 997-8

268. Num. 18. / Comedia Famosa. / ZELOS / NO OFENDEN AL SOL. / De Don Pedro Calderon De La Barca. A-D, 28pp.(-1). Sevilla: Joseph Padrino.
–La Quinta, señor, es esta.
–en dos docenas de coplas. P 1055-22

269. N. 271. / Comedia Famosa. / ZELOS NO OFENDEN / AL SOL. / De Un Ingenio. A-D_2, 34pp. Valencia: Joseph y Thomás de Orga, 1782.
–LA Quinta, señor, es esta.
–en dos docenas de coplas. P 927-7

269a. Another copy. P 967-13

CELOSO, EL. Anonymous.

270. Saynete, / Intitulado / EL ZELOSO, / Representado En Los Teatros De Esta Corte, / Para Cinco Personas. (a)-a_2, 8pp.(-1). Madrid: Manuel Quiroga. Modern s.
–¿Es posible, mi Mencía,
–que perdoneis nuestros yerros.
With title page, in bound volume issued Madrid: Benito Cano; Manuel Quiroga, 1791. CS I-39

CENA DEL REY BALTASAR, LA Agustín Moreto y Cabaña.

271. LA CENA DEL REL [sic] BALTASAR. / Comedia Famosa. / De Don Agvstin Moreto. A-F, (44pp.).
–Ea, viles Hebreos,
–La Cena de Baltasar.
Contains ms corrections and editing. P 905-11

CENTINELA DE HONOR, LA. Juan Pérez de Montalván.

272. LA CENTINELA DE HONOR. / Comedia / Famosa. / Del Doctor Ivan Perez De Montalvan. A-D_2, 16fols.
–Toda Irlanda lo pide.
–centinela del honor. P 912-8

CERCO DE ROMA POR EL REY DESIDERIO, EL.

Luis Vêlez de Guevara.

273. EL CERCO DE ROMA POR EL REY DESIDERIO. / Comedia Famosa / De Lvis Velez De Gvevara. A-D_2, (32pp.).
–Sobervios muros de Roma
–pues aqui acaba la historia. P 943-2

274. *N. 43. / Comedia Famosa. / EL CERCO / DE ROMA / POR EL REY DESIDERIO. / De Luis Velez de Guevara. A-D, 28pp. Madrid: Imprenta de la Plazuela de la calle de la Paz, 1783. Modern s.
–SObervios muros de Roma
–pues aqui acaba la Historia. P 941-12

CERCO DE ZAMORA, EL. Juan Bautista Diamante.

275. N. 113. / Comedia Famosa. / EL CERCO / DE ZAMORA. / De Don Juan Bautista Diamante. A-D_2, 32pp. Valencia: Viuda de Joseph de Orga, 1766.
–MI padre se ha recogido?
–bien podràn creer la historia. P 982-1

CIEGO POR SU PROVECHO, EL. Anonymous.

276. Saynete, / Intitulado / EL CIEGO POR SU PROVECHO, / Representado En Los Teatros De Esta Corte, / Para Ocho Personas. $(a)_3$-a_3, 11pp.(-1)+page of titles. Madrid: Manuel Quiroga. Modern s.
–¿Cosme? ¿Cosme? ¡Qué postema!
–sea indulto de las faltas.
With title page, in bound volume issued Madrid: Benito Cano; Manuel Quiroga, 1791. CS I-41

277. Saynete / Intitulado / EL CIEGO / POR SU PROVECHO. / Para Ocho Personas. 8pp.(-1). Sevilla: Aragón, 1816. Modern s.
–Cosme? Cosme? Qué postema!
–sea indulto de las faltas.
With title page. P 1353-3

CIELO POR LOS CABELLOS, SANTA INÉS, EL.

Anonymous: Tres Ingenios.

278. Comedia Famosa. / EL CIELO POR LOS CABELLOS, SANTA

YNES / De Tres Ingenios. L_3-N_4, pp.164-207. (*Comedias escogidas,* 43, 5. Madrid: Antonio Gonçalez de Reyes for Manuel Melendez, 1678).
–No assuste aora la Region del viento,
–y el Cielo por los Cabellos. P 919-5

278a. Another copy, first and last pages ms. P 980-3

CIELO SIEMPRE ES PIADOSO, EL. Anonymous.

279. Comedia Famosa. / EL CIELO / SIEMPRE ES PIADOSO. / De Vn Ingenio Desta Corte. A-E_2, (40pp.).
–De Minerva en el Templo Fenicia
–el Cielo siempre es Piadoso. P 916-1

CINCO BLANCAS DE JUAN DE ESPERA EN DIOS, LAS.
Antonio Sigler de Huerta.

280. Comedia Famosa. / LAS CINCO BLANCAS / DE IVAN DE ESPERA EN DIOS, / De Don Antonio de Huerta. K-M_2, pp.145-179.
–Ya tu conoces mi flema.
–si es que ha parecido bien.
Comedias escogidas, 32, 5. Madrid: Andres Garcia de la Iglesia for Francisco Serrano de Figueroa, 1669. P 921-10

CINCO DE AGOSTO, EL. Manuel Tamayo y Baus.

281. EL 5 DE AGOSTO. / Drama En Cuatro Actos Y En Verso, Original / De D. Manuel Tamayo Y Baus / Representado Con Aplauso En El Teatro De La Cruz. (I)-(5):, 77pp.(-1). Madrid: Viuda de R. J. Domínguez, 1849. Modern s.
–Salud, fantasma combatido en vano.
–do Cristo redentor murió por todos. P 955-6

CISMA DE INGLATERRA, LA. Pedro Calderón de la Barca.

282. *N. 144. / Comedia Famosa. / LA CISMA / DE INGLATERRA. / De D. Pedro Calderon De La Barca. A-D_2, 32pp.(-1). Madrid: Antonio Sanz, 1785. Modern s.
–TEnte, sombra divina, imagen bella,
–y muerte de Ana Bolena. P 1051-7

COCHERO Y MONSIUR CORNETA, EL. Ramón de la Cruz.

283. Saynete. / EL COCHERO, / Y MONSIUR CORNETA. -a1-, 8pp. Madrid: Manuel Quiroga. Modern s.

–No hay peor trabajo en el mun- / do

–Perdon de las faltas nuestras.

In bound volume issued Madrid: Benito Cano; Manuel Quiroga, 1791.

CS I-12

283a. Another copy in same volume. CS I-13

284. Saynete / Intitulado / EL COCHERO, / Y MONSIUR CORNETA. / Para Nueve Personas. 8pp.(-1). Sevilla: Aragón, 1816. Modern s.

–No hay peor trabajo en el mundo

–Perdon de las faltas nuestras.

With title page. P 1353-9

CODICIA ROMPE EL SACO, LA. Pedro Calderón de la Barca?

285. Num. 37. / Comedia Famosa. / LA CODICIA / ROMPE EL SACO. / De D. Pedro Calderon De La Barca. A-D_2, 32pp.(-1). Barcelona: Pedro Escuder, 1756.

–Què es esto? vos de camino?

–casandome con Theodora. P 1051-9

COLMENERO DIVINO, EL. Gabriel Téllez (Tirso de Molina).

286. EL COLMENERO DIVINO. / Auto Sacramental. / Del Maestro Tirso De Molina. / Representòle Pinedo año de 1621. A-A_2, 8pp.

–Mil veces en hora buena

–de donde os labre miel, si al media dia (inc.)

Preceded, pp.1-6, by *Loa:*

–CAntaros quiero las Bodas

–Que llamaba, &c.

If identical to that described by McKnight (item 381): A-C, 19pp.(-1); last line: "aqui, de Dios Colmenero." Theresa de Guzmán ed.?

P 903-5

286a. Another copy? In missing volume. Apparently incomplete also.

P 973-*g*

COMEDIA NUEVA, O EL CAFÉ, LA. Leandro Fernández de Moratín.

287. Núm. 327. / LA COMEDIA NUEVA, / O / EL CAFE. / Comedia En Dos Actos En Prosa. A-C_2, 24pp. Valencia: Josef Ferrer de Orga y compañía, 1811. Modern s.

–Parece que se unde el techo!

–des- / engañarse.

With title page. P 956-11

COMO A PADRE, Y COMO A REY. Juan Pérez de Montalván.

288. Num. 12. / Comedia Famosa. / COMO A PADRE, / Y COMO A REY. / Del Doctor Juan Perez De Montalvan. A-D_2, (32pp.). Madrid: Antonio Sanz, 1746.

–NO vès, que la discrecion

–reciban siempre merced. P 984-5

COMO AMANTE, Y COMO HONRADA. Juan Pérez de Montalván.

289. N. 250. / Comedia Famosa. / COMO AMANTE, / Y COMO HONRADA. / De Don Juan Perez De Montalvan. A-D_2 32pp. Valencia: Joseph y Thomás de Orga, 1781. Modern s.

–GRacias à Dios que llegamos,

–como amante, y como honrada. P 947-4

289a. Another copy. P 984-4

COMO HAN DE SER LOS AMIGOS, Y EL NON PLUS ULTRA DE LA AMISTAD. Gabriel Téllez (Tirso de Molina).

290. Num. 204. / Comedia Famosa. / COMO HAN DE SER / LOS AMIGOS, / Y EL NON PLUS ULTRA / DE LA AMISTAD. / Del Maestro Tirso De Molina. A-D_2, (32pp.). Barcelona: Francisco Suriá y Burgada. Modern s.

–EN fin, han levantado los (prose)

–como han de ser los amigos. P 904-1

290a. Another copy. P 1120-12

290b. Another copy? In missing volume. P 973-*h*

COMO LUCE LA LEALTAD A VISTA DE LA TRAICIÓN.
Tomás de Añorbe y Corregel.

291. N. 68. / Tragi=Comedia / COMO LUCE / LA LEALTAD / A VISTA DE LA TRAICION. / De Don Thomas De Añorbe Y Correjel.

A-E_2, 40pp. Barcelona: Carlos Gibert y Tutó.
–FUiste à ver à Elvira? *Pep.* Si.
–Disimulando los yerros. P 937-3

291a. Another copy. P 976-2

COMO NOBLE Y OFENDIDO. Antonio de la Cueva.

292. Num. 17. / COMO NOBLE, Y OFENDIDO, / Comedia Famosa, / De Don Antonio De La Cueva. A-E_2, 40pp. Madrid: Lonja de Comedias de la Puerta del Sol. Modern s.
–Muere.
–como noble, y ofendido. P 940-5

292a. Another copy. P 977-10

COMO SE GUARDA EL HONOR. Juan Pérez de Montalván.

293. COMO SE GVARDA EL HONOR. / Comedia / Famosa. / Del Doctor Ivan Perez De Montalvan. A-D_2, 16fols.
–Quien de vna vez no escarmienta,
–que escriue para seruiros. P 912-7

COMO SE VENGAN LOS NOBLES. Agustín Moreto y Cabaña.

294. N. 281. / La Gran Comedia. / COMO SE VENGAN LOS NOBLES. / De Don Agvstin Moreto. A-D_2, (32pp.).
–VIva muchos años aqueste Za- / gal,
–Fin dè la Historia.
Verdadera tercera parte de las comedias de don Agustin Moreto. Valencia: Benito de Macè for Vicente Cabrera, 1703. Item four. A factitious volume containing *sueltas* undoubtedly of later date. P 906-21

CON AMOR NO HAY AMISTAD. Juan de Matos Fragoso.

295. Num. 264. / CON AMOR NO HAY AMISTAD. / Comedia / Famosa, / De Don Jvan De Matos Fragoso. A-C_2, 28pp.(-1). Sevilla: Viuda de Francisco de Leefdael.
–Esta posada escogi.
–puesto en las tablas de oy. P 986-1

CON QUIEN VENGO, VENGO. Pedro Calderón de la Barca.

296. N. 17. / Comedia Famosa. / CON QUIEN VENGO / VENGO. / De D. Pedro Calderon De La Barca. A-E, 36pp. Madrid: Antonio Sanz, 1746.

–NO le has de vèr. *Lisard.* Es en vano
–que humilde à essas plantas yace. P 1051-10

CONDE ALARCOS, EL. Antonio Mira de Amescua.

297. Num. 35. / Comedia Famosa, / EL CONDE ALARCOS. / De Don Francisco De Roxas. A-D_2, 32pp.(-1). Valladolid: Alonso del Riego.

–QVE dichosa huviera [sic] sido,
–dad perdon à la Comedia. P 971-4

298. Num. 122. / Comedia Famosa. / EL CONDE / ALARCOS. / Del Doctor Mira De Mesqua. A-D, (28pp.). Barcelona: Juan Serra y Nadal.

–QUE dichoso huvieras [sic] sido
–dad perdon à la Comedia. P 944-1

298a. Another copy. P 974-13

298b. Another copy. P 1121-19?

299. Comedia Famosa / DEL CONDE / ALARCOS. / Del Doctor Mira / De Mescva. I-L_3, pp.128-166. (*Comedias escogidas,* 5, 4. Madrid: Pablo de Val for Iuan de S. Vicente, 1654 edition).

–Que dichosa huuiera [sic] sido
–dad perdon a la Comedia. P 918-4

300. Num. 10. / Comedia Famosa. / EL CONDE ALARCOS. / Del Doctor Mira De Mesqua. A-D_2, 32pp.(-1). Barcelona: Pedro Escuder, 1757.

–QUe dichoso huvieras [sic] sido
–dad perdon a la Comedia. P 926-2

CONDE DE SALDAÑA, EL. *Primera Parte.*
Alvaro Cubillo de Aragon.

301. N. 11. / Comedia Famosa. / EL CONDE / DE SALDANA. / Primera Parte. / De D. Alvaro Cubillo De Aragon. A-E, 34pp.

–OY, que la Aldèa has dexado,
–salen, que barba à lo tygre. (inc.)

Incomplete copy. Full signatures and pagination unknown. See following item for last line. P 961-18

302. Num. 128. / Comedia Famosa, / EL CONDE / DE SALDANA / De Don Alvaro Cubillo / Parte Primera. A-D_2, (32pp.). Modern s.
–Oy, que la Aldea has dexado
–que esto hace quien se casa. P 901-3

303. *N. 45. / Comedia Famosa. / EL CONDE / DE SALDANA. / Primera Parte. / De D. Alvaro Cubillo De Aragon. A-E, (36pp.). Madrid: Antonio Sanz, 1751.
–Oy, que la Aldea has dejado
–que esto hace quien se casa. P 902-1

CONDE DE SALDAÑA, Y HECHOS DE BERNARDO DEL CARPIO, EL. *Segunda Parte.* Alvaro Cubillo de Aragón.

304. Num. 214. / Comedia Famosa. / EL CONDE DE SALDANA, / Y HECHOS / DE BERNARDO / DEL CARPIO. / Segunda Parte. / De Don Alvaro Cubillo De Aragon. A-D, (28pp.). Barcelona: Juan Serra y Nadal. Modern s.
–CAntad, que las penas mias
–hechos, y lenguas mordaces. P 901-4

305. Num. 37. / Comedia Famosa. / EL CONDE / DE SALDANA, / Y HECHOS / DE BERNARDO / DEL CARPIO. / Segunda Parte. / De Don Alvaro Cubillo De Aragon. A-D, (28pp.). Madrid: Antonio Sanz, 1744.
–CAntad, que las penas mias
–hechos, y lenguas mordaces. P 902-2

CONDE DE SEX, EL. Luis Antonio Coello y Ochoa.

306. EL CONDE DE SEX. / Comedia Famosa,. A-E_2, (39pp.).
–Muerte [sic] tirana. *Isa.* Ha traidores!
–el Autor, como Poeta. P 991-9

307. N. 229. / Comedia Famosa. / DAR LA VIDA POR SU DAMA: / EL CONDE DE SEX. / De Don Luis Coello. A-D_2, 32pp.(-1). (Madrid): Manuel Quiroga.
–MUere, tirana.
–el Autor, como Poeta.

Valencia: Joseph y Thomás de Orga, 1780? P 924-1

307a. Another copy. P 977-8

CONDE LUCANOR, EL. Pedro Calderón de la Barca?

308. N. 311. / La Gran Comedia, / EL CONDE LUCANOR, / De Don Pedro Calderon De La Barca. A-E_2, 20fols.(-1).

–Desenlaza la piguela

–Libro de Cavallerias.

Jardin ameno, de varias, y hermosas flores, cuyos matizes, son doze comedias, escogidas de los mejores ingenios de España. Parte (XXVI written in). Madrid (Herederos de Gabriel de León), 1704. Item eleven.
P 1051-8

CONDE PARTINUPLÉS, EL. Ana Caro y Mallén de Soto.

309. EL CONDE PARTINVPLES. / Comedia / Famosa / De Doña Ana Caro, / dezima Musa Seuillana. A-D_3, (32pp.).

–Sucessor pide el Imperio,

–dà fin, perdonad sus yerros. P 987-2

309a. Another copy. P 999-9

CONDESA PERSEGUIDA, Y EL CAPUCHINO ESCOCÉS, LA.
Félix de Adsaneta.

310. N. 29. / Comedia Famosa. / LA CONDESA / PERSEGUIDA, / Y EL CAPUCHINO / ESCOCES. / De Un Ingenio. A-E_2, 40pp. Valencia: Viuda de Joseph de Orga, 1762.

–MUere à mis manos, traidora

–y el Capuchino Escocès. P 928-4

CONFESIÓN CON EL DEMONIO, LA. Francisco de la Torre y Sevil.

311. N. 22. / Comedia Famosa. / LA CONFESSION / CON EL DEMONIO. / De Don Francisco De La Torre. A-E, 36pp. Valencia: Viuda de Joseph de Orga, 1762.

–NO hay remedio à tanto horror.

–aun del que mas yerra, es buena. P 952-3

311a. Another copy, later printing: "NO hay remedio á *ta*to horror,"

"LA CONFESION . . . ;" no comma in last line. Modern s. P 931-11

CONFUSIÓN DE UN JARDÍN, LA. Agustín Moreto y Cabaña.

312. Comedia Famosa. / LA CONFUSION / DE UN JARDIN. / De Don Agustin Moreto. A-D, 28pp.(-1). Modern s.
–JUsepa? Gran novedad; *Santig.*
–dadle un victor de limosna. P 951-4

CONQUISTA DE CUENCA, Y PRIMERA DEDICACIÓN DE LA VIRGEN DEL SAGRARIO, LA. Pedro Rosete Niño.

313. LA CONQVISTA DE CVENCA, / Y PRIMER DEDICACION DE LA VIRGEN DEL SAGRARIO, / Comedia Famosa / De Don Pedro Rosete. R-S_4, pp.247-281.
–Ardo, y lloro sin sosiego,
–de la Virgen del Sagrario.
Comedias escogidas, 21, 7. Madrid: Ioseph Fernandez de Buendia for Agustin Verges, 1663. P 963-12

CONQUISTA DE LAS MALUCAS, LA. Melchor Fernández de León.

314. La Gran Comedia, / CONQVISTA / DE LAS MALVCAS. / De D. Melchor Fernandez De Leon. Z-Bb_4, fols.174v-197v. (*Comedias escogidas,* 46, 9. Madrid: Francisco Sanz, 1679).
–Cielos piedad.
–siempre Augusto, Gr*a*de siempre. P 1000-17

314a. Another copy. P 933-6

CONQUISTA DE VALENCIA POR EL REY DON JAIME, LA.
Anonymous.

315. N. 19. / Comedia Famosa. / LA CONQUISTA / DE VALENCIA / POR EL REY D. JAYME. / De Un Ingenio Valenciano. A-D_2, 34pp. Valencia: Viuda de Joseph de Orga, 1762.
–EL Rey D. Jayme, con su fama altiva,
–la Conquista de Valencia. P 936-4

CONQUISTAR UN IMPOSIBLE. Anonymous.

316. Comedia Famosa, / Intitvlada: / CONQVISTAR VN IM-

POSSIBLE. / De Vn Ingenio Cathalan. A-F2, 49pp.(-1). (Barcelona): Ignacio Gvasch.

—SEñor, tan contento estás,

—no le negueis el aplauso.

With title page. P 916-9

CONTRA EL AMOR NO HAY ENGAÑOS. Antonio Enríquez Gómez.

317. CONTRA EL AMOR NO AY ENGANOS / Comedia Famosa. / De Don Antonio Enriqvez. G-I3, fols.49r-67r.

—Desta suerte vn firme amor

—que contra Amor nó ay engaños.

Comedias escogidas, 10, 3. Madrid: Imprenta Real for Francisco Serrano de Figueroa, 1658. P 999-4

CONTRA SU SUERTE NINGUNO. Gerónimo Malo de Molina.

318. Comedia Famosa. / CONTRA SV SVERTE / NINGVNO. / De Geronimo Malo De Molina. N-P3, fols.95r-(115r). Modern s in ms portion.

—Valeroso terror del Oriente,

—nó es mas el odio, que el gusto. (ms).

Comedias escogidas, 11, 6. Madrid: Gregorio Rodríguez for Iuan de S. Vicente, 1658. Last four pages ms. P 987-7

CONTRA VALOR NO HAY DESDICHA. Lope Félix de Vega Carpio.

319. Num. 163. / Comedia Famosa. / CONTRA VALOR NO AY DESDICHA. / De Lope De Vega Carpio. A-D, (28pp.). Barcelona: Francisco Suriá y Burgada. Modern s.

—Quitar te tengo la vida.

—y el noble hijo de la perra. P 972-7

CORONA EN TRES HERMANOS, LA. Juan de Vera Tassis y Villarroel.

320. La Gran Comedia, / LA CORONA / EN TRES HERMANOS. / De D. Ivan De Vera Y Villaroel. V-Y4, fols.149v-174v. (*Comedias escogidas,* 46, 8. Madrid: Francisco Sanz, 1679).

—Viua el Rey Don Pedro.

—piedad, justicia, y aplauso.

Act headings: Primer Acto, / Del Rey Don Pedro El Primero / De Aragon Y De Pamplona. Acto Segvndo, / La Corona En Tres Hermanos, / Del Emperador De España, / Alfonso El Batallador. Acto Tercero, / Del Rey Don Ramiro / El Monge, / Y La Campana De Hvesca.

P 1000-16

320a. Another copy. P 933-5

CORTE DEL DEMONIO, LA. Luis Vélez de Guevara.

321. LA CORTE DEL DEMONIO. / Comedia Famosa / De Luis Velez de Guevara. (ms). Dd-Ee4, pp.(444)-487(477). Modern s in ms portion.

—el gran Nino primero (ms).

—que a Dios quien perdona imita.

Comedias escogidas, 28, 12. Madrid: Ioseph Fernandez de Buendia for Viuda de Francisco de Robles, 1667. P 933-4

CORTEJOS BURLADOS, LOS. Anonymous.

322. Saynete, / Intitulado / *LOS CORTEJOS BURLADOS*, / Representado En Los Teatros De Esta Corte, / Para Seis Personas. (a)-a3, 11pp.(-1)+page of titles. Madrid: Manuel Quiroga, 1791. Modern s.

—¿Qué tienes, Juana? habla claro:

—darémos fin á la fiesta.

With title page, in bound volume issued Madrid: Benito Cano; Manuel Quiroga, 1792. CS IIa-13

322a. Identical printing, in bound volume issued Madrid: Benito García; Viuda de Quiroga, 1806. CS IIb-13

CORTESANA EN LA SIERRA, Y FORTUNAS DE DON MANRIQUE DE LARA, LA. Juan de Matos Fragoso, Juan Bautista Diamante, & Juan Vélez de Guevara.

323. N. 300. / Comedia Famosa. / LA CORTESANA / EN LA SIERRA, / FORTUNAS / DE D. MANRIQUE DE LARA. / De Tres Ingenios. A-E, 34pp. Valencia: Hermanos de Orga, 1793. Modern s.

—DExadme todos.

—la Cortesana en la Sierra. P 925-1

323a. Another copy. P 980-4

COSARIA CATALANA, LA. Juan de Matos Fragoso.

324. Comedia / Famosa, / LA COSARIA CATALANA. / De D. Ivan De Matos Fragoso. A-E_2, 40pp.
–Oye, escucha. *L.* *q* me quieres?
–Matos perdon de las faltas. P 997-3

325. Num. 174. / Comedia Famosa. / LA COSARIA / CATALANA. / De Don Juan De Matos Fregoso. A-E, 36pp.(-1). Salamanca: Santa Cruz.
–OYe escucha.
–Matos perdon de las faltas. P 986-3

326. Num. 159. / LA COSSARIA CATALANA / Comedia / Famosa, / De Don Jvan De Matos Fragoso. A-D_2, 32pp.(-1). Sevilla: Francisco de Leefdael.
–Oye, escucha. *Leo.* Que me quieres?
–Matos perdon de las faltas. P 903-7

CREACIÓN DEL MUNDO, Y PRIMERA CULPA DEL HOMBRE, LA.
Lope Félix de Vega Carpio.

327. LA CREACION DEL MVNDO, / Y PRIMER CVLPA DEL / HOMBRE. / Comedia / Famosa / De Lope De Vega Carpio. A-D_2, (32pp.).
–Què atreuidos pensamientos,
–principio de males tantos.
Followed, pp.29-32, by *Loa Sacramental;*
–En el instante primero,
–vn zelo vuestro, y vna dicha nues- / tra.
Ink stamp of Libraria Colonna. P 995-1

328. Num. 18. / Comedia Famosa. / LA CREACION DEL MUNDO, / Y PRIMER CULPA DEL HOMBRE. / De Lope De Vega Carpio. A-C_2, 24pp.(-1). Salamanca: Santa Cruz.
–Què atrevidos pensamientos,
–principio de males tantos. P 972-8

329. Num. 185. / Comedia Famosa. / LA CREACION DEL MUNDO, / Y PRIMER CULPA DEL HOMBRE. / De Lope De Vega Carpio. A-C_2, (24pp.). Barcelona: Juan Centené y Juan Serra.
–QUé atrevidos pensamientos,

—principio de males tantos. P 950-16

329a. Another copy. P 1120-7

CRIADOS ASTUTOS, Y EMBROLLOS DESCUBIERTOS, LOS.
Anonymous.

330. Saynete, / Intitulado / *LOS CRIADOS / ASTUTOS* / Y EMBROLLOS DESCUBIERTOS, / Representado En Los Teatros De Esta Corte, / Para Nueve Personas. (a)-a_3, 12pp.(-1). Madrid: Manuel Quiroga, 1791. Modern s.

—Mi amo el ciego sale aquí;

—"aplauso y perdon.

With title page, in bound volume issued Madrid: Benito Cano; Manuel Quiroga, 1792. CS IIa-14

330a. Identical printing, in bound volume issued Madrid: Benito García; Viuda de Quiroga, 1806. CS IIb-14

CRIADOS Y EL ENFERMO, LOS. Anonymous.

331. Saynete, / Intitulado / LOS CRIADOS / Y EL ENFERMO, / Representado En Los Teatros De Esta Corte. / Para Siete Personas. (A)-A_2, 12pp.(-1). Madrid: Manuel Quiroga. Modern s.

—Yo me muero; yo estoy, Pedro,

—Todas las faltas que haya notado.

With title page, in bound volume issued Madrid: Benito Cano; Manuel Quiroga, 1791. CS I-14

CRISTÓBAL COLÓN. Luciano Francisco Comella.

332. Núm. 15. / CHRISTOVAL COLON: / Comedia En Tres Actos / Por Don Luciano Francisco Comella. A-E, 36pp.(-1). Barcelona: Juan Francisco Piferrer; Juan Sellent. Modern s.

—Qué dulces son los momentos

—por mas que se la obscurezca.

With ink stamp of the Imprenta de Orga, Valencia (see item 29).

P 959-14

CRUELDAD POR EL HONOR, LA. Juan Ruiz de Alarcón y Mendoza.

333. Comedia Famosa. / LA CRUELDAD POR EL HONOR. / De Don

Juan Ruiz De Alarcon. A-E, 35pp.+one blank page. Madrid: Theresa de Guzmań, Lonja de Comedias de la Puerta del Sol, Librería de (Manuel?) González.

—AY ¡ Doy al diablo la caza,
—de los Annales de España.

Sticker of Librería de (Manuel?) González pasted over bookseller data.

P 968-2

333a. Another copy. Lacks Librería de (Manuel?) González sticker.

P 1057-12

CRUZ EN LA SEPULTURA, LA.

See: *Devoción de la Cruz, La.*

CUÁL ES AFECTO MAYOR, LEALTAD, SANGRE, O AMOR.

Francisco Antonio de Bances Candamo.

334. QUAL ES AFECTO MAYOR, / LEALTAD, SANGRE O AMOR. / Comedia En Tres Actos / Por Don Francisco Banzes Candamo. / Representada Nuevamente En Esta Corte / Con El Titulo / De TRIUNFO DE TOMIRIS / En Celebridad De La Exaltación Al Trono / De Nuestro Muy Augusto Monarca / Don Carlos IV. (Que Dios Guarde.). A-F_2, 48pp.(-1). Modern s.

—DE Isis al Templo dichoso
—el perdon solo por lauro.

Coleccion de las mejores comedias nuevas que se van representando en los teatros de esta corte. T. I. Madrid: Manuel Gonzalez, 1789. Item eight.

P 926-1

334a. Another copy. P 983-12

CUÁL ES LO MÁS EN AMOR, EL DESPRECIO, O EL FAVOR.

Salvador de la Cueva.

335. Comedia Famosa. / Fiesta De Zarzvela, / Llamada QVAL ES LO MAS EN AMOR, / El Desprecio, ò el Favor. / De Salvador De La Cveva. T-T_4, pp.280-301. (*Comedias escogidas,* 43, 8. Madrid: Antonio Gonçalez de Reyes for Manuel Melendez, 1678).

—En vn pastoral alvergue,
—graves instrumentos. P 919-8

CUÁL ES MAYOR PERFECCIÓN. Pedro Calderón de la Barca.

336. N. 221. / Comedia Famosa. / QUAL ES MAYOR PERFECCION. / De D. Pedro Calderon De La Barca. A-E_2, 40pp. Valencia: Joseph y Thomás de Orga, 1777.
–FAmosa tarde tendràs
–para muger la prudente. P 1055-6

CUANDO NO SE AGUARDA. Francisco de Leiva Ramirez de Arellano.

337. Num. 300. / QVANDO NO SE AGVARDA: / Comedia / Famosa, / De Don Francisco de Leiba Ramirez de Arellano, natural de Malaga. A-D_2, 32pp.(-1). Sevilla: Imprenta Real.
–Suspende, señora, el llanto.
–pide el perdon de sus faltas. P 958-18

338. QVANDO NO SE AGVARDA. / De Don Francisco De Leiva / Ramirez de Arellano, natural de Malaga. I-L, fols.63r-81v. (*Comedias escogidas,* 40, 4. Madrid: Iulian de Paredes, 1675).
–Suspende señora el llanto,
–pide el perdon de sus faltas. P 915-4

CUANTAS VEO TANTAS QUIERO. Sebastián de Villaviciosa, & Francisco de Avellaneda.

339. Num. 245*. / Comedia Famosa. / QUANTAS VEO, / TANTAS QUIERO. / De Don Sebastian de Villaviciosa, y Don Francisco / de Avellaneda. A-D_2, 32pp. Madrid: Antonio Sanz, 1747.
–DON Carlos, seais bien venido,
–la Comedia mas entradas. P 980-13

340. *N. 205. / Comedia Famosa. / QUANTAS VEO, / TANTAS QUIERO. / De Don Sebastian De Villaviciosa, / y Don Francisco de Avellaneda. A-D_2 32pp. Valencia: Joseph y Thomás de Orga, 1776.
–DON Carlos, seais bien venido,
–la Comedia mas entradas. P 934-9

CUANTO CABE EN HORA Y MEDIA. Juan de Vera Tassis y Villarroel.

341. La Gran Comedia, / QVANTO / CABE EN HORA / Y MEDIA. / De Don Ivan de Vera y Villarroel. D-F, fols.23r-41v. (*Comedias escogidas,* 46, 2. Madrid: Francisco Sanz, 1679).
–Al rocio de la Aurora
–señal que no leen de prisa. P 1000-10

CUANTO MIENTEN LOS INDICIOS, Y EL GANAPAN DE DESDICHAS. Juan Bautista Diamante.

342. N. 63. / Comedia Famosa. / QUANTO MIENTEN / LOS INDICIOS, / Y EL GANAPAN / DE DESDICHAS. / De Don Juan Bautista Diamante. A-D, 28pp. Valencia: Viuda de Joseph de Orga, 1763.
–ALeve traicion.
–perdonad sus muchos yerros. P 901-18

342a. Another copy. P 982-13

CUATRO ESTRELLAS DE ROMA, Y EL MARTIRIO MÁS SANGRIENTO, SAN EUSTAQUIO, LAS. Anonymous.

343. Comedia Famosa. / LAS QUATRO ESTRELLAS / DE ROMA. / Y EL MARTIRIO MAS SANGRIENTO. / SAN EVSTACHIO. / De Un Ingenio de Talavera La Real. A-E, 36pp. Barcelona: Pedro Escuder.
–VAlerosos Capitanes,
–y el Martyrio mas sangriento. P 936-6

CUENTA DE PROPIOS Y ARBITRIOS, LA. Anonymous.

344. Saynete, / Intitulado / LA CUENTA DE PROPIOS / Y ARBITRIOS, / Representado En Los Teatros De Esta Corte. / Para Ocho Personas. (a)-a_3, 8pp.(-1). Madrid: Manuel Quiroga. Modern s.
–¿A dónde vas, muger?
–se premien nuestros deseos.
With title page, in bound volume issued Madrid: Benito Cano; Manuel Quiroga, 1791. CS I-15

CUENTAS DEL GRAN CAPITÁN, LAS. José de Cañizares.

345. *N. 189. / Comedia Famosa. / LAS CUENTAS / DEL GRAN CAPITAN. / De Don Joseph De Cañizares. A-D_2, 32pp. Madrid: Antonio Sanz, 1746.
–BAsta hasta aqui.
–como un vitor os merezcan. P 920-8

CUERDOS HACEN EL ESCARMIENTO. Francisco de Villegas.

346. Comedia Famosa. / CVERDOS HAZEN EL ESCARMIENTO. / De Don Francisco De Villegas. H_2-K_3(K_4), pp.115-150+one page ms. Modern s in ms portion.

—Mucho, señora, me admira

—que perdoneis yeros [sic] tantos. (ms).

Comedias escogidas, 30, 4. Madrid: Domingo Garcia Morràs for Domingo Palacio y Villegas, 1668. Last page ms. P 932-11

CUEVA Y CASTILLO DE AMOR.

Francisco de Leiva Ramírez de Arellano.

347. Comedia Famosa, / CVEBA, Y CASTILLO / DE AMOR. / De Don Francisco De Leyba. A-C_4, 45pp. (*Comedias escogidas,* 43, 1. Madrid: Antonio Gonzalez de Reyes for Manuel Melendez, 1678).

—Què horrorosa tempestad

—acaba a vuestros pies puesto. P 919-1

348. Num. 10. / Comedia Famosa. / CUEBA, / Y CASTILLO DE AMOR. / De Don Francisco De Leyba. A-E, (36pp.). Madrid: Antonio Sanz, 1745.

—QUè horrorosa tempestad

—acaba à vuestros pies puesto. P 985-13

CUMPLIR CON SU OBLIGACIÓN. Juan Pérez de Montalván.

349. N. 237. / Comedia Famosa. / CUMPLIR / CON SU OBLIGACION. / De Don Juan Perez De Montalvan. A-D_2, 32pp. Valencia: Joseph y Thomás de Orga, 1781.

—EN fin, te casas?

—por el gusto de serviros. P 947-6

349a. Another copy. P 984-6

CUMPLIR DOS OBLIGACIONES, Y DUQUESA DE SAJONIA.

Luis Vélez de Guevara.

350. La Gran Comedia / CVMPLIR DOS / OBLIGACIONES. / De Lvis Velez De Gvevara. A-C_4, 21fols.

—Naranjo.

—mañana temprano Plaça.

Comedias escogidas, 7, 9. Madrid: Domingo Garcia y Morràs for Domingo de Palacio, 1654. P 943-4

351. N. 124. / Comedia Famosa. / CUMPLIR / DOS OBLIGACIONES, / Y DUQUESA / DE SAXONIA. / De Don Luis Velez De Guevara. A-D_2, 32pp. Valencia: Viuda de Joseph de Orga, 1768.

—APrisa, aprisa, García,
—cumplir dos obligaciones. P 926-12

CUMPLIRLE A DIOS LA PALABRA. Juan Bautista Diamante.

352. Num. 36. / Comedia Famosa. / CVMPLIRLE A DIOS / LA PALABRA. / De Un Ingenio De Esta Corte. A-D_2, 32pp. Barcelona: Pedro Escuder, 1756.

—AUnque pudiera opponerme
—Cumplirle à Dios la Palabra. P 928-1

352a. Another copy. P 952-16

352b. Another copy. P 982-2

* * *

CHARPA MÁS VENGATIVA, Y GUAPO BALTASARET, LA.
Anonymous.

353. N. 145. / Comedia Nueva. / LA CHARPA / MAS VENGATIVA, / Y GUAPO BALTASARET. / De Un Ingenio Valenciano. A-D_2, (32pp.). Madrid: Antonio Sanz, 1747.

—ESSO dixo, Leudomia? *Leud.* Si señora:
—Y sobre todo canela. P 938-10

CHASCO DEL SILLERO, Y SEGUNDA PARTE DEL DÍA DE LOTERÍA, EL. Anonymous.

354. Saynete, / Intitulado / EL CHASCO / *DEL SILLERO,* / Y SEGUNDA PARTE / DEL DIA DE LOTERIA, / Representado En Los Teatros De Esta Corte, / Para Once Personas. (a)-a_3, 12pp.(-1). Madrid: Manuel Quiroga, 1792. Modern s.

—«La lotería pasada
—vuestra gracia y vuestro aplauso.

With title page, in bound volume issued Madrid: Benito Cano; Manuel Quiroga, 1792. For first part see: *Día de la loteria.* Primera parte.
CS IIa-10

354a. Identical printing, in bound volume issued Madrid: Benito García; Viuda de Quiroga, 1806. CS IIb-10

CHICO BATURI. Antonio Sigler de Huerta, Jerónimo de Cáncer y Velasco, & Pedro Rosete Niño.

355. La Gran Comedia / De CHICO BATVRI. / De Tres Ingenios. / Don Antonio De Hverta, Don / Geronimo Cancer, y Don Pedro Rosete. A-D_2, (32pp.).

–Dexame, Laura, por Dios,
–os piden perdon rendidos. P 965-4

356. Num. 114. / La Gran Comedia / De CHICO VATVRI. / De Tres Ingenios. A-E, 36pp.(-1).

–Dexame, Laura, por Dios,
–os piden perdon rendidos. P 980-2

CHICO Y LA CHICA, EL. Ramón de la Cruz.

357. Saynete, / Intitulado / *EL CHICO Y LA CHICA,* / Representado En Los Teatros De Esta Corte. / Para Cinco Personas. (a)-a_3, 12pp.(-1). Madrid: Manuel Quiroga, 1791. Modern s.

– ¡Ay, Rosita infeliz,
–aplaudidla, ó disculpadla.

With title page, in bound volume issued Madrid: Benito Cano; Manuel Quiroga, 1792. CS IIa-12

357a. Identical printing, dated 1804, Viuda de Quiroga, in bound volume issued Madrid: Benito García; Viuda de Quiroga, 1806. Misbound as follows: pp.1-2, 5-6, 3-4, 9-10, 7-8, 11-12. CS IIb-11

358. Saynete, / Intitulado / EL CHICO Y LA CHICA, / Representado En Los Teatros / De Esta Corte / Para Cinco Personas. (a)-a_3, 12pp.(-1). Madrid: Viuda e hijo de Quiroga, 1804. Modern s.

– ¡Ay Rosita infeliz,
–aplaudidla, ó disculpadla.

With title page. P 979-8

CHIRIVITAS EL YESERO. Ramón de la Cruz.

359. Saynete, / Intitulado / CHIRIVITAS / EL YESERO, / Representado En Los Teatros De Esta Corte, / Para Siete Personas. (a)-a_3,

12pp.(-1). Madrid: Manuel Quiroga, 1792. Modern s.

—En nada he puesto hoy la mano

—de los defectos que tenga.

With title page, in bound volume issued Madrid: Benito Cano; Manuel Quiroga, 1792. CS IIa-11

359a. Almost identical printing, but with new title format: "Saynete / Intitulado / CHIRIVITAS EL YESERO," and lacking 1792 date. In bound volume issued Madrid: Benito García; Viuda de Quiroga, 1806. CS IIb-12

360. 3. / Saynete, / Intitulado / CHIRIVITAS / EL YESERO, / Representado En Los Teatros De Esta Corte. / Para Siete Personas. (I)-*, 9pp.(-1)+2pp. of titles. Valencia: Yernos de Josef Estevan; José Carlos Navarro, 1812. Modern s.

—En nada he puesto hoy la mano

—de los defectos que tenga.

With title page. P 979-9

* * *

DAMA CAPITÁN, LA. Diego & José de Figueroa y Córdoba.

361. Num. 205. / Comedia Famosa, / LA DAMA / CAPITAN. / De D. Diego Y D. Joseph De Figueroa Y Cordova. A-E, (36pp.).

—PIsa quedo.

—à su Autor por premio vn vitor. P 1121-22?

362. Num. 134. / Comedia Famosa. / LA DAMA / CAPITAN. / De Don Diego, Y Don Joseph De Figueroa Y Cordova. A-E, (36pp.). Barcelona: Carlos Sapera, 1770.

—PIsa quedo. *Mart.* Apenas toco

—à su Autor por premio un vitor.

Sticker of Librería y Puesto de Cuesta (Madrid) pasted over printer data. P 985-7

DAMA CORREGIDOR, LA.

Juan de Zabaleta & Sebastián de Villaviciosa.

363. Comedia Famosa, / LA DAMA CORREGIDOR. / De Don Jvan De Zavaleta, Y Don Sebas / tian de Villaviciosa. A-E, (36pp.).

—TEn esse estrivo.

—y Juez de su misma causa. P 969-17

364. Num. 149. / Comedia Famosa. / LA DAMA CORREGIDOR. / De Don Juan De Zabaleta, / y Don Sebastian de Villaviciosa. A-E, 36pp.(-1). Madrid: Antonio Sanz, 1756.

—TEn esse estrivo.
—y Juez de su misma causa. P 936-12

DAMA DUENDE, LA. Pedro Calderón de la Barca.

365. Num. 48. / Comedia Famosa. / LA DAMA / DUENDE. / De Don Pedro Calderon De La Barca. A-D2, (32pp.). Madrid: Antonio Sanz, 1729.

—POR vna hora no llegamos
—os le pide à vuestras plantas. P 1051-11

366. N. 23. / Comedia Famosa. / LA DAMA / DUENDE. / De D. Pedro Calderon De La Barca. A-E, 36pp. Valencia: Hermanos de Orga, 1792. Modern s.

—POr un hora no llegamos
—os le pide á vuestras plantas. P 954-2

DAMA MELINDROSA, LA. Lope Félix de Vega Carpio.

367. Num. 18. / LA DAMA MELINDROSA. / Comedia Famosa. / De Lope De Vega Carpio. A-F, 44pp. Zaragoza: Imprenta de la Plaza del Carbón.

—En fin, se ha quitado el luto?
—Senado, perdon os pido. P 974-3

DAMA MUDA, LA. Anonymous.

368. Num. 139. / Comedia Famosa. / LA DAMA / MUDA. / De Un Ingenio De Esta Corte. (A)-D2, (32pp.). Barcelona: Carlos Sapera, 1770.

—QUe haya de ser tan sutil
—perdone los muchos yerros. P 928-8

DAMA PRESIDENTE, LA. Francisco de Leiva Ramírez de Arellano.

369. LA DAMA PRESIDENTE. / Comedia / Famosa, / De D. Francisco De Leyba Remirez [sic] De / Arellano, natural de la Ciudad

de Malaga. A-D_2, 32pp.(-1). Sevilla: Joseph (Antonio) de Hermosilla.
—Aunque es oy el primer dia,
—dà por disculpa'à sus faltas. P 985-14

370. N. 150. / Comedia Famosa. / LA DAMA / PRESIDENTE. / De Don Francisco de Leyva Ramirez de Arellano. A-E, 36pp. Madrid: Antonio Sanz, 1748.
—AUnque es oy el primer dia,
—dà por disculpa à sus faltas. P 930-10

DANIEL DE LEY DE GRACIA, Y NABUCO DE LA ARMENIA, EL.
Tomás de Añorbe y Corregel.

371. Comedia Famosa. / EL DANIEL DE LEY DE GRACIA, / Y NABUCO DE LA ARMENIA. / Compuesta Por Don Thomas De Añorbe, Y Corregel, / Capellàn de su Magestad, en el Real Convento de la Encarnacion de Madrid. A-D_2, 32pp.
—AMayna la mayor, aferra, aferra.
—los yerros del primer rasgo. P 958-7

DAR LA VIDA POR SU DAMA, EL CONDE DE SEX.
See: *Conde de Sex, El.*

DAR TIEMPO AL TIEMPO. Pedro Calderón de la Barca.

372. Num. 312. / Comedia Famosa, / DAR TIEMPO / AL TIEMPO. / Fiesta que se representò à sus Magestades en el Salòn de su Real Palacio. De Don Pedro Calderon De La Barca. A-E_2, 40pp.(-1).
—VIve Dios, que tienes cosas
—de quien yaze à vuestros pies. P 1056-1

373. La Gran Comedia, / de DAR TIEMPO AL TIEMPO. / De Don Pedro Calderon. A-C_4, 22fols.(-1).
—Viue Dios, que tienes cosas
—de quien yaze a vuestros pies.
Comedias escogidas, 17, 1. Madrid: Melchor Sanchez for San Vicente, 1662. P 992-9

DARLO TODO, Y NO DAR NADA.
Pedro Francisco de Lanini y Sagredo.

374. DARLO TODO, Y NO DAR NADA, / Comedia Bvrlesca. / De

Don Pedro Francisco Lanine Sagredo. Ff-Gg4, pp.141(441)-473.

—El grande Alexandro viua.

—muera Argel, y viua España.

Comedias escogidas, 36, 11. Madrid: Ioseph Fernandez de Buendia for Manuel Melendez, 1671. P 908-4

375. Num. 80. / Comedia Famosa. / DARLO TODO, / Y NO DAR NADA. / Fiesta que se representó à sus Magestades en el Salon / de su Real Palacio. / De Don Pedro Calderon De La Barca. A-F, (44pp.). Barcelona: Carlos Sapera; Francisco Suriá, 1765.

—EL Gran Alexandro viva.

—DARLO TODO, Y NO DAR NADA.,

Also on title page: "Personas que haban [sic] en ella." P 1051-12

DAVID PERSEGUIDO, Y MONTES DE GELBOÉ.

Lope Félix de Vega Carpio.

376. Num. 149. / Comedia Famosa. / DAVID / PERSEGUIDO, / Y MONTES DE GELBOE. / De Lope De Vega Carpio. A-D2, 32pp.(-1). Salamanca: Santa Cruz.

—HA Gentil hombre.

—el assumpto de sus glorias. P 972-9

377. Num. 183. / Comedia Famosa. / DAVID PERSEGUIDO, / Y MONTES DE GELBOE. / De Lope De Vega Carpio. A-D2, 32pp.(-1). Barcelona: Juan Serra y Nadal.

—HA Gentil hombre.

—el assumpto de sus glorias. P 1120-6

DE FUERA VENDRÁ QUIEN DE CASA NOS ECHARÁ.

Agustín Moreto y Cabaña.

378. *N. 18. / Comedia Famosa. / DE FUERA / VENDRA / QUIEN DE CASA / NOS ECHARA. / De Don Agustin Moreto. A-E, 36pp.(-1). Madrid: Antonio Sanz, 1785.

—O Maldita sea el alma que os consiente,

—quien nos echará de casa. P 951-14

379. Núm. 149. / Comedia Famosa. / DE FUERA VENDRA / QUIEN DE CASA / NOS ECHARA. / De Don Agustin Moreto. A-E, 35pp. Barcelona: 1790. Modern s.

—O Maldita sea el alma que

—quien nos echará de casa.
Madrid: Isidro López. P 905-19

DE LOS HECHIZOS DE AMOR LA MÚSICA ES EL MAYOR, Y EL MONTAÑÉS EN LA CORTE. José de Cañizares.

380. *N. 23. / Comedia Famosa. / DE LOS HECHIZOS / DE AMOR, / LA MUSICA ES EL MAYOR, / Y EL MONTANES / EN LA CORTE. / De Don Joseph De Cañizares. A-D_2, 32pp. Madrid: Antonio Sanz, 1746.
—CON que tomaste el papel?
—y dos, ò tres palmaditas. P 920-10

DE UN CASTIGO DOS VENGANZAS. Juan Pérez de Montalván.

381. Comedia Famosa. / DE VN CASTIGO DOS VENGANZAS. / Del Dr. Ivan Perez De Montalvan. A-E, (38pp.).
—Esto que te digo, passa,
—estimad de quien la paga. P 1121-7?

382. Num. 3. / DE UN CASTIGO DOS VENGANZAS. / Comedia / Famosa, / Del Doct. Juan Perez De Montalvan. A-E, 36pp.(-1). Sevilla: Imprenta de los Gómez.
—Esto que te digo passa,
—pues escrive quanto alcanza. P 984-3

DE UN CASTIGO TRES VENGANZAS. Pedro Calderón de la Barca.

383. Comedia Famosa, / DE UN CASTIGO / TRES VENGANZAS. / De Don Pedro Calderon. A-D_2, (32pp.). Valladolid: Alonso del Riego.
—Vengas con bien Enrique, donde sean.
—mia, tuya, y la de Enrico. P 1051-14

383a. Another copy. P 1056-3

DE UNA CAUSA DOS EFECTOS. Pedro Calderón de la Barca?

384. Num. 47. / Comedia Famosa. / DE UNA CAUSA / DOS EFECTOS. / De Don Pedro Calderon. A-D, 28pp.(-1). Sevilla: Joseph Padrino.
—Quê hace Carlos?
—y perdones, siendo mala. P 1051-13

385. Comedia Famosa / El Amor haze Discretos. / De Vn Ingenio De Esta Corte. O_2-Q_4, pp.204-245.

—Que haze Carlos? *Enriq.* Todo el dia

—y perdonareis las faltas.

Comedias escogidas, 37, 6. Madrid: Melchor Alegre for Domingo Palacio y Villegas, 1671. P 911-5

DEFENSA EN LA VERDAD, LA. Lope Félix de Vega Carpio.

386. LA DEFENSA EN LA VERDAD. / Comedia / Famosa. / De Lope De Vega Carpio. A-E, 18 fols.

—Si nos faltan dos jornadas,

—vuessas mercedes perdonen. P 998-7

DEFENSOR DE SU AGRAVIO, EL. Agustín Moreto y Cabaña.

387. N. 47. / Comedia Famosa. / EL DEFENSOR / DE SU AGRAVIO. / De Don Agustin Moreto. A-D_2, 32pp. Madrid: Antonio Sanz, 1748.

—NAda que hables te he de oir,

—el Defensor de su Agravio. P 905-13

388. Núm. 15. / Comedia Famosa. / EL DEFENSOR / DE SU AGRAVIO. / De Don Agustin Moreto. I-2*(4*), 32pp. Valencia: Ildefonso Mompié, (Miguel) Domingo y (Ildefonso) Mompié; 1817. Modern s.

—NAda que hables te he de oir,

—el Defensor de su Agravio. P 949-7

388a. Another copy. P 951-5

DEFENSOR DEL PEÑÓN, EL. Juan Bautista Diamante.

389. Comedia / Famosa, / EL DEFENSOR DEL PENON, / De Don Juan Bautista Diamante. A-C_2, 40pp.

—Esta es, famoso Avenzayde,

—que mereciesse agradaros: [sic]

Ameno jardin de comedias, de los insignes autores don Antonio de Zamora, don Juan Bautista Diamante, y don Alvaro Cubillo de Aragon. Madrid, 1734. Item five. A factitious volume. The Table of Contents is three pieces of paper, pasted together, each listing plays of one author. The 1670 edition of the *comedias* of Diamante has the same plays of

his, in the same order, at the beginning of vol. 1, but with different signatures and pagination. The volume contains four plays by Antonio de Zamora, six by Diamante, and four by Alvaro Cubillo de Aragón.
P 901-11

389a. Another copy. P 982-3

DEJAR POR AMOR VENGANZAS. Cristóbal de Morales.

390. DEXAR POR AMOR VENGANZAS. / Comedia Famosa. / De Don Christoval De Morales. A-A_4(D_4), (32pp.).
—Al pie de aquesse laurel
—perdonad noble Senado. P 989-8

DEJAR UN REINO POR OTRO, Y MÁRTIRES DE MADRID.
Jerónimo de Cáncer y Velasco, Sebastián de Villaviciosa, & Agustín Moreto y Cabaña.

391. DEXAR VN REYNO POR OTRO, / Y MARTIRES DE MADRID. / Comedia Famosa. / De Don Geronymo Cancer, de Don Sebastian de / Villaviciosa, y de Moreto. A-(D_2), (32pp.).
—No estoy en mi de tristeza.
—tener en nuestros añales. [sic]
Badly cut bottom margins. P 965-9

DEL CIELO VIENE EL BUEN REY. Rodrigo de Herrera y Ribera.

392. Num. 247. / DE EL CIELO VIENE EL BVEN REY. / Comedia / Famosa, / De Don Rodrigo De Herrera. A-D, 28pp.(-1). Sevilla: Imprenta Real.
—Sueño pesado y fuerte,
—este caso verdadero. P 938-1

393. Comedia Famosa / del Cielo viene el buen Rey. / de Don Rodrigo de / Herrera. (ms). Dd-Ee_4, fols.(214v)-132(232)v. Modern s in ms portion.
—Sueño pesado, y fuerte (ms).
—este caso verdadero.
Comedias escogidas, 8, 10. Madrid: Andres Garcia de la Iglesia for Iuan de San Vicente, 1657. First page ms. P 999-12

DEL MAL EL MENOS, Y AVERÍGÜELO VARGAS.
Gabriel Téllez (Tirso de Molina).

394. "Del mal el menos, y averiguelo Vargas. Madrid, *n.d.*," In missing volume. Possibly: A-E_2, 39pp. Madrid: Theresa de Guzmán (1735?). P 973-*i*

DEL REY ABAJO NINGUNO, Y LABRADOR MÁS HONRADO GARCÍA DEL CASTAÑAR. Francisco de Rojas Zorrilla.

395. *N. 21. / Comedia Famosa. / DEL REY ABAXO / NINGUNO, / Y LABRADOR MAS HONRADO / GARCIA DEL CASTANAR. / De Don Francisco De Roxas. A-D, 28pp.(-1). Madrid: Antonio Sanz, 1749. Modern s.

—DON Mendo, vuestra demanda
—y principio á mis hazañas. P 971-22

396. N. 12. / Comedia Famosa. / DEL REY ABAXO NINGUNO, / Y LABRADOR MAS HONRADO / GARCIA DEL CASTANAR. / De Don Francisco De Roxas. A-D, 28pp. Valencia: Joseph y Thomás de Orga, 1776. Modern s.

—DOn Mendo, vuestra demanda
—y principio á mis hazañas. P 962-14

DELINCUENTE HONRADO, EL. Gaspar Melchor de Jovellanos.

397. Núm. 1. / Tragi-Comedia: / EL DELINCUENTE / HONRADO. / Caso sucedido en la Ciudad de Segovia en el año de 1738. A-C_2, 24pp. Barcelona: Juan Francisco Piferrer; Juan Sellent, Madrid: Librería de Quiroga. (Prose). Modern s.

—No hay remedio: es fuerza
—los inocentes oprimidos. P 956-3

398. EL DELINQUENTE / HONRADO. / Comedia En Prosa. / Publicala / Don Toribio Suarez / De Langreo. Fielmente Corregida, Adicionada y Emendada / En Esta Septima Impression. A-D_2, 32pp.(-1). Madrid: Librería de Quiroga, 1803. Modern s.

—No hay remedio: ya es preciso
—los inocentes oprimidos.

With title page. P 966-3

DELINCUENTE SIN CULPA, Y BASTARDO DE ARAGÓN, EL.
Juan de Matos Fragoso.

399. Famosa / Comedia / EL DELINCVENTE SIN/ culpa, y Bastardo

de Aragon. / De D. Ivan De Matos Fregoso. G-I_2, fols.45r-66r.

–Yo voy de priessa, no quiero

–suplica tambien lo mesmo.

Comedias escogidas, 14, 3. Madrid: Domingo Garcia y Morràs for Domingo Palacio y Villegas, 1660. P 990-3

400. N. 180. / Comedia Famosa. / EL DELINCUENTE / SIN CULPA, / Y BASTARDO DE ARAGON. / De Don Juan De Matos Fragoso. A-E, 36pp. Valencia: Joseph y Thomás de Orga, 1772.

–YO voy de priessa, no quiero

–suplica tambien lo mesmo. P 986-4

DESAFÍO DE CARLOS QUINTO, EL. Francisco de Rojas Zorrilla.

401. Comedia Famosa. / EL DESAFIO DE / CARLOS V. / De Don Francisco De Roxas. A-D_2, 32pp. Salamanca: Santa Cruz.

–COpia de la luz primera,

–no harà mucho, aunque le preste. P 971-13

DESAGRAVIOS DE CRISTO, LOS. Alvaro Cubillo de Aragón.

402. Num. 178. / LOS DESAGRAVIOS DE CHRISTO. / Comedia / Famosa, / De Don Alvaro Cvbillo De Aragon. A-D_2, 32pp.(-1). Sevilla: Francisco de Leefdael.

–Quantas victorias me ha dado

–y el triunfo en ellas de Christo.

At bottom of first page, ms: "en la lonja de comedias a la puerta del sol" (Madrid). P 901-5

403. Comedia. / Famosa. / LOS DESAGRAVIOS DE CHRISTO. P_4-R_4, pp.222-256.

–Quantas vitorias me ha dado

–y el triunfo en ellas de Christo.

Preceded, P_3, p.221, by: "Obras à varios assuntos. / Villancico Al Santissimo Sacramento / con alusion al Principe por nacer. / Estrivillo" ("Vengan a ver, vengan a ver"). Followed, pp. 256-257, by: "Al Nacimiento De La Se- / renissima Infanta doña Margarita Maria, / Neustra señora. / Del Avtor. / Contra si mismo, por auer escrito al Principe sin nacer. / Quintillas" ("Enmudeced Musa mia,"); and, pp.257-258, by: "A La Salida A Missa De Parida De / La Reyna nuestra Señora doña María Ana de Austria" (*Romance:* "Saliò a Missa de parida,"). *El enano de las mvsas. Comedias, y obras diversas, con vn poema de las cortes del leon, y del agvila, acerca del bvo gallego. Sv avtor Alvaro Cvbillo de Aragon.* Madrid: Maria de Quiñones for Iuan de Valdes, 1654. Item four. P 902-14

404. *N. 206. / Comedia Famosa. / LOS DESAGRAVIOS / DE CHRISTO. / De Alvaro Cubillo De Aragon. A-D, (28pp.). Madrid: Antonio Sanz, 1751.

–QUantas victorias me ha dado

–y Desagravios de Christo. P 952-7

DESDÉN CON EL DESDÉN, EL. Agustín Moreto y Cabaña.

405. Comedia / Famosa / EL DESDEN CON / EL DESDEN. / De Don Agvstin Moreto. A-E, (36pp.).

–Yo he de perder el sentido.

–el Desden con el Desden. P 994-1

406. Comedia / EL DESDEN CON EL DESDEN. / De Don Agustin Moreto. A-D_2, 32pp.(-1). Madrid: 1803. Modern s.

–Yo he de perder el sentido

–el Desdén con el Desdén. P 905-14

DESDÉN CON EL DESDÉN, EL. Anonymous.

407. EL DESDEN / CON EL DESDEN. / Comedia Burlesca, / Escrita / Por Un Ingenio De Esta Corte. A-E_2, 39pp.(-1)+apologetic note on p.40. Madrid: Lonja de Comedias de la Puerta del Sol, 1744.

–NUnca tan triste te vì;

–Y aquì paz, y despues gloria. P 938-4

407a. Another copy. P 967-2

DESDÉN VENGADO, EL. Lope Félix de Vega Carpio.

408. Comedia Famosa. / EL DESDEN VENGADO. / De Don Francisco De Roxas. A-D_2, 16fols.(-1).

–Las tres han dado.

–que assi vn desprecio se venga.

Comedias escogidas, 16, 4. Madrid: Melchor Sanchez for Mateo de la Bastida, 1662. P 988-1

DESDICHA DE LA VOZ, LA. Pedro Calderón de la Barca.

409. N. 133. / Comedia Famosa. / LA DESDICHA / DE LA VOZ. / De Don Pedro Calderon De La Barca. A-E_2, (39pp.). Madrid: Antonio Sanz, 1746.

–AMiga mia, ya sabes
–que perdoneis nuestras faltas. P 1051-15

DESDICHA VENTUROSA, LA. Juan Pérez de Montalván.

410. LA DESDICHA VENTVROSA. / Comedia / Famosa. / Del Doctor Ivan Perez De Montalvan. (A-D_2), (32pp.).

–En fin te has determinado?
–o ya vn vitor que la ensalce.

Badly cut bottom and top margins. P 995-5

DESEADO PRÍNCIPE DE ASTURIAS, Y JUECES DE CASTILLA, EL. Juan Claudio de la Hoz y Mota (& Pedro Francisco de Lanini y Sagredo?).

411. Comedia Famosa. / EL DESEADO / PRINCIPE DE ASTURIAS, / Y JUECES DE CASTILLA. / De Un Ingenio De Esta Corte. A-E, 36pp. Madrid: Manuel Quiroga. Modern s.

–NUestro Invicto Rey Ordoño,
–Viva y reyne edades largas. P 928-12

DESGRACIA VENTUROSA, LA. Fernando de Zárate.

412. Comedia Famosa / La Desgracia Venturosa. / De D. Fernando De Zarate. Cc_2-Ee_2, pp.(401)-438.

–Dexame morir. *Ric.* Señor,
–fin la Desgracia Venturosa.

Comedias escogidas, 37, 12. Madrid: Melchor Alegre for Domingo Palacio y Villegas, 1671. P 911-9

DESPRECIAR LO QUE SE QUIERE. Juan Pérez de Montalván.

413. DESPRECIAR LO QVE SE QVIERE. / Comedia / Famosa. / Del Doctor Ivan Perez / De Montalvan. A-E_2, (40pp.).

–Hermosa vienes, Leonor.
–Despreciar lo que se quiere. P 998-10

DESPRECIO AGRADECIDO, EL. Lope Félix de Vega Carpio.

414. Comedia. / EL DESPRECIO AGRADECIDO, / Por / Frey Lope De Vega Carpio. / En Tres Actos. A-D_2, 33pp.+page of titles. Madrid: (Antonio) Cruzado; Librería de Campo, Puesto de (Josef) Sánchez, 1804. Modern s.

–Qué torpe salto que diste!
–EL DESPRECIO AGRADECIDO. P 950-11

DESPRECIOS EN QUIEN AMA, LOS. Juan Pérez de Montalván.

415. LOS / DESPRECIOS EN QVIEN AMA. / Comedia / Famosa, / De Lope de Vega Carpio. A-E, (36pp.).

–Carlos, solo me acompañe,
–los desprecios en quien ama. P 1121-3?

416. N. 259. / Comedia Famosa. / LOS DESPRECIOS / EN QUIEN AMA. / De Don Juan Perez De Montalvan. A-D, 28pp. Valencia: Joseph y Thomás de Orga, 1782.

–CArlos solo me acompañe,
–Los desprecios en quien ama. P 984-7

DESTE AGUA NO BEBERÉ. Andrés de Claramonte.

417. DESTE AGVA NO BEBERE. / Comedia Famosa. / De Andres De Claramonte. A-D_3, (32pp.).

–Coman los cauallos, que oy
–a la segunda Comedia. P 993-1

DESTRUCCIÓN DE TROYA, LA. Cristóbal de Monroy y Silva.

418. Num. 198. / Comedia Famosa. / LA DESTRUICION / DE TROYA. / De Don Christoval De Monroi Y Sylva. A-C_2, 24pp.(-1). Sevilla: Joseph Padrino.

–En esse Olympo, padre de diamantes,
–perdonad sus muchos yerros. P 953-6

419. Num. 69. / LA DESTRVICION DE TROYA. / Comedia / Famosa, / De D. Christoual De Monroy. A-D, 28pp.(-1). Sevilla: Viuda de Francisco de Leefdael.

–En esse Olimpo padre de diamantes,
–perdonad sus muchos yerros. P 970-6

420. N. 130. / Comedia Famosa. / LA DESTRUCCION / DE

TROYA. / De D. Christoval De Monroy Y Silva. A-D, 28pp. Valencia: Viuda de Joseph de Orga, 1768. Modern s.

–EN ese Olimpo, padre de diamantes,
–perdonad sus muchos yerros. P 929-7

DEVOCIÓN DE LA CRUZ, LA. Pedro Calderón de la Barca.

421. LA GRUZ [sic] EN LA SEPULTURA. / Comedia / Famosa / De Don Pedro Calderon. A-C_2, 24pp.(-1). Sevilla: Impreta [sic] de las Siete Revueltas.

–Mera por do và la burra.
–os pide humilde perdon. P 953-4

422. LA CRVZ EN LA SEPVLTVRA. / Comedia / Famosa / De Don Pedro Calderon. / Representòla Auendaño. A-D_2, (32pp.).

–Merà por do và la burra.
–os pide, humilde perdon. P 964-10

423. Comedia Famosa, / LA DEVOCION / DE LA CRVZ. / De Don Pedro Calderon De La Barca. A-E_2, 20fols.

–Verà por do và lla burra.
–felize acaba su Autor. P 1051-22

DEVOCIÓN DE LA MISA, LA. Pedro Calderón de la Barca.

424. (Cross patée) / Auto / Sacramental / Historial Alegorico, / LA DEVOCION / DE LA MISSA. / De Don Pedro Calderon De La Barca. A-D_2, (32pp.). Valladolid: Alonso del Riego.

–A Sangre, y fuego, Soldados,
–de su devocion. P 1052-1

DEVOCIÓN DEL ROSARIO, LA. Juan Bautista Diamante.

425. Num. 54. / LA DEVOCION DEL ROSARIO. / Comedia / Famosa. A-D, 32pp.(-1). Sevilla: Joseph (Antonio) de Hermosilla.

–En esta alfombra florida,
–y aqui la Comedia acabe.

Headlines, recto: "De D. Ivan Bautista Diamante." P 982-4

DÍA DE LA LOTERÍA, EL. *Primera Parte.* Anonymous.

426. Saynete, / Intitulado / EL DIA DE LA LOTERIA, / Primera

Parte, / Representado En Los Teatros De Esta Corte / Para Diez Personas. (a)-A_3, 12pp.(-1). Madrid: Manuel Quiroga. Modern s.

–"Todo sea festejo,

–que la aplaudais, si ha gustado.

With title page, in bound volume issued Madrid: Benito Cano; Manuel Quiroga, 1791. For second part see: *Chasco del sillero, y segunda parte del día de lotería, El.* CS I-16

DIABLO DE PALERMO, Y TIRANO DE TINACRIA, EL.
Manuel de Pereyra.

427. N. 7. / Comedia Famosa. / EL DIABLO / DE PALERMO, / Y TIRANO / DE TINACRIA. / De Don Manuel Pereyra. A-E, 36pp. Valencia: Viuda de Joseph de Orga, 1761.

–PUes ya à la Esquadra el puerto se

–de sola capa, y espada. P 937-7

DIABLO PREDICADOR, Y MAYOR CONTRARIO AMIGO, EL.
Luis de Belmonte Bermúdez?

428. Comedia Famosa. / EL DIABLO / PREDICADOR, / Y MAYOR CONTRARIO AMIGO. / De Un Ingenio De La Corte. A-E, 36pp.(-1). Salamanca: Santa Cruz.

–Ha del obscuro Reyno del esp*a*to,

–yà que no aplauso, perdon. P 942-12

429. N. 51. / Comedia Famosa. / EL DIABLO / PREDICADOR, / Y MAYOR CONTRARIO AMIGO. / De Un Ingenio De Esta Corte. A-E, 36pp. Madrid: Antonio Sanz, 1748.

–HA del obscuro Reyno del espanto,

–yà que no aplauso, perdon. P 952-6

430. N. 98. / Comedia Famosa. / EL DIABLO PREDICADOR, / Y MAYOR CONTRARIO AMIGO. / De Un Ingenio. A-E, 36pp. Valencia: Viuda de Joseph de Orga, 1765.

–HA del obscuro Reyno del esp*a*to,

–ya que no aplauso, perdon. P 967-3

DIABLOS SON LAS MUJERES. Juan Pérez de Montalván.

431. DIABLOS SON LAS MVGERES. / Comedia / Famosa. / Del Doctor Ivan Perez De Montalvan. A-D_2, 16fols.

—Dexadme, que me quereis?
—diablos todas las mugeres. P 912-5

DIABLOS SON LOS ALCAHUETES, Y EL ESPÍRITU FOLETO.
Antonio de Zamora.

432. N. 275. / Comedia Famosa. / DIABLOS / SON LOS ALCAHUETES, / Y EL ESPIRITU / FOLETO. / De Don Antonio De Zamora. A-E, 36pp. Valencia: Joseph y Thomás de Orga, 1782. Modern s.
—QUién dices *q* es quien me busca?
—ya que no el victor, pretende. P 954-5

DIADEMA EN TRES HERMANOS, EL MAYOR EL MÁS TIRANO, Y LA HERMANA MÁS AMANTE, LA. PRIMERA PARTE DEL CID.
José de Concha.

433. Num. 34. / Comedia Heroica. / LA DIADEMA / EN TRES HERMANOS / EL MAYOR EL MAS TIRANO / Y LA HERMANA MAS AMANTE. / Primera Parte del Cid. / Por Joseph De Concha Comico Español. A-D_2, 31pp.(-1). Barcelona: Viuda Piferrer; Juan Sellent, Madrid: Librería de Quiroga. Modern s.
—Vivan los Reyes herma- / nos,
—de una historia verdadera. P 978-11

DICIEMBRE POR AGOSTO, EL. Juan Vélez de Guevara.

434. Comedia Famosa. / EL DIZIEMBRE POR AGOSTO. / De Don Ivan Velez. A-D_2, 16fols.(-1).
—Dame mi planta su ceruiz altiua:
—y el Diziembre por Agosto.
Comedias escogidas, 16, 6. Madrid: Melchor Sanchez for Mateo de la Bastida, 1662. P 999-7

DICHA ES LA DILIGENCIA, LA. Tomás Osorio.

435. Comedia Famosa, / LA DICHA ES LA DILIGENCIA. / De Don Tomas Ossorio, Q_2-S_4, pp.242-279. (*Comedias escogidas,* 43, 7. Madrid: Antonio Gonçalez de Reyes for Manuel Melendez, 1678).
—Esto, Benito, ha de ser.
—del graue Benito Quesco. P 919-7

DICHA POR EL DESPRECIO, LA. Juan de Matos Fragoso.

436. N. 71. / Comedia Famosa. / LA DICHA / POR EL DESPRECIO. / De Don Juan De Matos Fragoso. A-D_2, 32pp. Valencia: Viuda de Joseph de Orga, 1764.

—COn un salto, quando menos,
—si acaso os merece un vitor.

This is not the same play as Lope de Vega's *El desprecio agradecido,* q.v.
P 986-5

DICHA POR MALOS MEDIOS, LA. Gaspar de Avila.

437. LA DICHA POR MALOS MEDIOS. / Comedia / Famosa / De Gaspar De Avila. Cc_3-Ee_4, fols.203r-221r.

—O soy tu criado, o no.
—la dicha por malos medios.

Comedias escogidas, 3, 10. Madrid: Melchor Sanchez for Ioseph Muñoz Barma, 1653.
P 933-1

437a. Another copy. P 964-7

437b. Another copy. P 995-10

DICHA Y DESDICHA DEL NOMBRE, LA. Pedro Calderón de la Barca.

438. Comedia Famosa. / DICHA, Y DESDICHA DEL NOMBRE. / De Don Pedro Calderon De La Barca. A-G, 52pp.

—ALegre estais. *Ces.* No quereis
—la desdicha del Ingenio.
P 905-1

438a. Another copy. P 1052-2

DICHOSO ARREPENTIMIENTO, EL. Luciano Francisco Comella.

439. Drama En Dos Actos. / EL DICHOSO / ARREPENTIMIENTO. / Por D. Luciano Francisco Comella. A-C_2, 24pp. Modern s.

—Entretanto que el ganado
—digan con ecos festivos:::
Coro final.
P 954-3

DICHOSO DESDICHADO, PONCIO PILATOS, EL.
Juan de Espinosa Malagón y Valenzuela.

440. Comedia Famosa. / EL DICHOSO DESDICHADO. / De Don Ivan De Espinosa Malagon Y Valenzvela. A-D, 14 fols.
—Quitale Brodio el retrato
—el Dichoso Desdichado. P 964-4

441. Num. 250. / Comedia Famosa. / EL DICHOSO / DESDICHADO / PONCIO PILATO. / De Don Juan De Espinosa Malagon / Y Valenzuela. A-C_2, 24pp.(-1). Sevilla: Joseph Padrino.
—Quitale, Brodio, el Retrato.
—el Dichoso Desdichado. P 933-12

441a. Another copy. P 953-9

DICHOSO EN ZARAGOZA, EL. Juan Pérez de Montalván.

442. La Gran Comedia / DEL DICHOSO EN ZARAGOZA. / Del Doctor Ivan Perez De Montalvan. Y-Z_4, fols.167r-183r. (*Comedias escogidas,* 40, 9. Madrid: Iulian de Paredes, 1675).
—Ya estamos en Zaragoça
—el Dichoso en Zaragoça. P 915-9

DINEROS SON CALIDAD. Lope Félix de Vega Carpio.

443. *N. 24. / Comedia Famosa. / DINEROS / SON CALIDAD. / De Lope De Vega Carpio. A-D, 27pp. Madrid: Antonio Sanz, 1751.
—YA llega el aplauso.
—pues se alcanza con hallarlos. P 950-15

443a. Another copy. P 974-4

DIOS HACE JUSTICIA A TODOS. Francisco de Villegas.

444. Num. 48. / Comedia Famosa. / DIOS HACE JUSTICIA / A TODOS. / De Don Francisco De Villegas. A-E, 36pp.(-1). Salamanca: Santa Cruz.
—COn mas tristeza, señora,
—de los yerros que tuviere. P 907-5

445. N. 44. / Comedia Famosa. / DIOS HACE JUSTICIA / A TODOS. / De Don Francisco De Villegas. A-E, 36pp. Valencia: Viuda de Joseph de Orga, 1763. Modern s.
—COn mas tristeza, señora,

—de los yerros que tuviere. P 946-9

445a. Another copy. Librería y Puesto de Cuesta (Madrid), instead of Valencia: Viuda de Joseph de Orga, 1763. P 969-18

DISCRETA ENAMORADA, LA. Lope Félix de Vega Carpio.

446. La Discreta Enamorada. / Comedia Famosa, de Lope. (ms). H_4-L_3, fols.(59v)-83v.

—Baxa los ojos al suelo, (ms).

—la Discreta Enamorada.

Comedias escogidas, 3, 4. Madrid: Melchor Sanchez for Ioseph Muñoz Barma, 1653. First page ms. P 995-2

DISCRETO PORFIADO, EL. Anonymous: Tres Ingenios (Juan Bautista de Villegas & ?).

447. EL DISCRETO PORFIADO / Comedia Famosa De Tres Ingenios. (ms). (T)-X, fols.(143v)-161v. Modern s in ms portion.

—Al fin que ya tiene zelos? (ms).

—tres vitores, y vn aplauso.

Comedias escogidas, 10, 8. Madrid: Imprenta Real for Francisco Serrano de Figueroa, 1658. First four pages ms. P 965-3

DISIMULAR PARA MEJOR SU AMOR LOGRAR, Y CRIADOS SIMPLES O EL TORDO. Ramón de la Cruz.

448. 112. / Saynete Nuevo, / Titulado: / DISIMULAR / PARA MEJOR SU AMOR LOGRAR; / Y CRIADOS SIMPLES / O EL TORDO. / Para Siete Personas. A-A_2, 8pp.(-1). Valencia: José Ferrer de Orga y compañía; José Carlos Navarro, 1814. Modern s.

—Venid aquí callandito.

—su Autor, y nuestros afectos. P 979-10

DIVINO NAZARENO SANSÓN, EL. Juan Pérez de Montalván.

449. N. 80.* / Comedia Famosa. / EL NAZARENO / SANSON. / Del Doctor Juan Perez De Montalvan. A-D_2, 32pp. Modern s.

—Vivo no ha de quedar ningun Soldado.

—y por enemigos ellos. P 984-17

450. Num. 128. / Comedia Famosa, / EL DIVINO NAZARENO /

SANSON. / Del Doctor Juan Perez De Montalvan. A-E, (36pp.).
–Vivo no ha de quedar ningun soldado.
–y por enemigos ellos. P 1121-2?

DIVINO ORFEO, EL. Pdero Calderón de la Barca.

451. Avto / Sacramental / Alegorico, / Intitvlado, / EL DIVINO ORFEO. L-L4, pp.155-176.
–Ya que sulcarme veo
–buen passage, buen viage.
Preceded, K3-K4, pp.149-154, by: "Loa / Para El Avto, / Intitvlado, / EL DIVNO [sic] ORFEO."
–Ya que al dia del Señor
–en vez de perdon, aplauso, y licencia.
Followed, M-M4, pp.177-183, by : "Loa / Para El Avto, / Intitvlado, / PRIMERO, Y SEGVNDO / ISAAC" (also by Calderón).
–En este candido velo
–Pan que descendiò del Cielo.
Headlines recto: "de D. Pedro Calderon de la Barca." *Autos Sacramentales, alegóricos e historiales . . . Por Don Pedro Calderón de la Barca. Primera parte.* Madrid: Imprenta Imperial for Joseph Fernandez de Buendia, 1677. Item five. P 1056-2

DIVINO PORTUGUÉS, SAN ANTONIO DE PADUA, EL.
Juan Pérez de Montalván.

452. Num. 164. / Comedia Famosa. / EL DIVINO / PORTUGUES, / S. ANTONIO / DE PADUA. / Del Doctor Juan Perez De Montalvan. A-D, 28pp.(-1). Small 4º. Salamanca: Santa Cruz.
–Quie como vos nos puede ayudar
–no ay que aguardar mi merienda.
With ink stamp of the Imprenta de Orga, Valencia (see item 29).
P 984-8

DIVORCIO FELIZ, O LA MARQUESITA, EL. Ramón de la Cruz.

453. Comedia. / EL DIVORCIO FELIZ, / O / LA MARQUESITA. / En Quatro Actos. / Sacada De Una De Las Novelas De Mr. De Marmontel,. / Con El Propio Titulo. (A)-E, 35pp.(-1)+blank page. Madrid: Manuel Quiroga, 1796. Modern s.
– ¡Qué noche! ¡qué cruel noche!
–enmiendas y desengaños.

With title page. With ink stamp of the Imprenta de Orga, Valencia (see item 29). From Jean-François Marmontel's *L'Heureux Divorce* (McClelland, II, p.424). P 954-14

DIVORCIO POR AMOR, EL. Félix Enciso Castrillón.

454. EL DIVORCIO POR AMOR. / Comedia En Tres Actos, / En Verso, / Por D. F. E. Castrillon. / Representada En El Teatro De La Calle De La Cruz / El Dia 17 De Febrero De 1808. (A)-D, 31pp.(-1)+blank page. Madrid: Benito García; Viuda de Quiroga, Sainz, 1808. Modern s.

—Aun no concluyo mi obra,
—da consuelo al afligido.

With title page. Note that this copy specifically refers to the "Librería de los Señores viuda de Quiroga y Sainz." I infer, therefore, a "viuda de Quiroga" and a "Sainz" (FNU). See also item 473. P 962-3

DOCTOR CARLINO EL. Antonio de Solís.

455. Comedia Famosa, / EL DOCTOR CARLINO. / De Don Antonio De Solis. A-D_2, fols.109r-124v.

—El es sin duda. *Ped.* Esta dama
—los señores mosqueteros.

Comedias de don Antonio de Solís. Madrid: Melchor Alvarez for Justo Antonio de Logroño, 1681. Item six. P 981-14

DÓMINE LUCAS, EL. José de Cañizares.

456. N. 252. / EL DOMINE LUCAS. / Comedia En Tres Actos. / Por Don Josef De Cañizares. I-4*, 32pp.(-1). Valencia: Ildefonso Mompié; (Miguel) Domingo y (Ildefonso) Mompié, 1818. Modern s.

—Vive Cristo, Don Enrique,
—se contenta con la risa. P 920-9

DON CHICHO. Ramón de la Cruz.

457. 186. / Saynete Nuevo. / Intitulado / DON CHICHO. / Para Catorce Personas. (A)-B, 12pp.(-1). Valencia: José Ferrer de Orga y compañía; José Carlos Navarro, 1814. Modern s.

—Esa es grilla, hijo; aun criado
—de su bondad la indulgencia.

With title page. P 979-7

DON DIEGO DE NOCHE. Francisco de Rojas Zorrilla.

458. Comedia Famosa. / De Don Diego de Noche. / de D. Francisco de Roxas. (ms). R-T_3, fols.(126v)-147v. Modern s in ms portion.
—Quando ay segura amistad (ms).
—si es mala, tendralas malas.
Comedias escogidas, 7, 7. Madrid: Domingo Garcia y Morràs for Domingo de Palacio, 1654. First page ms. P 988-6

DON DOMINGO DE DON BLAS.
See: *No hay mal que por bien no venga. Don Domingo de don Blas.*

DON JUAN DE ESPINA EN MILAN. *Segunda Parte.*
José de Cañizares *or*
Antonio Hurtado de Mendoza?

459. Num. 69. / Comedia Famosa. / D. JUAN DE ESPINA / EN MILAN. / Segunda Parte. / De Un Ingenio De La Corte. A-(E), 36pp.(-1). Salamanca: Santa Cruz.
—ESta es, Broculi, la casa
—si es que ha acertado à serviros. P 967-5

460. Num. 223. / Comedia Famosa. / DON JUAN DE ESPINA / EN MILAN. / Segunda Parte. / De Un Ingenio De Esta Corte. A-D_2, 32pp.(-1). Sevilla: Joseph Padrino.
—Esta es, Broculi, la casa
—si es que ha acertado à serviros. P 935-9

DON JUAN DE ESPINA EN SU PATRIA. *Primera Parte.*
José de Cañizares.

461. Num. 68. / Comedia Famosa. / D. JUAN DE ESPINA / EN SU PATRIA. / Primera Parte. / De Un Ingenio De La Corte. A-E, 36pp.(-1). Salamanca: Santa Cruz.
—TAn de priessa, Don Antonio?
—D. Juan de Espina en su Patria. P 967-4

462. N. 276. / Comedia Famosa. / DON JUAN DE ESPINA / EN SU PATRIA. / Primera Parte. / De Un Ingenio. A-E, 36pp. Valencia: Joseph y Thomás de Orga, 1782.
—TAn de priessa, Don Antonio?

—Don Juan de Espina en su Patria. P 935-8

DON SANCHO EL BRAVO. Eusebio Asquerino.

463. D. SANCHO EL BRAVO, / Drama Original / En Tres Actos Y En Verso, / Su Autor / D. Eusebio Asquerino. (I)-(5):, 68pp.(-1). Madrid: Imprenta de la Sociedad de Operarios del Mismo Arte, Dic. 15, 1848. Modern s.

—Cuán vivo es nuestro placer

—ó no me han de llamar don Sancho el Brabo! P 955-4

DONCELLAS DE SIMANCAS, LAS. Lope Félix de Vega Carpio.

464. N. 3. / LAS DONCELLAS / DE SIMANCAS. / Comedia / De Lope De Vega Carpio. L-O, pp.71-96. Modern s.

—De un hombre me refieres tal haza- / ña,

—la eternicen de Simancas.

Essentially the same as item 465. Madrid: Librería de Castillo, Puesto de (Josef) Sánchez, 1804. See comment to item 133. P 903-8

464a. Another copy. P 974-5

465. N. 3. / LAS DONCELLAS / DE SIMANCAS. / Comedia / De Lope De Vega Carpio. A-D, 26pp. Madrid: Librería de Castillo, Puesto de (Josef) Sánchez. Modern s.

—De un hombre me refieres tal haza- / ña,

—la eternicen de Simancas.

1804. See comment to item 133. P 950-6

465a. Another copy. P 1120-1

DONDE HAY AGRAVIOS NO HAY CELOS, Y AMO CRIADO.
Francisco de Rojas Zorrilla.

466. Num. 259. / Comedia Famosa. / DONDE HAY AGRAVIOS NO HAY ZELOS, / Y AMO CRIADO. / De Don Francisco De Roxas. A-D_2, 32pp.(-1). Barcelona: Francisco Suriá y Burgada. Modern s.

—O Es que te has endemoniado,

—irnos a casar despues. P 949-4

467. Comedia Famosa / DONDE AY AGRAVIOS / NO AY ZELOS. / De Don Francisco De Rojas. L_4-O_2, pp.166-213. (*Comedias escogidas,*

5, 5. Madrid: Pablo de Val for Iuan de S. Vicente, 1654 edition).

–O es, que te has endemoniado,
–irnos a casar despues. P 918-5

468. Comedia: / DONDE HAY AGRAVIOS / NO HAY ZELOS, / Y AMO CRIADO. / De Don Francisco De Roxas. A-D_2, 32pp.(-1). Madrid: Librerías de Quiroga, 1802. Modern s.

–O es que te has endemoniado,
–irnos á casar despues. P 971-3

DONDE LAS DAN LAS TOMAN, LOS ZAPATEROS Y EL RENEGADO. Ramón de la Cruz.

469. Saynete, / Intitulado / *DONDE LAS DAN LAS TOMAN*, / LOS ZAPATEROS / Y EL RENEGADO, / Representado En Los Teatros De Esta Corte: / Para Catorce Personas. (a)-a_3, 12pp.(-1). Madrid: Manuel Quiroga, 1792. Modern s.

–Canta alegre la jota, Manolo.
–todos á las faltas nuestras.

With title page, in bound volume issued Madrid: Benito Cano; Manuel Quiroga, 1792. CS IIa-15

469a. Identical printing, in bound volume issued Madrid: Benito García; Viuda de Quiroga, 1806. CS IIb-15

DONDE NO ESTÁ SU DUEÑO ESTÁ SU DUELO.
Guillén de Castro y Bellvis.

470. Comedia / Famosa / DONDE NO ESTA SV / DVENO ESTA SV DVELO. / De Don Gvillen De Castro. A-D_2, (32pp.).

–Estremadamente os veo
–dode no està su dueño, està su duelo. P 993-5

DOS AMANTES DEL CIELO, LOS. Pedro Calderón de la Barca.

471. Plieg. 4. / LOS DOS AMANTES DEL CIELO. / Comedia / Famosa, / De Don Pedro Calderon De La Barca. A-D_2, 32pp. Sevilla: Joseph Antonio de Hermosilla.

–Què corto es el caudal mio!
–el perdon de nuestros yerros. P 1052-3

DOS AMIGOS, O SEA, EL NEGOCIANTE DE LEÓN, LOS.
Domingo Botti.

472. Num. 156. / LOS DOS AMIGOS, / O SEA / EL NEGOCIANTE DE LEON. / Comedia En Cinco Actos, En Prosa. / Traducida Por D. Domingo Botti. A-F, 43pp. Barcelona: Juan Francisco Piferrer; Juan Sellent. Modern s.

—VAlerio, ¿qué os parece ésta
—plausible la virtud.

From Pierre Augustin Caron de Beaumarchais: *Les Deux Amis ou le Négociant de Lyon.* P 959-11

DOS AYOS, LOS. Félix Enciso Castrillón.

473. LOS DOS AYOS. / Comedia En Cinco Actos / En Verso. / Traducida P. D. F. E. C. / Representada En El Teatro De La Calle / Del Principe. (I)-5, 40pp.(-1). Madrid: Benito García; Viuda de Quiroga, Sainz, 1808. Modern s.

—Café con leche, biscochos,
—y dormirémos contentos.

See item 454 re bookseller listing. P 956-9

DOS ESTRELLAS DE FRANCIA, LAS.
Manuel de León Marchante & Diego Calleja, S.J.

474. La Gran Comedia, / LAS DOS ESTRELLAS DE FRANCIA. / Del Maestro D. Manvel De Leon, / y del Licenciado Don Diego Calleja. M-O4, fols.87v-109r.

—Tenga en los ojos modestia;
—si os agrada la primera.

Comedias escogidas, 17, 5. Madrid: Melchor Sanchez for San Vicente, 1662. P 992-2

474a. Another copy, first page ms. P 991-6

DOS LIBRITOS, LOS. Ramón de la Cruz.

475. Saynete Nuevo, / Titulado: / LOS DOS LIBRITOS. 8pp.(-1). Salamanca: Francisco de Tóxar. Modern s.

—Alabado sea el Señor.
—perdon de las faltas nuestras. P 979-19

DOS MEJORES HERMANOS Y MÁRTIRES DE ALCALÁ, SS. JUSTO Y PASTOR, LOS. Manuel de León Marchante, Diego Calleja, S. J., & ?

476. LOS DOS MEJORES HERMANOS, Y MARTIRES DE ALCALA / S. IVSTO, Y PASTOR. / Comedia Famosa. / De Tres Ingenios De Alcala. A-(D_2), (32pp.).

–Suene el parche sonoro;

–y Martires de Alcalâ.

Bottom margins badly cut. P 965-10

DOS VECES MADRE DE UN HIJO, SANTA MÓNICA, Y CONVERSIÓN DE SAN AGUSTÍN. Jerónimo de Villaizán y Garcés?

477. N. 30. / Comedia Nueva. / DOS VECES MADRE / DE UN HIJO, / SANTA MONICA, / Y CONVERSION DE SAN AGUSTIN. / De Un Ingenio De Esta Corte. A-E, 36pp. Madrid: Antonio Sanz, 1748.

–VIva Agustino, y sus sienes

–sino quatro palmaditas. P 927-4

477a. Another copy. P 952-17

DOS VIEJOS, UNO LLORANDO Y OTRO RIENDO, LOS.
Luis A. J. Moncín *or* Fermín Antonio Rox?

478. 180. / Saynete Nuevo. / Intitulado / LOS DOS VIEJOS, / UNO LLORANDO / Y OTRO RIENDO. / Para Ocho Personas. (A)-B, 12pp.(-1). Valencia: José Ferrer de Orga y compañía; José Carlos Navarro, 1815. Modern s.

–Fernando, de ayer acá

–de su benéfica mano.

With title page. P 979-36

DUELO CONTRA SU DAMA, EL.
Francisco Antonio de Bances Candamo.

479. Num. 78. / EL DUELO CONTRA SU DAMA. / Comedia / Famosa, / De D. Francisco Bances Candamo. A-D_2, 32pp.(-1). Sevilla: Imprenta Real.

–Tragiste la escala? *Cel.* Si,

–perdon, ó aplauso merezca. P 923-7

479a. Another copy. P 958-14

480. N. 264. / Comedia Famosa. / EL DUELO / CONTRA SU DAMA. / De Don Francisco Vances Candamo. A-E, 38pp. Valencia: Joseph y Thomás de Orga, 1782.

–TRaxiste la escala? *Cel.* Sì,
–perdon, ò aplauso merezca. P 983-5

DUELO DE HONOR Y AMISTAD. Jacinto de Herrera y Sotomayor.

481. DVELO DE HONOR, Y AMISTAD. / Comedia / Famosa. / De Don Pedro Calderon. A-D_2, (32pp.).
–No se, hermana, lo que siento
–duelo de amor, y amistad. P 977-6

482. Comedia Famosa. / DVELO DE HONOR, / Y AMISTAD. / De D. Iacinto de Herrera. P-P_4, pp.217-240.
–No sé hermana lo que siento
–en que dize la Reyna mi señora; (inc.).
Comedias escogidas, 32, 7. Madrid: Andres Garcia de la Iglesia for Francisco Serrano de Figueroa, 1669. Incomplete: would be P-Q_4, pp.217-249. P 921-12

DUELOS DE AMOR Y DESDÉN EN PAPEL, CINTA, Y RETRATO.
Francisco Solanés?

483. N. 46. / Comedia Famosa. / DUELOS / DE AMOR, Y DESDEN, / EN PAPEL, / CINTA, Y RETRATO. / De Un Ingenio Catalan. A-D, 28pp. Valencia: Viuda de Joseph de Orga, 1763. Modern s.
–OTra vez, amigo Enrique,
–dà fin Catalàn Ingenio. P 936-5

DUELOS DE AMOR Y LEALTAD. Pedro Calderón de la Barca.

484. Comedia Famosa. / DVELOS / DE AMOR, / Y LEALTAD. / De Don Pedro Calderon / de la Barca. A-G_2, (56pp.).
–Viva Persia.
–viva, reyne, triunfe, y vença. P 1052-4

DUELOS DE INGENIO Y FORTUNA.
Francisco Antonio de Bances Candamo.

485. Num. 80. / Comedia Famosa. / DVELOS DE INGENIO, / Y FORTVNA, / Representose En El Coliseo Del Buen Retiro. / De Don Francisco Bances Candamo. A-E_2, 40pp.(-1).
–Buelen al ayre, al ayre,
–de Ingenio, y Fortuna. P 983-6

DUEÑO DE LAS ESTRELLAS, EL. Juan Ruiz de Alarcón y Mendoza.

486. Num. 22. / Comedia Famosa. / EL DUENO DE LAS / ESTRELLAS. / De D. Juan Ruiz De Alarcon Y Mendoza. A-E_2, 39pp. Madrid: Lonja de Comedias de la Puerta del Sol.

—Delfica gloria, refulgente Apolo,
—el dueño de las estrellas. P 958-2

DUQUE DE PENTIEBRE, EL. Vicente Rodríguez de Arellano.

487. N. 49. / EL DUQUE DE PENTIEBRE. / Comedia En Cinco Actos / Por Don Vicente Rodriguez De Arellano. A-C_2, 24pp. Valencia: Josef Ferrer de Orga y compañía, 1814. Modern s.

—En el convento inmediato
—que contraximos naciendo. P 956-13

DUQUE DE VISEO, EL. Manuel José Quintana.

488. Num. 7. / EL DUQUE DE VISEO. / Tragedia En Tres Actos / Por Don Manuel José Quintana. I-3, 19pp. Barcelona: Agustín Roca. Modern s.

— ¡O cuanto á mi impaciencia el
—sin que lo pueda ver, rinda yo el alma. P 966-5

* * *

ECO Y NARCISO. Pedro Calderón de la Barca.

489. Num. 38. / Comedia Famosa. / ECO, Y NARCISO. / Fiesta que se representó à sus Magestades en el Coliseo de Buen-Retiro. / De Don Pedro Calderon De La Barca. A-E_2, (39pp.). Barcelona: Juan Serra y Nadal.

—ALto Monte de Arcadia, que
—de que yerra obedeciendo. P 1052-2

EFECTOS DE UN CORTEJO, Y CRIADA VERGONZOSA, LOS. Anonymous.

490. Saynete, / Intitulado / LOS EFECTOS DE UN CORTEJO, / Y CRIADA VERGONZOSA, / Representado En Los Teatros De Esta Corte, / Para Nueve Personas. (a)-a_3, 12pp.(-1). Madrid: Manuel Quiroga. Modern s.

– ¡Válgame Dios, y qué sueño
–y que nos suplan las faltas.

With title page, in bound volume issued Madrid: Benito Cano; Manuel Quiroga, 1791. CS I-18

EJEMPLO MAYOR DE LA DESDICHA, Y CAPITÁN BELISARIO, EL. Antonio Mira de Amescua.

491. Num. 127. / Comedia Famosa. / EL EXEMPLO MAYOR DE LA DSEDICHA, / Y CAPITAN / BELISARIO. / De Lope De Vega Carpio. A-D_2, 32pp.(-1). Salamanca: Santa Cruz.

–COmo tus hechos divinos
–el Exemplo mayor de la Desdicha. P 972-11

492. N. 241. / Comedia Famosa. / EL EXEMPLO MAYOR / DE LA DESDICHA, / Y CAPITAN BELISARIO. / De Lope De Vega Carpio. A-D, 28pp. Valencia: Joseph y Thomás de Orga, 1781.

–COmo tus hechos divinos
–el exemplo mayor de la desdicha. P 945-1

493. Comedia. / EL EXEMPLO MAYOR / DE LA DESDICHA, / Y CAPITAN BELISARIO. / De Lope De Vega Carpio. A-D, 28pp.(-1). Madrid: Manuel Quiroga, 1796. Modern s.

–COmo tus hechos divinos
–el exemplo mayor de la desdicha. P 1121-17?

ELECCIÓN POR LA VIRTUD, SIXTO QUINTO, LA. Gabriel Téllez (Tirso de Molina).

494. Comedia Famosa. / LA ELECCION POR LA VIRTUD, / SIXTO QUINTO. / Del Maestro Tirso De Molina. A-E_2 40pp. Madrid: Theresa de Guzmán, Lonja de Comedias de la Puerta del Sol.

–YA es, padre, hora de almorzar:
–à tan corto, y breve espacio.

1733? P 1120-17

494a. Another copy? In missing volume. P 973-*j*

ELEGIR AL ENEMIGO. Agustín de Salazar y Torres.

495. Num. 3. / La Gran Comedia. / ELEGIR AL ENEMIGO. / De Don Agustin De Salazar Y Torres. A-E_2, 48(40)pp.(-1).

–Por esta parte pareze,
–lo *q* en el Orbe de amor las saetas. P 981-2

496. Comedia Famosa. / ELEGIR AL ENEMIGO. / Fiesta Qve Se Represento En El Real Palacio / à los felizes Años del Principe nuestro Señor Don Carlos II. / De Don Agustin De Salazar Y Torres. G2-I4, pp.99-141. (*Comedias escogidas,* 41, 3. Pamplona: Ioseph del Espiritu Santo, undated but probably 1675 or 1676).
–Por esta parte parece,
–lo *q* en el Orbe de amor las saetas. P 909-3

497. N. 114. / Comedia Famosa. / ELEGIR / AL ENEMIGO. / De D. Agustin De Salazar Y Torres. A-D2, 32pp. Valencia: Viuda de Joseph de Orga, 1766.
–POr esta parte parece,
–De Rosimunda vivan, &c. P 904-13

ELINA, LA. Anonymous.

498. LA ELINA. / Drama / Original En Prosa / En Quatro Actos / Por N. N. A-C, 23pp.(-1). Barcelona: Francisco Generas, 1805. Modern s.
–Ya de todas maneras he
–prudencia y la sin par virtud. P 959-9

498a. Another copy. With ink stamp of Librería de Josef Carlos Navarro, Valencia. P 961-4

EMBUSTE ACREDITADO Y EL DISPARATE CREÍDO, EL.
Luis Vélez de Guevara.

499. La Gran Comedia / EL EMBVSTE / ACREDITADO, Y EL / DISPARATE CREIDO. / De Lvis Velez de Gvevara. A-D2, (31pp.).
–Milàn por mi señora) [sic] te suplica,
–otro Demonio tenemos. P 914-4

500. La Gran Comedia / EL EMBVSTE / ACREDITADO, Y EL / DISPARATE CREIDO. / De Lvis Velez De Gvevara. Y3-Aa2, pp.393-423. (*Comedias escogidas,* 5, 9. Madrid: Pablo de Val for Iuan de S. Vicente, 1654 edition).
–Milan por mi (señora) te suplica,
–otro demonio tenemos. P 918-9

EMPEÑOS DE SEIS HORAS, LOS. Luis Antonio Coello y Ochoa.

501. Num. 6. / Comedia Famosa, / LOS EMPENOS DE SEIS HORAS. / De Don Pedro Calderon. A-E, 35pp. Modern s.
–Ya prima te traygo aqui
–perdonad yerros tan grandes. P 1052-6

502. Num. 242. / Comedia Famosa, / LOS EMPENOS DE SEIS HORAS. / De Don Pedro Calderon. A-D_2, (32pp.). Modern s.
–Ya prima te traygo aqui
–perdonad yerros tan grandes. P 1121-12?

EMPEÑOS DE UN ACASO, LOS. Pedro Calderón de la Barca.

503. Num. 250. / Comedia Famosa, / LOS EMPENOS / DE VN ACASO. / De Don Pedro Calderon. A-E_2, 40pp.(-1).
–O He de matar, o morir,
–perdonad sus muchas faltas. P 1052-7

EMPEÑOS DE UN ENGAÑO, LOS. Juan Ruiz de Alarcón y Mendoza.

504. Comedia Famosa. / LOS EMPENOS / DE UN ENGANO. / De Don Juan Ruiz De Alarcon. A-E, 34pp.+page with *licencia,* etc. Madrid: Theresa de Guzmán, Lonja de Comedias de la Puerta del Sol.
–QUien serà este forastero,
–de las faltas al Senado. P 958-3

504a. Another copy. P 968-4

504b. Another copy. P 1057-9

EMPEÑOS DE UN PLUMAJE, Y ORIGEN DE LOS GUEVARAS, LOS. Anonymous.

505. N. 272. / Comedia Famosa. / LOS EMPENOS DE UN PLUMAGE, / Y ORIGEN / DE LOS GUEVARAS. / De Un Ingenio. A-D_2, 32pp. Valencia: Joseph y Thomás de Orga, 1782.
–ESsos cavallos de esse enebro ata
–los blasones de Guevara. P 924-7

EMPERADOR ALBERTO I Y LA ADELINA, EL. *Primera Parte.*
Antonio Valladares de Sotomayor.

506. Comedia Nueva. / EL EMPERADOR ALBERTO I. / Y LA ADELINA: / Puesta En Verso, Exôrnada Y Arreglada A Nuestro Teatro / Por Don Antonio Valladares De Sotomayor. / Primera Parte. / Representadas [sic] En Los Teatros De Esta Corte. A-D_2, 32pp. (Madrid): (Puesto de) Josef Sánchez. Modern s.

–Esta es la casa, Gerardo;
–y se aplauda lo instructivo.

With ink stamp of Librería de Josef Carlos Navarro, Valencia. For part two see: *Adelina, La.* P 961-2

EMPERADOR FINGIDO, EL. Gabriel Bocángel y Unzueta.

507. Num. 156. / Comedia Famosa. / EL / EMPERADOR / FINGIDO. / De Don Gabriel Bocangel Y Unzueta. A-C_2, 24pp.(-1). Sevilla: Joseph Padrino.

–Como a mi señora, y dueño,
–credito, y perdon merece. P 940-11

508. Comedia Famosa, / EL EMPERADOR FINGIDO, / De D. Gabriel Bocangel Y Vnzveta. O-Q, pp.207-242. (*Comedias escogidas,* 43, 6. Madrid: Antonio Gonçalez de Reyes for Manuel Melendez, 1678).

–Como à mi señora, y dueño,
–credito, y perdon merece. P 919-6

EMPEZAR A SER AMIGOS. Agustín Moreto y Cabaña.

509. EMPEZAR A SER AMIGOS. / Comedia / Famosa. / Del Dotor Iuan Perez de Montalvan. A-D_3, (32pp.).

–Puesto que el robo ha de ser
–en sus devotos aplausos. P 912-11

EN EL MAYOR IMPOSIBLE NADIE PIERDA LA ESPERANZA.
Agustín Moreto y Cabaña.

510. Num. 305. / Comedia Famosa. / EN EL MAYOR / IMPOSSIBLE / NADIE PIERDA LA ESPERANZA. / De Don Agvstin Moreto. A-D_2, (32pp.). Modern s.

–Aunque al logro de mis dichas,
–con facilidad lo alcanza. P 906-1

EN ESTA VIDA TODO ES VERDAD Y TODO MENTIRA.
Pedro Calderón de la Barca.

511. Num. 25. / Comedia Famosa. / EN ESTA VIDA TODO ES VERDAD, / Y TODO MENTIRA. / De Don Pedro Calderon De La Barca. A-E_2, (40pp.). Barcelona: Francisco Suría y Burgada. Modern s.

—Viva Focas. *Foc. dent.* Cintia viva,
—con duda de lo que es. P 1052-9

EN MUJER VENGANZA HONROSA. Cristóbal Lozano.

512. Num. 79. / EN MVGER VENGANZA HONROSA. / Comedia / Famosa, / Del Lic. Gaspar Lozano Montesino. A-D_2, 32pp.(-1).

—Guarda el osso, guarda el osso.
—no es justo tomar venganza. P 937-1

513. N. 5. / Comedia Famosa. / EN MUGER / VENGANZA / HONROSA. / De Don Gaspar Montesino. A-E_2, 40pp. Valencia: Viuda de Joseph de Orga, 1761. Modern s.

—GUarda el Oso, guarda el Oso.
—no es justo tomar venganza. P 946-4

EN VANO EL PODER PERSIGUE A QUIEN LA DEIDAD PROTEGE, Y PRIMERA PARTE DEL MÁGICO APOLONIO.
Antonio Merano y Guzmán.

514. (Cross patée) / Comedia Nueva. / EN VANO EL PODER PERSIGUE, / A QUIEN LA DEIDAD PROTEGE, / Y PRIMERA PARTE / DEL MAGICO APOLONIO. / Escrita / Por Don Antonio Merano Y Guzman, / Año De Mil Setecientos Quarenta Y Nueve. A-G_2, 48(54)pp.(-1) +note on foll. page. Madrid.

—En triumpho glorioso,
—toda la venganza cesse.

1749? Apparently identical to the copy described by Ashcom (item 188): "54 numbered pp., with pp.49-54 misnumbered '43-48', plus 1 errata p. unnumbered." P 978-14

ENCANTADA MELISENDRA Y PISCATOR DE TOLEDO, LA.
Tomás de Añorbe y Corregel.

515. N. 156. / Comedia Famosa. / LA ENCANTADA / MELISENDRA, / Y PISCATOR DE TOLEDO. / De D. Thomas De Añorbe Y Corregel. A-C_2, 24pp. Valencia: Viuda de Joseph de Orga, 1769.

—ESta es la Imperial Toledo,
—perdon de sus muchas faltas.

At end is ms comment: "Farsa chocarrera. . . ." P 922-11

515a. Another copy. P 958-8

ENCANTO ES LA HERMOSURA, Y EL HECHIZO SIN HECHIZO, EL. Agustín de Salazar y Torres.

516. Plieg. 4. / EL ENCANTO ES LA / HERMOSURA, Y EL HECHIZO SIN HECHIZO. / Comedia / Famosa, / De Don Agustin De Salazar Y Torres. A-E, 36pp. Sevilla: Joseph (Antonio) de Hermosilla.

–Caballero, si adelante
–el Mejor Amigo el Muerto. P 981-3

ENCANTO POR LOS CELOS, EL. Cristóbal de Monroy y Silva.

517. EL ENCANTO POR LOS CELOS. / Comedia Famosa. / De Don Christoval De Monroy. A-D_2, (32pp.).

–Seais mil vezes bien venido
–poetico fingimiento. P 989-7

518. Comedia Famosa. / EL ENCANTO / POR LOS ZELOS, / De Don Christoval De Monroy. A-E, 36pp.(-1). Valladolid: Alonso del Riego.

–Seais mil vezes bien venido
–Poetico fingimiento. P 970-8

ENCANTO SIN ENCANTO, EL. Pedro Calderón de la Barca.

519. *Num.* 3. / Comedia Famosa, / EL ENCANTO SIN ENC*a*TO. / De D. Pedro Calderon De La Barca. A-G, 51pp.

–En la tarde alegre
–al Encanto sin Encanto. P 1052-8.

ENCANTOS DE MEDEA, LOS. Francisco de Rojas Zorrilla.

520. N. 68. / Comedia. / LOS ENCANTOS / DE MEDEA. / De Don Francisco De Roxas. A-C, 23pp.(-1)+page of titles. (Madrid): Imprenta de Ruiz. Modern s.

–Gracias al Cielo, Jason,
–su Autor, si agradáre aquesta [sic] P 971-14

ENEAS DE DIOS, Y CABALLERO DEL SACRAMENTO, EL. Agustín Moreto y Cabaña?

521. Num. 37. / Comedia Famosa. / EL ENEAS DE DIOS, / Y CABALLERO DEL SACRAMENTO. / De Don Agustin Moreto. A-D_2, 32pp.(-1). Sevilla: Joseph Padrino.

—Has prevenido las postas?
—es justo que lo merezca. P 905-15

521a. Another copy. P 953-11

522. Num. 137. / Comedia Famosa. / EL ENEAS DE DIOS, / Y CAVALLERO / DE EL SACRAMENTO. / De Don Agustin Moreto. A-E_2, 40pp.(-1). Salamanca: Santa Cruz.

—HAS prevenido las postas?
—es justo que lo merezca. P 952-20

523. Comedia Famosa / Del Eneas de Dios. / de D. Agustin Moreto. (ms). V_3-Z_2, fols.(154v)-178r. Modern s in ms portion.

—Has preuenido las postas? (ms).
—es justo que lo merezca.

Comedias escogidas, 15, 8. Madrid: Melchor Sanchez for Iuan de San Vicente, 1661. First page ms. P 994-3

ENEAS DE LA VIRGEN, Y EL PRIMER REY DE NAVARRA, LA.

Francisco de Villegas &
Pedro Francisco de Lanini y Sagredo.

524. Num. 135. / LA ENEAS DE LA VIRGEN, / Y EL PRIMER REY DE NAVARRA. / Comedia / Famosa, / De D. Francisco De Villegas, Y D. Pedro / Francisco Lanini. A-D_2, 32pp.(-1). Sevilla: Francisco de Leefdael.

—No fuè tanto milagro escapar vivo
—y el Primer Rey de Navarra. P 916-12

525. N. 90. / Comedia Famosa. / LA ENEAS / DE LA VIRGEN, / Y PRIMER REY / DE NAVARRA. / De Don Francisco De Villegas, / y Don Pedro Lanine Sagredo. A-D_2, 34pp. Valencia: Viuda de Joseph de Orga, 1765.

—NO fue tanto milagro escapar vivo
—y primer Rey de Navarra. P 952-5

ENFERMO FUGITIVO, O LA JERINGA, EL.

Ramón de la Cruz.

526. Saynete, / Intitulado / EL ENFERMO FUGITIVO, / O LA GERINGA. / Representado En Los Teatros De Esta Corte. / Para Trece Personas. (a)-a_3, 12pp.(-1). Madrid: Manuel Quiroga. Modern s.

–Amiga, sosiégate.

–si perdonan nuestras faltas.

With title page, in bound volume issued Madrid: Benito Cano; Manuel Quiroga, 1791. CS I-19

ENGAÑAR CON LA VERDAD. Jerónimo de la Fuente.

527. ENGANAR CON LA VERDAD. / Comedia Famosa, / De Geronimo De La Fuente. (ms). F-H_3, fols.(39v)-59r. Modern s in ms portion.

–queden frustradas de la muerte fiera, (ms).

–que engañe con la verdad.

Comedias escogidas, 3, 3. Madrid: Melchor Sanchez for Ioseph Muñoz Barma, 1653. First page ms. P 939-9

527a. Another copy. First page ms. P 964-5

527b. Another copy. First page ms. P 993-8

ENGAÑAR PARA REINAR. Antonio Enríquez Gómez.

528. ENGANAR PARA REYNAR. / Comedia Famosa. / De Don Pedro Calderon. A-D_2, (32pp.).

–Por aqui va el jauali

–que este es el crisol mas claro. P 932-8

529. ENGANAR PARA REYNAR, / Comedia Famosa / De Don Pedro Calderon. A-C_3, 24pp.

–Por aqui va el javalì

–que este es el crisol mas claro. P 1052-10

530. ENGANAR, PARA REYNAR. / Comedia Famosa / De Antonio Enriqvez. A-E_2, (40pp.).

–Por aqui và el javali

–que este es el crisol mas alto. P 963-2

530a. Another copy. P 999-3

ENTRE BOBOS ANDA EL JUEGO. Francisco de Rojas Zorrilla.

531. Num. 177. / Comedia Famosa. / ENTRE BOBOS / ANDA EL JVEGO. / De Don Francisco De Roxas. A-E_2, 40pp.(-1).

—Llegò el coche, es evidente.

—le favoreceis, y honrais. P 971-8

ENVIDIAS VENCEN FORTUNAS. Cristóbal de Monroy y Silva.

532. Num. 130. / Comedia / Famosa, / EMBIDIAS VENCEN FORTVNAS. / De Don Christoval de Monroy y Silva. A-E, (36pp.).

—Al arma Cavalleros

—perdonando esta Comedia. P 970-7

ERMITAÑO GALÁN, Y MESONERA DEL CIELO, EL.

See: *Mesonera del cielo, La.*

¡ES UN ÁNGEL! Ceferino Suárez Bravo.

533. ¡ES UN ANGEL! / Drama En Tres Actos, Original / Y En Verso. / Por / D. Ceferino Suarez Bravo. / Representada con aplauso en el teatro del Principe el dia 20 de octubre de 1848. (1)-(6):, 92pp.(-1). Madrid: Imprenta de la Sociedad de Operarios del Mismo Arte, Oct. 30, 1848. Modern s.

—Que usted porfie es en vano.

—no estan bien, y se van presto.

With title page. P 955-1

ESCALA DE LA GRACIA, LA. Fernando de Zárate.

534. Num. 119. / Comedia Famosa. / LA ESCALA / DE LA GRACIA. / De Don Fernando De Zarate. A-C_2, 24pp.(-1). Salamanca: Santa Cruz.

—QUe causa os puede obligar,

—la Presentacion del Templo. P 926-9

535. Plieg. 4. / (Cross patée) / LA ESCALA DE GRACIA. / Comedia / Famosa, / De Don Fernando Zarate. A-D_2, 32pp. Sevilla: Juan Andrés Caballero.

—Què causa os puede obligar,

—la Presentacion del Templo. P 953-8

ESCÁNDALO DE GRECIA CONTRA LAS SANTAS IMÁGENES, EL.

Pedro Calderón de la Barca?

536. Num. 220. / Comedia Famosa, / EL ESCANDALO DE GRECIA / CONTRA LAS SANTAS IMAGENES. / De Don Pedro Calderon. A-D_2, 32pp.(-1).
–Sobervia ambicion, crueldad
–sino ha acertado à serviros. P 1121-13?

537. Num. 91. / Comedia Famosa. / EL ESCANDALO / DE GRECIA / CONTRA LAS SANTAS IMAGENES. / De Don Pedro Calderon. B(A)-D_2, 31pp.(-1). Salamanca: Santa Cruz.
–Sobervia ambicion, crueldad,
–sino ha acertado à serviros. P 1052-12

ESCARMIENTO DE ESTAFADORAS Y DESENGAÑO DE AMANTES. Anonymous.

538. Saynete, / Intitulado / *ESCARMIENTO* / DE ESTAFADORAS / Y DESENGANO / DE AMANTES / Representado En Los Teatros De Esta Corte: / Para Nueve Personas. (a)-a_3, 12pp.(-1). Madrid: Manuel Quiroga, 1792. Modern s.
–„No hay en el mundo vida,
–quien la acredite de buena.
With title page, in bound volume issued Madrid: Benito Cano; Manuel Quiroga, 1792. CS IIa-16

538a. Identical printing, in bound volume issued Madrid: Benito García; Viuda de Quiroga, 1806. CS IIb-16

ESCARMIENTOS PARA EL CUERDO. Gabriel Téllez (Tirso de Molina).

539. Comedia Famosa. / ESCARMIENTOS / PARA EL CUERDO. / Del Maestro Tirso De Molina. A-E, 35pp.+page with *licencia,* etc. Madrid: Theresa de Guzmán, Lonja de Comedias de la Puerta del Sol.
–A Los triunfos Portugueses,
–de escarmientos para el cuerdo.
1736? P 1120-15

539a. Another copy? In missing volume. P 973-*k*

ESCLÁVA DE SU GALÁN, LA. Lope Félix de Vega Carpio.

540. N. 95. / Comedia Famosa. / LA ESCLAVA / DE SU GALAN. /

De Frey Lope De Vega Carpio. A-D_2, 32pp. Valencia: Viuda de Joseph de Orga, 1765.

—ESto se acabò, Don Juan.
—dà fin; perdonad sus yerros. P 972-10

540a. Another copy, later printing: modern accent and s. P 945-5

ESCLAVITUD MÁS DICHOSA, Y VIRGEN DE LOS REMEDIOS, LA.
Francisco de Villegas & Jusepe Rojo.

541. Comedia Famosa. / LA ESCLAVITUD / MAS DICHOSA, / Y VIRGEN DE LOS REMEDIOS. / De Francisco De Villegas, Y Jusepe Roxo. A-E_2, 39pp.+colophon on p.40. Barcelona: Pedro Escuder, 1758.

—LAS mulas podeys llevar,
—tendrá fin en su comedia. P 932-2

ESCLAVO DE SU AMOR, Y EL OFENDIDO VENGADO, EL.
Anonymous.

542. Comedia Nueva: / EL ESCLAVO / DE SU AMOR, / Y EL OFENDIDO VENGADO. / Compuesta / Por Una Señora De Esta Corte. A-E_2, 38pp.(-1). Madrid: Sebastian Gutiérrez, Manuel Elvira.

—Inès, salió yà mi Padre?
—y el ofendido vengado. P 938-9

ESCLAVO EN GRILLOS DE ORO, EL.
Francisco Antonio de Bances Candamo.

543. N. 224. / Comedia Famosa. / EL ESCLAVO / EN GRILLOS DE ORO. / De Don Francisco Vances Candamo. A-E_2, 40pp. Valencia: Joseph y Thomás de Orga, 1782.

—EN hora dichosa llegue
—el Esclavo en grillos de oro. P 926-4

543a. Another copy. P 983-7

ESCLAVOS DE SU ESCLAVA, Y HACER BIEN NUNCA SE PIERDE, LOS. Juan del Castillo.

544. N. 260. / Comedia Famosa. / LOS ESCLAVOS / DE SU ESCLAVA, / Y HACER BIEN NUNCA SE PIERDE. / De Don Juan Del

Castillo. A-E, 36pp. Valencia: Joseph y Thomás de Orga, 1782.
–VIllanos, viles, traidores,
–y hacer bien nunca se pierde. P 922-1

ESCOCESA, LA. Ramón de la Cruz.

545. N. 37. / Comedia Nueva / LA ESCOCESA. / En Cinco Actos. / Traducida / Del Ingles, Al Castellano. / Corregida Y Enmendada En Esta Segunda Impresion. A-E, 35pp.(-1). Barcelona: Viuda Piferrer; Juan Sellent, Madrid: Librería de Quiroga. Modern s.
–QUE conjunto de noticias
–Gracias por todo á los Cielos.
With ink stamp of the Imprenta de Orga, Valencia (see item 29).P 959-5

ESCONDIDO Y LA TAPADA, EL. Pedro Calderón de la Barca.

546. Num. 84. / Comedia Famosa. / EL ESCONDIDO, / Y LA TAPADA. / De Don Pedro Calderon De La Barca. A-E_2, (40pp.). Barcelona: Francisco Suría y Burgada.
–PUes no podemos entrar
–Escondido, y la Tapada. P 1056-4

ESCUELA DE LA AMISTAD, O EL FILÓSOFO ENAMORADO, LA.
Juan Pablo Forner.

547. N. 317. / Comedia Famosa. / LA ESCUELA DE LA AMISTAD, / O EL FILOSOFO ENAMORADO. A-E, 36pp. Valencia: Joseph de Orga; Madrid: Librería de Quiroga, 1796. Modern s.
–TOdo me cansa. Ay Benita!
–lustre y honor de su patria. P 937-10

547a. Another copy. P 960-11

547b. Another copy. P 966-1

ESFORCIAS DE MILÂN, LOS. Antonio Martínez de Meneses.

548. Comedia Famosa. / De LOS ESFORCIAS DE MILAN. / De D. Antonio Martinez. Hh-Kk, fols.241r-260r.
–A esta infelize muger,
–fin à este sucesso pongan.
Comedias escogidas, 15, 12. Madrid: Melchor Sanchez for Iuan de San

Vicente, 1661. P 963-10

549. N. 208. / Comedia Famosa. / LOS ESFORCIAS / DE MILAN. / De Don Antonio Martinez. A-D_2, 32pp. Valencia: Joseph y Thomás de Orga, 1776.

—A esta infeliz muger,

—fin à este sucesso ponga. P 930-5

549a. Another copy. P 969-7

ESMALTES SON DEL HONOR, VIRTUD, LEALTAD, Y VALOR, O LA ESPOSA FIEL. José Calvo de Barrionuevo?

550. Num. 89. / Comedia Nueva. / ESMALTES SON DEL HONOR, / VIRTUD, LEALTAD, Y VALOR, / O LA ESPOSA FIEL. / Por D. P. L. G. A-D_2, 32pp.(-1). Madrid (printed in Barcelona): Isidro López, 1790. Modern s.

—VAlgame Dios! Es posible

—de tan repetidas faltas.

With ink stamp of Librería de Josef Carlos Navarro, Valencia. P 961-11

ESMERALDA DEL AMOR, LA. Francisco de Rojas Zorrilla.

551. N. 42. / Comedia Famosa. / LA ESMERALDA / DEL AMOR. / De Don Francisco De Roxas. A-D, 28pp. Valencia: Viuda de Joseph de Orga, 1763.

—REy nuestro, Rey Francès, Carlos

—que son los hombres quien yerran. P 971-15

ESPAÑOL DE ORÁN, EL. Miguel de Barrios.

552. Comedia Nueva. / EL ESPANOL DE ORAN, / Escrita Por Un Ingenio Militar. A-F_2, 46pp. (Madrid): Juan Antonio López.

—QUE Sol, que Lauro

—el Español de Oràn tiene.

Ashcom (item 199) identifies author and cites Coe's dating of 1734.

P 928-11

ESPAÑOL JUAN DE URBINA, EL. Manuel González.

553. EL ESPANOL IVAN DE VRBINA. / Comedia Famosa / Del Licenciado Manvel Gonzalez. Aa_4-Dd2, fols. 188r-210r.

–Salte, Ynes de aquesta quadra
–todo el aplauso de vn vitor.

Comedias escogidas, 4, 10. Madrid: Imprenta Real for Diego Balbuena, 1653. P 999-1

554. Num. 188. / Comedia Famosa. / EL ESPANOL / JUAN DE URBINA. / Del Lic. Manuel Gonzalez. A-E, (36pp.). Madrid: Antonio Sanz, 1739.

–SAlte, Inès, de aquesta quadra
–todo el aplauso de un vitor. P 932-6

ESPAÑOL MÁS AMANTE, Y DESGRACIADO MACÍAS, EL.
Francisco Antonio de Bances Candamo & ? .

555. Comedia / Famosa, / EL ESPANOL MAS AMANTE, / Y DES ;RACIADO MAZIAS. / De D. Francisco Banzes Candamo / y otros dos Ingenios de esta Corte. Ee_3-Gg_4, pp.436-477.

–OLa, Lopillo, despierta,
–del Español mas Amante.

Usually attributed to Bances Candamo alone. *Poesias comicas, obras posthumas de D. Francisco Banzes Candamo. Tomo segundo.* Madrid: Lorenço Francisco Mojados for Joseph Antonio Pimentèl, 1722. Item eleven. P 983-3

ESPAÑOLA DE FLORENCIA, LA. Pedro Calderón de la Barca?

556. Num. 45. / Comedia Famosa. / LA ESPANOLA / DE FLORENCIA. / De Don Pedro Calderon. A-C_2, 24pp.(-1). Sevilla: Joseph Padrino.

–Valerio, obligaciones tan sabidas
–y un amor todo invenciones, [sic] P 1052-11

ESPAÑOLES EN CHILE, LOS. Francisco González de Bustos.

557. N. 15. / Comedia Famosa. / LOS ESPANOLES / EN CHILE. / De Don Francisco De Bustos. A-E, 36pp. Valencia: Viuda de Joseph de Orga, 1761. Modern s.

–VIva Fresia siempre altiva.
–perdonad sus muchas faltas. P 977-14

ESTADOS MUDAN COSTUMBRES. Juan de Matos Fragoso

558. Comedia Famosa / ESTADOS MVDAN COSTVMBRES. / De Don Ivan De Matos / Fragoso. F-H4, pp.80-127. *(Comedias escogidas,* 5, 3. Madrid: Pablo de Val for Iuan de S. Vicente, 1654 edition).
—Quede estampada en tu rostro
—de menos subiendo a mas. P 918-3

ESTATUA DE PROMETEO, LA. Pedro Calderón de la Barca.

559. Comedia / Famosa. / De LA ESTATVA / DE PROMETEO. / Representose A Los Años / de la Reyna nuestra Señora. / De Don Pedro Calderon de la Barca, [sic]. F-H4, fols.37r-56v.
—Moradores de las altas
—y el bien en mejor.
Qvinta parte de comedias de D. Pedro Calderon de la Barca. Either the Barcelona: Antonio de la Cavalleria, 1677, or the Madrid: Antonio Francisco de Zafra, 1677, edition? Second item. P 997-7

560. Num. 194. / Comedia Famosa, / De LA ESTATUA / DE PROMETEO. / Representacion A Los Años De La / Reyna nuestra Señora. / De Don Pedro Calderon De La Barca. A-E, 36pp.(-1).
—Moradores de las altas
—y el bien en mejor.
Madrid: Herederos de Gabriel de León, 1704? P 1052-13

ESTATUA FINGIDA, LA. Anonymous.

561. 194. / Saynete Nuevo / Intitulado / LA ESTATUA FINGIDA / Para Cinco Personas. 8pp.(-1). Valencia: José Ferrer de Orga y compañía; José Carlos Navarro, 1816. Modern s.
—La muger que es desdichada,
—el perdon de nuestros yerros.
With title page. P 979-11

ESTERA, LA. Anonymous.

562. Saynete Nuevo / Intitulado / LA ESTERA. / Para Ocho Personas. 8 pp.(-1). Sevilla: Aragón, 1816. Modern s.
—Pues, Lucía, qué hay?
—perdonad las faltas nuestras.
With title page. P 1353-5

ESTO SÍ QUE ES NEGOCIAR. Gabriel Téllez (Tirso de Molina).

563. "Esto sí que es negociar. Comedia sin fama." In missing volume. Possibly: Num. 92. A-D_2, (32pp.). Madrid: Theresa de Guzmán (1733-34?) P 973-*1*

ESTRAGO DE ODIO Y AMOR, ENEAS Y DIDO. Anonymous.

564. Comedia / Famosa, / ESTRAGO DE ODIO, Y AMOR, / ENEAS, Y DIDO. / De Un Ingenio Cathalan. A-G_2, 56pp.(-1). Barcelona: Ignacio Guasch; Antonio Cassañas, 1733.

–DEten, monstruo hambriento

–y de sus faltas pordòn. [sic]

With title page. P 916-10

ESTRELLA DE MONSERRATE, LA. Cristóbal de Morales.

565. Comedia Famosa. / LA ESTRELLA DE / MONSERRATE. / De Don Christoval De Morales. D-G_3, fols.25r-51v.

–Peñas *q* vn tiempo fuisteis

–los naranjazos, ni siluos.

With ink stamp of Libraria Colonna. *Comedias escogidas,* 12, 2. Madrid: A(n)dres Garcia de la Iglesia for Iuan de S. Vicente, 1658.

P 988-12

ESTUDIANTES PETARDISTAS, LOS. Anonymous.

566. Saynete Nuevo. / Intitulado / LOS ESTUDIANTES / PETARDISTAS. / Para Catorce Personas. 8pp.(-1). Madrid: (Puesto de) Josef Sánchez. Modern s.

–Feliz la hora en que llego

–con su mucha tolerancia.

With title page. P 979-12

EURÍDICE Y ORFEO.

See: *Fineza contra fineza.*

EURÍDICE Y ORFEO. Antonio de Solís.

567. Comedia Famosa. / EVRIDICE, Y ORFEO. / De Don Antonio De Solis. D_4-F_4, fols.28r-47v.

–Hombre, ô fantasma; qui*e* eres?

–se le combida, LAVS DEO.

Comedias escogidas, 18, 2. Madrid: Gregorio Rodriguez, 1662. P 987-11

568. N. 89. / Comedia Famosa. / ERUDICE / Y ORFEO. / De Don Antonio De Solis. A-D_2, 32pp. Valencia: Viuda de Joseph de Orga, 1765. Modern s.

–HOmbre ó fantasma, quién eres,
–se le convida, LAUS DEO. P 981-15

EXALTACIÓN DE LA CRUZ, LA. Pedro Calderón de la Barca.

569. Comedia Famosa, / LA EXALTACION / DE LA CRUZ. / De Don Pedro Calderon / de la Barca. A-F_2, 24fols.(-1).

–Hà dėl sobervio Monte,
–perdonad sus muchos yerros. P 1052-14

EXAMEN DE CORTEJOS, Y APROBACIÓN PARA SERLO, EL. Anonymous.

570. Saynete, / Intitulado / EL EXAMEN DE CORTEJOS, / Y APROBACION PARA SERLO, / Representado En Los Teatros De Esta Corte. / Para Ocho Personas. (a)-a_2, 8pp.(-1). Madrid: Manuel Quiroga, 1791. Modern s.

–YA estaba yo con cuidado
–el perdon de nuestros yerros.

With title page. P 979-13

570a. Another copy, in bound volume issued Madrid: Benito Cano; Manuel Quiroga, 1791. CS I-20

EXTREMEÑO EN MADRID. EL PLEITO DEL EXTREMEÑO, O EL ABOGADO FINGIDO, EL. Anonymous.

571. Saynete, / Intitulado / *EL EXTREMENO* / EN MADRID. / EL PLEYTO DEL EXTREMENO / O / EL ABOGADO FINGIDO, / Representado En Los Teatros De Esta Corte, / Para Ocho Personas. (a)-a_3, 12pp.(-1). Madrid: Manuel Quiroga, 1791. Modern s.

– ¡Jesus, quánta confusion!
–El perdon de nuestros yerros.

With title page, in bound volume issued Madrid: Benito Cano; Manuel Quiroga, 1792. CS IIa-17

571a. Identical printing, in bound volume issued Madrid: Benito García; Viuda de Quiroga, 1806. CS IIb-17

* * *

FÁBULA DE PICO Y CANENTE, LA.
See: *Pico y Canente.*

FALSO NUNCIO DE PORTUGAL, EL. José de Cañizares.

572. *N. 60. / Comedia Famosa. / EL FALSO NUNCIO / DE PORTUGAL. / De Un Ingenio De Esta Corte. A-E, 36pp. Madrid: Antonio Sanz, 1759.
–MI padre os ha visto?
–por ser caso verdadero. P 967-6

573. Num. 125. / Comedia Famosa. / EL FALSO NUNCIO / DE PORTUGAL. / De Un Ingenio De Esta Corte. A-E, 36pp.(-1). Barcelona: Francisco Suriá; Carlos Sapera, 1769.
–MI padre os ha visto?
–por ser caso verdadero. P 942-3

FALSOS HOMBRES DE BIEN, LOS. Luciano Francisco Comella.

574. Num. 116. / Drama En Cinco Actos. / LOS FALSOS HOMBRES DE BIEN. / Traducido Del Italiano / Por Don Luciano Francisco Comella. A-D_2, 31pp.+blank page. Barcelona: Juan Francisco Piferrer; Juan Sellent. Modern s.
–Que es esto, señor Fabricio,
–á si mismo, y á la Patria.
Tr. (1790) from *I falsi galantuomini,* acc. McClelland (II, p.487), who cites P. Rogers' identification of original author as Camillo Federici (pseud. of G. B. Viassolo). With ink stamp of the Imprenta de Orga, Valencia (see item 29). P 954-10

FANDANGO DE CANDIL, EL. Ramón de la Cruz.

575. Saynete, / Intitulado / *EL FANDANGO* / DE CANDIL, / Representado En Los Teatros De Esta Corte: / Para Veinte Y Tres Personas. (a)-a_3, 12pp.(-1). Madrid: Manuel Quiroga, 1792. Modern s.
–La calle de Lavapies
–el perdon de nuestras faltas.
With title page, in bound volume issued Madrid: Benito Cano; Manuel Quiroga, 1792. CS IIa 18

575a. Identical printing, in bound volume issued Madrid: Benito García; Viuda de Quiroga, 1806. CS IIb-18

FANTASMA DEL LUGAR, LA. Ramón de la Cruz.

576. Saynete, / Intitulado / *LA FANTASMA* / DEL LUGAR, / Representado En Los Teatros De Esta Corte, / Para Catorce Personas. (a)-a_2(a_3), 11p.(-1)+page of titles. Madrid: Manuel Quiroga, 1791. Modern s.

–Digo, aguardaibus muchichas
–perdon de las faltas nuestras.

With title page, in bound volume issued Madrid: Benito Cano; Manuel Quiroga, 1792. CS IIa-19

576a. Identical printing, in bound volume issued Madrid: Benito García; Viuda de Quiroga, 1806. CS IIb-19

FAVORECER A TODOS Y AMAR A NINGUNO, DOÑA BEATRIZ DE SILVA. Gabriel Téllez (Tirso de Molina).

577. Comedia Famosa. / FAVORECER A TODOS, / Y AMAR A NINGVNO, / DONA BEATRIZ DE SYLVA. / Del Maestro Tirso De Molina. A-E_2, 39pp.(-1)+page with *licencia,* etc. Madrid: Theresa de Guzmán, Lonja de Comedias de la Puerta del Sol.

–LA hermosa Doña Isabel,
–y en el Convento mentiras.

1735-1736? Upper right corner of first page cut. P 1120-23

577a. Another copy? In missing volume. Pp.39 & 40 ms. P 973-*m*

FE NO HA MENESTER ARMAS, Y VENIDA DEL INGLÉS A CÁDIZ, LA. Rodrigo de Herrera y Ribera.

578. N. 18. / Comedia Famosa. / LA FE / NO HA MENESTER / ARMAS, / Y VENIDA DEL INGLES / A CADIZ. / De Don Rodrigo De Herrera. A-D, 28pp. Valencia: Viuda de Joseph de Orga, 1762.

–DEme vuestra Magestad
–y Venida del Inglés. P 952-2

FE SE FIRMA CON SANGRE, Y EL PRIMER INQUISIDOR SAN PEDRO MÁRTIR, LA. Antonio de Zamora.

579. Comedia Nueva. / LA FE SE FIRMA CON SANGRE, / Y EL PRIMER INQUISIDOR / SAN PEDRO MARTYR. / De Don Antonio De Zamora. T-Aa, pp.139-182.

—AMor, què serà vn temor,

—de tan duplicados yerros.

Ameno jardin, item four. Madrid, 1734. See item 389. P 953-15

579a. Another copy. P 976-5

FEDERICO SEGUNDO EN EL CAMPO DE TORGAU. *Segunda Parte.*
Luciano Francisco Comella.

580. N. 306. / Comedia Famosa. / FEDERICO SEGUNDO / EN EL CAMPO DE TORGAU. / Segunda Parte. / De Don Luciano Francisco Comella. A-E, 36pp. Valencia: Hermanos de Orga, 1795. Modern s.

—EL Rey manda que á ninguno

—de la virtud el camino P 956-15

FEDERICO SEGUNDO EN GLATZ, O LA HUMANIDAD. *Tercera Parte.*
Luciano Francisco Comella.

581. N. 307. / Comedia Famosa. / FEDERICO SEGUNDO EN GLATZ, / O LA HUMANIDAD. / Tercera Parte. / De Don Francisco Luciano Comella. A-F, 38pp. Valencia: Hermanos de Orga, 1795. Modern s.

—YA que las pintadas aves

—tributemos holocaustos. P 956-16

FEDERICO SEGUNDO, REY DE PRUSIA. *Primera Parte.*
Luciano Francisco Comella.

582. N. 305. / Comedia Famosa. / FEDERICO SEGUNDO, / REY DE PRUSIA. / Primera Parte. / De Don Luciano Francisco Comella. (A)-F, 38pp. Valencia: Hermanos de Orga, 1795. Modern s.

—LAs tres son, y todavía

—vamos gracias repetidas. P 956-14

FÉNIX DE ESPAÑA, SAN FRANCISCO DE BORJA, EL.
Diego Calleja, S.J.

583. Comedia Famosa. / EL FENIX DE ESPANA, / SAN FRANCISCO DE BORJA. / De Vn Ingenio De Esta Corte, que se representò

en el Colegio Imperial de esta Villa, / à la Canonizacion. H_3-L_2, pp.117-164. (*Comedias escogidas,* 43, 4. Madrid: Antonio Gonçalez de Reyes for Manuel Melendez, 1678).

–Mil vezes, amigo Carlos,
–ya es entre los Santos Grande. P 919-4

584. N. 35. / Comedia Famosa. / EL FENIX / DE ESPANA, / S. FRANCISCO / DE BORJA. / De Un Ingenio. A-E, 36pp. Valencia: Viuda de Joseph de Orga, 1762. Modern s.

–MIl veces, amigo Carlos,
–ya es entre los Santos Grande. P 925-12

584a. Another copy. P 952-12

FÉNIX DE LA ESCRITURA, EL GLORIOSO SAN JERÓNIMO, EL.
Francisco Gonzâlez de Bustos.

585. EL FENIX DE LA ESCRIPTVRA / EL GLORIOSO S. GERONIMO / De Don Francisco Gonçalez de Bustos. F_2-H_4, fols.42r-62v. (*Comedias escogidas,* 40, 3. Madrid: Iulian de Paredes, 1675).

–En vano, señor, porfias
–que os ofrecen dos Ingenios. P 915-3

FÉNIX DE LOS CRIADOS, O MARÍA TERESA DE AUSTRIA, EL.
Luciano Francisco Comella.

586. EL FENIX DE LOS CRIADOS / O / MARIA TERESA DE AUSTRIA: / Drama Heróico En Tres Actos: / Por Don Luciano Francisco Comella. / Segunda Edicion. A-E, 36pp. Madrid: Librería y Puesto de Cerro. Modern s.

–El dia que esta Princesa
–halla en su favor amparo, [sic] P 962-7

FÉNIX DE SALAMANCA, LA. Antonio Mira de Amescua.

587. LA FENIX DE SALAMANCA. / Comedia / Famosa / Del Doctor Mira De / Mesqva. X-Z_4, fols.157r-180v.

–Que no estàs desengañada?
–al Fenix de Salamanca.

Comedias escogidas, 3, 8. Madrid: Melchor Sanchez for Ioseph Muñoz Barma, 1653. P 934-3

587a. Another copy. P 996-5

587b. Another copy. P 999-6

FÉNIX ESPAÑOL, SAN LORENZO MÁRTIR, EL.
Francisco Lozano Estarrués.

588. Comedia Famosa. / EL FENIX / ESPANOL, / SAN LORENZO / MARTIR. / De Don Francisco Lozano. A-D_2, (32pp.). Madrid: Antonio Sanz, 1743.
–LLegue Valeriano à Roma
–se los bolverà à sus dueños. P 938-2

FIANZA SATISFECHA, LA. Lope Félix de Vega Carpio.

589. Num. 208. / Comedia Famosa. / LA FIANZA SATISFECHA. / De Lope De Vega Carpio. A-D, (30pp.). Barcelona: Juan Serra.
–YO no sigo tu viage.
–La Fianza satisfecha. P 1120-8

590. Comedia. / LA FIANZA SATISFECHA. / De Lope De Vega Carpio. A-D_2, 32pp. Madrid: Manuel Quiroga, 1799. Modern s.
–Yo no sigo tu viage.
–la Fianza satisfecha. P 950-18

590a. Another copy. P 972-12

FIERA, EL RAYO, Y LA PIEDRA, LA. Pedro Calderón de la Barca.

591. Comedia Famosa, / LA FIERA, / EL RAYO, / Y LA PIEDRA. / Fiesta Real que se hizo à sus Magestades en el Coliseo / de Buen Retiro. / De Don Pedro Calderon / de la Barca. A-G(H), 30fols.(-1).
–Què se nos hizo el dia?
–ay quien se atreva à embarcar, &c. P 1052-15

592. Famosa / Comedia, / LA FIERA, EL RAYO, Y / LA PIEDRA. / Fiesta Real, que se hizo a sus Magestades en el Palacio / del Buen-Retiro. / De Don Pedro Calderon de la Barca. Ee_2-Hh_4, fols.218r-246v.
–Que se nos hizo el dia?
–ay quien se atreua, &c.
Tercera parte de comedias de D. Pedro Calderon de la Barca. Madrid: Domingo Garcìa (y) Morrás for Domingo Palacio y Villega [sic], 1664. Excel^mo. Item eleven. P 997-10

FIERAS AFEMINA AMOR. Pedro Calderón de la Barca.

593. Comedia Famosa. / FIERAS / AFEMINA AMOR. / De Don Pedro Calderon De La Barca. A-H_2, (62pp.).

–Pastores, huid la fiera

–Fieras afemina Amor

Preceded, A-A_2, (9pp.), by "Loa Para La Comedia / De FIERAS / AFEMINA AMOR. / Fiesta Que Se Representó A Los Años / de la Reyna nuestra Señora Doña Maria-Ana de Austria, / en el Real Coliseo de Buen-Retiro. / De Don Pedro Calderon De La Barca."

–A los felizes años,

–arma, arma, guerra, guerra. P 1053-19

FILÓSOFO CASADO, O EL MARIDO AVERGONZADO DE SERLO, EL. Tomás de Iriarte.

594. Comedia. / EL FILOSOFO CASADO; / O / EL MARIDO AVERGONZADO / DE SERLO. / En Cinco Actos. / Representada / En El Coliséo Del Príncipe / el dia 20 de Abril de 1795, por la Compañía de Martínez. (A)-E, 35pp.(-1)+page of titles. Madrid: Manuel Quiroga, 1795. Modern s.

–En este retiro estoy

–de inmensas felicidades.

With title page. After the *Philosophe marié* (1727) of Philippe Destouches (pseud. of Philippe Néricault). P 966-6

FINEZA CONTRA FINEZA. Pedro Calderón de la Barca.

595. FINEZA CONTRA FINEZA. / Comoedia, / Con que festeja / Los Felizes Años / De La / Serenissima / Reyna De España / D. Mariana / De Avstria, / De Orden / De Svs Mag:^{es} Ces:^{as} los Avg:^{mos} / Leopoldo, / Y / Margarita, / El Excel:^{mo} Señor / Marqves De Los Balbasses, / Embax:^{or} de España, &c. / En 22. de Diciembre de 1671. / Compuesta por / D. Pedro Calderon De La Barca, / Cav:^{ro} de la Orden de Santiago. (a)-Aa, (186pp.). Vienna de Austria: Matheo Cosmerovio.

–VItoria por Anfion.

–Que las castiga, las premia.

Preceded, (A)-C, pp.(5-18), by *Loa*:

–LOs años floridos de aquella Divina

–Y el mar los señale con blandas arenas.

Between Acts I and II, K-L_2, pp.(73-83): "Entremes / En Musica / De / EURIDICE, Y ORFEO."

—AY, que me pi, q: [sic] me pi, que me pica;

—Al que à muchos ha muerto con cantos.

Between Acts II and III, R-S_2, pp.(129-140): "LA NOBIA BARBUDA. / Entremes / En Musica."

—TArira, tararira

—Pare riyendo.

A beautifully printed complete edition, with title page, on fine paper.

P 1056-5

596. Comedia Famosa. / FINEZA / CONTRA FINEZA. / De Don Pedro Calderon De La Barca. A-E_2, 39pp. Barcelona: Pedro Escuder, 1758.

—Victoria por Anfion.

—que las castiga, las premia. P 1052-16

FINGIDA ARCADIA, LA. Jerónimo de Cáncer y Velasco? , Agustín Moreto y Cabaña, & Pedro Calderón de la Barca.

597. *N. 154. / Comedia Famosa. / LA FINGIDA / ARCADIA. / De Don Agustin Moreto. A-D_2, 32pp. Madrid: Antonio Sanz, 1753*.

—POrcia, prima, amiga, espera,

—perdon de las faltas nuestras. P 951-10

597a. Another printing: lacks asterisks before number and after date; "Porcia," instead of "POrcia." P 905-8

FINGIR LO QUE PUEDE SER. Román Montero de Espinosa.

598. Comedia Famosa. / FINGIR LO QVE PVEDE SER. S-T_4, fols.141r-158v.

—Buena, señor, la has hecho.

—Fingir lo que puede ser.

Comedias escogidas, 2, 6. Madrid: Imprenta Real for Antonio de Ribero, 1652. At headlines (recto): "de D. Roman Montero de Espinosa."

P 910-6

FINGIR Y AMAR. Agustín Moreto y Cabaña.

599. N. 181. / Comedia Famosa. / FINGIR Y AMAR. / De Don Agustin Moreto. A-D_2, 32pp. Valencia: Joseph y Thomás de Orga, 1772.

—TU has tenido bravo tino.

—se acaba esto en Dios os guarde.

Sticker of Librería de (Manuel) González (Madrid) pasted over printer data. P 905-16

599a. Another copy, later printing: acute accent, modern s. P 949-5

599b. Another copy of 599a. P 951-3

FIRME LEALTAD, LA. Diego de Solís.

600. Comedia Famosa. / De LA FIRME LEALTAD. M-O_4, fols.94r-119r.

—Seais bien venido, Señor, à esta Aldea,

—Y el esposo disculpado.

Comedias escogidas, 2, 4. Madrid: Imprenta Real for Antonio de Ribero, 1652. At headlines (recto): "de Diego de Solis." P 910-4

FIRMEZA, AMOR, Y VENGANZA. Antonio Francisco.

601. FIRMEZA, AMOR, Y VENGANZA. / Comedia / Nveva. / De Don Antonio Francisco. A-F, (42pp.).

—Ya es tan fuerte mi pesar

—Firmeza, Amor, y Vengança.

Bound in two sections, A-B_2, pp.(1-16), and C-F, pp.(17-42), before and after play P 908-12: *Valor, agravio, y muger,* by Ana Caro de Mallén (item 1435). P 908-11

602. Comedia Famosa. / FIRMEZA, AMOR, Y VENGANZA. / De Don Antonio Francisco. F_3-H_4, fols. 43r-64v.

—Ya es tan fuerte mi pesar

—Firmeza, Amor, y Vengança.

Comedias escogidas, 18, 11. Madrid: Gregorio Rodriguez, 1662. P 987-10

FORTUNA MERECIDA, LA.

See: *Merecer para alcanzar.*

FORTUNAS DE ANDRÓMEDA Y PERSEO.

Pedro Calderón de la Barca.

603. La Gran Comedia. / FORTVNAS / DE / ANDROMEDA, Y PERSEO. /Fiesta que se representò à sus Magestades en el Coliseo / del Buen-Retiro. / De Don Pedro Calderon De La Barca. A-F_2, (48pp.).

—Huye, Gilote. *Gil.* Huye, Bato.

—en paz dos Reynos. P 1052-17

FORTUNAS TRÁGICAS DEL DUQUE DE MEMORANSI, LAS.
Martín Peyron y Queralt.

604. Comedia Famosa, / De LAS FORTVNAS / TRAGICAS DEL DVQVE DE / MEMORANSI. / Del Doctor Martin Peyron, Y Qveralt. A-E_2, 40pp.(-1).

—Esto se ha de remediar

—quando se opone a su Rey.

Parte qvarenta y qvatro de comedias de diferentes avtores. Zaragoça: herederos de Pedro Lanaja y Lamarca, 1652. Item six. P 921-1

FUEGO DE DIOS EN EL QUERER BIEN. Pedro Calderón de la Barca.

605. Num. 74. / Comedia Famosa. / FUEGO DE DIOS / EN EL QUERER BIEN. / De Don Pedro Calderon De La Barca. A-E, (36pp.). Barcelona: Carlos Sapera; Francisco Suría, 1765.

—PReguntando à una criada,

—perdoneis las faltas nuestras. P 1052-18

FUERZA DE LA LEY, LA. Agustín Moreto y Cabaña.

606. Num. 106. / Comedia Famosa. / LA FUERZA / DE LA LEY. / De Don Agustin Moreto. A-D_2, 28pp.(-1). Incomplete. Salamanca: Santa Cruz.

—REpetid el memorial:

—yà sin mì, yo imaginaba (inc.)

Should be: A-D_2, 32pp.(-1). Last line: "à la Fuerza de la Ley."

P 957-7

FUERZA DE LA SANGRE, LA.

See: *Amante mudo, la fuerza de la sangre, y amor hace hablar los mudos, El.*

FUERZA DE LA VERDAD, LA. Francisco de Malaespina.

607. Comedia Famosa, / LA FVERZA DE LA / VERDAD. / Del Doctor D. Francisco de Malaespina. Aa-Cc, fols.182r-201v.

—Ha de esse centro obscuro

—serà al poeta, y autor.

Comedias escogidas, 14, 10. Madrid: Domingo Garcia y Morràs for

Domingo Palacio y Villegas, 1660. P 943-7

FUERZA DEL NATURAL, LA. Jerónimo de Cáncer y Velasco & Agustín Moreto y Cabaña.

608. LA FVERZA DEL NATVRAL / Comedia Famosa. / De Don Agvstin Moreto. A-E, (36pp.).
–Necio, que quieres? *Iul.* Ver
–la Fuerça del Natural. P 917-2

609. Num. 63. / Comedia Famosa. / LA FUERZA / DEL NATURAL. / De Don Agustin Moreto. A-D, 32pp.(-1). Sevilla: Joseph Padrino.
–Necio, qué me quieres? *Julio.* Her [sic]
–La Fuerza del Natural. P 905-20

609a. Another copy. P 913-4

609b. Another copy. P 913-6

610. Comedia Famosa / De la Fuerza de el Natural. / De D. Agustin Moreto. (ms). M_4-O_4, fols.(91v)-(110r). Modern s in ms portions.
–Necio, que quieres? (ms).
–la fuerça del natural. (ms).
Comedias escogidas, 15, 5. Madrid: Melchor Sanchez for Iuan de San Vicente, 1661. First and last pages ms. P 994-2

611. Comedia / LA FUERZA / DEL NATURAL. / De Don Agustin Moreto. A-D_2, 32pp.(-1). Madrid: Manuel Quiroga, 1793. Modern s.
–NEcio, qué me quieres? *Jul.* Vér
–la Fuerza del Natural. P 951-19

FUERZA LASTIMOSA, LA. Lope Félix de Vega Carpio.

612. Comedia. / LA FUERZA LASTIMOSA. / De Lope De Vega Carpio. A-D_2, 32pp.(-1). Madrid: Manuel Quiroga, 1792. Modern s.
–Si por sendas tan estrechas
–fin la Fuerza Lastimosa. P 974-6

* * *

GALÁN DE SU MUJER, EL. Juan de Matos Fragoso.

613. Comedia famosa / el Galan de su Muger / De Don Juan de Matos Fregoso. (ms). Cc_2-Ee_4, fols.(201v)-222v. Modern s in ms portion.

—No me diras por tu vida (ms).

—aqui tiene fin y quito.

Comedias escogidas, 14, 11. Madrid: Domingo Garcia y Morràs for Domingo Palacio y Villegas, 1660. First page ms. P 990-4

614. *N. 62. / Comedia Famosa. / EL GALAN / DE SU MUGER. / De Don Juan De Matos Fregoso. A-E, (36pp.). Madrid: Antonio Sanz, 1750.

—NO me diràs, por tu vida,

—aqui tiene finiquito.

Sticker of Librería de (Manuel?) Gonzâlez, Madrid, pasted over printer data. P 986-6

GALÁN FANTASMA, EL. Pedro Calderón de la Barca.

615. Num. 328. / Comedia Famosa, / EL GALAN FANTASMA. / De Don Pedro Calderon. A-E_2, (40pp.).

—DE vuestras señas llamado,

—dèmos à la Gran Fantasma, [sic] P 1053-1

616. DEL GALAN FANTASMA / Co / media / Famosa / De don Pedro Calderon de la Barca. X-Z_5, fols.143r-166v.

—De vuestras señas llamado,

—demos a la gran Fantasma.

Doze comedias las mas grandiosas qve asta aora han salido de los meiores, y mas insignes Poetas. Segvnda Parte. Lisboa: Pablo Craesbeeck for Iuan Leite Pereira, 1647. Item eight. P 905-2

GALÁN SIN DAMA, EL. Antonio Hurtado de Mendoza.

617. Comedia Famosa, / EL GALAN SIN DAMA. / De Don Pedro Calderon de la Barca. A-E, 36pp. Valladolid: Alonso del Riego.

—BIen guisada esta la noche.

—ya son amantes sin dama. P 1052-19

GALÁN, VALIENTE, Y DISCRETO. Antonio Mira de Amescua.

618. GALAN, VALIENTE, Y DISCRETO. / Comedia Famosa, / Del Doctor Mira De Mesqua. A-D_2, (32pp.).

–Despues que muriô tu hermano,
–vuessas mercedes perdonen. P 996-6

619. Num. 160. / Comedia Famosa. / GALAN, VALIENTE / Y DISCRETO. / Del Doctor Mirademescua. A-D_2, (31pp.)+blank page. Barcelona: Francisco Suría y Burgada.
–DEspues que murió tu her- / mano,
–vuesas mercedes perdonen. P 930-6

619a. Another copy. P 974-15

GALEOTE CAUTIVO, EL. Antonio Valladares de Sotomayor.

620. Núm. 134. / Comedia Nueva. / EL GALEOTE CAUTIVO. A-E, 36pp.(-1). Barcelona: Juan Francisco Piferrer; Juan Sellent. Modern s.
–A Tarif generoso
–vuestros aplausos por premio. P 954-13

GANSOS, LOS. Juan Máiquez.

621. Saynete, / Intitulado / LOS GANSOS, / Representado En Los Teatros De Esta Corte. / Para Doce Personas. (a)-a_3, 11pp.(-1). Madrid: Manuel Quiroga. Modern s.
–¿Neculas, qué haces aqui?
–el perdon de nuestras faltas.
With title page, in bound volume issued Madrid: Benito Cano; Manuel Quiroga, 1791. CS I-21

GARROTE MÁS BIEN DADO, Y ALCALDE DE ZALAMEA, EL.
See: *Alcalde de Zalamea, El.*

GENIOS ENCONTRADOS, LOS. Ramón de la Cruz.

622. Saynete Nuevo, / Titulado: / LOS GENIOS / ENCONTRADOS. 8pp. Valencia: Imprenta del Diario. Modern s.
–De mi querida Lesbia
–un perdon, ya que no aplauso. P 979-14

GENIZARO DE HUNGRÍA, EL. Juan de Matos Fragoso.

623. N. 186. / Comedia Famosa. / EL GENIZARO / DE UNGRIA. / De Don Juan De Matos Fragoso. A-D_2, 32pp. Valencia: Joseph y

Thomás de Orga, 1773. Modern s.
—ADónde, gran señor, tan recatado
—al Genizaro de Ungría. P 948-4

623a. Another copy. P 986-7

GIGANTE CANANEO, SAN CRISTÓBAL, EL.
Cristóbal de Monroy y Silva.

624. EL GIGANTE CANANEO, / SAN CHRISTOVAL. / Comedia / Famosa, / De Don Christoval De Monroy. A-D_2, (32pp.).
—La deidad de Iupiter santo
—el defecto de las obras. P 932-1

625. Num. 54. / Comedia Famosa. / EL GIGANTE / CANANEO, / SAN CHRISTOVAL, / De D. Christoval De Monroy. A-D, (28pp.). Madrid: Antonio Sanz, 1744.
—LA Deidad de Jupiter santo
—el defecto de las obras. P 970-3

GITANA DE MENFIS, SANTA MARÍA EGIPCIACA, LA.
Juan Pérez de Montalván.

626. SANTA MARIA EXIPCIACA, / Y GITANA DE MENFIS. / Comedia / Famosa / Del Doctor Ivan Perez De Montalvan. A-E_2, (36pp.).
—El pesame, Maria bella,
—Santa Maria Egypciaca. P 912-2

627. N. 124. / Comedia Famosa. / LA GITANA DE MENFIS, / SANTA MARIA / EGYPCIACA. / En Tres Actos. A-E_2, 38pp. Valladolid: Alonso del Riego.
—El pesame, Maria bella,
—Santa Maria Egipciaca. P 1121-1?

628. *Num. 159. / Comedia Famosa. / LA GITANA / DE MENFIS / SANTA MARIA / EGIPCIACA. / Del Doct. Juan Perez De Montalvan. A-D_2, 32pp.(-1). Madrid: Antonio Sanz, 1756.
—El pesame, Maria bella,
—Santa Maria Egypciaca. P 984-10

GITANILLA DE MADRID, LA. Antonio de Solís.

629. Comedia Famosa / LA GITANILLA DE MA= / DRID. / De Don Antonio de Solis. (ms). X-Z, pp.(320)-354+7pp. ms. Modern s in ms portions

–Como tan poco gustosa (ms).

–en los años que celebra. (ms).

Comedias escogidas, 37, 9. Madrid: Melchor Alegre for Domingo Palacio y Villegas, 1671. First page and last seven pages ms; would be X-Z_2, pp.320-356. P 981-16

GLORIA DEL ARTE, LA. Eusebio & Eduardo Asquerino.

630. LA GLORIA DEL ARTE. / Drama Original / En Tres Actos Y En Verso / Por / D. Eusebio Y D. Eduardo Asquerino. (1)-(5):, 74pp.(-1). Madrid: Imprenta de la Sociedad de Operarios del Mismo Arte, Oct. 20, 1848. Modern s.

–Señora . . .

–esa es la Gloria del Arte! P 955-3

GOBERNADOR PRUDENTE, EL. Gaspar de Avila.

631. El Governador Prudente / Comedia Famosa / de Gaspar de Avila. (ms). K-L_4, pp.(183)-172. Modern s in ms portion.

–Sabes à caso [sic], que voy (ms).

–y al Gouernador Prudente.

Comedias escogidas, 21, 4. Madrid: Ioseph Fernandez de Buendia for Agustin Verges, 1663. First page ms. P 995-8

GOLFO DE LAS SIRENAS, EL. Pedro Calderón de la Barca.

632. Num. 238. / EL GOLFO DE LAS SIRENAS. / Comedia / Famosa. / Egloga Piscatoria. / Fiesta, que se representò à sus Magestades en el Real Sitio de la Zarzuela. / De Don Pedro Calderon. A-C_2, 24pp.(-1). Sevilla: Imprenta Real.

–Tiende essas redes al Sol,

–què dos venturas, venturas tan raras! P 1053-3

GRACIOSO ENGAÑO CREÍDO DEL DUENDE FINGIDO.
Ramón de la Cruz.

633. Saynete, / Intitulado / GRACIOSO ENGANO CREIDO / DEL DUENDE FINGIDO, / Representado En Los Teatros De Esta Corte / Para Nueve Personas. (a)-a_3, 12pp.(-1). Madrid: Manuel Quiroga.

Modern s.

–Rufina del alma mia,

–á nuestros apasionados.

With title page, in bound volume issued Madrid: Benito Cano; Manuel Quiroga, 1791. CS I-22

GRAN CARDENAL DE ESPAÑA, FR. FRANCISCO JIMÉNEZ DE CISNEROS, EL. *Segunda Parte.* Anonymous.

634. N. 219. / Comedia Famosa. / EL GRAN CARDENAL / DE ESPANA / Fr. FRANCISCO / XIMENEZ DE CISNEROS. / Segunda Parte / De Un Ingenio. A-D_2, 32pp. Valencia: Joseph y Thomás de Orga, 1777.

–YA al nuevo Governador

–del Gran Cardenal Cisneros.

For first part see: *Pluma, púrpura, y espada, sólo en Cisneros se halla, y restauración de Orán.* P 925-3

GRAN CENOBIA, LA. Pedro Calderón de la Barca.

635. Comedia Famosa. / LA GRAN CENOBIA. / De Don Pedro Calderon De La Barca. A-D_2, 32pp. Barcelona: Pedro Escuder.

–ESpera, sombra mia,

–fin a sus fortunas dè. FIN. P 1053-4

GRAN PRÍNCIPE DE FEZ, DON BALTASAR DE LOYOLA, EL. Pedro Calderón de la Barca.

636. Comedia Famosa. / EL GRAN PRINCIPE / DE FEZ, / D. BALTASAR / DE LOYOLA. / De D. Pedro Calderon De La Barca. A-H, (60pp.).

–Alto, y passe la palabra.

–dà Mejor Reyno. P 1053-5

GRAN VIRREY DE NÁPOLES, O DUQUE DE OSUNA, EL. Anonymous.

637. Núm. 153. / Comedia Original En Prosa. / EL GRAN VIRREY DE NAPOLES, / O / DUQUE DE OSUNA. / En Cinco Actos. A-C_2, 24pp. Barcelona: Juan Francisco Piferrer; Juan Sellent. Modern s.

–Creo que ya ha vuelto el Vir- / rey

–ningu- / na de mis acciones. P 956-6

GRAVEDAD EN VILLAVERDE. Juan Pérez de Montalván.

638. Comedia Famosa / Gravedad en Villaverde. / del Doctor Juan Perez de Montaluan. (ms). Cc-Dd_4, pp.(398)-427. Modern s in ms portion.

–Que locura. (ms).

–y reciba los deseos.

Comedias escogidas, 9, 11. Madrid: Gregorio Rodriguez for Mateo de la Bastida, 1657. First page ms. P 995-6

GUANCHES DE TENERIFE, Y CONQUISTA DE CANARIA, LOS.
Lope Félix de Vega Carpio.

639. LOS GVANCHES DE TENE / RIFE Y CONQUISTA DE CANARIA / Comedia / De Lope De Vega Carpio. Fols.227r-250v. (ms). Modern s.

–valerosos Españoles,

–la Conquista de Canaria.

Entire play ms. P 974-7

GUÁRDATE DEL AGUA MANSA. Pedro Calderón de la Barca.

640. Comedia Famosa, / GVARDATE / DE LA AGVA / MANSA. / De Don Pedro Calderon De La Barca. A-F, 22fols.(-1).

–Vna, y mil vezes, señor,

–fin à la Comedia demos. P 1053-6

GUERRAS DE CELOS Y AMOR. Matías de Ayala.

641. Num. 135. / Comedia Famosa. / GUERRAS / DE ZELOS, Y AMOR. / De Don Mathias De Ayala. A-E, 36pp.(-1). Madrid: Antonio Sanz, 1756*.

–VIva el desprecio, y muera el Amor.

–las paces en Guerras de Zelos, y Amor. P 922-8

GUSTOS Y DISGUSTOS SON NO MÁS QUE IMAGINACIÓN.
Pedro Calderón de la Barca.

642. *Num.* 10. / Comedia Famosa, / GUSTOS, / Y DISGUSTOS SON / NO MAS, QUE IMAGINACION. / Fiesta, que se representò à sus Magestades en el Salon / de su Real Palacio. / De Don Pedro Calderon De La Barca. A-F_2, 47pp.

–Tened, no passeis de aqui,
–imaginacion. P 1053-7

* * *

HABLADOR, EL. Ramón de la Cruz.

643. N. 18. / Comedia En Prosa. / EL HABLADOR. / En Tres Actos. A-C_2, 23pp. Barcelona: Viuda Piferrer; Juan Sellent, Madrid: Librería de Quiroga. Modern s.
–Animo, muchachos estár pron- / tos
–Merezca ser tomado como desea. P 959-16

HACER FINEZA EL DESAIRE. Diego Calleja, S. J.

644. Comedia Famosa. / HAZER FINEZA EL / DESAYRE. / Del Licenciado Don Diego Calleja. / Fiesta de los Reyes. P-S, pp.225-266. (*Comedias escogidas,* 41, 6. Pamplona: Ioseph del Espiritu Santo, undated but probably 1675 or 1676).
–Oy festejan las iras hermosas
–con victoria. P 909-6

HACER LA CUENTA SIN LA HUÉSPEDA. Anonymous.

645. (Cross patée) HACER LA QVENTA SIN LA HVESPEDA. / Zarzvela, / Qve Se Representa Actvalmente En Villa- / Viciosa de Portugal, Recreo del Rey Don Pedro. A-A_3, 12pp.(-1).
–Dexenme por Dios, dexenme
–combido para otra fiesta. P 908-10

HACER REMEDIO EL DOLOR.
Jerónimo de Cáncer y Velasco, Juan de Matos Fragoso?, & Agustín Moreto y Cabaña.

646. Comedia Famosa / Hazer remedio el dolor. / de Don Agustin Moreto, y de Don Geronimo Cancer. (ms). E_4-G_4, fols.35v-54v.
–Aqui estareis, si os agrada
–Hazer del Dolor Remedio.
Comedias escogidas, 11, 3. Madrid: Gregorio Rodriguez for Iuan de S. Vicente, 1658. First page ms. P 987-8

647. N. 14. / Comedia Famosa. / HACER REMEDIO / EL DOLOR. /

De D. Geronimo Cancer, De D. Juan / de Matos Fragoso y D. Agustin Moreto. A-E, 36pp. Valencia: Viuda de Joseph de Orga, 1762. Modern s.

—AQui estareis, si os agrada
—Hacer del Dolor Remedio. P 905-21

HADO Y DIVISA DE LEONIDO Y DE MARFISA.
Pedro Calderón de la Barca.

648. La Gran Comedia, / HADO, Y DIVISA / DE LEONIDO, Y DE MARFISA. / Fiesta, que se representò à sus Magastades [sic] en el Coliseo / de Buen-Retiro. / De D. Pedro Calderon De La Barca. A-D_4, 64pp.

—Seguidle todos: No quede
—de Leonido, y de Marfisa. P 1053-8

HADOS Y LADOS HACEN DICHOSOS Y DESDICHADOS.
Anonymous.

649. N. 24. / Comedia Famosa / HADOS Y LADOS / HACEN DICHOSOS / Y DESDICHADOS. / De Un Ingenio. A-D_4, 32pp. Valencia: Viuda de Joseph de Orga, 1762. Modern s.

—ASí le veamos
—son bien y mal de los hombres. P 927-9

HAMBRIENTO DE NOCHEBUENA, EL. Ramón de la Cruz.

650. Saynete Nuevo / Intitulado / EL HAMBRIENTO / DE NOCHE BUENA. / Para Ocho Personas. 8pp.(-1). Sevilla: Aragón, 1816. Modern s.

—Señores, yo rabio de hambre,
—como forma de aguinaldos.

With title page. P 1353-10

HAMETE DE TOLEDO, EL. Luis de Belmonte Bermúdez & Antonio Martínez de Meneses.

651. Comedia Famosa. / EL HAMETE / DE TOLEDO. / De Belmonte, y Don Antonio Martinez. i-l_4, fols.59r-82r. (*Comedias escogidas,* 41, 10. Pamplona: Ioseph del Espiritu Santo, undated but probably 1675 or 1676).

—No se ha visto con luzes mas hermosas

—al Hamete de Toledo. P 909-10

HANNÍBAL. Juan Ignacio González del Castillo.

652. HANNIBAL, / Escena Lírica Original / O / Soliloquio Unipersonal, / En Metro Endecasílabo Castellano. / Representada / En El Coliseo De La Ciudad De Cádiz / Por el Señor Luis Navarro. (A)-A_4, 16pp.(-1). Madrid: Manuel Quiroga. Modern s.

—¡Mi mal es cierto! . . . .Sí. . . ¡yo soy perdido! . . .

—tu mano fiel. . . ¡O Dioses! . . . ¡Ah! mi fama. . .

With title page, in bound volume issued Madrid: Benito Cano; Manuel Quiroga, 1791. CS I-40

HASTA EL FIN NADIE ES DICHOSO. Agustín Moreto y Cabaña.

653. Num. 162. / Comedia Famosa. / HASTA EL FIN / NADIE ES DICHOSO. / De Don Agvstin Moreto. A-E_2, (40pp.).

—Que escuse hablarme Garcia,

—que hasta el fin nadie es dichoso. P 905-22

HÉCTOR Y AQUILES. Cristóbal de Monroy y Silva.

654. Num. 88. / Comedia Famosa. / HECTOR, / Y AQUILES. / De Don Christoval De Monroy. A-C_2, 32(24)pp.(-1). Sevilla: Joseph Padrino.

—Soldados, nadie me siga,

—del Cerco insigne de Troya. P 970-5

HECHICERA DEL CIELO, LA. Antonio de Nanclares.

655. LA HECHIZERA DEL CIELO. / Comedia Famosa / De Don Antonio De Nanclares. T-X, pp.283-(321). Modern s in ms portion.

—Vano assombro!

—por la Hechizera del Cielo. (ms).

Comedias escogidas, 21, 8. Madrid: Ioseph Fernandez de Buendia for Agustin Verges, 1663. Last page ms. P 995-12

HECHIZO DE SEVILLA, EL. Ambrosio Arce de los Reyes.

656. N. 34. / Comedia Famosa. / EL HECHIZO / DE SEVILLA. / De Don Ambrosio De Arce. A-D_2, 32pp. Valencia: Viuda de Joseph de Orga, 1762.

–EL mayor Capitan llegue à mis brazos
–el Hechizo de Sevilla. P 957-1

656a. Another copy. P 977-1

656b. Another copy, later printing: acute accent, modern s. P 924-4

HÉRCULES DE HUNGRÍA, EL. Ambrosio Arce de los Reyes.

657. Comedia Famosa. / EL HERCVLES DE VNGRIA. / De Don Ambrosio De Arce. Y-Aa_4, fols.169r-188v.
–No consuele con porfia
–pues para agradar escriue.
Comedias escogidas, 12,9. Madrid: A(n)dres Garcia de la Iglesia for Iuan de S. Vicente, 1658. P 987-3

HÉRCULES DE OCAÑA, EL. Juan Bautista Diamante.

658. Num. 34. / Comedia Famosa. / EL HERCULES / DE OCANA. / De Don Juan Bautista Diamante. A-D_2, 32pp.(-1). Madrid: Antonio Sanz, 1740.
–QUè tienes?
–dà fin, perdonad sus yerros. P 982-6

659. N. 66. / Comedia Famosa. / EL HERCULES / DE OCANA. / De Don Juan Bautista Diamante. A-D_2, 32pp. Madrid: Antonio Sanz, 1748.
–QUè tienes?
–dà fin, perdonad sus yerros. P 901-12

HERIR POR LOS MISMOS FILOS. Luis A. J. Moncín.

660. Saynete, / Intitulado / HERIR / *POR LOS MISMOS FILOS:* / Representado En Los Teatros De Esta Corte, / Para Nueve Personas. (a)-a_4, 16pp.(-1). Madrid: Manuel Quiroga, 1792. Modern s.
–¿Qué triste está usted? si á mí
–el perdon de los defectos.
With title page, in bound volume issued Madrid: Benito Cano; Manuel Quiroga, 1792. CS IIa-20

660a. Identical printing, in bound volume issued Madrid: Benito García; Viuda de Quiroga, 1806. CS IIb-20

HERMANOS AMANTES, Y PIEDAD POR FUERZA, LOS.
Fernando de Zárate.

661. De LOS HERMANOS AMANTES / y piedad por fuerça. / De Don Fernando De Zarate. S_4-X_4, fols. 139v-166v. (*Comedias escogidas,* 40, 8. Madrid: Iulian de Paredes, 1675).
–Ya estamos a la vista de Mecina
–que bien se cansò el Poeta. P 915-8

HERMANOS MÁS AMANTES, LOS.
See: *Morica garrida, La.*

HERMOSA FEA, LA. Lope Felíx de Vega Carpio.

662. Num. 178. / LA HERMOSA FEA. / De Frey Lope De Vega Carpio. (1)-4, 28pp. Valencia: José Ferrer de Orga, 1814. Modern s.
–Fuera temeraria empresa,
–y si no, la Hermosa fea. P 972-13

HERODES ASCALONITA Y LA HERMOSA MARIANA.
Cristóbal Lozano.

663. Num. 80. / HERODES ASCALONITA, / Y LA HERMOSA MARIANA. / Comedia Famosa, / Del Licenciado Gaspar Lozano Montesino. A-D_2, 32pp.(-1). Sevilla: Francisco de Leefdael.
–Aguarda, espera, detente
–ò à Pineda en sus Anales. P 969-4

HEROICA ANTONA GARCÍA, LA. José de Cañizares.

664. N. 253. / Comedia Famosa. / LA HEROICA / ANTONA GARCIA. / De Don Joseph De Cañizares. A-D_2, 34pp. Valencia: Joseph y Thomás de Orga, 1781. Modern s.
–MAS valeis vos, Antona,
–y Heroica Antona Garcia. P 920-11

HIDALGO DE BARAJAS, EL. Anonymous.

665. Saynete, / Intitulado / *EL HIDALGO* / DE BARAJAS, / Representado En Los Teatros De Esta Corte, / Para Doce Personas. (a)-a_3, 12pp.(-1). Madrid: Manuel Quiroga, 1792. Modern s.
–D. Venancio, ¿pues qué es esto?

—el perdon de nuestras faltas.

With title page, in bound volume issued Madrid: Benito Cano; Manuel Quiroga, 1792. CS IIa-21

665a. Identical printing, in bound volume issued Madrid: Benito García; Viuda de Quiroga, 1806. CS IIb-21

HIJA DEL AIRE, LA. *Primera Parte.* Pedro Calderón de la Barca.

666. Num. 32. / Comedia Famosa. / LA HIJA / DEL AIRE. / Primera Parte. / De Don Pedro Calderon De La Barca. A-E, 35pp.(-1). Sevilla: Manuel Nicolás Vázquez.

—Haced alto en esta parte,
—si aquestas faltas se suplen. P 1053-9

HIJA DEL AIRE, LA. *Segunda Parte.* Pedro Calderón de la Barca.

667. Num. 33. / Comedia Famosa / LA HIJA / DEL AIRE. / Segunda Parte. / De Don Pedro Calderon De La Barca. (A)-E, 36pp.(-1). Sevilla: Manuel Nicolás Vázquez.

—En tanto que Lidoro, Rey de Lidia,
—la historia acabe con esto. P 1053-10

HIJA DEL MESONERO, O LA ILUSTRE FREGONA, LA.
Diego de Figueroa y Córdoba.

668. Comedia Famosa, / LA HIJA DEL MESONERO; / Fiesta Qve Se Represento / a sus Magestades en Palacio. / De Don Diego de Figueroa y Cordoua. X-(Z_4), fols.161r-(182r). Modern s in ms portion.

—Si estudias ansi, medrados
—dadle un vitor de limosna. (ms).

Comedias escogidas, 14, 9. Madrid: Domingo Garcia y Morràs for Domingo Palacio y Villegas, 1660. Last page ms. P 991-2

669. N. 144. / Comedia Famosa. / LA HIJA / DEL MESONERO. / Fiesta Que Se Representò / à sus Magestades en Palacio. / De Don Diego De Figueroa Y Cordova. A-E, 36pp. Madrid: Antonio Sanz, 1746.

—SI estudias assi, medrados
—darle un victor de limosna. P 916-5

670. N. 144. / Comedia Famosa. / LA HIJA / DEL MESONERO, / O LA ILUSTRE FREGONA. / De Don Diego De Figueroa Y Cordova.

A-E, (36pp.). Madrid: Antonio Sanz, 1746.
–SI estudiais assi, medrados
–darle un victor de limosna. P 985-4

HIJA EMBUSTERA, Y LA MADRE MÁS QUE ELLA, LA.
Anonymous.

671. Saynete. / LA HIJA EMBUSTERA, / Y LA MADRE MAS QUE ELLA. 8pp. Madrid: Manuel Quiroga. Modern s.
–Pedro, quanto ántes despacha
–madre, ó hija embusteras.
With title page, in bound volume issued Madrid: Benito Cano; Manuel Quiroga, 1791. CS I-23

HIJO DE MARCO AURELIO, EL. Juan de Zabaleta.

672. EL HIJO DE MARCO AVRELIO. / Comedia Famosa. / De Don Ivan De Zavaleta. I_3-L_4, fols.67r-(86r). Modern s in ms portion.
–Ya Conmodo mi hermano,
–el hijo de Marco Aurelio. (ms).
Comedias escogidas, 10, 4. Madrid: Imprenta Real for Francisco Serrano de Figueroa, 1658. Last page ms. P 911-8

HIJO DE LA PIEDRA, Y SEGUNDO PÍO QUINTO, SAN FÉLIX, EL.
Juan de Matos Fragoso.

673. *Num. 67. / Comedia Famosa. / EL HIJO DE LA PIEDRA, / Y SEGUNDO PIO QUINTO, / SAN FELIX. / De D. Juan De Matos Fregoso. A-E, 36pp.(-1). Madrid: Antonio Sanz, 1756.
–PAdre, en mis brazos venid,
–que humilde os ofrece Matos. P 986-8

HIJO DEL SOL, FAETÓN, EL. Pedro Calderón de la Barca.

674. EL HIJO DEL SOL, / FAETON. / Comedia Famosa. / Fiesta que se representò à sus Magestades en el Salon / Real de Palacio. A-F_2, (48pp.).
–Hermosas hijas del Sol,
–sin Faeton, hijo de Apolo. P 1053-12

HIJO PRÓDIGO, EL. Jerónimo de Cáncer y Velasco?, Agustín Moreto y Cabaña?, & Juan de Matos Fragoso?

675. EL HIJO PRODIGO. / Comedia Famosa. / De Tres Ingenios. A-D_2, 32pp.(-1).

—Cansada muger por Dios.

—dá el Poeta fin dichoso. P 965-5

676. *N. 67. / Comedia Famosa. / EL HIJO PRODIGO. / De Tres Ingenios. A-D_2, 32pp.(-1). Madrid: Antonio Sanz, 1785. Modern s.

—CAnsada muger por Dios!

—dá el Poeta fin dichoso. P 936-8

676a. Another copy. P 980-7

HIJOS DE LA FORTUNA, LOS. Juan Pérez de Montalván.

677. Comedia Famosa. / LOS HIJOS / DE LA FORTUNA. / Del Doctor Juan Perez De Montalvan. A-D_2, 32pp. Valladolid: Alonso del Riego.

—MIa ha de ser la hermosa Clariquea.

—que es de su premio el abono. P 984-11

678. N. 32. / Comedia Famosa, / LOS HIJOS DE LA FORTUNA. / Del Doctor Juan Perez de Montalvan. A-D_b(D_2), 16fols.(-1). Madrid: Herederos de Gabriel (de) León.

—Mia ha de ser la hermosa Clariquea.

—que es de su premio el abono.

1704? P 1121-8?

HIJOS DE LA FORTUNA, TEAGENES Y CARICLEA, LOS.
Pedro Calderón de la Barca.

679. Comedia Famosa, / LOS HIJOS / DE LA FORTUNA, / TEAGENES, Y CARICLEA. / De Don Pedro Calderon / de la Barca. A-G_2, (56pp.). Modern s.

—Atended, Moradores de Delfos,

—Teagenes, y Cariclea. P 1053-11

HIJOS DEL DOLOR, Y ALBANIA TIRANIZADA, LOS.
Francisco de Leiva Ramírez de Arellano.

680. Num. 140. / Comedia Famosa. / LOS HIJOS / DEL DOLOR, / Y ALBANIA TYRANIZADA. / De Don Francisco De Leyva. A-D_2, 32pp.(-1). Salamanca: Santa Cruz.

—ENtre tanto que los muros
—de los Hijos del Dolor.
Misbound: pp.1-8, 17-24, 9-16, 25-32. P 907-3

HOMBRE AGRADECIDO, EL. Luciano Francisco Comella.

681. N. 311. / Comedia Famosa. / EL HOMBRE AGRADECIDO. / De D. Luciano Francisco Comella. A-D_2, 32pp. Valencia: Hermanos de Orga, 1796. Modern s.
—LAS siete son y aun no vino.
—como el beneficio paga. P 962-10

HOMBRE CONVENCIDO A LA RAZÓN, O LA MUJER PRUDENTE, EL. Anonymous.

682. EL HOMBRE CONVENCIDO A LA RAZON, / O LA MUGER PRUDENTE. / Comedia Nueva En Tres Actos, / Representada Por La Compañía De Ribera, / En Este Presente Año de 1790. / Por Don M. S. C. A-D_2, 31pp. Madrid (printed in Barcelona): Isidro López. Modern s.
—A vuestra salud, amigos.
—hacer conocer su falta.
1790. With ink stamp of Librería de Josef Carlos Navarro, Valencia.
P 961-6

HOMBRE DE BIEN, EL. Lope Félix de Vega Carpio.

683. EL HOMBRE DE BIEN. / Comedia Famosa. / Del Fenix De Los Ingenios Lope De Vega. A-E_2, 40pp. Sm. 4°. Madrid: Theresa de Guzmán, Lonja de Comedias de la Puerta del Sol.
—TU nombre no me dirás?
—si no, perdonad las faltas.
1736? P 972-14

HOMBRE DE PORTUGAL, EL. Alonso de Alfaro.

684. Comedia Famosa. / DEL HOMBRE DE PORTVGAL. / Del Maestro Alfaro. A-E_2, 20fols.(-1).
—Valgame el cielo! *q* tiene *Ap.*
—del Hombre de Portugal.
Comedias escogidas, 16, 10. Madrid: Melchor Sanchez for Mateo de la Bastida, 1662. P 999-8

HOMBRE POBRE TODO ES TRAZAS, EL. Pedro Calderón de la Barca.

685. Num. 246. / Comedia Famosa, / EL HOMBRE POBRE / TODO ES TRAZAS. / De Don Pedro Calderon. A-E, (36pp.).
–TU seas tan bien venido,
–donde la Comedia acaba. P 1053-13

HOMBRE SINGULAR, O ISABEL PRIMERA DE RUSIA, EL.
Luciano Francisco Comella.

686. Núm. 138. / EL HOMBRE SINGULAR, / O / ISABEL PRIMERA DE RUSIA: / Drama En Dos Actos, / Por Don Luciano Francisco Comella. A-D, 28pp.(-1). Barcelona: Juan Francisco Piferrer; Juan Sellent. Modern s.
–Oh quánto tarda Rostow!
–singular llamaros puedan. P 959-1

HONESTIDAD DEFENDIDA DE ELISA DIDO, REINA Y FUNDADORA DE CARTAGO, LA. Alvaro Cubillo de Aragón.

687. Comedia Famosa, / LA HONESTIDAD DEFENDIDA / DE ELISA DIDO, REYNA, Y FUNDADORA / DE CARTAGO. / De Don Albaro Cvuillo De Aragon. A-E_2, 40pp. Madrid: Francisco Assensio, 1734.
–Tyrios, oìs? oìs? Aveis oìdo?
–diò fin, perdonad sus yerros, [sic]
Ameno jardin, item eleven. Madrid, 1734. See item 389. P 901-6

687a. Another copy. P 902-3

HONOR DA ENTENDIMIENTO, Y EL MÁS BOBO SABE MÁS, EL.
José de Cañizares.

688. Num. 229. / Comedia Famosa. / EL HONOR DA ENTENDIMIENTO, / Y EL MAS BOBO SABE MAS. / De Don Joseph De Cañizares. A-D, (28pp.). Barcelona: Francisco Suriá y Burgada. Modern s.
–QUé dices, Juana? *Ju.* Que es él.
–nosotros ingenio y obra. P 920-12

688a. Another copy, tops and bottoms badly cut, with ink stamp of Librería de Josef Carlos Navarro, Valencia. P 961-12

HONOR ES LO PRIMERO,EL. Francisco de Leiva Ramírez de Arellano.

689. Num. 156. / EL HONOR ES LO PRIMERO. / Comedia Famosa, / De Don Francisco De Leyba Ramirez. A-D_2, 32pp.(-1). Sevilla: Francisco de Leefdael.

—Dixiste, que se apartara
—El honor es lo primero. P 916-4

HONRADOR DE SU PADRE, EL. Juan Bautista Diamante.

690. Comedia Famosa, / DEL HONRADOR DE / SV PADRE. / De Don Ivan Bavtista Diamante. A-C, 17fols.

—Este papel de Rodrigo
—perdonad sus muchos yerros.

Comedias escogidas, 11, 1. Madrid: Gregorio Rodríguez for Iuan de S. Vicente, 1658. P 993-6

HORROR DE LAS MONTAÑAS, Y PORTERO DE SAN PABLO, EL. Cristóbal de Monroy y Silva.

691. EL HORROR DE LAS MONTNAS [sic], / Y PORTERO DE SAN PABLO. / Comedia / Famosa / De Don Christoval De Monroy. / Representóla el Valenciano. A-D_4, (32pp.).

—Deten Serrana hermosa,
—da fin aqui su Comedia. P 989-3

HOSPITAL POR DENTRO, O EL BUEN GOBERNADOR, EL. Anonymous.

692. *Número* 1. / EL HOSPITAL / POR DENTRO, / O / EL BUEN GOBERNADOR. / Drama En Cuatro Actos. (1)-4, 33pp.(-1). Prose. Valencia: Manuel López, 1816. Modern s.

—No puedo mas, me falta el
—Orgullosos, este fin tiene la / soberbia. P 959-4

HUÉRFANO INGLÉS, EL. Anonymous.

693. N. 56. / Tragedia Urbana. / EL HUERFANO / INGLES / En Tres Actos. A-D, 28pp.(-1). Barcelona: Carlos Gibert y Tutó. Modern s.

—HE concluido mi plan,
—En la eternidad el pago. P 956-2

* * *

ILUSTRES PAYOS, O LOS PAYOS ILUSTRES, LOS.

Ramón de la Cruz.

694. Saynete, / Intitulado / LOS ILUSTRES / PAYOS / O / LOS PAYOS / ILUSTRES, / Representado En Los Teatros De Esta Corte. / Para Catorce Personas. (a)-a_3, 12pp.(-1). Madrid: Manuel Quiroga, 1791. Modern s.

—«No hay dia mas alegre

—perdonad defectos tantos.

With title page. P 979-15

695. Saynete, / Intitulado / *LOS ILUSTRES* / PAYOS, / O / *LOS PAYOS* / ILUSTRES / Representado En Los Teatros De Esta Corte: / Para Catorce Personas. (a)-a_3, 12pp.(-1). Madrid: Manuel Quiroga, 1792. Modern s.

—«No hay dia mas alegre

—perdonad defectos tantos.

With title page, in bound volume issued Madrid: Benito Cano; Manuel Quiroga, 1792. CS IIa-22

695a. Identical printing, in bound volume issued Madrid: Benito García; Viuda de Quiroga, 1806. CS IIb-22

IMPERIO DE LAS COSTUMBRES, EL. Gaspar Zavala y Zamora.

696. EL IMPERIO / DE LAS COSTUMBRES. / Comedia En Prosa. / En Quatro Actos. / Sacada de la Tragedia, que con el mismo titulo escribió en Frances Mr. Le Miere. / Por Don Gaspar Zavala Y Zamora. A-C_2, 25pp.(-1). Barcelona: Juan Francisco Piferrer; Juan Sellent. Modern s.

—Un esclarecido Indiano aca- / ba

—el Imperio fatal de vuestras rudas cos- / tumbres.

From the tragedy, *Veuve du Malabar, ou l'Empire des Coutumes* (1770), by Antoine-Marin Lemierre. P 960-3

IMPÍA JEZABEL, MUJER DEL INFELIZ ACAB, Y TRIUNFO DE ELÍAS, LA.

See: *Mujer que manda en casa, La.*

IMPOSIBLE MÁS FÁCIL, EL. Juan de Matos Fragoso.

697. N. 16. / Comedia Famosa. / EL IMPOSSIBLE / MAS FACIL. /

De Don Juan De Matos Fragoso. A-D, 28pp. Valencia: Viuda de Joseph de Orga, 1762.
—YA la fiera del Monte al Valle baxa.
—el Impossible mas Facil. P 948-3

697a. Another copy. P 986-9

698. Num. 180. / Comedia Famosa, / EL IMPOSSIBLE MAS FACIL. / De Don Juan De Matos Fragoso. A-D, (28pp.). Barcelona: Thomás Piferrer, 1771.
—YA la fiera del Monte al Valle baxa.
—el Impossible mas facil. P 1121-15?

INCLINACIÓN ESPAÑOLA, LA.
Francisco Antonio de Bances Candamo.

699. Num. 162. / Comedia Famosa. / LA INCLINACION / ESPANOLA. / De Don Francisco Bances Candamo. A-D_2, 32pp.(-1). Sevilla: Joseph Padrino.
—Qual es Nobleza mayor,
—Que engendra tales alientos. P 958-16

700. Plieg. 4. y med. Num. 28. / LA INCLINACION ESPANOLA. / Comedia / Nveva, / De D. Francisco Bances Candamo. A-E, 36pp. Sevilla: Diego López de Haro.
—Qual es Nobleza mayor,
—Que engendra tales alientos. P 983-9

INDOLENTE, EL. Luciano Francisco Comella.

701. Comedia Nueva. / EL INDOLENTE / En Dos Actos. A-C, 21pp. Salamanca: Francisco de Tóxar. Modern s.
—Seguro está que esta olanda
—procuren con el exemplo.
With ink stamp of Librería de Josef Carlos Navarro, Valencia. P 961-13

INDUSTRIA CONTRA MISERIA: EL CHISPERO. Anonymous.

702. Saynete, / Intitulado / INDUSTRIA CONTRA MISERIA: / EL CHISPERO, / Representado En Los Teatros De Esta Corte: / Para Diez Personas. (a)-a_3, 12pp.(-1). Madrid: Manuel Quiroga, 1792. Modern s.
—Amigo, gran pensamiento

—súplalos hoy nuestra emienda.
With title page. P 1353-7

702a. Another printing (identical save first line of title in italics). With title page, in bound volume issued Madrid: Benito Cano; Manuel Quiroga, 1792. CS IIa-23

702b. Another copy of 702a, in bound volume issued Madrid: Benito García; Viuda de Quiroga, 1806. CS IIb-23

INDUSTRIAS CONTRA FINEZAS. Agustín Moreto y Cabaña.

703. Num. 190. / Comedia Famosa. / INDUSTRIAS CONTRA FINEZAS. / De Don Agustin Moreto. A-D_2, (32pp.). Barcelona: Juan Serra y Centené. Modern s.
—QUal dolor debe escoger
—industrias contra Finezas.
Edition number ms. P 906-2

703a. Another copy. P 951-22

INDUSTRIAS DE AMOR LOGRADAS, O JUANILLA LA DE JEREZ. Juan Bautista Diamante.

704. Num. 132. / INDVSTRIAS DE AMOR LOGRADAS. / Por Otro Titvlo, / JVANILLA LA DE XEREZ. / Comedia / Famosa, / De Don Jvan Baptista Diamante. A-D_2, 32pp.(-1). Sevilla: Imprenta Real.
—No hai trage, que no te estè,
—perdonad sus muchas faltas. P 982-7

INÉS, LA. Manuel Andrés Igual.

705. Núm. 8. / LA INES. / Drama Sentimental / De Cinco Actos En Prosa. / Traduccion Libre Por D. M. A. Ygual. (A)-C, 23pp.(-1). Barcelona: Juan Francisco Piferrer; Juan Sellent. Modern s.
—No, amigo: no tendré sosie- / go
—Seductores, tomad exemplo, y / temblad. P 959-15

INESILLA, LA DE PINTO. Ramón de la Cruz.

706. Saynete / Intitulado: / INESILLA / LA DE PINTO. / Representado En Los Teatros De Esta Corte, / Para Seis Personas. (a)-a_2,

8pp.(-1). Madrid: Librerías de Quiroga, 1800. Modern s.
—Si estará por dicha en casa
—De todas las faltas nuestras.
With title page. P 979-16

INFELIZ AURORA, Y FINEZA ACREDITADA, LA.
Francisco de Leiva Ramírez de Arellano.

707. Num. 147. / Comedia Famosa. / LA INFELIZ AURORA, / Y FINEZA ACREDITADA. / De Don Francisco De Leyba Ramirez. A-E, 36pp.(-1). Salamanca: Santa Cruz.
—TEmerario atrevimiento!
—y Fineza acreditada. P 985-12

708. Comedia Famosa. / LA INFELIZ AVRORA, Y FINEZA / Acreditada. / De D. Francisco De Leyba. V-Y_4, pp.302-346. (*Comedias escogidas,* 43, 9. Madrid: Antonio Gonçalez de Reyes for Manuel Melendez, 1678).
—Temerario atrevimiento!
—y Fineza acreditada.
Following is the first page only of *La nueva maravilla de la gracia.* See Regueiro, item 464, for similar occurrence. P 919-9

709. *N. 162. / Comedia Famosa. / LA INFELIZ AURORA, / Y FINEZA ACREDITADA. / De Don Francisco De Leyba Ramirez / de Arellano. A-E, 36pp. Madrid: Antonio Sanz, 1753*.
—TEmerario atrevimiento!
—y Fineza acreditada. P 929-11

INOBEDIENTE, O LA CIUDAD SIN DIOS, EL.
Andrés de Claramonte.

710. Comedia Famosa. / EL INOBEDIENTE, O LA CIUDAD SIN DIOS. V-Y_4, fols. 159r-180v.
—Perezcan entre estos montes,
—tu penitencia, y la Historia.
Comedias escogidas, 2, 7. Madrid: Imprenta Real for Antonio del Ribero, 1652. At headlines (recto): "de Claramonte." P 910-7

INOCENTE DOROTEA, LA. Anonymous.

711. Núm. 129. / Saynete Nuevo / Intitulado: / LA INOCENTE

DOROTEA. / Para Seis Personas. (1)-*, 12pp.(-1). Valencia: Estevan, 1817. Modern s.

–EScucha Pedro.

–El perdon de nuestras faltas.

With title page. P 979-17

INVENCIBLE CASTELLANA, LA. José de Cañizares.

712. *N. 163. / Comedia Famosa. / LA INVENCIBLE / CASTELLANA. / De Don Joseph De Cañizares. A-E, 36pp. Madrid: Imprenta de la calle de la Paz, 1757.

–Què me dices, Isabel?

–de antes que todo es mi amante. P 920-13

INVISIBLE PRÍNCIPE DEL BAÚL, EL. Alvaro Cubillo de Aragón.

713. Comedia Famosa. / EL INVISIBLE PRINCIPE / DEL BAUL / De Alvaro Cubillo De Aragon. (ms). S-V, pp.(259)-294.

–Espero hablar al Principe, y espero (ms).

–y oluidoseme el remedio.

Followed, pp.294-296, by: "Epitalamio a las felices bodas del / señor Marques de Liche, y mi señora doña Antonia / de la Cerda;" and, pp.296-298, by: "Fiestas que hizo la villa de Madrid al buen alumbramiento y salud de la Reyna Nuestra Señora y nacimiento de la Serenissima Infanta doña Margarita Mariana de Austria" (*romance*). *Enano de las musas,* item five. Madrid: Maria de Quiñones for Iuan de Valdez, 1654. See item 403. First page ms. P 902-8

IRIS DE LAS PENDENCIAS, EL. Gaspar de Avila.

714. EL IRIS DE LAS PENDENCIAS. / Comedia Famosa, / De Gaspar De Avila. A-B_4, 31pp.(-1).

–Que es esto? *Iu.* Tu hermana soy

–y satisfecho el Auctor.

Comedias escogidas, 29, 1. Madrid: Ioseph Fernandez de Buendia for Manuel Melendez, 1668. P 908-7

IRIS DE PAZ EN LA EUROPA, Y SOLEDAD EN LA CORTE. Anonymous.

715. IRIS DE PAZ EN LA EVROPA, / Y SOLEDAD EN LA CORTE. / Comedia / Famosa, / De Vn Ingenio De Cadiz. A-D_2, 32pp.(-1).

Sevilla: Joseph Antonio de Hermosilla.
–AQui, Duque, determino,
–y Soledad en la Corte. P 941-10

ISABELA, LA. Luciano Francisco Comella.

716. LA ISABELA, / Drama Joco-Sério, / En Dos Actos, / Por Don Luciano Francisco Comella, / Representado / Por La Compañía De Manuel Martinez, / En El Mes De Febrero Del Año De 1794. A-C_2, 24pp.(-1). Madrid: Viuda de Quiroga. Modern s.
–Qué silencio tan profundo!
–la quietud del corazon. P 959-3

* * *

JACOBA, LA. Luciano Francisco Comella.

717. N. 101. / Comedia Famosa. / LA JACOBA / Dividida En Quatro Actos. / De Don Luciano Francisco Comella. A-D_2, 32pp. Valencia: Joseph de Orga; Madrid: Librería de Quiroga, 1796. Modern s.
–A Esta peste de Escritores
–la proteccion y el amparo. P 961-5

717a. Another copy. P 962-11

JARDÍN DE FALERINA, EL. Pedro Calderón de la Barca.

718. EL JARDIN DE FALERINA. / Comedia / Famosa, / Representacion de dos Jornadas, que / se hizo â sus Magestades. / De Don Pedro Calderon de la Barca. A-D_2, (32pp.).
–O Tu, de aquessos Montes,
–nos dexe gozar mil siglos. P 905-3

719. Num. 202. / La Gran Comedia, / EL JARDIN / DE FALERINA. / Representacion de dos Jornadas, que se hizo à sus Magestades. / De Don Pedro Calderon de la Barca. A-D_2, (30pp.).
–O Tu, de aquessos Montes,
–nos dexe gozar mil siglos. P 1053-14

JARRETIERA DE INGLATERRA, EL MAYOR APRECIO DEL DESCUIDO DE UNA DAMA, LA.
Francisco Antonio de Bances Candamo.

720. *N. 163. / Comedia Famosa. / LA JARRETIERA / DE INGLATERRA, / EL MAYOR APRECIO / DEL DESCUIDO DE UNA DAMA. / De Don Francisco Bances Candamo. A-E_2, (40pp.). Madrid: Antonio Sanz, 1751.
—AL triunfo de Eduardo
—que le perdoneis las faltas. P 923-8

720a. Another copy. P 958-15

720b. Another copy. P 983-10

JOB DE LAS MUJERES, SANTA ISABEL, REINA DE HUNGRÍA; O EL TIRANO DE HUNGRÍA, EL. Juan de Matos Fragoso.

721. Comedia Famosa / el Job de las Mugeres. / de D. Juan de Matos. (ms). T-X_2, pp.(286)-324. Modern s in ms portion.
—Sea bien venida (ms).
—aqui tiene fin dichoso.
Comedias escogidas, 9, 8. Madrid: Gregorio Rodriguez for Mateo de la Bastida, 1657. First page ms. P 990-2

722. Comedia Famosa. / EL JOB DE LAS MUGERES / SANTA ISABEL, / REYNA DE HUNGRIA. / O EL TIRANO DE HUNGRIA: / De Don Juan de Matos. A-D_2, 32pp.(-1). Madrid: Manuel Quiroga, 1790. Modern s.
—SEA bien venida
—aqui tiene fin dichoso. P 986-10

JOSEPH DE LAS MUJERES, EL. Pedro Calderón de la Barca.

723. Num. 45. / Comedia Famosa. / EL JOSEPH / DE LAS MUGERES. / De Don Pedro Calderon De La Barca. A-E, 36pp.(-1). Salamanca: Santa Cruz.
—Nihil est idolum in mundo,
—perdonad los yerros suyos. P 1053-15

JOVEN PEDRO DE GUZMÁN, EL. José de Concha.

724. EL JOVEN / PEDRO DE GUZMAN. / Escena Unipersonal / Para Un Niño De Siete Años. / Compuesta / Por Josef Concha. 8pp.(-1). Valencia: Martín Peris; Viuda de (José Carlos) Navarro, 1820. Modern s.
—Qué es esto, corazon? cómo me oprimes?

—dejo de mi familia el nombre eterno. P 959-23

JUAN JUYE Y LA PROPIETARIA. Anonymous.

725. Saynete, / Intitulado / JUAN JUYE, / Y LA PROPIETARIA, / Representado En Los Teatros De Esta Corte, / Para Siete Personas. (a)-a_2, 8pp.(-1). Madrid: Manuel Quiroga. Modern s.

—«En hora dichosa venga,

—nos disimulen las faltas.

With title page, in bound volume issued Madrid: Benito Cano; Manuel Quiroga, 1792. CS I-24

JUAN LATINO. Diego Jiménez de Enciso.

726. Comedia Famosa / de IVAN LATINO. D-G_4, fols.33r-63r.

—Quitaos el manto, o viue Dios, doña Ana,

—vn negro del mundo espanto.

Comedias escogidas, 2, 2. Madrid: Imprenta Real for Antonio de Ribero, 1652. At headlines (recto): "de D. Diego Ximenez de Enciso." P 910-2

JUAN RANA POETA, ENTREMÉS DE.

See: *Pico y Canente* (item 1136).

JUANITO Y JUANITA. Ramón de la Cruz.

727. Saynete, / Intitulado / *JUANITO Y JUANITA,* / Representado En Los Teatros De Esta Corte. / Para Nueve Personas. (a)-a_3, 12pp.(-1). Madrid: Manuel Quiroga, 1791. Modern s.

—Negar á un vecino honrado

—logre perdon de sus faltas.

With title page, in bound volume issued Madrid: Benito Cano; Manuel Quiroga, 1792. CS IIa-24

727a. Identical printing, in bound volume issued Madrid: Benito García; Viuda de Quiroga, 1806. CS IIb-24

728. 52. / Saynete Nuevo. / Intitulado / JUANITO Y JUANITA / Para Nueve Personas. (A)-A_2, 12pp.(-1). Valencia: José Ferrer de Orga y compañía; José Carlos Navarro, 1814. Modern s.

—Negar á un vecino honrado

—logre perdon de sus faltas. P 979-18

JUDAS MACABEO. Pedro Calderón de la Barca.

729. Num. 253. / Comedia Famosa, / JUDAS MACABEO. / De D. Pedro Calderon De La Barca. A-D_2, 32pp.(-1). Sevilla: Francisco de Leefdael.

–QVando alegre viene
–por quien os pido el perdon. P 1053-16

JUDÍA DE TOLEDO, LA. Antonio Mira de Amescua.

730. Comedia. / LA JUDIA / DE TOLEDO. / De Don Juan Bautista Diamante. A-D_2, 32pp.(-1). Madrid: Manuel Quiroga, 1792. Modern s.

–SUspende de tus ojos,
–de quien desprecia tus sagradas iras. P 901-3

730a. Another copy. P 982-8

JUEGOS OLÍMPICOS, LOS. Agustín de Salazar y Torres.

731. Comedia Famosa, / LOS JUEGOS / OLIMPICOS, / Fiesta De Zarzvela A Los / Años de la Reyna nuestra Señora. / De Don Agvstin De Salazar Y Torres. A-(E), 36pp.

–Toca al arma. *Otr.* Al arma toca,
–de Marte, y Venus.

Preceded, A-A_2, pp.1-4, by: "Loa Festiva / Que Se Representó / A Los Años De La Reina / Nuestra Señora, / En La Comedia / De Los Jvegos Olimpicos. / De Don Agvstin De Salazar."

–Ha de los vagos zafiros.
–y à flores la Tarde.

Signature E lost in cut for binding. P 981-4

732. LOS IVEGOS / OLIMPICOS, / Fiesta A Los Años De La Reyna / Nvestra Señora. / Representacion de dos jornadas. De Don Agvstin De Salazar. A-C_4, 45pp. (*Comedias escogidas,* 41, 1. Pamplona: Ioseph del Espiritu Santo, undated but probably 1675 or 1676).

–Toca al arma.
–de Marte, y venus.

Preceded, A-A_2, pp.1-4, by: "Loa / Qve Se Represento A Los Años De La / Reyna Nvestra Señora. / En la Comedia de los Iuegos Olympicos."

–A de los vagos zafiros
–y a flores la Tarde. P 909-1

733. No. 278. / Comedia Famosa. / LOS JUEGOS / OLIMPICOS. / De D. Agustin De Salazar Y Torres. A-D_2, 32pp. Valencia: Joseph y Thomás de Orga, 1782. Modern s.

–TOca al arma.

–de Marte, y Venus. P 934-2

JUEZ Y REO DE SU CAUSA. Antonio Martínez de Meneses?

734. *N. 140. / Comedia Famosa. / JUEZ, Y REO / DE SU CAUSA. / De Un Ingenio De Esta Corte. A-D_2, (32pp.). Madrid: Antonio Sanz, 1751.

–SIendo quien eres, señor,

–hizo justicia el culpado. P 928-10

JURAMENTO ANTE DIOS, Y LEALTAD CONTRA EL AMOR, EL. Jacinto Cordero.

735. Num. 4. / EL JVRAMENTO ANTE DIOS, Y LEALTAD CONTRA EL AMOR. / Comedia / Famosa, / Del Alferez Jacinto Cordero. (A)-D_2, 32pp.(-1). Sevilla: Francisco de Leefdael.

–No toquen sonoras caxas,

–el Juramento ante Dios. P 968-14

JUSTINA, LA. Gaspar Zavala y Zamora.

736. *Num.* 71. / LA JUSTINA. / Comedia Nueva En Tres Actos. / Por Don Gaspar Zavala Y Zamora. A-D, 28pp. Barcelona: Juan Francisco Piferrer; Juan Sellent, Madrid: Librería de Quiroga. Modern s.

–LLoremos, ojos, lloremos

–su gracia, paz y descanso. P 959-13

736a. Another copy. P 961-17

JUSTO LOT, EL. Alvaro Cubillo de Aragón.

737. *N. 72. / Comedia Famosa. / EL JUSTO LOT. / De Don Alvaro De Cubillo. A-C_2, 24pp.

–CIña tu sagrada frente,

–Perdon os pide el Poeta.

Possibly Madrid: Antonio Sanz? P 901-7

737a. Another copy. P 902-4

* * *

LA DE LOS LINDOS CABELLOS, SANTA INÉS. Antonio de Mesa.

738. LA DE LOS LINDOS CABELLOS, / SANTA YNES. / Comedia Famosa, / De Don Antonio De Mesa. A-D_2 (32pp.).

–Con *ta*ta Magestad, *co* *ta*ta gloria

–La de los lindos cabellos. P 939-7

LAGOS DE SAN VICENTE, LOS. Gabriel Téllez (Tirso de Molina).

739. Num. 138. / Comedia Famosa. / LOS / LAGOS / DE / SAN VICENTE / Del Maestro Tyrso De Molina. A-D_2, 32pp.(-1). Sevilla: Joseph Padrino.

–Hao, que espantais el cabrio:

–Tyrso su fin os promete. P 904-2

LÁGRIMAS DE DAVID, LAS. Felipe Godínez.

740. Comedia Famosa. / LAS LAGRIMAS DE DAVID. / Del Doctor Felipe Godinez. A-E, (36pp.).

–LA beldad de Bersabè

–las Lagrimas de David. P 1121-21?

741. Num. 1. / Comedia Famosa. / LAS LAGRIMAS / DE DAVID. / Del Doctor Don Phelipe Godinez. (A)-D_2, (32pp.). Madrid: Antonio Sanz.

–LA Beldad de Bersabè

–*Las Lagrimas de David.*

Bottoms badly cut. Possibly identical to the *N. 191 edition, Madrid: Antonio Sanz, 1751. P 934-6

LANCES DE AMOR, DESDÉN,Y CELOS. Antonio Frumento.

742. Pequeña, Y Breve Comedia, / Facil De Executar En Qualquier Casa Particular / Por No Tener Mas Que Tres Personas: / Su Título: / LANCES DE AMOR, / DESDEN, Y ZELOS. / Su Autor D. Antonio Furmento. A-C, 20pp. Madrid: Manuel Quiroga. Modern s.

–Detente, Flerida hermosa,

–que os ofrece este suceso. P 957-5

LANCES DE AMOR Y FORTUNA. Pedro Calderón de la Barca.

743. *N. 143. / Comedia Famosa. / LANCES / DE AMOR, Y FORTUNA. / De D. Pedro Calderon De La Barca. A-D_2, 32pp. Madrid: Antonio Sanz, 1754.

–GRacias à Dios, que he llegado,
–perdonando nuestros yerros. P 1053-17

LAUREL DE APOLO, EL. Pedro Calderón de la Barca.

744. Num. 52. / Comedia Famosa. / EL LAUREL / DE APOLO. / Fiesta De Zarzuela, Transferida Al Real Coliseo / del Buen Retiro: hizose al nacimiento del Principe Phelipe / Prospero. A-C_2, 24pp.(-1). Sevilla: Joseph Padrino.

–Todos oy se alegren, pues
–garzota de las flores. P 1053-18

LAVAR SIN SANGRE UNA OFENSA. Román Montero de Espinosa.

745. Num. 47. / LABAR SIN SANGRE VNA OFENSA. / Comedia / Famosa, / De D. Roman Montero De Espinosa. A-E_2, 40pp.(-1). Sevilla: Francisco de Leefdael.

–Postillon, espera.
–que hizo Don Luis, el perdon, [sic] P 932-10

LEALTAD CONTRA LA ENVIDIA, Y HAZAÑAS DE LOS PIZARROS, LA. *Tercera Parte.* Gabriel Téllez (Tirso de Molina).

746. Comedia Famosa. / LA LEALTAD CONTRA LA EMBIDIA, / Y HAZANAS DE LOS PIZARROS. / Del Maestro Tirso De Molina. / Tercera Parte. A-F_2, 48pp. Madrid: Theresa de Guzmán, Lonja de Comedias de la Puerta del Sol.

–ACogerse, que el toril
–la lealtad siempre à la embidia.

For parts one and two see: *Todo es dar en una cosa, y hazañas de los Pizarros,* and *Amazonas en las Indias, y hazañas de los Pizarros, Las.*
P 904-6

746a. Another copy. P 1120-20

746b. Another copy? In missing volume. P 973-*o*

LEALTAD CONTRA SU REY, LA. Juan Bautista de Villegas.

747. LA LEALTAD CONTRA SV REY. / Comedia Famosa. / De Don Ivan De Villegas. X_2-Z_4, fols.126r(162r)-(183r).

–Tantas noches don Esteuan

–Y para Esteuan Illan. (ms).

Comedias escogidas, 10, 9. Madrid: Imprenta Real for Francisco Serrano de Figueroa, 1658. Last page ms. P 989-10

LEGÍTIMO BASTARDO, EL. Cristóbal de Morales.

748. N. 70. / Comedia Famosa. / EL LEGITIMO / BASTARDO. / De Don Christoval De Morales. A-D, 28pp. Valencia: Viuda de Joseph de Orga, 1764.

–AQui del rigor del Sol

–tenga censura propicia. P 939-3

LEONCIO Y MONTANO. Diego & José de Figueroa y Córdoba.

749. Comedia Famosa / De LEONCIO, Y MONTANO. / De D: Diego, Y D: Joseph De Figueroa / Y Cordova. (ms). D-F_4, fols.(23v)-44r. Modern s in ms portion.

–Dexadme todos. (ms).

–perdonad las faltas nuestras.

Comedias escogidas, 14, 2. Madrid: Domingo Garcia y Morràs for Domingo Palacio y Villegas, 1660. First page ms. P 964-2

750. N. 269. / Comedia Famosa. / LEONCIO, / Y MONTANO. / De Don Diego, Y Don Joseph De Figueroa Y Cordova. A-D_2, (32pp.). Madrid: Antonio Sanz, 1746.

–DExadme todos. *Criad.* Señor,

–perdonad las faltas nuestras. P 941-5

750a. Another copy. P 985-8

LETRADO DEL CIELO, EL. Juan de Matos Fragoso & Sebastián de Villaviciosa.

751. N. 69. / Comedia Famosa. / EL LETRADO / DEL CIELO. / De Don Juan De Matos Fragoso, / y Don Sebastian de Villaviciosa. A-E, 36pp. Valencia: Viuda de Joseph de Orga, 1764.

–COn quièn estabas hablando?

–aqui el Letrado del Cielo. P 952-4

751a. Another copy. P 986-11

LIBRERÍA, LA. Tomás de Iriarte.

752. LA LIBRERIA. / Drama En Un Acto, / Por / Don Tomas De Iriarte. I-(2)*, 16pp.(-1). Valencia: Martín Peris; Viuda de José Carlos Navarro, 1817. Modern s.

–Para el mal de la ausencia
–de esta gente. P 966-10

LICENCIADO VIDRIERA, EL. Agustín Moreto y Cabaña.

753. La Gran Comedia, / EL LICENCIADO VIDRIERA. / De Don Agvstin Moreto. A-E_2, (40pp.).

–Nuestro Duque viua, viua.
–y las fortunas de Carlos. P 997-2

754. Num. 121. / Comedia Famosa. / EL LICENCIADO / VIDRIERA. / De Don Agustin Moreto. A-D_2, 32pp.(-1). Salamanca: Santa Cruz.

–NUestro Duque viva, viva.
–y las fortunas de Carlos. P 951-21

755. La Gran Comedia / EL LICENCIADO / BIDRIERA. / De Don Agvstin Moreto. R-T_4, pp.309-350. (*Comedias escogidas,* 5, 7. Madrid: Pablo de Val for Iuan de S. Vicente, 1654 edition).

–Nuestro Duque, viua, viua.
–y las fortunas de Carlos.

Page numbers in this *parte* jump from 248 to 309. P 918-7

756. N. 196. / Comedia Famosa. / EL LICENCIADO / VIDRIERA. / De Don Agustin Moreto. A-D_2, 34pp. Valencia: Joseph y Thomás de Orga, 1775.

–NUestro Duque viva, viva.
–y las fortunas de Carlos. P 906-3

LIDIAN AMOR Y PODER HASTA LLEGAR A VENCER, SELEUCO REY DE SIRIA; O A BUEN PADRE MEJOR HIJO.
Alvaro Rojas Isunza.

757. N. 98. / Comedia Nueva. / LIDIAN AMOR Y PODER / HASTA LLEGAR A VENCER, / SELEUCO REY DE SIRIA, / O A BUEN

PADRE MEJOR HIJO. / Compuesta / Por D. Alvaro Roxas Isunza. A-C_2, 20pp. Valencia: Josef Ferrer de Orga y compañía, 1811. Modern s.

–¡Qué pension es el reynar!

–de todos nuestros defectos.

Followed, pp.21-24, by: "Saynete Nuevo. / EL SECRETO DE DOS MALO ES DE GUARDAR."

–Mira, Perico, yo quiero

–Perdon de las faltas nuestras.

See items 1312 and 1313 for other editions of the *sainete*. P 960-17

LINDO DON DIEGO, EL. Agustín Moreto y Cabaña.

758. Comedia. / EL LINDO / DON DIEGO. / De Don Agustin Moreto. A-D_2, 32pp.(-1). Madrid: Manuel Quiroga. Modern s.

–Quiera Dios, Señor Don Juan,

–dá fin al lindo Don Diego. P 906-4

759. Comedia. / EL LINDO / DON DIEGO. / De Don Agustin Moreto. A-D_2, 32pp.(-1). Salamanca: Francisco de Tóxar.

–Quiera Dios, señor don Juan

–dà fin al Lindo Don Diego.

Misbound: pp.(1)-16, 29-32, 25-28, 17-24. P 949-6

760. Comedia Famosa / el lindo Don Diego. / de moreto. (ms). O-P_4, fols.(100v)-120v. Modern s in ms portion.

–Quiera Dios señor D. Juan, (ms).

–dà fin al Lindo don Diego.

Comedias escogidas, 18, 6. Madrid: Gregorio Rodriguez, 1662. First page ms. P 994-4

LINDONA DE GALICIA, LA. Juan Pérez de Montalván.

761. Num. 58. / (Cross fleury) / LA LINDONA / DE GALICIA, / Comedia Famosa, / De Don Juan Perez De Montalvan. A-D, 27pp.(-1)+page with *censura,* etc. Madrid: Joseph González; Lonja de Comedias de la Puerta del Sol, 1733.

–MAndarme entrar por el Parque

–perdonad sus muchos yerros. P 984-14

LO CIERTO POR LO DUDOSO, O LA MUJER FIRME.
Vicente Rodríguez de Arellano.

762. Núm. 12. / Comedia Nueva, / Intitulada: / LO CIERTO POR LO DUDOSO, / O LA MUGER FIRME. / En Tres Actos. / Por D. V. R. A. / Formada Por La Que Con El Mismo Titulo Escribió El Célebre Lope De Vega. A-D, 28pp. Valencia: Miguel Domingo; José Carlos Navarro, 1815. Modern s.

—Obscura noche en verdad.
—por lo dudoso lo cierto. P 962-16

763. Núm. 177. / Comedia Nueva, / Titulada: / LO CIERTO POR LO DUDOSO, / O / LA MUGER FIRME, / En Tres Actos. / Por D. V. R. A. / Formada Por La Que Con El Mismo Título / Escribió El Célebre Lope De Vega. (1)-3*, 28pp.(-1). Valencia: Ildefonso Mompié, 1825. Modern s.

—Obscura noche en verdad.
—por lo Dudoso lo Cierto. P 950-10

LO QUE HA DE SER. Lope Félix de Vega Carpio.

764. N. 5. / LO QUE HA DE SER. / Comedia / De Lope De Vega Carpio. V-Z_2, pp.133-162+2pp. of titles. Madrid: Librería de Castillo, Librería de Sancha, Puesto de (Josef) Sánchez, 1804. Modern s.

—Favorecido de tí,
—las historias Africanas.
See comment to item 133. P 945-4

764a. Another copy. P 972-15

LO QUE MUCHO VALE, MUCHO CUESTA, EN GANAR AMIGOS.
Juan Ruiz de Alarcón y Mendoza.

765. Comedia Famosa. / LO QUE MUCHO VALE, MUCHO CUESTA, / EN / GANAR AMIGOS. / De Don Juan Ruiz De Alarcon. A-E, 34pp.+*tasa,* etc., on p.35. Madrid: Theresa de Guzmán, Lonja de Comedias de la Puerta del Sol.

—QUè dices? *Inès.* Digo, señora,
—os puede pedir perdon. P 1057-6

765a. Another copy, lacking p.35. P 968-6

LO QUE PASA EN UN MESÓN. Cristóbal de Monroy y Silva.

766. LO QVE PASSA EN VN MESON. / Comedia / Famosa. / De

Don Christoval De Monroy Y Silva. A-D_2, 16fols.
–Que corto que anduuo el Cid
–lo que passa en vn meson. P 989-6

LO QUE PREVINO EL DESTINO SE LOGRA CONTRA LA CIENCIA, Y ENCANTOS DE ROSIMUNDA.
José Vázquez de Villasante.

767. Num. 65. / Zarci Comedia De Musica, Y Theatro. / LO QUE PREVINO / EL DESTINO / SE LOGRA CONTRA / LA CIENCIA, / Y ENCANTOS DE ROSIMUNDA. / Su Autor Joseph Vazquez De Villasante, / Barba de la Compañía de Sevilla. A-D, 32pp. Sevilla: Manuel Nicolás Vázquez.
–O! vivas Armenia,
–de cautividad. P 978-20

LO QUE PUEDE EL DESENGAÑO, Y MEMORIA DE LA MUERTE.
Cristóbal de Monroy y Silva.

768. La Gran Comedia. / LO QUE PUEDE EL DESENGANO, / Y MEMORIA DE LA MUERTE. / De Don Christoval De Monroy Y Silva. A-D, (28pp.). Valladolid: Alonso del Riego.
–Què barbaro inhumano,
–no es milagro que no acierte. P 970-10

LO QUE PUEDE EL HAMBRE. Anonymous.

769, Saynete, / Intitulado / *LO QUE PUEDE* / EL HAMBRE, / Representado En Los Teatros De Esta Corte: / Para Quince Personas. (a)-a_3, 12pp.(-1). Madrid: Manuel Quiroga, 1792. Modern s.
–Para obviar los cuidados
–acostumbra, los defectos.
With title page, in bound volume issued Madrid: Benito Cano; Manuel Quiroga, 1792. CS IIa-25

769a. Identical printing, in bound volume issued Madrid: Benito García; Viuda de Quiroga, 1806. CS IIb-25

LO QUE PUEDE LA APREHENSIÓN. Agustín Moreto y Cabaña.

770. N. 199. / Comedia Famosa. / LO QUE PUEDE / LA APREHENSION. / De Don Agustin Moreto. A-E, (36pp.). Madrid:

Antonio Sanz, 1751.

–TOma, Laura, esse instrumento,
–lo que puede la Aprehension. P 906-11

771. N. 193. / Comedia Famosa. / LO QUE PUEDE / LA APREHENSION. / De Don Agustin Moreto. A-D_2, 34pp. Valencia: Joseph y Thomás de Orga, 1774.

–TOma, Laura, esse instrumento,
–lo que puede la Aprehension. P 913-1

771a. Another copy. P 951-17

LO QUE PUEDE LA CRIANZA. Francisco de Villegas

772. Num. 172. / Comedia Famosa. / LO QUE PUEDE / LA CRIANZA. / De Francisco De Villegas. A-D_2, 32pp.(-1). Salamanca: Santa Cruz.

–ACaba, ponte al momento
–sus defectos perdonad. P 916-2

LO QUE PUEDE UNA SOSPECHA. Anotnio Mira de Amescua.

773. LO QVE PVEDE VNA SOSPECHA. / Comedia Famosa / Del Doctor Mirademescva. Dd_3-Ff_4, fols.211r-230v.

–La dicha de conoceros,
–lo que puede vna sospecha.

Comedias escogidas, 4, 11. Madrid: Imprenta Real for Diego Balbuena, 1653. P 996-4

LO QUE SON JUICIOS DEL CIELO. Juan Pérez de Montalván.

774. N. 280. / Comedia Famosa. / LO QUE SON JUICIOS / DEL CIELO. / De Don Juan Perez De Montalvan. A-D, 28pp. Valencia: Joseph y Thomás de Orga, 1782. Modern s.

–YA no me quiero vestir,
–lo que son Juicios del Cielo. P 984-13

LO QUE SON SUEGRO Y CUÑADO. Jerónimo de Cifuentes.

775. Comedia Famosa, / LO QVE SON SVEGRO, Y CVNADO. / De Don Geronimo de Zifuentes. S_2-V_4, fols.138r-160r.

–Muger ayrosa.

—solo tomo esta fatiga.
Comedias escogidas, 18, 8. Madrid: Gregorio Rodriguez, 1662.

P 993-10

776. *N. 203. / Comedia Famosa. / LO QUE SON / SUEGRO, / Y CUNADO. / De Don Geronymo De Cifuentes. A-E, (36pp.). Madrid: Antonio Sanz, 1750.
—MUger ayrosa.
—solo tomò esta fatiga. P 977-6

LO QUE VA DE CETRO A CETRO, Y CRUELDAD DE INGLATERRA.
José de Cañizares *or*
Pablo Anselmo Brioso y Ossorio?

777. N. 31. / La Gran Comedia / LO QUE VA DE CETRO / A CETRO, / Y CRUELDAD / DE INGLATERRA. / De Don Joseph Cañizares. A-E, 35pp. Barcelona: Carlos Gibert; Madrid: Manuel Quiroga, Modern s.
—DE los ceños de la noche
—y crueldad de Inglaterra. P 920-15

777a. Another copy. P 957-3

LO QUE VALE SER DEVOTOS DE SAN ANTONIO DE PADUA.
José de Cañizares.

778. *N. 201. / Comedia Famosa. / LO QUE VALE SER DEVOTOS / DE SAN ANTONIO / DE PADUA. / De Un Ingenio De Esta Corte. A-D_2, 32pp. Madrid: Antonio Sanz, 1751.
—VIva el Rey Don Pedro. *Otros.* Y vea.
—dadle un vitor al Poeta. P 928-2

LOCA, CUERDA, ENAMORADA, Y ACERTAR DONDE HAY ERROR. Juan Antonio de Benavides.

779. Num. 9. / LOCA, CVERDA, ENAMORADA, / Y ACERTAR DONDE AY ERROR. / Comedia / Famosa. / Del Lic. D. Jvan Antonio De Benavides. A-D, 28pp.(-1). Sevilla: Imprenta Real.
—Infausto alvergue mio,
—à todos de sus defectos. P 940-3

780. Num. 9. / LOCA, CVERDA, ENAMORADA, / Y ACERTAR

DONDE AY ERROR. / Comedia / Famosa, / Del Lic. Jvan Antonio De Benavides. A-D_2, 32pp.(-1). Sevilla: Francisco de Leefdael.

—Infausto alvergue mio.
—â todos de sus defectos. P 978-2

781. Num. 246. / Comedia Famosa. / LOCA, CUERDA, / ENAMORADA, / Y ACERTAR DONDE AY ERROR. / Del Lic. Don Juan Antonio De Benavides. A-C_2, 24pp.(-1). Sevilla: Joseph Padrino.

—Infausto alvergue mio.
—â todos de sus defectos. P 946-6

LOCOS DE MAYOR MARCA, LOS. Anonymous.

782. Saynete, / Intitulado / LOS LOCOS DE MAYOR MARCA, / Representado En Los Teatros De Esta Corte. / Para Once Personas. (a)-a_2, 8pp.(-1). Madrid: Manuel Quiroga. Modern s.

—Mal haya Madrid, y las calles,
—un vitor para el Poeta.

With title page, in bound volume issued Madrid: Benito Cano; Manuel Quiroga, 1791. CS I-25

783. Saynete / Intitulado / LOS LOCOS DE MAYOR MARCA / Representado en Los Teatros De La Corte / Para Once Personas. 8pp.(-1). Sevilla: Aragón, 1816. Modern s.

—Malhaya Madrid, y las calles,
—un vitor para el Poeta.

With title page. P 1353-11

LOCOS DE SEVILLA, LOS. Anonymous.

784. Saynete, / Intitulado / LOS LOCOS DE SEVILLA, / Representado En Los Teatros De Esta Corte, / Para Ocho Personas. (a)-a_2, 8pp.(-1). Madrid: Manuel Quiroga. Modern s.

—Válgame Dios lo que muele,
—el perdon de nuestras faltas.

With title page, in bound volume issued Madrid: Benito Cano; Manuel Quiroga, 1791. CS I-26

LOCOS DE VALENCIA, LOS. Lope Felíx de Vega Carpio.

785. N. 8. / LOS LOCOS / DE VALENCIA. / Comedia / De Lope De Vega Carpio. A-F, pp.243-283. Madrid: Librería de Castillo, Libreríá de

Sancha, Puesto de (Josef) Sánchez, 1804. Modern s.

–ACabo de llegar en este punto.

–el Hospital de los locos.

See comment to item 133. P 972-16

785a. Another copy. P 1120-3

LORENZO ME LLAMO, Y CARBONERO DE TOLEDO.

Juan de Matos Fragoso.

786. N. 246. / Comedia Famosa. / LORENZO ME LLAMO, / Y CARBONERO DE TOLEDO. / De Don Juan De Matos Fragoso. A-F, 38pp. Valencia: Joseph y Thomás de Orga, 1781.

–CIerra essa puerta, Lucìa,

–porque perdoneis sus yerros. P 948-6

786a. Another copy. P 986-12

LUCERO DE MADRID, Y DIVINO LABRADOR SAN ISIDRO, EL.

Antonio de Zamora.

787. N. 84. / Comedia Famosa. / EL LUCERO / DE MADRID, / Y DIVINO LABRADOR, / SAN ISIDRO. / De Un Ingenio. A-E_2, 40pp. Valencia: Viuda de Joseph de Orga, 1765. Modern s.

–HErido và.

–y Divino Labrador. P 952-13

LUCINDA Y BELARDO. Anonymous.

788. Num. 240. / Comedia Famosa Americana. / LUCINDA Y BELARDO. / De Un Ingenio. A-E, (34pp.). Barcelona: Francisco Suría.

–SI el preso delinquente

–que aqui la Comedia acaba. P 928-3

LUCHA DE AMOR Y AMISTAD. Juan Pérez de Montalván?

789. LVCHA DE AMOR, Y AMISTAD. / Comedia / Famosa. / Del Doctor Ivan Perez De Montalvan. A-D_2, 16fols.

–No sé como sin morir,

–si perdonais nuestras faltas. P 912-4

LUGAREÑA ASTUTA, LA. Anonymous.

790. Saynete, / Intitulado / *LA LUGARENA* / ASTUTA, / Representado En Los Teatros De Esta Corte, / Para Diez Personas.(a)-a_3(a_4), 16pp.(-1). Madrid: Manuel Quiroga, 1792. Modern s.

–Yo estoy loca de contento;

–nuestros defectos y faltas.

With title page, in bound volume issued Madrid: Benito Cano; Manuel Quiroga, 1792. CS IIa-26

790a. Identical printing, in bound volume issued Madrid: Benito García; Viuda de Quiroga, 1806. CS IIb-26

LUIS PÉREZ EL GALLEGO. *Primera Parte.*
Pedro Calderón de la Barca.

791. *Num.* 11. / Comedia Famosa, / LUIS PEREZ / EL GALLEGO. / De Don Pedro Calderon De La Barca. A-E_2, 40pp.

–Huye Pedro.

–se dà en la segunda parte, [sic] P 1056-7

792. *N. 221. / Comedia Famosa. / LUIS PEREZ / EL GALLEGO. / Primera Parte. / De D. Pedro Calderon De La Barca. A-D_2, (32pp.). Madrid: Antonio Sanz, 1751.

–HUye, Pedro. *Luis.* Dode has de ir,

–dirà la segunda parte. P 1054-18

LUIS PÉREZ EL GALLEGO. *Segunda Parte.* Manuel de Anero Puente.

793. *N. 222. / Comedia Famosa. / LUIS PEREZ / EL GALLEGO. / Segunda Parte. / De Don Manuel De Anero Puente. A-D_2, (32pp.). 1751.

–TOmadles todos los passos

–dignos de mayor coturno.

Madrid: Antonio Sanz. P 937-8

793a. Another copy. P 977-2

LUNA DE LA SAGRA; VIDA Y MUERTE DE LA SANTA JUANA DE LA CRUZ, LA. Francisco Bernardo de Quirós.

794. Comedia Famosa. / LA LVNA DE LA SAGRA, / VIDA Y MVERTE DE LA / Santa Iuana de la Cruz. / De Don Francisco Bernardo De Qviros, / Alguazil de Casa y Corte de su Magestad. I-L_2,

fols.62v-82v.

–Señor Francisco Loarte,
–de la Sagra de Toledo.

Comedias escogidas, 22, 4. Madrid: Andres Garcia de la Iglesia for Iuan Martin Merinero, 1665. P 907-1

LUZ DEL SOL DE ORIENTE, SAN IGNACIO EN PARÍS, LA. Anonymous.

795. Comedia Famosa. / LA LVZ DEL SOL DE ORIENTE, / SAN IGNACIO / EN PARIS. / De Vn Ingenio De Esta Corte. A-D_2, 48pp.

–Teneos, Alberto. *Alb.* Dexadme,
–fue la Luz del Sol de Oriente. P 927-5

* * *

LLAVE DE LA HONRA, LA. Lope Félix de Vega Carpio.

796. (Cross patée) / IHS / LA LLAVE DE LA HONRA. / Comedia / Famosa / De Lope De Vega Carpio. A-C_3, 19fols.(-1).

–De que estàs triste
–es la llaue de la honra.

Comedias escogidas, 3, 1. Madrid: Melchor Sanchez for Ioseph Muñoz Barma, 1653. P 995-3

LLEGAR A TIEMPO. Luciano Francisco Comella?

797. LLEGAR A TIEMPO. / Comedia Original En Prosa / En Tres Actos. A-D, 28pp.(-1). (Madrid): Librería y Puesto de la Viuda de Cerro. Modern s.

–Aldeanas de Billey,
–ja- / mas lo que vale, llegar a tiempo. P 956-4

* * *

MAESTRO DE ALEXANDRO, EL. Fernando de Zárate.

798. Num. 117. / Comedia Famosa. / EL MAESTRO / DE ALEXANDRO. / De Don Fernando Zarate. A-E, (36pp.). Barcelona: Juan Centené y Juan Serra. Modern s.

–EL gran Principe Alexandro
–perdonando nuestros yerros. P 926-8

799. Num. 117. / Comedia Famosa / EL MAESTRO / DE ALEXANDRO. / De Don Fernando Zarate. A-E, 36pp. Madrid: Isidro López. Modern s.

–EL gran Principe Alexandro
–perdonando nuestros yerros.

Another printing of item 798? P 985-19

800. N. 132. / Comedia Famosa. / EL MAESTRO / DE ALEXANDRO. / De Don Fernando de Zarate. A-E, 36pp. Valencia: Hermanos de Orga, 1792. Modern s.

–EL gran Príncipe Alexandro
–perdonando nuestros yerros. P 954-12

MAESTRO DE DANZAR, EL. Pedro Calderón de la Barca.

801. Num. 59. / Comedia Famosa. / EL MAESTRO / DE DANZAR. / De D. Pedro Calderon De La Barca. A-E, 36pp.(-1). Sevilla: Manuel Nicolás Vázquez.

–DExa locuras.
–el perdon de nuestras faltas. P 1054-2

MAGDALENA DE ROMA, CATALINA LA BELLA, LA.
Juan Bautista Diamante.

802. *N. 168. / Comedia Famosa. / LA MAGDALENA / DE ROMA / CATHALINA LA BELLA. / De Don Juan Bautista Diamante. A-E, 36pp. Madrid: Antonio Sanz, 1748.

–FEnisa, quita à Rosaura,
–por premio de quien la ha escrito. P 901-14

802a. Another copy. P 982-10

MÁGICO DE SALERNO, PEDRO VAYALARDE, EL. *Primera Parte.*
Juan Salvo y Vela.

803. Num. 218. / Comedia Famosa. / EL MAGICO DE SALERNO, / PEDRO VAYALARDE. / De Don Juan Salvo Y Vela. / Primera Parte. A-E_2, (40pp.). Barcelona: Francisco Suriá y Burgada.

–ATaja, que herido el oso,
–del Magico de Salerno. P 935-10

804. Num. 121. / Comedia Famosa. / EL MAXICO / DE SALERNO.

/ De Don Juan Salvo Y Vela. / Primera Parte. (A)-E, (36pp.). Madrid: Antonio Sanz, 1733. Modern s in ms portion (first page).

—Ataja, que herido el oso, (ms).

—del Maxico de Salerno. P 978-15

MÁGICO DE SALERNO, PEDRO VAYALARDE, EL. *Segunda Parte.* Juan Salvo y Vela.

805. Num. 219. / Comedia Famosa. / EL MAGICO DE SALERNO, / PEDRO VAYALARDE. / De Don Juan Salvo Y Vela. / Segunda Parte. A-E_2, (40pp.). Barcelona: Francisco Suriá y Burgada.

—EA, astucias, prosiga vuestro

—del Magico de Salerno. P 935-11

806. Num. 122. / Comedia Famosa. / EL MAXICO / DE SALERNO. / De Don Juan Salvo Y Vela. / Segunda Parte. A-E, (36pp.). Madrid: Antonio Sanz, 1733.

—EA, astucias, prosiga vuestro engaño,

—del Maxico de Salerno. P 978-16

MÁGICO DE SALERNO, PEDRO VAYALARDE, EL. *Tercera Parte.* Juan Salvo y Vela.

807. Num. 283. / EL MAGICO DE SALERNO. / Comedia / Nveva, / Tercera Parte. / De Don Jvan Salvo. A-D_2, 32pp.(-1). Sevilla: Viuda de Francisco de Leefdael.

—Muera, matadle, prendedle.

—unanimes prometemos. P 978-17

808. Num. 220. / Comedia Famosa. / EL MAGICO DE SALERNO, / PEDRO VAYALARDE. / De Don Juan Salvo Y Vela. / Tercera Parte. A-D_2, (32pp.). Barcelona: Francisco Suría y Burgada.

—MUera, matadle, prendedle.

—del Magico de Salerno. P 935-12

MÁGICO DE SALERNO, PEDRO VAYALARDE, EL. *Cuarta Parte.* Juan Salvo y Vela.

809. Num. 284. / EL MAGICO DE SALERNO. / Comedia Nveva, / Qvarta Parte. / De Don Jvan Salvo. A-D_2, 32pp.(-1). Sevilla: Viuda de Francisco de Leefdael.

—Injusta passion, adonde

—fineza, atencion, amor, y deseo. P 978-18

810. Num. 221. / Comedia Famosa. / EL MAGICO DE SALERNO, / PEDRO VAYALARDE. / De Don Juan Salvo Y Vela. / Quarta Parte. A-E, (36pp.). Barcelona: Francisco Suría y Burgada.

—INjusta prision, à donde
—fineza, atencion, amor y deseo. P 935-13

MÁGICO DE SALERNO, PEDRO VAYALARDE, EL. *Quinta Parte.* Juan Salvo y Vela.

811. Num. 285. / EL MAGICO DE SALERNO. / Comedia / Nveva, / Qvinta Parte. / De Don Jvan Salvo. A-D_2, 32pp.(-1). Sevilla: Viuda de Francisco de Leefdael.

—Vuela, vuela, los golfos del ayre,
—midiendo los ayres, las nubes corriedo. P 935-14

811a. Another copy. P 978-19

MÁGICO PRODIGIOSO, EL. Pedro Calderón de la Barca.

812. Comedia Famosa. / EL MAGICO / PRODIGIOSO. / De Don Pedro Calderon / de la Barca. (A)-F_2, (48pp.).

—En la amena soledad
—pedid perdon de los yerros. P 1056-6

MANASES, REY DE JUDEA. Juan de Orozco.

813. Comedia Famosa. / MANASES REY DE IVDEA. / De Don Ivan De Horozco. A-D_2, (32pp.).

—Padre, y señor, que tristeza,
—rezemosle vn Pater noster. P 939-12

813a. Another copy. P 964-6

813b. Another copy. P 987-9

814. N. 61. / Comedia Famosa. / MANASES, / REY DE JUDEA. / De Don Juan De Orozco. A-D, 28pp. Madrid: Librería de (Manuel?) González.

—PAdre, y señor, què tristeza,
—recemosle un Pater noster.

Valencia: Viuda de Joseph de Orga, 1763. P 969-9

MANGANILLA DE MELILLA, LA. Juan Ruiz de Alarcón y Mendoza.

815. Num. 23. / Comedia Famosa. / LA MANGANILLA / DE MELILLA. / De D. Juan Ruiz De Alarcon Y Mendoza. A-E_2, 40pp. Madrid: Lonja de Comedias de la Puerta del Sol.

—Donde estamos? què Castillo

—la voluntad del Poeta. P 1057-8

815a. Another copy, lacking bookseller data. P 968-5

MANIÁTICO, EL. Anonymous

816. Saynete, / Intitulado / *EL MANIATICO:* / Representado En Los Teatros De Esta Corte: / Para Ocho Personas. (a)-a_3, 12pp.(-1). Madrid: Manuel Quiroga, 1792. Modern s.

—Lo que toca á las paredes

—Tenga fin el intermedio.

With title page, in bound volume issued Madrid: Benito Cano; Manuel Quiroga, 1792. CS IIa-27

816a. Identical printing, in bound volume issued Madrid: Benito García; Viuda de Quiroga, 1806. CS IIb-27

MANOLO. *Primera Parte.* Ramón de la Cruz.

817. N. 8. / MANOLO. / Tragedia Para Reir, / ó / Saynete Para Llorar. / Sue Autor / D. Ramon De La Cruz Y Cano / entre los Arcades de Roma *Larisio Dianeo.* (A)-B, 11pp.(-1)+3pp. of titles. Barcelona: Carlos Gibert y Tutó. Modern s.

—O Te he de echar las tripas

—Disipais el jornal en la taberna?

With title page, in bound volume issued Madrid: Benito Cano; Manuel Quiroga, 1791. CS I-27

MANOLO, EL. *Segunda Parte.* Ramón de la Cruz.

818. Saynete, / ó / Tragedia Burlesca, / EL MANOLO. / Segunda Parte. / Representado En Los Teatros De Esta Corte. / Para Siete Personas. (a)-a_3, 12pp.(-1). Madrid: Manuel Quiroga. Modern s.

—Esta fué la fatal, la inexôrable

—éste es proverbio, y la mejor sentencia.

With title page, in bound volume issued Madrid: Benito Cano; Manuel Quiroga, 1791. CS I-28

MANOS BLANCAS NO OFENDEN, LAS. Pedro Calderón de la Barca.

819. LAS MANOS BLANCAS NO OFENDEN. / Comedia Famosa, / De Don Pedro Calderon. A-G, (52pp.).
—Quando parte tu señor?
—à cuenta de que obedece. P 1054-5

MAÑANA SERÁ OTRO DÍA. Pedro Calderón de la Barca.

820. Num. 126. / La Gran Comedia. / MANANA / SERA OTRO DIA. / De Don Pedro Calderon de la Barca. A-E_2, (40pp.).
—En fin, señor, que contigo
—para que vengan à honrarla. P 1054-4

MAÑANAS DE ABRIL Y MAYO. Pedro Calderón de la Barca.

821. Num. 139. / Comedia Famosa. / MANANAS / DE ABRIL, Y MAYO. / De Don Pedro Calderon / de la Barca. A-E_2, (40pp.).
—Yà he dicho que no està en casa
—dàn fin, perdonad sus yerros. P 1054-3

MARGARITA DEL CIELO, LA. Diego Jiménez de Enciso?

822. LA MARGARITA DEL CIELO / Comedia Famosa. / De Don Diego Ximenez De Enciso. A-D_2, 16fols.(-1).
—Vuestra embaxada he escuchado,
—la Margarita del Cielo.
La Barrera (pp.291, 561) attributes to Rodrigo Pacheco, whose play has a different first line (Paz y Melia, p.331). P 908-1

MARGARITA PRECIOSA, LA. Juan de Zabaleta,
Jerónimo de Cáncer y Velasco,
& Pedro Calderón de la Barca.

823. LA MARGARITA PRECIOSA / Comedia Famosa / De Tres Ingenios, La Primera / Iornada de Don Iuan de Zaualeta, la segunda de Don / Geronimo Cancer. Y la tercera de Don / Pedro Calderon. Cc_4-Ee_4, pp.405-445.
—Que es esto, Dios? yo habito en dura guerra,
—el perdon de nuestros yerros.
Comedias escogidas, 21, 11. Madrid: Ioseph Fernandez de Buendia for Agustin Verges, 1663. P 965-1

MARÍA TERESA DE AUSTRIA EN LANDAU.
Luciano Francisco Comella.

824. Comedia Heroica / En Tres Actos / MARIA TERESA DE AUSTRIA / EN LANDAW. / Por Don Luciano Francisco Comella. (A)-D_2, 32pp.(-1). Barcelona: Juan Francisco Piferrer; Juan Sellent. Modern s.

—Aun no vino á recojerse
—con su patrocinio el Cielo. P 954-17

MARIDO DE SU HERMANA, Y MENTIROSA VERDAD, EL.
Juan Bautista de Villegas.

825. Num. 294. / EL MARIDO DE SU HERMANA, / Y MENTIROSA VERDAD. / Comedia / Famosa. / De Don Jvan De Villegas. A-C_2, 24pp.(-1). Sevilla: Imprenta Real.

—De vuestra mucha prudencia
—la Mentirosa Verdad. P 921-8

825a. Another copy. P 969-19

826. Comedia Famosa / EL MARIDO DE / SV HERMANA / De Ivan De Villegas. O_3-Q_2(Q_4), pp.213-248. (*Comedias escogidas,* 5, 6. Madrid: Pablo de Val for Iuan de S. Vicente, 1654 edition).

—De vuestra mucha prudencia
—la mentirosa verdad. P 918-6

MARIDO DE SU HIJA, EL. Antonio Valladares de Sotomayor.

827. Comedia Nueva. / EL MARIDO DE SU HIJA. / Su Autor / Don Antonio Valladares De Sotomayor. A-E, 35pp. Madrid (printed in Barcelona): Isidro López, 1790. Modern s.

—NAdie hay en toda esta es- / tancia.
—hoy tus aplausos merezca.

With ink stamp of Librería de Josef Carlos Navarro, Valencia. P 961-9

MARIDO DE SU MADRE, SAN GREGORIO, EL.
Juan de Matos Fragoso.

828. Num. 9. / EL MARIDO DE SU MADRE, / SAN GREGORIO. / Comedia / Famosa, / De Don Juan De Matos Fregoso. A-D_2, 32pp.(-1). Salamanca: Santa Cruz.

—EStos floridos jardines,
—merezca el perdon en paga. P 952-18

829. Num 136. / Comedia Famosa. / EL MARIDO / DE SU MADRE. / De Don Juan De Matos Fragoso. (A)-D_2, (32pp.). Barcelona: Carlos Sapera, 1770.

–EStos floridos jardines,
–merezca el perdon en paga. P 986-13

MARIDO SOFOCADO, EL. Ramón de la Cruz.

830. Saynete, / ó / Tragedia Jocosa, / *EL MARIDO SOFOCADO,* / Representado En Los Teatros De Esta Corte. / Para Ocho Personas. (a)-a_4, 16pp.(-1). Madrid: Manuel Quiroga, 1791. Modern s.

–Dime, Paquito, aquí que nadie escucha,
–digno de compasion, si no de aplauso.

With title page, in bound volume issued Madrid: Benito Cano; Manuel Quiroga, 1792. CS IIa-28

830a. Identical printing, in bound volume issued Madrid: Benito García; Viuda de Quiroga, 1806. CS IIb-28

831. 39. / Saynete / O Tragedia Jocosa, / EL MARIDO SOFOCADO, / Para Ocho Personas. (A)-B_2, 14pp.(-1)+2pp. of titles. Valencia: José Ferrer de Orga y compañía; José Carlos Navarro, 1811. Modern s.

–Dime, Paquito, aquí que nadie escucha,
–digno de compasion, si no de aplauso.

With ink stamp of the Imprenta de Orga, Valencia (see item 29).

P 959-18

MARI-HERNÁNDEZ LA GALLEGA. Gabriel Téllez (Tirso de Molina).

832. Comedia Famosa. / MARI-HERNANDEZ / LA GALLEGA. / Del Maestro Tirso De Molina. A-D_2, 32pp. Madrid: Theresa de Guzmán, Lonja de Comedias de la Puerta del Sol.

–DE dos peligros, Beatriz,
–Senado, y Tirso el Poeta.

1734? P 1120-21

832a. Another copy? In missing volume. P 973-*p*

MARISCAL DE VIRÓN, EL. *Burlesca.* Juan Maldonado.

833. Comedia Bvrlesca. / Del Mariscal de Viron. / De Don Ivan Maldonado. Gg-Hh_4, fols.231v-248v. Modern s in ms portion.

—Con poca razon me altera
—feliz fin, en vn Conuento.

Preceded, fols.231v-235v, by: "Loa para la Comedia Burlesca / del Marescal [sic] de Viron" (ms).

—Que espantosa tormenta (ms).
—pues perdonar fue siempre de discretos.

At headlines (recto), fols.232, 234: "don Ivan Maldonado;" 233, 235, 236: "don Geronimo de Cifuentes." *Comedias escogidas,* 12, 12. Madrid: A(n)dres Garcia de la Iglesia for Iuan de S. Vicente, 1658. First page ms. P 987-5

MARISCAL DE VIRÓN, EL. Juan Pérez de Montalván.

834. Num. 78. / EL MARISCAL DE VIRON. / Comedia / Famosa. / Del Doctor Jvan Perez / de Montalvan. A-E_2, 40pp.(-1).

—COn mayor razó [sic] me altera
—aunque de menos ventura.

Comedias nuevas escogidas de los mejores ingenios, de España. Madrid: Andres Gracia [sic] de la Iglesia, 1702. Item one. Apparently a factitious volume. P 1121-4?

835. Num. 78. / Comedia Famosa. / EL MARISCAL / DE VIRON. / Del Doctor Juan Perez De Montalvan. A-D_2, 32pp.(-1). Madrid: Manuel Quiroga. Modern s.

—COn mayor razon me altera
—aunque de menos fortuna. P 984-15

836. N. 179. / Comedia Famosa. / EL MARISCAL / DE VIRON. / De Don Juan Perez De Montalván. A-D_2, 32pp. Valencia: Joseph y Thomas de Orga, 1772. Modern s.

—COn mayor razon me altera
—aunque de ménos fortuna. P 1121-5?

MARQUES DE LAS NAVAS, EL. Lope Félix de Vega Carpio.

837. La Gran Comedia / DEL MARQVES DE / LAS NABAS. / Del Dotor Mira De Mescva. Ii-Ll, fols.254v-270v.

—Al mismo Neron te igualas
—dadnos perdon de las faltas.

Comedias escogidas, 8, 12. Madrid: Andres Garcia de la Iglesia for Iuan de San Vicente, 1657. P 996-1

MARQUÉS DEL CIGARRAL, EL. Alonso del Castillo Solórzano.

838. Comedia Famosa, / EL MARQVES / DEL CIGARRAL. / De D. Alonso Del Castillo Solorzano. Hh-Ii_4, fols.235v(239v)-252v(256v). (*Comedias escogidas,* 46, 12. Madrid: Francisco Sanz, 1679).

–Estraña resolucion!

–perdonad sus yerros muchos, [sic]

Ink stamp of Libraria Colonna. P 1000-20

MARTA LA ROMARANTINA. *Primera Parte.* José de Cañizares?

839. Num. 132. / Comedia Famosa. / MARTA LA ROMARANTINA. / Primera Parte. / De Un Ingenio De Esta Corte. A-D_2, (32pp.). Barcelona: Francisco Surìa; Carlos Sapera, 1770.

–EN hora felìz, señor

–Marta la Romarantina.

For the second part see: *Asombro de la Francia, Marta la Romarantina, El.*

P 935-1

MÁRTIR Y REY DE SEVILLA, SAN HERMENEGILDO.

Fernando de Zárate.

840. N. 47. / Comedia Famosa. / MARTIR, Y REY / DE SEVILLA, / S. HERMENEGILDO. / De Don Fernando De Zarate. A-D, 28pp. Valencia: Viuda de Joseph de Orga, 1763. Modern s.

–BElicos Godos, Capitanes Martes,

–Catholico Hermenegildo. P 933-13

MÁRTIRES DE CÓRDOBA, LOS. Pedro Antonio de Castro.

841. LOS MARTIRES DE CORDOVA / Comedia Famosa, / De Antonio De Castro. A-E, (36pp.).

–Mientras mi exercito grande,

–que aquesta Ciudad venera. P 911-2

MAS CONSTANTE MUJER, LA. *Burlesca.*

Juan Maldonado, Diego de la Dueña, & Jerónimo de Cifuentes.

842. Comedia Bvrlesca. / LA MAS CONSTANTE / MVGER. / Compuesta Por Tres Ingenios, De Don Ivan / Maldonado, de Don Diego la Dueña, y de Don Geronimo de Cifuentes. Ee-Ff_4, fols.(215v)-232v. Modern s in ms portion.

–No has de salir, viue el Cielo,

–perdonad si no os agrada.

Preceded, fols.215v-216v, by: "Loa / para la Comedia Burlesca de la / mas constante Muger: escrita / por D: Diego de la Dueña" (ms).
–Alamos tremoladores (ms).
–los rendimientos.
Comedias escogidas, 11, 12. Madrid: Gregorio Rodríguez for Iuan de S. Vicente, 1658. First page ms. P 987-4

MÁS CONSTANTE MUJER, LA. Juan Pérez de Montalván.

843. LA MAS CONSTANTE MVGER. / Comedia Famosa. / Del Doctor Ivan perez [sic] de Montalvan. A-D_2, (32pp.).
–No has de salir, viue el cielo,
–de quien vuestro esclauo es.
Ink stamp of Libraria Colonna. P 998-12

844. Comedia. / LA MAS CONSTANTE / MUGER. / De D. Juan Perez De Montalvan. A-D_2, 31pp.(-1; p.31 numbered 13)+page of titles. Madrid: Manuel Quiroga. Modern s.
–NO has de salir, vive el Cielo,
–de quien vuestro esclavo es. P 984-16

MÁS DICHOSO PRODIGIO, EL. Anonymous.

845. Num. 191. / Comedia Famosa. / EL MAS DICHOSO / PRODIGIO. / De Un Ingenio De Esta Corte. A-D, 28pp.(-1). Sevilla: Joseph Padrino.
–Suelta, Montigre. *Mont.* Ay, Aurora!
–si acaso lo ha conseguido. P 928-6

MÁS ENCANTO ES LA HERMOSURA. Juan Bautista Diamante.

846. La Gran / Comedia, / MAS ENCANTO / ES LA HERMOSURA. / De Don Juan Bautista Diamante. Q-S_2, pp.209-248.
–A los años, que cumple
–del que gusta su embeleco.
Ameno jardin, item ten. Madrid, 1734. See item 389. P 901-15

846a. Another copy. P 982-5

MÁS ES EL RUIDO QUE LAS NUECES, Y EL RELOJ TOQUE SU HORA. Francisco Antonio de Bances Candamo?

847. 132. / (Cross patée) / MAS ES EL RVIDO QVE LAS NVECES, / Y EL RELOX TOQVE SV HORA. / Comedia / Famosa, / De Vn Ingenio Sevillano. D(A)-B_2, 16pp.(-1).

–Vn ingenio, discreto Audictorio,
–mas es el Ruido que las Nueces. P 936-2

MÁS HEROICA PIEDAD MÁS NOBLEMENTE PAGADA, LA.
Luis A. J. Moncín.

848. N. 115. / Comedia Famosa. / LA MAS / HEROYCA PIEDAD / MAS NOBLEMENTE PAGADA. / De Luis Monzin. A-E, 36pp. Valencia: Joseph y Thomás de Orga, 1767.

–VIva España, guerra, guerra.
–pide perdon de sus faltas. P 922-10

MÁS HEROICA ROMANA, LA. Anonymous.

849. N. 11. / Comedia Nueva. / LA MAS HEROICA ROMANA / De Un Ingenio De Esta Corte. A-E_2, 39pp. Barcelona: Carlos Gibert y Tutó.

–ACepta nuestro ruego
–que humilde pide el ingenio. P 942-5

MÁS HEROICO SILENCIO, EL.
Antonio Folch de Cardona Alagón y Borja.

850. Num. 216. / EL MAS HEROICO SILENCIO. / Comedia / Famosa, / De Don Antonio De Cardona. A-D_2, 32pp.(-1). Sevilla: Imprenta del Correo Viejo.

–Pues, señor, tan triste vienes,
–con los victores que aguarda. P 908-5

851. EL MAS HEROICO SILENCIO. / Comedia Famosa. / De Don Antonio Cardona. (ms). Ff-Hh_4, pp.(446)-492. Modern s in ms portion.

–Pues señor tan triste vienes, (ms).
–con los vitores que aguarda.

Comedias escogidas, 21, 12. Madrid: Ioseph Fernandez de Buendia for Agustin Verges, 1663. First page ms. P 943-11

852. N. 111. / Comedia Famosa. / EL MAS HEROYCO SILENCIO. / De Don Antonio De Cardona. A-E, 36pp. Valencia: Viuda de Joseph de Orga, 1766.

—PUes, señor, tan triste vienes,
—con los victores que aguarda. P 977-5

MÁS HIDALGA HERMOSURA, LA.

Francisco de Rojas Zorrilla, Juan de Zabaleta, & Pedro Calderón de la Barca?

853. *N. 167. / Comedia Famosa. / LA MAS HIDALGA / HERMOSURA. / De Tres Ingenios. (A)-D_2, (32pp.). Madrid: Antonio Sanz, 1749.
—ESTE cabado metal,
—perdonad sus muchas faltas. P 903-9

853a. Another copy. P 936-9

854. N. 177. / Comedia Famosa. / LA MAS HIDALGA / HERMOSURA. / De Tres Ingenios. A-D_2, 32pp. Valencia: Joseph y Thomás de Orga, 1772.
—EStе cabado metal,
—perdonad sus muchas faltas. P 980-6

MÁS ILUSTRE FREGONA, LA. José de Cañizares.

855. Num. 21. / Comedia Famosa. / LA MAS ILUSTRE / FREGONA. / Fiesta Que Se Representò A Sus / Magestades en el Real Palacio del Buen Retiro. / De Don Joseph De Cañizares. A-D_2. 32pp.(-1). Sevilla: Manuel Nicolás Vázquez.
—OTra vez me dad los brazos.
—serà la ilustre Fregona.
With ms annotations. Prompter's copy? P 920-14

MÁS IMPROPIO VERDUGO POR LA MÁS JUSTA VENGANZA, EL.

Francisco de Rojas Zorrilla.

856. N. 41. / Comedia Famosa. / EL MAS IMPROPIO / VERDUGO, / POR LA MAS JUSTA / VENGANZA. / De Don Francisco De Roxas. A-E, 36pp. Valencia: Viuda de Joseph de Orga, 1763.
—EN una empresa amorosa,
—se lo pagarà el Poeta. P 904-8

856a. Another copy. P 949-3

856b. Another copy, later printing: modern accent and s. P 971-25

MÁS LA AMISTAD QUE LA SANGRE. Andrés de Baeza.

857. Comedia famosa. / Mas la amistad, que la sangre. / de Don Andres de Baeza. (ms). Ee-Ff_4, fols.(212v)-231v. Modern s in ms portion.

–En la quietud gustosa, (ms).
–mas la Amistad, que la Sangre.

Followed, fol.231v, by: "Tono Qve Se Canto En La Fiesta" (*romance* with *estribillo*).

–Porque con amor me quexo
–siepre me das niña lo *q* no quiero.

Comedias escogidas, 12, 11. Madrid: A(n)dres Garcia de la Iglesia for Iuan de S. Vicente, 1658. First page ms. Ink stamp of Libraria Colonna. P 996-12

MÁS MERECE QUIEN MÁS AMA. Antonio Hurtado de Mendoza & Juan de Vera Tassis y Villarroel.

858. Comedia Famosa, / MAS MERECE, /QVIEN MAS AMA. / De Don Antonio de Mendoza, y de Don Iuan de Vera y Villarroel. Cc-Ee, fols.197v-213v(217v). (*Comedias escogidas,* 46, 10. Madrid: Francisco Sanz, 1679).

–Esto es razon, esto es justo,
–y a èl perdon, pues *q* se os rinde. P 1000-18

858a. Another copy. P 933-7

MÁS PESA EL REY QUE LA SANGRE, Y BLASON DE LOS GUZMANES. Luis Vélez de Guevara.

859. N. 195. / Comedia Famosa. / MAS PESA EL REY, / QUE LA SANGRE, / Y BLASON DE LOS GUZMANES. / De Luis Velez De Guevara. A-D, 28pp. Valencia: Joseph y Thomás de Orga, 1774.

–MOro, mas preguntador,
–y perdonad nuestros yerros. P 941-11

859a. Another copy. P 949-9

MÁS PIADOSO TROYANO, EL. Francisco de Villegas.

860. Comedia Famosa. / EL MAS PIADOSO / TROYANO. / De Don Francisco de Villegas. T_3-X_4, pp.(292)-328.

–Pague Troya su injusta aleuosia.

–al mas piadoso Troyano.

Comedias escogidas, 32, 9. Madrid: Andres Garcia de la Iglesia for Francisco Serrano de Figueroa, 1669. P 933-2

MÁS PUEDE AMOR QUE EL DOLOR. Anonymous.

861. N. 270. / Comedia Famosa. / MAS PUEDE AMOR / QUE EL DOLOR. / De Un Ingenio. A-E_2, 40pp. Valencia: Joseph y Thomás de Orga, 1782.

–PUes à Sicilia *co* bien hemos llegado,

–pues su voluntad fue buena. P 924-10

MÁS PUEDE AMOR QUE LA MUERTE.

Juan Pérez de Montalván.

862. MAS PVEDE AMOR QVE LA MVERTE. / Comedia / Famosa. / Del Doctor Ivan Perez de Montaluan. A-D_2, 16fols.

–Conde don Vela. *Cond.* Señor.

–pida perdon de sus yerros. P 912-10

MÁS PUEDEN CELOS QUE AMOR. Lope Félix de Vega Carpio.

863. (Cross patée) / IHS / MAS PVEDEN ZELOS QVE AMOR. / Comedia / Famosa / De Lope De Vega Carpio. C_4-E_4, fols.19v-39r.

–Hermosa Octauia, si possible fuera,

–Mas pueden Zelos, que Amor.

Comedias escogidas, 3, 2. Madrid: Melchor Sanchez for Ioseph Muñoz Barma, 1653. P 995-4

MÁS QUE EL INFLUJO DEL ASTRO ESTIMULA EL MAL EJEMPLO, KOULIKÁN RAYO DEL ASIA.

Antonio Camacho y Martínez.

864. (Cross patée) Tragi-Comedia Nueua. / MAS QUE EL INFLUXO / DE EL ASTRO / ESTIMULA EL MAL EXEMPLO, / KOULIKAN / RAYO DEL ASSIA. / De Don Antonio Camacho Y Martinez. A-F_2, 48pp.(-1). Madrid: 1749.

–Traydora Tropa; barbara, inhumana;

–Ingenio que satisfaga. P 978-5

MÁS TEMIDO ANDALUZ, Y GUAPO FRANCISCO ESTEVAN, EL.
José Vallés?

865. N. 120. / Comedia Famosa. / EL MAS TEMIDO ANDALUZ, / Y GUAPO / FRANCISCO ESTEVAN. / De Un Ingenio Valenciano. A-D_2, 32pp. Valencia: Viuda de Joseph de Orga, 1767.
–EChad ancoras. *Otros.* Aferra,
–la fortuna de serviros. P 939-6

MÁS TRIUNFA EL AMOR RENDIDO.
Agustín de Salazar y Torres, Juan de Vera Tassis y Villarroel, & ?

866. PLg. cinco. N. 16. / La Gran Comedia / MAS TRIUNFA EL AMOR / RENDIDO. / De Tres Ingenios. A-E_4, 40pp. Sevilla: Herederos de Tomás López de Haro.
–VIva Minos. *Otros.* Minos viva,
–à vuestros Reales pies. P 934-8

867. N. 49. / Comedia Famosa. / MAS TRIUNFA / EL AMOR RENDIDO. / De D. Agustin De Salazar Y Torres, / y D. Juan de Vera Tassis y Villarroèl. A-E_2, 40pp. Valencia: Viuda de Joseph de Orga, 1763.
–VIva Minos. *Otros.* Minos viva,
–à vuestros Reales pies. P 981-8

MÁS VALE EL HOMBRE QUE EL NOMBRE.
Francisco Antonio de Bances Candamo.

868. Comedia Famosa, / MAS VALE EL HOMBRE, / QUE EL NOMBRE. / De D. Francisco Banzes Candamo. S_2-Y, pp.275-338.
–VIva la gala del Sol, que
–si os agrada la Primera.
Poesias Banzes Candamo, 2, item eight. Madrid: Lorenço Francisco Mojados for Joseph Antonio Pimentèl, 1722. See item 555. P 983-8

MAS VALE TARDE QUE NUNCA. José Julián López de Castro.

869. Num. 62. / Comedia Famosa. / MAS VALE TARDE / QUE NUNCA. / De D. Josef Julian De Castro. A-D_2, 30pp. Madrid (printed in Barcelona): Isidro López. Modern s.
–VIva el guerrero Marte prodi- / gioso.
–mas vale tarde que nunca. P 931-12

MÁS VALIENTE ANDALUZ, ANTÓN BRAVO, EL.
Cristóbal de Monroy y Silva.

870. Num. 50. / Comedia Famosa. / EL MAS VALIENTE / ANDALUZ. / De Don Christobal De Monroy, Y Silva. (A)-D, 28pp.(-1). Salamanca: Calle de la Rua.
–Què decis. *d. Die.* Digo, D. Juan,
–assunto, y de Europa espanto. P 970-1

871. Comedia Famosa. / EL MAS VALIENTE ANDALUZ / ANTON BRAVO. / De Don Christoval De Montroy Y Sylva. A-D_2, (32pp.). Madrid: Antonio Sanz, 1744.
–QUè decìs. *Dieg.* Digo D. Juan,
–assunto, y de Europa espanto. P 929-5

MATEO VIZCONDE. Juan de Ayala.

872. La Gran Comedia / MATHEO VIZCONDE / De Iuan de Ayala. V_2-Y_2, pp.(307)-340.
–Prima Laura, que tristeza,
–en mas historias. Deo gratias.
Comedias escogidas, 33, 9. Madrid: Ioseph Fernandez de Buendia for Iuan Martin Merinero, 1670. P 914-7

MAYOR CONSTANCIA DE MUCIO SCÉVOLA, LA.
Francisco de Leiva Ramírez de Arellano.

873. Num. 5. / Comedia Famosa. / LA MAYOR CONSTANCIA / DE MVZIO SCEBOLA, / De Don Francisco De Leiba Ramirez De Arellano, / Natural de Malaga. A-E_2, pp.253-292.
–Hazed alto soldados,
–que le perdonen sus yerros.
I have not been able to identify the volume from which this seems to have been *desglosada.* P 985-15

874. N. 91. / Comedia Famosa. / LA MAYOR CONSTANCIA / DE MUZIO SCEBOLA. / De D. Francisco De Leyba Ramirez. A-D_2, 32pp. Valencia: Viuda de Joseph de Orga, 1765.
–HAced alto, Soldados,
–que le perdonen sus yerros. P 916-3

MAYOR ENCANTO AMOR, EL. Pedro Calderón de la Barca.

875. EL MAYOR / ENCANTO AMOR, / Comedia Famosa, / Fiesta que se representò à sus Magestades en los Estanques / de Buen-Retiro. / De Don Pedro Calderon De La Barca. A-F_2, 48pp.
–EN vano forcejamos,
–perdon de las faltas pide. P 1054-6

MAYOR HAZAÑA DEL EMPERADOR CARLOS QUINTO, LA.
Diego Jiménez de Enciso.

876. Num. 238. / Comedia Famosa. / LA MAYOR HAZANA / DEL EMPERADOR / CARLOS QUINTO. / De Don Diego Ximenez Enciso. A-D_2, (32pp.). Barcelona: Francisco Suriá y Burgada. Modern s.
–Sea v. Magestad muy bien llegado.
–digno de eterna alabanza. P 930-2

877. N. 110. / Comedia Famosa. / LA MAYOR HAZANA / DEL EMPERADOR / CARLOS QUINTO. / De Don Diego Ximenez Enciso. A-D_2, 34pp. Valencia: Viuda de Joseph de Orga, 1765.
–SEa V. Magestad muy bi*e* llegado.
–digno de eterna alabanza. P 968-15

MAYOR MONSTRUO LOS CELOS, Y TETRARCA DE JERUSALÉN, EL. Pedro Calderón de la Barca.

878. *N. 87. / Comedia Famosa. / EL MAYOR MONSTRUO / LOS ZELOS, / Y TETRARCA / DE JERUSALEN. / De D. Pedro Calderon De La Barca. A-E_2, 40pp. Madrid: Antonio Sanz, 1746.
–LA divina Mariene,
–à perder otros estudios. P 1054-7

MAYOR PIEDAD DE LEOPOLDO EL GRANDE, LA.
Gaspar Zavala y Zamora.

879. *Núm.* 72. / LA MAYOR PIEDAD / DE LEOPOLDO EL GRANDE. / Comedia Heroica En Tres Actos. / Su Autor / Don Gazpar Zavala y Zamora. A-D_2, 30pp. Barcelona: Juan Francisco Piferrer; Juan Sellent, Madrid: Librería de Quiroga. Modern s.
–Temprano es: nadie en todo
–del auditorio consigan.
With ink stamp of Librería de Josef Carlos Navarro, Valencia. P 961-8

MAYOR TRIUNFO DE JULIO CÉSAR, Y BATALLA DE FARSALIA, EL. Francisco de Alcedo y Herrera.

880. N. 162. / Comedia Nueva. / EL MAYOR TRIUNFO / DE JULIO CESAR, / Y BATALLA DE FARSALIA. / De Don Antonio De Solis. A-E, 36pp. Valencia: Viuda de Joseph de Orga, 1770.

—A Las heridas mortales

—y el mayor Triunfo de Cesar. P 924-12

880a. Another copy. P 981-17

MAYOR VENGANZA DE HONOR, LA. Alvaro Cubillo de Aragón.

881. LA MAYOR VENGANZA DE HONOR. / Comedia Famosa. / De Don Alvaro Cvbillo. Aa-Bb_4, fols.182r-199v.

—Co miedo, hermano, he venido

—su Autor, perdonad sus faltas.

Comedias escogidas, 10, 10. Madrid: Imprenta Real for Francisco Serrano de Figueroa, 1658. P 994-10

MAYOR VICTORIA, LA. Lope Félix de Vega Carpio.

882. N. 10. / LA MAYOR VICTORIA. / Comedia / De Lope De Vega Carpio. A-D_2, pp.317-342. Madrid: Librería de Castillo, Librería de Sancha, Puesto de (Josef) Sánchez, 1804. Modern s.

—Yo nunca supe de amor.

—adonde faltan las obras.

At end: "Fin Del Tomo Primero." See comment to item 133. P 972-17

882a. Another copy. Incomplete, ends p. 328: "Piensas tú que no te quiero." P 950-12

MAYOR VICTORIA DE CONSTANTINO MAGNO, LA.
Ambrosio Arce de los Reyes.

883. Comedia Famosa. / LA MAYOR VITORIA DE CONSTANTINO / MAGNO. / De D. Ambrosio Arce De Los Reyes. (ms). Ff-Hh, fols.(222v)-242v. Modern s in ms portion.

—Muera todo vil caudillo, (ms).

—oy a seruiros empieza.

Comedias escogidas, 14, 12. Madrid: Domingo Garcia y Morràs for Domingo Palacio y Villegas, 1660. First page ms. P 943-8

MÉDICIS DE FLORENCIA, LOS. Diego Jiménez de Enciso.

884. LOS MEDICIS DE FLORENCIA. / Comedia / Famosa. / De Don Diego Ximenes De Enciso. Gg_2-Kk_3, fols.216r-243r.

–Dexa Isabela hermosa,

–la tragedia de Alexandro.

I have not been able to identify the volume from which this was, presumably, *desglosada.* Possibly: *Comedias de los mejores y mas insignes Ingenios de España,* Cologne, 1697, item eight? P 968-17

885. Comedia Famosa. / LOS MEDICIS DE FLORENCIA. / De Don Diego Ximenes De / Enciso. (ms). L-N_4, fols.(77v)-100r. Modern s in ms portion.

–Dexa Isabela hermosa (ms).

–la tragedia de Alexandro.

Comedias escogidas, 18, 5. Madrid: Gregorio Rodriguez, 1662. P 964-12

886. Num. 178. / Comedia Famosa. / LOS MEDICIS / DE FLORENCIA. / De Don Diego Ximenez De Enciso. A-D(E), (36pp.). Madrid: Antonio Sanz, 1745.

–Dexa, Isabela hermosa,

–la tragedia de Alexandro. P 903-10

886a. Another copy. P 934-7

MÉDICO DE SU HONRA, EL. Pedro Calderón de la Barca.

887. Comedia Famosa. / EL MEDICO / DE SU HONRA. / De Don Pedro Calderon De La Barca. A-D_2, 34pp. Barcelona: Pedro Escuder, 1757.

–Jesus mil vezes! *Ar.* El Cielo

–perdonad sus muchas faltas. P 1054-8

MÉDICO PINTOR, SAN LUCAS, EL. Fernando de Zárate.

888. EL MEDICO PINTOR / SAN LUCAS, / Comedia / Famosa, / Por D. Fernando De Zarate. A-D_2, (32pp.).

–Salud [sic] a la Deidad

–si esta tiene algun aplauso. P 985-20

889. DE MEDICO PINTOR / SAN LVCAS. / Por D. Fernando De Zarate. A-C_2, 18fols. (*Comedias escogidas,* 40, 1. Madrid: Iulian de Paredes, 1675).

–Saludad a la Deidad
–si esta tiene algun aplauso. P 915-1

MÉDICOS DIVINOS, Y LUCEROS DE LA IGLESIA, SAN COSME Y SAN DAMIÁN, LOS. Juan de Madrid.

890. LOS MEDICOS DIVINOS, Y LVZEROS DE LA IGLESIA / SAN COSME, Y SAN DAMIAN. / Comedia / Famosa. / De Jvan De Madrid. A-D_2, 32pp.(-1).
–De la gloria del amor
–dando vn Victor por fineza. P 940-8

MEJOR ALCALDE EL REY, EL. Lope Félix de Vega Carpio.

891. Comedia. / EL MEJOR ALCALDE / EL REY. / De Lope De Vega Carpio. A-D, 28pp.(-1). Madrid: Manuel Quiroga, 1792. Modern s.
–NObles campos de Galicia,
–perdonad las faltas nuestras. P 972-18

892. N. 299. / Comedia Famosa. / EL MEJOR ALCALDE / EL REY. / De Lope De Vega Carpio. A-D, 28pp. Valencia: Hermanos de Orga, 1793. Modern s.
–NObles campos de Galicia,
–perdonad las faltas nuestras. P 945-6

892a. Another copy. P 954-16

MEJOR AMIGO EL MUERTO, EL.
Luis de Belmonte Bermúdez, Francisco de Rojas Zorilla, & Pedro Calderón de la Barca.

893. Comedia Famosa. / EL MEJOR AMIGO EL MVERTO. / De tres Ingenios. La primera jornada de Luis de Velmonte. La segunda de / D. Francisco de Roxas. La tercera de D. Pedro Calderon. A-D_2, 16fols.(-1).
–Cielos, piedad,
–y el Mejor Amigo el Muerto. P 991-8

894. N. 222. / Comedia Famosa. / EL MEJOR AMIGO EL MUERTO. / De Luis Velmonte, / de Don Francisco de Roxas, y de Don Pedro Calderon. A-D, 28pp. (p.28 has number inverted). Valencia: Joseph y Thomás de Orga, 1777.
–Cielos, piedad, que la borrasca crece,
–y el mejor Amigo el Muerto. P 971-6

MEJOR AMIGO EL REY, EL. Agustín Moreto y Cabaña.

895. EL MEIOR AMIGO EL REY, / Comedia / Famosa, / De Don Agvstin Moreto. A-E_2, 20fols.
–Esto se puede sufrir?
–el mejor Amigo el Rey. P 917-3

895a. Another copy. P 997-1

896. La Gran / Comedia / EL MEJOR AMIGO EL REY. / De Don Agustin Moreto y Cabaña. A-E, (36pp.).
–Esto se puede sufrir?
–el mejor Amigo el Rey. P 994-7

897. *N. 89. / Comedia Famosa. / EL MEJOR / AMIGO EL REY. / De Don Agustin Moreto. A-D_2, (32pp.). Madrid: Antonio Sanz, 1751.
–ESTO se puede sufrir?
–mejor Amigo es el Rey. P 906-5

MEJOR ESTÁ QUE ESTABA. Pedro Calderón de la Barca.

898. Num. 50. / Comedia Famosa. / MEJOR ESTA QVE ESTABA. / De Don Pedro Calderon. A-D_2, 32pp.(-1). Sevilla: Joseph Padrino.
–Dame presto otro vestido,
–si os ha parecido bien. P 1051-19

MEJOR FLOR DE SICILIA, SANTA ROSALÍA, LA.
Agustín de Salazar y Torres.

899. Num. 183. / LA MEJOR FLOR DE SICILIA, / SANTA ROSALIA. / Comedia / Famosa, / De D. Agvstin De Salazar Y Torres. A-E_2, 40pp.(-1). Sevilla: Francisco de Leefdael.
–Al espejo Venus bella
–tan arduo assumpto disculpe. P 934-12

900. LA MEJOR / FLOR DE SICILIA, / S[ta]ROSOLEA. / Comedia Famosa, / De Don Agvstin De Salazar / y Torres. G-K_3, pp.97-148.
–Al espejo Venus bella
–tan arduo assumpto disculpe.
Cythara de Apolo, loas y comedias diferentes qve escrivio D. Agvstin de Salazar y Torres. Segvnda parte. Madrid: Francisco Sanz, 1681. Item three. P 981-6

MEJOR LUNA AFRICANA, LA. Anonymous.

901. N. 76. / Comedia Famosa. / LA MEJOR LUNA / AFRICANA. / De Tres Ingenios. A-E, 36pp. Valencia: Viuda de Joseph de Orga, 1764.

–O Noche, à tus sombras frias

–tres plumas à vuestros pies.

Attributed, variously, to Calderón (Act III) and two others, as well as to nine authors: Belmonte, Luis and Juan Vélez de Guevara, Alfaro, Moreto, Martínez de Meneses, Sigler de Huerta, Cáncer, and Rosete Niño. P 936-7

901a. Another copy, later printing: modern s, acute accent. P 980-8

MEJOR LUZ DE SEVILLA, NUESTRA SEÑORA DE LOS REYES, LA. Jerónimo Guedeja y Quiroga.

902. LA MEJOR LUZ DE SEVILLA, / N. SENORA DE LOS REYES, / Comedia Famosa. / De Don Geronimo Gvedeja Y Qviroga. A-D_2, (32pp.).

–Arxataf el poderoso,

–la mejor Luz de Sevilla. P 978-9

MEJOR PAR DE LOS DOCE, EL. Juan de Matos Fragoso & Agustín Moreto y Cabaña.

903. N. 90. / Comedia Famosa. / EL MEJOR PAR / DE LOS DOCE. / De Don Juan de Matos, y Don Agustin Moreto. A-D_2, 32pp. Madrid: Antonio Sanz, 1748.

–CArlos invicto, Emperador de Francia,

–perdonad defectos tantos.

Last line is different in following editions. P 906-6

904. N. 168. / Comedia Famosa. / EL MEJOR PAR / DE LOS DOCE. / De Don Juan De Matos Fragoso, / y Don Agustin Moreto. A-D_2, 32pp. Valencia: Joseph y Thomás de Orga, 1776.

–CArlos invicto, Emperador de Fran- / cia,

–que ya veis que fué Reynaldos. P 948-1

905. Comedia. / EL MEJOR PAR / DE LOS DOCE. / De Juan De Matos Fragoso, Y Don Agustin Moreto. A-D_2, 32pp. (Madrid): Manuel Quiroga, 1796. Modern s.

–Cárlos invicto, Emperador de Francia,

–que ya veis que fue Reynáldos. P 986-14

MEJOR REY DE LOS REYES, EL. Anonymous.

906. Auto / A El Nacimiento / De El Hijo De Dios, / Intitulado: / EL MEJOR REY / DE LOS REYES. A-D, 14fols.(-1). Salamanca: Santa Cruz.

–Seais Ptolome valiente
–sus faltas, y nuestros yerros. P 967-14

MENTIR Y MUDARSE A UN TIEMPO, EL MENTIROSO EN LA CORTE. Diego & José de Figueroa y Córdoba.

907. Famosa / Comedia / MENTIR, Y MVDARSE / ȁ vn tiempo / Fiesta que se representȍ a sus Magestades en el / Buen Retiro. / De Don Diego, y Don Ioseph De / Figueroa y Cordoua. I_3-L_4, fols.67r-86v+ms page. Modern s in ms portion.

–Gracias a Dios a que llegamos.
–mentir y mudarse ȁ un tiempo. (ms).

Comedias escogidas, 14, 4. Madrid: Domingo Garcia y Morrȁs for Domingo Palacio y Villegas, 1660. Last page ms. P 964-1

908. *N. 225. / Comedia Famosa. / MENTIR, Y MUDARSE / A UN TIEMPO, / EL MENTIROSO EN LA CORTE. / De Don Diego, y Don Joseph de Figuerȍa y Cordova. A-E, 36pp. Madrid: Antonio Sanz, 1746.

–GRacias ȁ Dios, que llegamos.
–Mentir, y mudarse ȁ un tiempo. P 941-6

908a. Another copy. P 985-9

MERCADER DE TOLEDO, VARA DE MEDIR, Y ACCIÓN DEL MEJOR TESTIGO, EL. Anonymous.

909. Num. 134. / Comedia Famosa. / EL MERCADER / DE TOLEDO, / VARA DE MEDIR, / Y ACCION DEL MEJOR / TESTIGO. A-C_2, 24pp.(-1). Sevilla: Joseph Padrino.

–Adonde bueno, señor?
–que muchos años os guarde.

Infrequently attributed to Calderón. P 1051-16

MERECER DE LA FORTUNA, ENSALZAMIENTOS DICHOSOS.
Diego de Vera y Ordóñez de Villaquirán & José de Ribera.

910. Comedia Famosa. / MERECER DE LA FORTVNA, / ENSALZAMIENTOS DICHOSOS. / De Don Diego De Vera, Y Don Ioseph / de Ribera. Z_3-Bb_4, fols. 179r-196r.

–Lisarda viua, y su frente

–con parcialidad de Reyes.

Comedias escogidas, 22, 10. Madrid: Andres Garcia de la Iglesia for Iuan Martin Merinero, 1665. P 914-10

MERECER PARA ALCANZAR. Agustín Moreto y Cabaña?

911. Comedia Famosa. / MERECER PARA ALCANZAR. / De Don Agvstin Moreto. Cc-Dd_4, pp.393-428. (*Comedias escogidas,* 43, 11. Madrid: Antonio Gonçalez de Reyes for Manuel Melendez, 1678).

–Preguntador forastero,

–si èl humilde le merece. P 919-10

912. LA FORTUNA MERECIDA, / Por Otro Titulo: / MERECER PARA ALCANZAR. / Comedia / De Don Agustin Moreto. A-D_2, 32pp.(-1). Madrid: (Puesto de) Josef Sánchez, Librería de (Manuel?) González, 1804. Modern s.

–Preguntador forastero

–si el humilde le merece.

Sticker of Librería de (Manuel?) González pasted over bookseller data. P 905-17

MÉRITO ES LA CORONA, Y ENCANTOS DE MAR Y AMOR, EL. Agustín de Salazar y Torres.

913. EL MERITO ES LA CORONA, / Fiesta para los años de la Reyna nuestra señora. / De Don Agustin de Salazar y Torres. D-G, pp.46-98. (*Comedias escogidas,* 41, 2. Pamplona: Ioseph del Espiritu Santo, undated but probably 1675 or 1676).

–Yà que el mar se serena,

–y verdades son.

Preceded, pp.46-49, by: "EL MERITO ES LA CORONA, / Fiesta Que Se Represento A Los / años de la Reyna nuestra señora (Dios la Guarde) el dia / de sus años, en su Palacio, por dos Compañias. / Escrita por Don Agustin de Salazar y Torres. / LOA."

–Rompan la niebla fria

–los rayos, las ondas. P 909-2

914. EL MERITO / ES LA CORONA, / Y ENCANTOS DE MAR, Y

AMOR. / Comedia Famosa, / Fiesta Al Cumplimiento De Años / de la Reyna nuestra señora Doña Mariana / de Austria. / De Don Agvstin De Salazar / y Torres. T_3-Y_4, pp.291-343.

–Ya que el mar se serena,

–y verdades son.

Preceded, pp.291-295, by: "Loa Para La Comedia / De / EL MERITO / ES LA CORONA, / Y ENCANTOS DE MAR, Y AMOR, / Representóse A Los Años De La Reyna / nuestra señora Doña Mariana / de Austria. / De Don Agvstin De Salazar / y Torres."

–Rompan la niebla fria

–los rayos, las ondas.

Cythara, 2, item seven (omitting *loas*). Madrid: Francisco Sanz, 1681. See item 900. P 981-5

MESAS DE LA FORTUNA, LAS.

Francisco Antonio de Bances Candamo.

915. Auto / Sacramental / Alegorico, / LAS MESAS DE LA FORTVNA, / De D. Francisco Banzes Candamo. Hh-Ii_4, pp.478-507.

–EScuchad el Pregon de las Mesas,

–la espiga, y razimo.

Poesías Banzes Candamo, 2, item twelve. Madrid: Lorenço Francisco Mojados for Joseph Antonio Pimentèl, 1722. See item 555. P 983-4

MESONERA DEL CIELO, LA. Antonio Mira de Amescua.

916. Num. 162. / Comedia Famosa. / EL HERMITANO GALAN, / Y MESONERA DEL CIELO. / Del Doctor Mira De Mesqua. A-E_2, 40pp.

–ESto ha de ser.

–la Mesonera del Cielo. P 952-9

917. N. 122. / Comedia Famosa. / EL ERMITANO GALAN, / Y MESONERA DEL CIELO. / Del Doctor Mira De Amesqua. A-E_2, 40pp. Valencia: Viuda de Joseph de Orga, 1768.

–ESto ha de ser.

–la Mesonera del Cielo. P 926-3

917a. Another copy, later printing: modern s and accent; Mesqua for Amesqua. Sticker for Librería de (Manuel?) González (Madrid) pasted over printer data. P 974-14

MILAGRO POR LOS CELOS, Y DON ALVARO DE LUNA, EL.

Lope Félix de Vega Carpio.

918. Num. 137. / Comedia Famosa. / EL MILAGRO / POR LOS ZELOS, / Y D. ALVARO DE LUNA. / De Lope De Vega Carpio. A-D, (28pp.). Barcelona: Carlos Sapera, 1770.
–DExadme todos, dexadme.
–dad perdon à la primera. P 950-17

918a. Another copy. P 972-19

918b. Another copy. P 1120-9

MILAGROS DEL DESPRECIO, LOS. Lope Félix de Vega Carpio.

919. Num. 73. / Comedia Famosa. / LOS MILAGROS / DE EL DESPRECIO, / De Frey Lope Felix De Vega Carpio. A-D_2, 32pp.(-1). Valladolid: Alonso del Riego.
–Dexadme, què me quereis?
–los milagros del Desprecio. P 972-20

MILAGROS DEL SERAFÍN, LOS. Alonso de Osuna.

920. MILAGROS DEL SERAFIN. / Comedia / Famosa. / De Alonso De Osvna. A-D_2, 26pp.
–Tiradle, muera, y despues,
–honre el deuoto senado. P 943-12

MINAS DE POLONIA, LAS. María de Gasca y Medrano.

921. Núm. 154. / Drama Nuevo / En Tres Actos. / LAS MINAS DE POLONIA, / Traducido / Por D. Maria De Gasca Y Medrano. A-D_2, 31pp. Barcelona: Juan Francisco Piferrer; Juan Sellent. Modern s.
–En fin, estás ya de vuelta?
–corone el merecimiento.
From *Les Mines de Pologne,* by René Charles Guilbert de Pixérécourt. P 962-1

MIRA AL FIN. Anonymous.

922. MIRA AL FIN. / Comedia Famosa. / De Vn Ingenio Desta Corte. Aa_3-Cc_4, pp.403-443.
–Mi padre muerto, y lo ignoro
–perdon pide de ser necio.
Comedias escogidas, 28, 11. Madrid: Ioseph Fernandez de Buendia for

Viuda de Francisco de Robles, 1665. P 932-9

MISAS DE SAN VICENTE FERRER, LAS. Fernando de Zárate.

923. Num. 139. / Comedia Famosa. / LAS MISSAS / DE / SAN VICENTE / FERRER. / De Don Fernando Zarate. A-D_2, 32pp.(-1). Sevilla: Joseph Padrino.
–Señora, si son los dias
–para serviros su ingenio. P 934-11

MISMA CONCIENCIA ACUSA, LA. Agustín Moreto y Cabaña.

924. N. 170. / Comedia Famosa. / LA MISMA CONCIENCIA / ACUSA. / De Don Agustin Moreto. A-D_2, 32pp.
–PRodigio hermoso, ligera
–que es el testigo del Alma. P 905-12

925. Num. 54. / Comedia Famosa. / LA MISMA CONCIENCIA / ACUSA. / De Don Agustin [sic] Moreto. A-D, 28pp.(-1). Sevilla: Joseph Padrino.
–Prodigio hermoso, ligera
–que es el testigo del alma. P 913-10

926. Num. 209. / Comedia Famosa. / LA MISMA CONCIENCIA ACUSA. / De Don Agustin Moreto. A-D_2, (32pp.). Barcelona: Francisco Suriá y Burgada. Modern s.
–PRodigio hermoso, ligera
–que es el testigo del alma. P 951-15

MITRA Y PLUMA EN LA CRUZ, SAN CASIANO, LA.
Tomás Manuel de Paz.

927. Num. 86. / LA MITRA, Y PLVMA EN LA CRVZ. / SAN CASIANO. / Comedia / Famosa, / Del Maestro Thomas Manvel De Paz. A-D_2, 32pp.(-1). Sevilla: Francisco de Leefdael.
–Esso si caigan del Cielo
–pueden passar por aciertos. P 942-7

928. La Gran Comedia, / LA MITRA, Y PLVMA / EN LA CRVZ, / S. CASIANO, / Del Maestro Thomas Manvel / De Paz, / Dedicada à la Hermandad del Glorioso Santo. / Representòla Escamilla año de 1678. A-C_4, 22fols. (*Comedias escogidas,* 46, 1. Madrid: Francisco Sanz,

1679).

—Esso si, caygan del Cielo
—pueden passar por aciertos. P 1000-9

MOCEDADES DE BERNARDO DEL CARPIO, LAS.
Lope Félix de Vega Carpio.

929. Num. 150. / Comedia Famosa. / LAS MOCEDADES / DE BERNARDO / DEL CARPIO. / De Lope De Vega Carpio. A-D_2, 32pp.(-1). Salamanca: Santa Cruz.

—FAmoso Don Sancho Diaz,
—la Mocedad de Bernardo. P 1120-10

930. *N. 192. / Comedia Famosa. / LAS MOCEDADES / DE / BERNARDO / DEL CARPIO. / De Lope De Vega Carpio. A-D_2, 32pp. Madrid: Antonio Sanz, 1755.

—FAmoso Don Sancho Diaz,
—la Mocedad de Bernardo. P 950-2

930a. Another copy. P 974-8

MOCEDADES DEL CID, LAS. *Burlesca.*
Jerónimo de Cáncer y Velasco.

931. Num. 21. / LAS MOCEDADES DEL CID, / Burlesca. / Comedia / Famosa, / Fiesta que se representò à sus Magestades / Martes de Carnestolendas. / De Don Geronymo Cancer. A-C, 20pp.(-1). Sevilla: Francisco de Leefdael.

—Tres dias ha con oy, señora,
—las mocedades del Cid. P 910-1

931a. Another copy. P 1121-10?

MOCEDADES DEL CID, LAS. *Primera Parte.*
Guillén de Castro y Bellvis.

932. N. 312. / Comedia Famosa. / LAS MOCEDADES DEL CID. / Primera Parte. / De Don Guillem De Castro. A-E, 36pp. Valencia: Joseph y Thomás de Orga, 1796. Modern s.

—ES gran premio á mi lealtad.
—y las bodas de Ximena. P 941-1

932a. Another copy. P 975-4

MOCEDADES DEL CID, LAS. *Segunda Parte.*
Guillén de Castro y Bellvis.

933. N. 313. / Comedia Famosa. / LAS MOCEDADES DEL CID. / Segunda Parte. / De Don Guillem De Castro. A-E, 36pp. Valencia: Joseph y Thomás de Orga, 1796. Modern s.
–SAntiago, Santiago,
–fin á la Comedia damos. P 941-2

MOCEDADES DEL DUQUE DE OSUNA, LAS.
Cristóbal de Monroy y Silva.

934. LAS MOCEDADES DEL / Duque de Ossuna. / Comedia Famosa / De Don Christoval De Monroy. A-D_2, (32pp.).
–Que no quieres ver al Duque
–perdonod [sic] las muchas faltas. P 989-1

935. LAS MOCEDADES DEL / Duque de Ossuna. / Comedia Famosa. / De D. Christoval De Monroy. A-D, (28pp.).
–Que no quieres ver al Duque
–perdonad las muchas faltas. P 921-3

936. N. 25. / Comedia Famosa. / LAS MOCEDADES / DEL DUQUE / DE OSSUNA. / De Don Christoval De Monroy. A-C_2, 24pp. Valencia: Viuda de Joseph de Orga, 1762.
–QUe no quieres vèr al Duque
–Perdonad las muchas faltas. P 970-9

MOJIGATA, LA. Leandro Fernández de Moratín.

937. Núm., 325. / LA MOGIGATA. / Comedia En Tres Actos, En Verso. / Su Autor / Inarco Celenio P. A. A-F, 44pp. Valencia: Josef Ferrer de Orga y compañía, 1810. Modern s.
–Mira, hermano, si no quieres
–verdadera, de la falsa. P 962-9

MOLINO, EL. Lope Félix de Vega Carpio.

938. N. 4. / EL MOLINO. / Comedia / De Lope De Vega Carpio. A-E, 35pp.+page of printer data. Madrid: Librería de Castillo, Puesto de Sánchez, 1804. Modern s.
–Mejor viva vuestra Alteza,
–gran Senado, del Molino.
See comment to item 133. P 974-9

MONSTRUO DE LA AMISTAD, EL.
Pedro Francisco de Lanini y Sagredo.

939. N. 123. / Comedia Famosa. / EL MONSTRUO / DE LA AMISTAD. / De Don Pedro Lanine Sagredo. A-E_2, 40pp. Valencia: Viuda de Joseph de Orga, 1768.
–PAra daros à entender,
–perdonad las faltas nuestras. P 938-7

MONSTRUO DE LA FORTUNA, LA LAVANDERA DE NÁPOLES, FELIPA CATANEA, EL. Pedro Calderón de la Barca, Francisco de Rojas Zorrilla, & Juan Pérez de Montalván.

940. Num. 14. / La Gran Comedia, / EL MONSTRUO / DE LA FORTUNA, / LA LAVANDERA DE NAPOLES, / FELIPA CATANEA. / De Tres Ingenios. A-D_2, 32pp.(-1). Modern s.
–ABatid las Banderas,
–con ser tres, no mas de un victor. P 980-9

941. N. 297. / Comedia Famosa. / EL MONSTRUO / DE LA FORTUNA, / LA LAVANDERA DE NAPOLES, / FELIPA CATANEA. / De Tres Ingenios. A-E, 34pp. Valencia: Hermanos de Orga, 1793. Modern s.
–ABatid las Banderas,
–con ser tres no mas de un victor. P 954-20

MONSTRUO DE LOS JARDINES, EL. Pedro Calderón de la Barca.

942. Num. 9. / Comedia Famosa. / EL MONSTRVO / DE LOS JARDINES. / Fiesta que se representò à sus Magestades en el Salòn / Real de Palacio. / De Don Pedro Calderon De La Barca. A-F_2, 44pp.(-1). Barcelona: Pedro Escuder.
–VIra al Mar.
–perdonad sus muchos yerros. P 1051-17

MONTAÑÉS JUAN PASCUAL, Y PRIMER ASISTENTE DE SEVILLA, EL. Juan Claudio de la Hoz y Mota.

943. Num. 176. / Comedia Famosa. / EL MONTANES / JUAN PASQUAL, / Y / PRIMER ASISTENTE DE SEVILLA. / De Un Ingenio De La Corte. (A)-E, (36pp.). Barcelona: Francisco Suriá y Burgada. Modern s.
–GUarda el oso feroz, qüe al

—Asistente de Sevilla. P 925-7

943a. Another copy. P 967-7

MONTAÑESA DE ASTURIAS, LA. Luis Vélez de Guevara.

944. Num. 24. / Comedia Famosa. / LA MONTANESA / DE ASTURIAS. / De Luis Velez De Guevara. A-D_2, (32pp.). Madrid: Imprenta de la Plazuela de la calle de la Paz, 1728.
—EStraña melancolìa!
—historia antigua de España. P 975-7

MORICA GARRIDA, LA. Juan Bautista de Villegas.

945. LOS HERMANOS MAS AMANTES. / Comedia Famosa. / Por Ivan De Villegas. A-D_3, 16fols.(-1).
—Noble Audalá, aqueste bien
—a los hermanos amantes. P 907-2

946. La Gran Comedia / LA MORICA GARRIDA. / De Ivan Bavtista De Villegas. T_4-X_2, fols.148r-164v.
—Noble Abdala, aqueste bien
—a la Morica Garrida.
Comedias escogidas, 7, 8. Madrid: Domingo Garcia y Morràs for Domingo de Palacio, 1654. P 989-9

MORIR EN LA CRUZ CON CRISTO. Juan Claudio de la Hoz y Mota.

947. Comedia Famosa. / MORIR EN LA CRUZ / CON CHRISTO. / De Un Ingenio De Esta Corte. A-E, 35pp.(-1). Salamanca: Santa Cruz.
—LEvantado obelisco,
—es razon que se las suplan. P 922-6

MOROGUECO, EL. *Entremés.*
See: *Venganza de Tamar, La.*

MOSCOVITA SENSIBLE, LA. Luciano Francisco Comella.

948. Núm. 67. / LA MOSCOVITA SENSIBLE. / Comedia Heroica En Tres Actos, / Por Don Luciano Francisco Comella. A-D, 28pp.(-1). Barcelona: Juan Francisco Piferrer; Juan Sellent. Modern s.
—Una vez que el Gran Señor
—rindamos en holocausto. P 956-1

MOZA DE CÁNTARO, LA. Lope Félix de Vega Carpio.

949. LA MOZA DE CANTARO. / Comedia Famosa. / De Lope Felix De Vega Carpio. A-D_2, 32pp.(-1).
–Es cosa lo que ha passado
–bien es que perdon merezca. P 972-21

MOZA DE CÁNTARO, LA. Cándido María Trigueros.

950. N. 331. / LA MOZA DE CANTARO. / Comedia En Cinco Actos. / Por Fr. Lope Felix De Vega Carpio / Y Refundida / Por Don Candido Maria Trigueros. A-D, 28pp. Valencia: Joseph de Orga; Madrid: Librería de Quiroga, 1803. Modern s.
–Quédate con Dios, Leonor,
–con felicidad eterna. P 945-7

950a. Another copy. P 950-7

950b. Another copy. P 960-10

MUCHOS ACIERTOS DE UN YERRO. José de Figueroa y Córdoba.

951. Comedia Famosa. / MVCHOS ACIERTOS DE VN YERRO. / De Don Ioseph De Figveroa. Cc-Ee, fols.196v-217v.
–Vuestra Alteza puede entrar,
–muchos aciertos de vn yerro.
Comedias escogidas, 22, 11. Madrid: Andres Garcia de la Iglesia for Iuan Martin Merinero, 1665. P 914-11

MUDANZAS DE LA FORTUNA, Y FIRMEZAS DEL AMOR.
Cristóbal de Monroy y Silva.

952. N. 131. / Comedia Famosa. / MUDANZAS / DE LA FORTUNA, / Y FIRMEZAS / DEL AMOR. / De D. Cristobal De Monroy Y Silva. A-D, 28pp.(-1). Madrid: Manuel Quiroga. Modern s.
–VAronil osadía!
–y Firmezas del Amor.
Valencia: Viuda de Joseph de Orga, 1768. P 929-8

MUERTA POR EL HONOR, LA. Anonymous.

953. N. 8. / Comedia Famosa. / LA MUERTA / POR EL HONOR. / De Un Ingenio. A-E_2, 40pp. Valencia: Viuda de Joseph de Orga, 1761.

–AUnque el aire te sepulte
–que humilde el perdon pedimos. P 944-6

MUERTE DE BALDOVINOS, LA. Jerónimo de Cáncer y Velasco.

954. Num. 172. / Comedia Burlesca / LA MUERTE / DE VALDOVINOS. / De Don Geronymo De Cancer. A-C_2, (24pp.), last page blank. Madrid: Antonio Sanz, 1746.
–SEAS tan bien venido,
–no ha sido disparatado. P 938-3

MUJER CONTRA EL CONSEJO, LA. Juan de Matos Fragoso, Antonio Martínez de Meneses, & Juan de Zabaleta.

955. N. 33. / Comedia Famosa. / LA MUGER / CONTRA EL CONSEJO. / De D. Juan De Matos, De D. Antonio / Martinez, y de D. Juan de Zabaleta. A-E, 34pp. Valencia: Viuda de Joseph de Orga, 1762.
–SEñor, pues has despedido
–la Muger contra el Consejo. P 948-5

MUJER DE DOS MARIDOS, LA. Vicente Rodríguez de Arellano.

956. Núm. 161. / Comedia Nueva. / LA MUGER DE DOS MARIDOS. / En Tres Actos. / De D. V. R. D. A. A-E, 35pp. Barcelona: Juan Francisco Piferrer; Juan Sellent. Modern s.
–Atencion á lo que mando:
–y mis votos se cumpliéron. P 959-2

MUJER DE PERIBÁÑEZ, LA. Anonymous.

957. LA MVGER DE PERIBANEZ. / Comedia / Famosa. / De Tres Ingenios. A-E_2, (36pp.).
–Seas, Hernando, bien venido.
–no ay sino tener paciencia. P 980-10

957a. Another copy. P 965-8

957b. Another copy. P 1121-6?

958. Num. 48. / Comedia / Famosa, / LA MVGER DE PERIBANEZ / De Tres Ingenios. A-D_2, (36pp.).
–Seas, Hernando, bien venido.
–no ay sino tener paciencia. P 908-8

MUJER, LLORA Y VENCERÁS. Pedro Calderón de la Barca.

959. La Gran Comedia / De MVGER LLORA, Y VENCERAS, / Fiesta que se representò a sus Magestades. / De Don Pedro Calderon. Gg-Ii_4, fols.232v-256r.
–Porque el militar estruendo
–perdonad los yerros suyos.
Ink stamp of Libraria Colonna. *Comedias escogidas,* 17, 12. Madrid: Melchor Sanchez for San Vicente, 1662. P 992-12

959a. Another copy. Without Libraria Colonna stamp. P 997-11

960. *N. 227. / Comedia Famosa. / MUGER, / LLORA, Y VENCERAS. / Fiesta que se representò à sus Magestades en el Coliseo / del Buen-Retiro. / De Don Pedro Calderon / de la Barca. A-E, 36pp. Madrid: Antonio Sanz, 1756.
–POrque el militar estruendo
–perdonad los yerros suyos. P 1051-18

MUJER MÁS PENITENTE, Y ESPANTO DE CARIDAD, LA VENERABLE HERMANA MARIANA DE JESÚS, LA. *Primera Parte.*
José de Lobera y Mendieta.

961. Comedia Nueva. / LA MUGER MAS PENITENTE, / Y ESPANTO DE CHARIDAD, / LA VENERABLE HERMANA / MARIANA DE JESUS. / Primera Parte. / De Don Joseph De Lobera / y Mendieta. A-E_2, 39pp.
–EDificio sumptuoso,
–decit [sic] lo que en ella quepa. P 978-13

MUJER MÁS VENGATIVA POR UNOS INJUSTOS CELOS, LA.
Luis A. J. Moncín.

962. LA MUGER MAS VENGATIVA / POR UNOS INJUSTOS ZELOS. / Comedia Nueva. / Su Autor / L. A. J. M. (A)-E, 35pp.(-1)+page of printer data. (Madrid): Librería y Puesto de Cerro. Modern s.
–Vamos á limpiar la mesa,
–y á la maldad dan castigos.
Col. com. nuevas, 9, item seven. Madrid: Antonio Cruzado, 1796. See item 150. P 944-4

MUJER QUE MANDA EN CASA, LA. Gabriel Téllez (Tirso de Molina).

963. Comedia Famosa. / LA MUGER, / QUE MANDA EN CASA. / Del Maestro Tirso De Molina. A-E, 36pp. Madrid: Theresa de Guzmán, Lonja de Comedias de la Puerta del Sol.

–POR mas que inmortalice
–como este exemplo lo afirma.

1735 or 1736? P 904-3

963a. Another copy. P 1120-13

963b. Another copy? In missing volume. P 973-*q*

964. "La impía Jezabél, muger del infelíz Acab, y triunfos de Elías. Madrid, *n.d.*" In missing volume. Possibly: Madrid: Isidro López, A-E, 34pp. P 973-*n*

MUNUZA. Gaspar Melchor de Jovellanos.

965. MUNUZA. / Tragedia En Cinco Actos. a-e_2, 38pp. Madrid: Librería de Castillo, Librería y Puesto de Cerro, Puesto del Diario. Modern s.

–No culpes mis temores noble
–O feliz dia! O dia memorable!

Sticker for Librería de (Manuel?) González, Madrid, partly torn off.
P 966-4

MUÑECAS DE MARCELA, LAS. Alvaro Cubillo de Aragón.

966. Comedia / Famosa, / De LAS MUNECAS DE MARCELA. / De Don Alvaro Cubillo De Aragon. V-Y_4, pp.299-338.

–Poned fuego a las puertas rompa el fuego
–en el perdon de sus yerros.

Enano de las musas, item six. Madrid: Maria de Quiñones for Iuan de Valdes, 1654. See item 403. P 903-11

967. Comedia Famosa, / De LAS MUNECAS / DE MARCELA. F-K_2, pp.41-80. Madrid: Francisco Assensio, 1734.

–Poned fuego à las puertas, rompa el fuego,
–en el perdon de sus yerros.

Ameno jardin, item twelve. Madrid, 1734. See item 389. P 901-8

967a. Another copy. P 902-5

MUROS DE JÉRICO, LOS. Sebastián de Olivares Vadillo.

968. Comedia Famosa, / LOS MVROS DE / IERICO, / De Don Sebastian de Oliuares. H-I_4(K), pp.(109)-145.

—A saber tu Real decreto,

—su Autor arriesgar el vitor.

Comedias escogidas, 32, 4. Madrid: Andres Garcia de la Iglesia for Francisco Serrano de Figueroa, 1669. P 921-9

MÚSICOS, AMO Y CRIADO, Y EL AMOR POR EL RETRATO.
Santiago Garro.

969. N. 225. / Comedia Famosa. / MUSICOS / AMO, Y CRIADO, / Y EL AMOR POR EL RETRATO. / De Don Santiago Garro. A-D_2, 32pp. Valencia: Joseph y Thomás de Orga, 1778.

—AY, Leonor, qué mal resisto.

—perdonadle yerros tantos. P 940-10

* * *

NADIE FÍE SU SECRETO. Pedro Calderón de la Barca.

970. La Gran Comedia / NADIE FIE SU SECRETO. / De Don Pedro Calderon De La Barca. A-E_2, (40pp.).

—Vila al dexar la carroza,

—por quien el perdon os pido. P 1051-20

971. Num. 104. / NADIE FIE SV SECRETO. / Comedia / Famosa, / De Don Pedro Calderon De La Barca. A-D, 28pp.(-1). Sevilla: Viuda de Francisco de Leefdael.

—Vila al dexar la carroza,

—por quien el perdon os pido. P 953-10

NADIE PIERDE LA ESPERANZA. Juan de Lemus.

972. NADIE PIERDE LA ESPERANZA. / Comedia Famosa. / De Don Ivan De Lemos. A-D_2, 16fols.(-1).

—A*u*que al logro de mis dichas

—a el lacayo, no se casa.

See item 510: Moreto's *En el mayor imposible nadie pierde la esperanza,* which has same first—but not last—line. P 911-1

NAZARENO SANSÓN, EL.

See: *Divino nazareno Sansón, El.*

NEGRA POR EL HONOR, LA. Agustín Moreto y Cabaña.

973. N. 31. / Comedia Famosa. / LA NEGRA / POR EL HONOR. / De Don Agustin Moreto. A-E_2, 40pp. Valencia: Viuda de Joseph de Orga, 1762.
–SEñor Don Lope Faxardo,
–la Negra por el Honor. P 906-7

973a. Another copy. P 913-3

973b. Another copy. P 951-2

NEGRO DEL CUERPO BLANCO, Y EL ESCLAVO DE SU HONRA, EL. Marcelo Antonio de Ayala y Guzmán *or* Francisco de Leiva Ramírez de Arellano.

974. Num. 34. / Comedia Famosa. / EL NEGRO / DEL CUERPO BLANCO. / De Un Ingenio De La Corte. A-D_2, 32pp.(-1). Salamanca: Santa Cruz.
–SUpuesto que en esta sala
–y el Esclavo de su Honra. P 967-8

975. N. 92. / Comedia Famosa. / EL NEGRO / DEL CUERPO BLANCO, / Y EL ESCLAVO DE SU HONRA. / De Un Ingenio De Esta Corte. A-D_2, 32pp. Madrid: Antonio Sanz, 1756.
–SUpuesto que, en esta sala
–y el Esclavo de su Honra. P 928-7

NEGRO DEL MEJOR AMO, EL. Antonio Mira de Amescua *or* Luis Vélez de Guevara.

976. Num. 177. / Comedia Famosa. / EL NEGRO / DEL MEJOR AMO. / Del Doctor Mirademescua. A-E, 36pp.(-1). Salamanca: Santa Cruz.
–FAmoso Portocarrero,
–de las faltas, por aplauso. P 974-16

977. EL NEGRO DEL MEIOR AMO. / Comedia Famosa / Del Doctor Mirademescva. Gg-Ii_2, fols.231r-253v.
–Famoso Portocarrero,
–de las faltas por aplauso.
Comedias escogidas, 4, 12. Madrid: Imprenta Real for Diego Balbuena, 1653. P 996-3

978. N. 57. / Comedia Famosa. / EL NEGRO / DEL MEJOR AMO. / Del Doctor Mirademescua. A-E, 36pp. Valencia: Viuda de Joseph de Orga, 1763.

–FAmoso Portocarrero,
–el Negro del mejor Amo. P 930-4

NEGRO MÁS PRODIGIOSO, EL. Juan Bautista Diamante.

979. Comedia. / EL NEGRO / MAS PRODIGIOSO. / De D. Juan Bautista Diamante. A-D_2, 32pp.(-1). Modern s.

–MUere, y contigo la voz,
–este prodigioso caso. P 982-11

980. Num. 105. / Comedia Famosa. / EL NEGRO / MAS PRODIGIOSO. / De Don Juan Bautista Diamante. A-E, 36pp.(-1). Salamanca: Santa Cruz.

–MUere, y contigo la voz
–este prodigioso caso. P 901-16

NEGRO VALIENTE EN FLANDES, EL.
See: *Valiente negro en Flandes, El.*

NI AMOR SE LIBRA DE AMOR. Pedro Calderón de la Barca.

981. Comedia Famosa. / NI AMOR / SE LIBRA DE AMOR. / Fiesta que se representò à sus Magestades en el Salon / Real de Palacio. / De Don Pedro Calderon De La Barca. A-F_2, (48pp.).

–Venid, hermosuras felizes, venid.
–està à vuestras plantas siempre. P 1051-21

982. Famosa / Comedia, / NI AMOR SE LIBRA / DE AMOR. / De D. Pedro Calderon de la Barca. Y-Aa_4, fols.(153v, but numbered 165v)-188v.

–Venid juveniles bellezas; ve- / nid.
–esta a vuestras plantas siempre.

Tercera parte . . . Calderón. Madrid: Domingo Garcìa Morrás for Domingo Palacio y Villega [sic], 1664. Excel^{mo}. Item eight. See item 592. P 997-9

NIETO DE SU PADRE, EL. Guillén de Castro y Bellvis.

983. EL NIETO DE SV PADRE. / Comedia Famosa. / De Don Gvillen De Castro. M-O_2, fols.86r-(106r). Modern s in ms portion.

—Porque eres sangre tan mia
—à qui [sic] la Comedia acaba. (ms).

Comedias escogidas, 10, 5. Madrid: Imprenta Real for Francisco Serrano de Figueroa, 1658. Last page ms. P 993-4

NIÑA DE GÓMEZ ARIAS, LA. Pedro Calderón de la Barca.

984. Num. 41. / Comedia Famosa. / LA NINA DE GOMEZ ARIAS. / De Don Pedro Calderon De La Barca. A-E, (36pp.). Barcelona: Francisco Suriá y Burgada; Carlos Sapera, 1765.
—A Donde vas?
—de piedad siquiera un victor. P 1054-9

NIÑA DE PLATA, LA. Lope Félix de Vega Carpio.

985. N. 240. / Comedia Famosa. / LA NINA DE PLATA. / De Lope De Vega Carpio. A-D2, 32pp. Valencia: Joseph y Thomás de Orga, 1781.
—POr aqui dicen, que passa
—oy, de la Niña de Plata. P 945-3

985a. Another copy. P 950-1

985b. Another copy. P 972-22

NIÑECES, Y PRIMER TRIUNFO DE DAVID, LAS.
Manuel Antonio de Vargas.

986. *N. 193. / Comedia Famosa. / LAS NINECES, / Y PRIMER TRIUNFO / DE DAVID. / De Don Manuel De Vargas. A-D2, 32pp. Madrid: Antonio Sanz, 1744.
—DI, David, què novedad
—una alabanza feliz. P 942-2

986a. Another copy. P 969-14

NIÑO CABALLERO, EL. *Entremes.*
See: *Triunfos de amor y fortuna.*

NIÑO DE LA GUARDIA, EL. José de Cañizares.

987. Legajo 3o. / Comedia Nueba / EL NINO DE LA GUARDIA / De Don Joseph Cañizares. 122pp. Modern s.

–En hora dichosa llegue
–Niño hermoso de la Guarda.

Entire play ms. "Davíd" written in right margin on title and first pages.
P 920-16

NIÑO GIGANTE, SAN MAMED, EL. Anonymous.

988. Plieg. 4. Num. 43. / EL NINO GIGANTE, / SAN MAMED. / Comedia / Famosa. / Representóse En Fiesta, Qve A El / Santo hace la Villa de Aroche, siendo Mayordomo / el Author. Año de 1726. A-D_2, 32pp. Sevilla: Diego López de Haro.
–Hoi en nombre de toda Cesarèa
–de cuya mano penden los dominios. P 932-12

NO, EL. Ramón de la Cruz.

989. 150. / Saynete Nuevo / Titulado / EL NO / Para Cinco Personas. 8pp.(-1). Valencia: José Ferrer de Orga y compañía; José Carlos Navarro, 1813. Modern s.
– ¡QUe infeliz es un amante.
–perdonad sus muchas faltas.

With title page. P 979-20

NO AMAR LA MAYOR FINEZA. Juan de Zabaleta.

990. Comedia Famosa / NO AMAR LA MAYOR FINEZA. / De Don Ivan De Zavaleta. $P(O_4)$-R_4, pp.219(215)-272.
–En esta galeria,
–no amar la mayor fineza.

Comedias escogidas, 23, 6. Madrid: Ioseph Fernandez de Buendia for Manuel Melendez, 1665. P 908-3

NO CABE MÁS EN EL AMOR, NI HAY AMOR FIRME SIN CELOS.
Francisco Carbonell.

991. Num. 133. / Comedia Famosa. / NO CABE MAS EN EL AMOR, / NI HAY AMOR FIRME SIN ZELOS. / Del Doctor Don Francisco Carbonell. A-D, (32pp.). Barcelona: Francisco Suría y Burgada. Modern s.
–QUe rigor (raro enigma del anhelo!)
–que es todo un asunto mismo. P 942-1

NO ES AMOR COMO SE PINTA. Anonymous.

992. Comedia Famosa. / NO ES AMOR COMO SE PINTA. / De tres Ingenios. A-D_2, 16fols.(-1).

–Con menos prisa señor,

–no vanidad, si obediencia.

Comedias escogidas, 16, 11. Madrid: Melchor Sanchez for Mateo de la Bastida, 1662. P 965-12

NO HABRÁ MAL DONDE HAY MUJER.

Pedro Calderón de la Barca *or*
Antonio Grati y Alava?

993. Num. 46. / Comedia Famosa. / NO AVRA MAL / DONDE AY MVGER. / De Don Pedro Calderon. A-D, 28pp.(-1). Sevilla: Joseph Padrino.

–En el monte entrô, seguidle,

–en el Abril de sus años. P 1054-12

NO HAY AMIGO PARA AMIGO. Francisco de Rojas Zorrilla.

994. NO AY AMIGO PARA AMIGO. / Comedia Famosa, / De Don Francisco De Rojas. A-E, 36pp.(-1).

–Buena mañana. *Fern.* Estremada,

–no ay amigo para amigo. P 988-7

995. Comedia Famosa: / NO AY AMIGO / PARA AMIGO. / De Don Francisco De Roxas. A-E, 36pp.(-1). Madrid: Andrés de Sotos.

–Buena mañana! *Fer.* Estremada!

–no ay Amigo para Amigo. P 971-5

996. Comedia Famosa. / NO AY AMIGO / PARA AMIGO / De Don Francisco De Roxas. A-E, 36pp.(-1). Granada: Joseph de la Puerta, 1756.

–Buena mañana! *Fer.* Estremada!

–no ay Amigo para Amigo. P 904-7

NO HAY BIEN SIN AJENO DAÑO. Antonio Sigler de Huerta.

997. Comedia Famosa / Non ai bien sin Ageno Daño. De Antonio Sigler de Huerta. (ms). M-N_4, fols./pp.106-139. Modern s in ms portion.

–Ninguna en esta ocasion, (ms).

–escrita sin competencia.

Unusual foliation/pagination: 106r-v, 107r-v, 107r-v, 109r-v, 111r-v, 113r-v, 115r-v, 117r-v, 119r-v, 121r-v, 123r-v, pp. 124-136. 38pp. total.

Flor de las mejores doze comedias de los mayores ingenios de España. Madrid: Diego Diaz de la Carrera for Mateo de la Bastida, 1652. Item five. First page ms. P 907-9

NO HAY BURLAS CON EL AMOR. Pedro Calderón de la Barca.

998. Num. 7. / Comedia Famosa, / NO AY BURLAS / CON EL AMOR. / De Don Pedro Calderon De La Barca. A-E_2, 40pp.
–Valgate el diablo, què tienes?
–que humilde à essas plantas yaze. P 1054-10

NO HAY BURLAS CON LAS MUJERES, O CASARSE Y VENGARSE. Antonio Mira de Amescua.

999. La Gran Comedia / NO AY BVRLAS CON / LAS MVGERES, O CASARSE / y Vengarse. / Del Doctor Mira De Mescva. Dd_3-Gg_4, pp.472-527. (*Comedias escogidas,* 5, 11. Madrid: Pablo de Val for Iuan de S. Vicente, 1654 edition).
–Ni a mi amor, ni a mi leal / tad
–y el desacierto perdon. P 918-11

NO HAY CON LA PATRIA VENGANZA, Y TEMÍSTOCLES EN PERSIA. José de Cañizares.

1000. N. 79. / Comedia Famosa. / NO HAY CON LA PATRIA / VENGANZA, / Y TEMISTOCLES / EN PERSIA. / De Don Joseph De Cañizares. A-E, 38pp.
–O Que dulcemente acordes
–la inmortalidad le labra. (ms).
Valencia: Viuda de Joseph de Orga, 1764? Last two pages ms. P 920-17

NO HAY CONTRA EL AMOR ENCANTOS. Anonymous.

1001. Num. 23. / NO HAY CONTRA EL AMOR ENCANTOS. / Comedia / Famosa, / De Tres Ingenios. A-D_2, 32pp.(-1). Sevilla: Francisco de Leefdael.
–No la sigamos, *q* el viento imita,
–para lograr sus aplausos. P 941-8

NO HAY CONTRA EL AMOR PODER. Juan Vélez de Guevara.

1002. N. 19. / Comedia Famosa. / NO HAY / CONTRA EL AMOR / PODER. / De Don Juan Velez De Guevara. A-E_2, 40pp.(-1). Barcelona:

Pedro Escuder.

—VIva Ludovico, viva
—perdonad las faltas todos. P 923-11

1002a. Another copy. P 977-15

NO HAY CONTRA EL HADO DEFENSA, Y DESTRUCCIÓN DE TEBAS. Marcelo Antonio de Ayala y Guzmán.

1003. N. 78. / Comedia Famosa. / NO HAY CONTRA EL HADO / DEFENSA, / Y DESTRUICION / DE TEBAS. / De D. Marcelo De Ayala Y Guzman. A-E_2, 40pp. Valencia: Viuda de Joseph de Orga, 1764.

—AY infeliz de aquella,
—alcance su Autor un vitor. P 931-5

NO HAY CONTRA EL HONOR PODER. Antonio Enríquez Gómez.

1004. Comedia Famosa. / NO AY CONTRA EL HONOR PODER. Ee-Ff_3(Gg_3), fols.223r-243r.

—Vuestra Alteza mire bien
—es titulo verdadero.

Comedias escogidas, 2, 10. Madrid: Imprenta Real for Antonio de Ribero, 1652. P 910-10

NO HAY CONTRA LEALTAD CAUTELAS. Francisco de Leiva Ramírez de Arellano.

1005. Num. 46. / Comedia Famosa / NO AY CONTRA LEALTAD / CAUTELAS. / De Don Francisco De Leyva. A-D_2 31pp.(-1). Salamanca: Santa Cruz.

—Estos son los memoriales:
—sin encargar la conciencia.

Sticker of Librería de (Manuel?) González, Madrid, pasted over printer data. P 985-16

1006. NO AY CONTRA LEALTAD CAVTELAS. / De Don Francisco de Leiva Ramirez de Arellano. L_2-N_2, fols.81v-98r. (*Comedias escogidas,* 40, 5. Madrid: Iulian de Paredes, 1675).

—Estos son los memoriales.
—sin encargar la conciencia. P 915-5

NO HAY CONTRA UN PADRE RAZÓN. Francisco de Leiva Ramírez de Arellano.

1007. Comedia Famosa / NO AY CONTRA VN PADRE RAZON / De Don Francisco De Leyva. A-E, 40pp.(-1). Salamanca: Eugenio Antonio García.

–Por aqui viene : en el quarto
–fin à vuestras plantas puesto. P 903-12

1008. Num. 61. / Comedia. Famosa. / NO AY CONTRA UN PADRE / RAZON. / De Don Francisco De Leyva. A-E_2, 40pp.(-1). Salamanca: Santa Cruz.

–POr aqui viene: en el quarto
–fin, à vuestras plantas puesto. P 908-6

1009. N. 200. / Comedia Famosa. / NO HAY CONTRA UN PADRE / RAZON. / De Don Francisco De Leyva. A-E, 38pp. Valencia: Joseph y Thomás de Orga, 1775.

–POR aqui viene: en el quarto
–fin, à vuestras plantas puesto. P 985-17

NO HAY COSA BUENA POR FUERZA. Anonymous.

1010. Comedia. / NO HAY COSA BUENA / POR FUERZA. / De Un Ingenio De Esta Corte. A-E, 36pp.(-1). Madrid: Manuel Quiroga, 1793. Modern s.

–QUe poca prisa te das!
–de las faltas que ha tenido. P 924-8

NO HAY COSA COMO CALLAR. Pedro Calderón de la Barca.

1011. Num. 277. / Comedia Famosa, / NO AY COSA / COMO CALLAR. / De Don Pedro Calderon De La Barca. A-E_2, (40pp.).

–SEñor, què melancolia,
–y assi, perdonad los nuestros. P 1054-11

1012. Comedia Famosa, / NO AY COSA COMO CALLAR. / Por D. Pedro Calderon. Dd_2-Ff_4, fols.210r-232v.

–Señor, que melancolia,
–perdonadnos, pues, los nuestros.

Comedias escogidas, 17, 11. Madrid: Melchor Sanchez for San Vicente, 1662. P 992-11

NO HAY DEUDA QUE NO SE PAGUE, Y CONVIDADO DE PIEDRA. Antonio de Zamora.

1013. N. 288. / Comedia Famosa. / NO HAY DEUDA / QUE NO SE PAGUE, / Y CONVIDADO / DE PIEDRA. / De Don Antonio De Zamora. A-F, 42pp. Valencia: Hermanos de Orga, 1792. Modern s.

—VItor el pasmo de Europa,
—razones para agradarte. P 954-18

NO HAY DICHA NI DESDICHA HASTA LA MUERTE.
Antonio Mira de Amescua.

1014. Comedia Famosa / NO AY DICHA, NI DESDICHA, / hasta la muerte. / de Don Francisco de Roxas. A-D_2, (32pp.).

—Pienso que al arma h*a* tocado.
—hasta la muerte. P 988-4

1014a. Another copy. P 991-10

1015. N. 228. / Comedia Famosa. / NO AY DICHA, / NI DESDICHA / HASTA LA MUERTE. / Del Doctor Mirademescua. A-D_2, (32pp.). Madrid: Antonio Sanz, 1748.

—PIenso que al arma han tocado.
—no ay dicha, ni desdicha hasta la muer- / (te. P 974-17

NO HAY EN AMOR FINEZA MÁS CONSTANTE QUE DEJAR POR AMOR SU MISMO AMANTE, LA NITETI. Francisco Mariano Nifo.

1016. N. 172. / Comedia Famosa. / NO HAY EN AMOR / FINEZA MAS CONSTANTE, / QUE DEXAR POR AMOR / SU MISMO AMANTE. / LA NITETI. / De Un Ingenio. A-D_2, 32pp. Valencia: Joseph y Thomás de Orga, 1772.

—CElèbre felice,
—horrores, sustos, y males.

After *La Nitteti,* by Metastasio (Pietro Trepassi). P 925-8

NO HAY MAL QUE POR BIEN NO VENGA, DON DOMINGO DE DON BLAS. Juan Ruiz de Alarcón y Mendoza.

1017. DON DOMINGO DE DON BLAS. / Comedia / Famosa. / De Don Juan De Alarcon. P-R_2, fols.103r-122v.

—La casa no puede ser
—esta verdadera historia.

Doze comedias las mas grandiosas . . ., item six. Lisboa: Pablo Craesbeeck for Iuan Leite Pereira, 1647. See item 616. P 968-3

1018. NO AY MAL QVE POR BIEN NO VENGA. / Comedia Famosa / De Don Ivan Rviz De Alarcon. K-M_4, fols.(73r)-93v.

–La casa no puede ser

–esta verdadera historia.

Comedias escogidas, 4, 4. Madrid: Imprenta Real for Diego Balbuena, 1653. P 991-4

1019. N. 216. / Comedia Famosa. / NO HAY MAL, / QUE POR BIEN NO VENGA, / DON DOMINGO / DE DON BLAS. / De Don Juan Ruiz De Alarcon. A-D_2, 32pp. Valencia: Joseph y Thomás de Orga, 1777.

–LA casa no puede ser

–esta verdadera historia. P 947-10

1019a. Another copy. P 1057-11

NO HAY MAL QUE POR BIEN NO VENGA, DON DOMINGO DE DON BLAS. Antonio de Zamora.

1020. N. 205* / Comedia Nueva / NO AY MAL, / QUE POR BIEN NO VENGA, / DON DOMINGO / DE DON BLAS. / De Don Antonio Zamora. A-E, 36pp. Madrid: Antonio Sanz, 1764.

–EL Christianissimo Augusto,

–viva, reyne, triunfe, y mande. P 976-6

NO HAY PEOR SORDO QUE EL QUE NO QUIERE OÍR. Gabriel Téllez (Tirso de Molina).

1021. "No hay peor sordo que el que no quiere oir. Comedia. Madrid, 1804." In missing volume. Possibly: N. 2, A-E_2, 38pp. Madrid: Librería de (Manuel?) González, 1804. See McKnight, item 1309. P 973-*r*

NO HAY RATO MEJOR QUE EL DE LA PLAZA MAYOR. Anonymous.

1022. Saynete, / Intitulado / *NO HAY RATO MEJOR* / QUE EL DE LA PLAZA MAYOR. / Representado En Los Teatros De Esta Corte: / Para Diez y Siete Personas. (a)-a_3, 12pp.(-1). Madrid: Manuel Quiroga, 1792. Modern s.

–No hay remedio, has de venir

–con vítores y palmadas.

With title page, in bound volume issued Madrid: Benito Cano; Manuel Quiroga, 1792. CS IIa-29

1022a. Identical printing, in bound volume issued Madrid: Benito García; Viuda de Quiroga, 1806. CS IIb-29

NO HAY SER PADRE SIENDO REY. Francisco de Rojas Zorrilla.

1023. NO AY SER PADRE SIENDO REY. / Comedia Famosa. / De Don Francisco De Roxas. A-D, (28pp.).
–Vna silla me llegad,
–prestarsele a buena cuenta.
Top margins badly cut. P 991-11

1024. NO AY SER PADRE SIENDO REY. / Comedia Famosa. / De Don Francisco De Roxas. A-D_2, (32pp.).
–Vna silla me llegad,
–prestarsele a buena cuenta.
Comedias escogidas, 6, 1. Zaragoza: Herederos de Pedro Lanaja for Robert Dupont, 1654 edition? P 988-9

1025. *N. 233. / Comedia Famosa. / NO AY SER PADRE / SIENDO REY. / De Don Francisco De Roxas. A-D, (28pp.). Madrid: Antonio Sanz, 1751.
–UNA silla me llegad:
–y aplausos à la Comedia. P 971-18

NO HAY VIDA COMO LA HONRA. Juan Pérez de Montalván.

1026. Comedia Famosa. / NO AY VIDA COMO LA HONRA / Del Doctor Ivan Perez De Montalvan. A-D_2, (32pp.).
–Què dezis [sic] de mi fortuna
–No ay Vida como la Honra. P 903-13

1027. NO AY VIDA COMO LA HONRA. / Comedia Famosa. / Del Doctor Iuan Perez de Montalvan. A-D_2, (32pp.).
–Què dizes de mi fortuna?
–No ay vida como la honra. P 998-11

1028. N. 8. / Comedia. / NO AY VIDA COMO LA HONRA. / Del Dr. Juan Perez De Montalvan. A-D, 30pp.(-1)+page of titles.
–Qué dices de mi fortuna?
–No hay Vida como la Honra. P 947-5

1029. NO AY VIDA COMO LA HONRA. / Comedia / Famosa. / Del

D. Iuan Perez De Montalvan. / Representola Salazar. S-V_2, fols.123r-142v.

—Que dizes de mi fortuna?

—No ay vida como la honra.

Doze comedias las mas grandiosas . . . , item seven. Lisboa: Pablo Craesbeeck for Iuan Leite Pereira, 1647. See item 616. P 984-27

NO PUEDE SER GUARDAR UNA MUJER. Agustín Moreto y Cabaña.

1030. La Gran Comedia / De NO PVEDE SER. / De Don Agvstin Moreto. A-E_2, (38pp.).

—Esso, señor es virtud,

—digan, que no puede ser. P 917-4

1031. Comedia. / NO PUEDE SER / GUARDAR UNA MUGER. / De Don Agustin Moreto. A-D_2, 32pp.(-1). Madrid: Librería de Quiroga. Modern s.

—ESo, señor, es virtud,

—digan, que no puede ser. P 906-12

1032. La Gran / Comedia / De NO PVEDE SER. / De Don Agvstin Moreto. A-C_4, 23fols.(-1).

—Esso señor es virtud,

—dig*a*: que no puede ser.

Comedias escogidas, 14, 1. Madrid: Domingo Garcia y Morràs for Domingo Palacio y Villegas, 1660. P 994-5

1033. Comedia Famosa. / De NO PVEDE SER. / De Don Agustin Moreto. M_2-O_4, pp.179-224. (*Comedias escogidas,* 41, 5. Pamplona: Ioseph del Espiritu Santo, undated but probably 1675 or 1676).

—Esto, señor, es virtud,

—digan, que no puede ser. P 909-5

1034. N. 239. / Comedia Famosa. / NO PUEDE SER / EL GUARDAR UNA MUGER. / De Don Agustin Moreto. A-D_2, 32pp. Valencia: Joseph y Thomás de Orga, 1781. Modern s.

—ESo, señor, es virtud,

—digan, que no puede ser. P 951-18

NO SE PIERDEN LAS FINEZAS. Andrés de Baeza.

1035. Comedia Famosa. / NO SE PIERDEN LAS / FINEZAS. / De

Don Andres De Baeza. Z-Bb_4, fols.177r-196v.

—Que hazes?

—no se pierden las finezas.

Comedias escogidas, 11, 10. Madrid: Gregorio Rodríguez for Iuan de S. Vicente, 1658. Last six lines, on fol.196v, are pasted over. P 996-11

NO SIEMPRE EL DESTINO VENCE SI EN SU IMPERIO AMOR DOMINA, Y PRÍNCIPES ENCUBIERTOS.

José Fernández de Bustamante.

1036. Comedia Nueva. / NO SIEMPRE EL DESTINO VENCE, / SI EN SU IMPERIO AMOR DOMINA, / Y PRINCIPES ENCUBIERTOS. / Por Don Joseph Fernandez De Bustamante. I_2-N_2, pp.67-100. Madrid: Francisco Xavier García, 1758.

—GUerreros timbales,

—si en su Imperio Amor domina.

Com. Bustamante, item three. Madrid: Francisco Xavier Garcia; Francisco Palacios, Juan de Morales, 1759. See item 39. P 907-11

NO SIEMPRE LO PEOR ES CIERTO. Pedro Calderón de la Barca.

1037. Comedia Famosa. / NVNCA LO PEOR ES CIERTO. / De Don Pedro Calderon. A-F, (44pp.).

—Diste el papel?

—perdonad yerros tan grandes. P 917-1

1038. Num. 117. / Comedia Famosa, / NO SIEMPRE / LO PEOR ES CIERTO, / Fiesta que se representò à sus Magestades en el Salòn / de su Real Palacio. / De Don Pedro Calderon De La Barca. A-E_2, (40pp.).

—DIste el papel?

—perdonad sus yerros grandes. P 1054-13

NO SON TODOS RUISEÑORES. Lope Félix de Vega Carpio.

1039. Num. 36. / NO SON TODOS RUYSENORES. / Comedia / Famosa, / De Don Pedro Calderon. A-D_2, 32pp.(-1). Sevilla: Francisco de Leefdael.

—Bella Ciudad.

—aunque estèn las plumas blancas. P 1054-14

NOCHE DÍA, LA. Antonio Cordido y Montenegro.

1040. (Cross patée) / LA NOCHE DIA. / Auto / Sacramental. / De Don Antonio Cordido y Montenegro. A-B, 12pp.(-1). Sevilla: Imprenta de la Vallestilla.

—Buena vá la Noche Buena,
—abala allà. P 978-7

1040a. Another copy. P 903-14

NON PLUS ULTRA, AMAR POR FUERZA DE ESTRELLA, Y UN PORTUGUÉS EN HUNGRÍA. Jacinto Cordero.

1041. Num. 26. / Comedia Famosa / NON PLVS VLTRA, / AMAR POR FVERZA / DE ESTRELLA / Y VN PORTVGVES / EN VNGRIA / Del Alferez Jacinto Cordero. A-D_2, 32pp.(-1). Sevilla: Joseph Padrino.

—Terrible es tu condicion
—y Português en Vngria. P 901-1

1042. Num. 264. / NON PLVS VLTRA. / AMAR POR FVERZA DE ESTRELLA, / Y UN PORTUGUES EN UNGRIA, / Comedia / Famosa / Del Alferez Jacinto Cordero. A-D_2, 32pp.(-1). Sevilla: Viuda de Francisco de Leefdael.

—Terrible es tu condicion!
—y Portugues en Vngria. P 968-13

NOVELERO, EL. Ramón de la Cruz.

1043. Saynete, / Intitulado / *EL NOVELERO,* / Representado En Los Teatros De Esta Corte. / Para Trece Personas. (a)-a_3, 12pp.(-1). Madrid: Manuel Quiroga, 1791. Modern s.

—¿Hay hombres en la Corte
—el indulto suplicamos.

With title page, in bound volume issued Madrid: Benito Cano; Manuel Quiroga, 1792. CS IIa-30

1043a. Identical printing, in bound volume issued Madrid: Benito García; Viuda de Quiroga, 1806. CS IIb-30

NOVIA BARBUDA, LA. *Entremés.*
See: *Fineza contra fineza.*

NOVIOS ESPANTADOS, LOS. Ramón de la Cruz.

1044. Saynete, / Intitulado / *LOS NOVIOS* / ESPANTADOS, / Representado En Los Teatros De Esta Corte: / Para Nueve Personas. (a)-a_3, 12pp.(-1). Madrid: Manuel Quiroga, 1792. Modern s.

–Lo ha puesto usted todo claro?

–se propague en toda España.

With title page, in bound volume issued Madrid: Benito Cano; Manuel Quiroga, 1792. CS IIa-31

1044a. Identical printing, in bound volume issued Madrid: Benito García; Viuda de Quiroga, 1806. CS IIb-31

NUERA MÁS LEAL, Y MEJOR ESPIGADERA, LA.
Gabriel Téllez (Tirso de Molina).

1045. Comedia Famosa. / LA NUERA MAS LEAL, / Y MEJOR ESPIGADERA. / Del Maestro Tirso De Molina. A-E_2, 40pp. Madrid: Theresa de Guzmán, Lonja de Comedias de la Puerta del Sol.

–HAsta quando ha de durar

–la mejor Espigadera.

1736 or 1737? P 1121-26?

1045a. Another copy? In missing volume. P 973-*s*

NUESTRA SEÑORA DE LA LUZ. Francisco Salgado.

1046. NVESTRA SENORA DE LA LVZ. / Comedia Famosa, / De Don Francisco Salgado. (Bb)-D(d), pp.(389)-(427), all other pages numbered. Modern s in ms portion.

–Suelta la presa, atreuido.

–Luz con que haga muchos versos. (ms).

Comedias escogidas, 29, 11. Madrid: Ioseph Fernandez de Buendia for Manuel Melendez, 1668. Last page ms. P 911-3

NUESTRA SEÑORA DE LA VICTORIA, Y RESTAURACIÓN DE MÁLAGA. Francisco de Leiva Ramírez de Arellano.

1047. Num. 150. / NUESTRA SENORA DE LA VICTORIA, / Y RESTAVRACION DE MALAGA. / Comedia / Famosa, / De Don Francisco De Leyba.A-D_2, 32pp.(-1). Sevilla: Francisco de Leefdael.

–Malaga. *Dormida Malaga.*

–sea disculpa de sus yerros. P 933-11

1048. Comedia Famosa, / NVESTRA SENORA / DE LA VITORIA, / Y RESTAVRACION DE MALAGA. / De Don Francisco De Leyba. F-H_2, pp.79-116. (*Comedias escogidas,* 43, 3. Madrid: Antonio Gonçalez de Reyes for Manuel Melendez, 1678).

–Malaga.

–sea disculpa de sus yerros. P 919-3

NUESTRA SEÑORA DEL PILAR.

Sebastián de Villaviciosa, Juan de Matos Fragoso, & Agustín Moreto y Cabaña.

1049. La Gran Comedia / De NVESTRA SENORA / DEL PILAR. / La primera jornada de Don Sebastian de Villaviciosa. / La segunda de D. Iuan de Matos. La tercera / de D. Agustin Moreto. V-Y_2, pp.350-392. (*Comedias escogidas,* 5, 8. Madrid: Pablo de Val for Iuan de S. Vicente, 1654 edition).

–no me importunes, Pasquin.

–deis mil vitores, y aplausos. P 918-8

NUEVA IRA DE DIOS, Y GRAN TAMORLÁN DE PERSIA, LA.

Luis Vélez de Guevara.

1050. La Famosa Comedia / De LA NVEVA IRA DE DIOS / Y GRAN TAMORLAN DE PERSIA. / De Lvis Velez De Gvevara. A-D_2, (32pp.).

–Que al fin te vas, bien mio?

–y gran Tamorlan de Persia. P 993-11

NUEVA MARAVILLA DE LA GRACIA, LA.

See: *Infeliz Aurora y fineza acreditada, La.*

NUEVA TROYA DE AMOR, LA. Anonymous.

1051. LA NUEVA / TROYA / DE AMOR. / Comedia Americana. A-E, 36pp. Sevilla: Joseph Padrino.

–Vengas en hora dichosa,

–La Nueva Troya de Amor. P 936-3

NULIDADES DEL AMOR. Tomás de Añorbe y Corregel.

1052. (Cross patée) / Comedia Famosa: / NULIDADES DEL AMOR: Para Casas Particulares. / Compuesta Por D. Thomas De Añorbe, Y Correjel, / Capellan del Real Monasterio de la Encarna- / cion de

Madrid: A-C_2, 24pp.(-1).

–Muere à mis manos, aleve.

–el perdon humilde, espera. P 976-3

1053. Num. 69. / Comedia Famosa. / NULIDADES / DEL AMOR. / De Don Thomàs De Añorbe Y Corregèl. A-C, 24pp.

–Muere à mis manos, aleve.

–el perdon humilde espera. P 937-2

1053a. Another copy. P 958-9

NUNCA LO PEOR ES CIERTO.

See: *No siempre lo peor es cierto.*

NUNCA MUCHO COSTÓ POCO, Y LOS PECHOS PRIVILEGIADOS.

Juan Ruiz de Alarcón y Mendoza.

1054. Comedia Famosa. / NUNCA MUCHO / COSTO POCO, / Y LOS PECHOS PRIVILEGIADOS. / De Don Juan Ruiz De Alarcon. A-E, 34pp.+page with *licencia,* etc. Madrid: Theresa de Guzmán, Lonja de Comedias de la Puerta del Sol. Modern s.

–FAmoso Melendo, Conde

–que el Auditorio perdone. P 958-4

1054a. Another copy. P 968-7

1054b. Another copy. P 1057-7

* * *

O EL FRAILE HA DE SER LADRÓN, O EL LADRÓN HA DE SER FRAILE. Felipe Godínez.

1055. Comedia Famosa. / O EL FRAYLE HA DE / SER LADRON, / O EL LADRON HA DE SER FRAYLE. / Del Doctor Felipe Godinez. A-D_2, 16fols.

–Luquesio en tr*a*ces t*a* fuertes,

–es muy hijo de Madrid. P 932-3

OBEDIENCIA LAUREADA, Y PRIMER CARLOS DE HUNGRÍA, LA.

Lope Félix de Vega Carpio.

1056. Comedia Famosa. / LA OBEDIENCIA LAUREADA, / Y PRIMER CARLOS / DE UNGRIA. / Del Fenix De Los Ingenios Lope De Vega. A-E, 36pp. Madrid: Theresa de Guzmán, Lonja de Comedias de la Puerta del Sol.

–Basta que lo diga yo.

–y el Primer Carlos de Ungria.

1735? P 972-23

OBISPO DE CROBIA, SAN ESTANISLAO, EL. Fernando de Zárate.

1057. La Gran Comedia / del Obispo de Crobia. / San Estanislao. / De Don Fernando de Zarate. (ms). Cc-Ee_2, fols.(198v)-218r. Modern s in ms portion.

–Nó diuerten los pensiles (ms).

–à que os combida el Poeta.

Comedias escogidas, 15, 10. Madrid: Melchor Sanchez for Iuan de San Vicente, 1661. First page ms. P 990-10

OBLIGACIÓN A LAS MUJERES, LA. Luis Vélez de Guevara.

1058. Comedia Famosa. / LA OBLIGACION A LAS MVGERES. Gg_4-Ii_4, fols.244r-263v.

–Acà Naranjo. *Fil.* No dexes.

–y perdonad nuestras faltas.

Comedias escogidas, 2, 11. Madrid: Imprenta Real for Antonio de Ribero, 1652. At headlines (recto): "de Luis Velez de Gueuara."

P 910-11

OBLIGADOS Y OFENDIDOS. Francisco de Rojas Zorrilla.

1059. OBLIGADOS, Y OFENDIDOS: / Comedia / Famosa / De Don Francisco De Roias. A-C_3(C_4?), 48pp. Sm. 4°

–Cierra essa puerta, Beatriz,

–si le merece el Autor. P 971-17

1060. OBLIGADOS Y OFENDIDOS. / Comedia Famosa / De D. Francisco De Roxas. A-D_2, (32pp.).

–Cierra essa puerta Beatris, [sic]

–si le merece el Autor. P 988-2

1061. OBLIGADOS, Y OFENDIDOS. / Comedia Famosa, / De Don Francisco De Roxas. A-E, (36pp.).

—Cierra essa puerta Beatriz,
—si le merece el Autor.
Comedias escogidas, 6, 5. Zaragoza: Herederos de Pedro Lanaja for Robert Dupont, 1654 edition? P 903-15

1061a. Another copy. P 998-2

OBLIGAR CON EL AGRAVIO. Francisco de Vitoria.

1062. OBLIGAR CON EL AGRAVIO. / Comedia Famosa / De Don Francisco De Vitoria. / Natural de Toro. D-G, fols.24v-49v.
—Tan amigo os preuenis,
—obligar con el agrauio.
Comedias escogidas, 4, 2. Madrid: Imprenta Real for Diego Balbuena, 1653. P 943-9

OBLIGAR CONTRA SU SANGRE. Antonio Mira de Amescua.

1063. OBLIGAR CONTRA SV SANGRE. / Comedia / Famosa. / Del Doctor Mira De Mesqva. A-D_4, (32pp.).
—Ya d. Lope de Estrada emos llegado
—castigo será el ser necio. P 996-8

1064. Num. 125. / OBLIGAR CONTRA SV SANGRE. / Comedia / Famosa, / Del Doctor Mira De Mesqva. A-D_2, 32pp.(-1). Sevilla: Francisco de Leefdael.
—Ya, D. Lope de Estrada, hemos
—castigo serà el ser necio.
Ms on first page: "En M[d] en La Lonja de Comedias a la puerta del Sol" (Madrid). P 974-18

1065. Num. 55. / Comedia Famosa. / OBLIGAR / CONTRA SU SANGRE. / Del Doctor Mira De Mesqua. A-D_2, 32pp.(-1). Sevilla: Manuel Nicolás Vázquez.
—YA, Don Lope de Estrada, he- / mos llegado
—castigo serà el ser necio. P 930-3

OBRAS SON AMORES, Y NO BUENAS RAZONES.
Diego Carvallo de Figueredo.

1066. N. 1. / OBRAS SON AMORES, / Y NO BUENAS RAZONES. / Comedia / De Lope De Vega Carpio. A-E, 34pp. Madrid: Librería de

Castillo, Librería de Sancha, Puesto de (Josef) Sánchez. Modern s.

—Quieres que acerquen el coche?

—para serviros compuesta.

1804. See comment to item 133. P 950-13

1066a. Another copy. P 972-24

1066b. Another copy. P 1120-4

OCASIÓN HACE AL LADRÓN, Y EL TRUEQUE DE LAS MALETAS. Juan de Matos Fragoso?

1067. Nu. 270. / Comedia Famosa. / LA OCASION / HAZE AL LADRON. / De Don Agustin Moreto. A-E, (36pp.).

—Llama, Crispin, a mi hermana,

—porqu^e vn Victoros [sic] merezca. P 906-8

1068. Num. 197. / Comedia Famosa. / LA OCASION / HACE AL LADRON. / De Don Agustin Moreto. A-D_2, (32pp.). Barcelona: Francisco Suriá y Burgada. Modern s.

—LLama, Crispin, á mi hermana.

—porque un vitor os merezca. P 951-8

1069. N. 45. / Comedia Famosa. / LA OCASION / HACE AL LADRON, / Y EL TRUEQUE / DE LAS MALETAS. / De Don Agustin Moreto. A-D_2, 32pp. Valencia: Viuda de Joseph de Orga, 1763.

—LLama, Crispin, à mi hermana.

—y el trueque de las Maletas. P 913-2

OFENDER CON LAS FINEZAS. Jerónimo de Villaizán y Garcés.

1070. OFENDER CON LAS FINEZAS. / Comedia Famosa / De Don Geronimo De Villaizan. (36pp.).

—No me aconsejes, Elvira

—Ofender con las finezas.

Bottoms badly cut, signatures lost; and, possibly, pagination. P 991-7

1071. N. 261. / Comedia Famosa. / OFENDER / CON LAS FINEZAS. / Del Lic. D. Geronimo De Villayzan. A-D_2, 32pp. Valencia: Joseph y Thomás de Orga, 1782.

—NO me aconsejes, Elvira.

—Ofender con las finezas. P 937-4

1071a. Another copy. P 969-15

OFENSA Y LA VENGANZA EN EL RETRATO, LA.
Juan Antonio de Mojica.

1072. Comedia Famosa, / LA OFENSA, Y LA VENGANZA / EN EL RETRATO. / Por D. Ivan Antonio De Mogica. Bb-Dd, fols.190v-209r.
–Atras al viento dexa.
–la Vengança en el Retrato.
Comedias escogidas, 17, 10. Madrid: Melchor Sanchez for San Vicente, 1662. P 992-7

1072a. Another copy, first page ms. P 991-3

OFENSOR DE SÍ MISMO, EL. Cristóbal de Monroy y Silva.

1073. N. 179. / Comedia Famosa. / EL OFENSOR DE SI MISMO. / De Don Christoval De Monroy. A-D, (28pp.). Barcelona: Juan Serra.
–FUese mi tio? *Inés.* Señora,
–el Ofensor de sí mismo. P 929-10

1073a. Another copy. P 970-11

OLIMPA Y VIRENO. Juan Pérez de Montalván.

1074. Num. 140. / Comedia Famosa. / OLIMPA, Y VIRENO. / De Don Juan Perez De Montalvan. A-D_2, (32pp.). Barcelona: Carlos Sapera y Pi, 1770.
–SI por vérme divertida
–à un Christiano, sin remedio. P 984-18

OLVIDAR POR QUERER BIEN. Agustín de Salazar y Torres.

1075. Auto Al Nacimiento / Del Hijo De Dios, / Intitulado: / OLVIDAR / POR QUERER BIEN. / De Don Agustin De Salazar. (A)-D, 27pp.(-1). Salamanca: Santa Cruz.
–MOntañas de Palestina,
–Perdonad sus muchos hierros.
Followed, p. 27, by *décimas:* "Al Lector," and "Al Autor." P 930-8

OPONERSE A LAS ESTRELLAS.
Juan de Matos Fragoso, Antonio Martínez de Meneses, & Agustín Moreto y Cabaña.

1076. La Gran Comedia / De OPONERSE / A LAS ESTRELLAS. / De D. Ivan De Matos, De D. / Antonio Martinez, Y D. / Agvstin Moreto. A-C_4, 47pp. (*Comedias escogidas,* 5, 1. Madrid: Pablo de Val for Iuan de S. Vicente, 1654 edition).

–Viua Egenio [sic] Rey de Grecia.

–la Comedia fin, y quito. P 918-1

1077. N. 48. / Comedia Famosa. / OPONERSE / A LAS ESTRELLAS. / De Don Juan De Matos Fragoso, / D. Antonio Martinez y D. Agustin Moreto. A-E, 36pp. Valencia: Viuda de Joseph de Orga, 1763.

–VIva Eugenio, Rey de Grecia.

–la Comedia fin, y quito. P 948-7

1077a. Another copy. P 986-16

ORIGEN DE NUESTRA SEÑORA DE LAS ANGUSTIAS, Y REBELIÓN DE LOS MORISCOS. Antonio de Fajardo y Acevedo.

1078. ORIGEN DE N. SENORA / DE LAS ANGVSTIAS, Y REVELION / DE LOS MORISCOS. / De Antonio Faxardo y Azevedo. Ff-Hh_3, fols.224r-244r. (*Comedias escogidas,* 40, 12. Madrid: Iulian de Paredes, 1675).

–Espiritus del abismo,

–la Patrona de Granada. P 915-12

ORIGEN DEL BIEN Y DEL MAL, Y TRABAJOS DE ADÁN Y EVA. Anonymous.

1079. N. 168. / Comedia Nueva. / ORIGEN DEL BIEN, / Y EL MAL, / Y TRABAJOS DE ADAN, Y EVA. / De Tres Ingenios. A-D_2, 32pp. Valencia: Joseph y Thomás de Orga, 1771.

–INgrata inteligencia

–Lidia naturaleza, &c. P 980-11

ORIGEN, PÉRDIDA, Y RESTAURACIÓN DE LA VIRGEN DEL SAGRARIO. Pedro Calderón de la Barca.

1080. Comedia Famosa, / ORIGEN, / PERDIDA, Y RESTAURACION / DE LA VIRGEN / DEL SAGRARIO. / De Don Pedro Calderon De La Barca. A-E_2, 20fols.

–Por acà. *Rey.* Vestiglo fiero,

–y la devocion le salve. P 1054-15

1081. Num. 18. / Comedia Famosa. / LA VIRGEN DEL SAGRARIO, / SU ORIGEN, PERDIDA, Y RESTAURACION. / De Don Pedro Calderon De La Barca. A-D_2, (32pp.). Barcelona: Francisco Suría y Burgada; Carlos Sapera, 1771.

–POR acá, por acá. *Rey.* Vestiglo fiero,
–y la devocion le salve. P 1055-20

OTELO, O EL MORO DE VENECIA. Teodoro de la Calle.

1082. Nº. 91. / OTELO, / O EL MORO DE VENECIA. / Tragedia En Cinco Actos, / Traducida Del Frances / Por / L. A. C. A. L. L. E. (1)-4, 28pp.(-1). Valencia: (Miguel) Domingo y (Ildefonso) Mompié, 1821. Modern s.

–Ilustres y gloriosos Senadores,
–te volveré á estrechar . . . muero. *Todos.* O desgracia! . . .

From Shakespeare, through Jean François Ducis' *Othello* (1792).
P 959-20

OVEJA CONTRA EL PASTOR, Y TIRANO BOLESLAO, LA.
Tomás de Añorbe y Corregel.

1083. (Cross patée) / Comedia Famosa. / LA OVEJA CONTRA EL PASTOR, / Y TYRANO BOLESLAO. / Su Autor / Don Thomas De Añorbe, Y Corregel, / Capellàn del Real Convento de la Encarnacion de Madrid. A-D_2, 32pp. (Madrid): Joseph Gómez Bot. Modern s.

–ARma, arma, guerra, guerra.
–es quien los và deshaciendo. P 931-2

1083a. Another copy. P 953-1

1084. N. 174. / Comedia Famosa. / LA OVEJA / CONTRA EL PASTOR, / Y TYRANO BOLESLAO. / De D. Thomas De Añorbe Y Corregel. A-D_2, 32pp. Madrid: Antonio Sanz, 1746.

–ARma, arma, guerra, guerra.
–es quien los và deshaciendo. P 958-10

* * *

PACA LA SALADA, Y MERIENDA DE HORTILLERAS.
Francisco Altés y Casals.

1085. Saynete, / Intitulado / *PACA LA SALADA,* / Y MERIENDA / DE HORTILLERAS, / Representado En Los Teatros De Esta Corte, / Para Ocho Personas. (a)-a_3, 12pp.(-1). Madrid: Manuel Quiroga, 1792. Modern s.

–Ellos son, no tengo duda;
–consigo perdon y aplauso.

With title page, in bound volume issued Madrid: Benito Cano; Manuel Quiroga, 1792. CS IIa-32

1085a. Identical printing, in bound volume issued Madrid: Benito García; Viuda de Quiroga, 1806. CS IIb-32

PADRE DE SU ENEMIGO, EL. Juan Bautista de Villegas.

1086. EL PADRE DE SU ENEMIGO. / Comedia / Famosa. / De Ivan De Villegas. A-C_2, 40pp.(-1).

–A essos arboles atad
–el Padre de su Enemigo.

Parte qvarenta y tres. De comedias de diferentes avtores. Zaragoça: Iuan de Ybar for Pedro Escuer, 1650. Item eleven. P 907-4

PAGARSE EN LA MISMA FLOR, Y BODA ENTRE DOS MARIDOS. Félix Moreno y Posuonel.

1087. Num. 129. / Comedia Famosa. / PAGARSE EN LA MISMA FLOR, / Y BODA ENTRE DOS MARIDOS. / Burlesca. / De Don Felix Moreno Y Posuonel. A-C_2, (24pp.). Barcelona: Francisco Suría y Burgada.

–AL llano, al monte, à la selva,
–perdonar las faltas della. P 931-6

PAJE PEDIGÜEÑO, EL. Anonymous.

1088. Saynete, / Intitulado / EL PAGE PEDIGUENO, / Representado En Los Teatros De Esta Corte, / Para Nueve Personas. (a)-a_2, 8pp.(-1). Madrid: Manuel Quiroga, Modern s.

–Viva, viva: se han portado
–de todos nuestros defectos.

With title page, in bound volume issued Madrid: Benito Cano; Manuel Quiroga, 1791. CS I-29

PAJES FINGIDOS, LOS. *Entremés.*
See: *Premios son venganzas de amor.*

PALABRA VENGADA, LA. Fernando de Zárate.

1089. Famosa. / Comedia / LA PALABRA VENGADA, / De Don Fernando De Zarate. Q_2-S_4, pp.243-(283). Modern s in ms portion.

—Qual hombre, que quiso bien,

—de la palabra vengada. (ms).

Comedias escogidas, 44, 7. Madrid: Roque Rico de Miranda for Iuan Martin Merinero, 1678. Last page ms. P 914-6

PALMERÍN DE OLIVA. Juan Pérez de Montalván.

1090. Num. 119. / PALMERIN DE OLIVA: / Comedia / Famosa, / Del Doct. Don Jvan Perez De Montalvan. A-D, 28pp.(-1). Sevilla: Viuda de Francisco de Leefdael.

—Dexame, Laurena. *Lau.* Espera.

—perdonad sus muchos yerros. P 984-19

PALOS DESEADOS, LOS. Juan Ignacio González del Castillo.

1091. N. 158. / Saynete Nuevo. / LOS PALOS DESEADOS. 8pp.(-1). Valencia: (Miguel) Domingo y (Ildefonso) Mompié, 1819. Modern s.

—Anda sobrina, y no vayas.

—perdonad las faltas nuestras. P 979-21

PAMELA, LA. Anonymous.

1092. N. 104. / Comedia / En Prosa. / LA PAMELA. / Compuesta En Italiano Por El Señor Goldoni. / Y Traducida Al Idioma Castellano. A-E_2, 40pp. Barcelona: Carlos Gibert y Tutó.

—PAmela, ¿qué te aflige que asi llo- / ras?

—gloriosamente triunfadora.

From Carlo Goldoni's *Pamela fanciulla.* See item 184 for another version. P 953-12

PARA CON TODOS HERMANOS, Y AMANTES PARA NOSOTROS, DON FLORISEL DE NIQUEA. Juan Pérez de Montalván.

1093. N. 195. / Comedia Famosa. / PARA CON TODOS HERMANOS, / Y AMANTES PARA NOSOTROS, / DON FLORISEL DE NIQUEA. / Del Doctor Juan Perez De Montalvan. A-D_2, (32pp.). Madrid: Antonio Sanz, 1744.

—NO has de passar adelante,

—del numen que la compone. P 984-9

PARA CONQUISTAR DESPRECIOS, MÁS PUEDEN CELOS QUE AMOR. Anonymous.

1094. PARA CONQUISTAR / DESPRECIOS, / MAS PUEDEN ZELOS, / QUE AMOR. / Comedia Americana. A-D_2, 32pp.(-1). Sevilla: Joseph Padrino.
—No has oido en la Galeria
—el perdon de los defectos. P 936-11

PARA HERIDAS, LAS DE HONOR, O EL DESAGRAVIO DEL CID. Rafael Gálvez Amandi.

1095. PARA HERIDAS LAS DE HONOR / O / EL DESAGRAVIO DEL CID, / Drama Historico En Cinco Actos Y En Verso, / Por / D. Rafael Galvez Amandi. / Representado con aplauso en el teatro del Principe. (1)-(5):, 77pp.(-1). Madrid: Viuda de R. J. Domínguez, 1849. Modern s.
—Hay en la vida ocasiones
—mas terrible que una afrenta. P 955-5

PARA VENCER A AMOR QUERER VENCERLE. Pedro Calderón de la Barca.

1096. Num. 72. / Comedia Famosa. / PARA VENCER / A AMOR / QUERER VENCERLE. / De Don Pedro Calderon De La Barca. A-E, (36pp.). Barcelona: Francisco Suriá y Burgada; Carlos Sapera. (1771?).
—CLaras luces, rosas bellas,
—perdon, à esas plantas siempre. P 1054-16

PARECIDO EN LA CORTE, EL. Agustín Moreto y Cabaña.

1097. N. 127. / Comedia Famosa. / EL PARECIDO / EN LA CORTE. / De Don Agustin Moreto. A-D_2, 32pp. Valencia: Viuda de Joseph de Orga, 1768.
—NO vì muger mas hermosa.
—fin dichoso el Parecido. P 951-11

1097a. Another copy, later printing: modern accent and s. P 906-9

1097b. Another copy of 1097a. P 949-8

1097c. Another copy of 1097a. P 959-12

PASIÓN VENCIDA DE AFECTO. Juan Bautista Diamante.

1098. Num. 9. / PASSION VENCIDA DE AFECTO. / Comedia Famosa, / De Don Ivan Bavtista Diamante. A-D_2, (32pp.).

–Iusto es, Principes [sic] de Tracia,

–humilde se sa crisica [sic]. P 982-12

1099. La Gran / Comedia, / PASSION VENCIDA DE AFECTO. / Fiesta que se representò à su Magestad. / De Don Juan Bautista Diamante. K-M, pp.85(129)-164. Madrid: Francisco Manuel de Mena.

–Justo es, Principe de Trancia [sic],

–humilde se sacrifica.

Ameno jardin, item eight. Madrid, 1734. See item 389. P 901-17

PASTELERO DE MADRIGAL, EL. Jerónimo de Cuéllar.

1100. N. 102. / Comedia Famosa. / EL PASTELERO / DE MADRIGAL. / De Un Ingenio. Valencia: Viuda de Joseph de Orga, 1765. Modern s.

–VIva nuestro Pastelero,

–que es Historia verdadera. P 927-3

1100a. Another copy. P 956-8

1100b. Another copy. P 961-7

1100c. Another copy. P 1121-14?

1100d. Another copy. Sticker of Librería y Puesto de Cuesta (Madrid) pasted over printer data. P 967-9

PASTOR FIDO, EL. Antonio de Solís y Rivadeneyra, Luis Antonio Coello y Ochoa, & Pedro Calderón de la Barca.

1101. *N. 100. / Comedia Famosa. / EL PASTOR FIDO. / La Jornada primera es de Don Antonio Solìs; la segunda / de Don Antonio Coello; y la tercera de Don Pedro / Calderòn. A-F, (44pp.). Madrid: Antonio Sanz, 1751.

–PIedad, Cielos, piedad, *q* ya no puedo.

–aqui tenga fin dichoso. P 981-18

PASTOR MÁS PERSEGUIDO, Y FINEZAS DE RAQUEL, EL.
Cristóbal de Monroy y Silva.

1102. N. 66. / Comedia Famosa. / EL PASTOR / MAS PERSEGUIDO, / Y FINEZAS / DE RAQUEL. / De D. Christoval De Monroy Y Silva. A-D_2, 28pp. Valencia: Viuda de Joseph de Orga, 1764. Modern s.
–MOntañas de Palestina,
–disculpas, que aplausos no. P 929-9

PATRÓN DE SALAMANCA, SAN JUAN DE SAHAGÚN, CON MONROYES Y MANZANOS, EL. Juan de Vera Tassis y Villarroel.

1103. EL PATRON / DE SALAMANCA, / S. IVAN DE SAHAGVN. / CON MONROYES, Y MANZANOS. / Comedia Famosa. / De Don Ivan De Vera Y Villarroel. I-L_3, fols.61r-83v. (*Comedias escogidas,* 46, 4. Madrid: Francisco Sanz, 1679).
–No desmaye vuestro alieto,
–pero este es el primer buelo. P 1000-12

PATRONA DE MADRID, NUESTRA SEÑORA DE ATOCHA, LA.
Francisco de Rojas Zorrilla.

1104. Num. 13. / Comedia Famosa. / LA PATRONA DE MADRID. / NVESTRA SENORA / DE ATOCHA. / En Lengua Antigua. / De Don Francisco De Roxas. A-F_2, 47pp.(-1)+colophon on p.48. Barcelona: Pedro Escuder; Madrid: Antonio del Castillo.
–HAzed alto en el llano des- / sa falda
–el vuesso perdon, è aplauso. P 971-19

PAYO DE LA CARTA, EL. Juan Ignacio González del Castillo.

1105. 117. / Saynete Nuevo / EL PAYO / DE LA CARTA. / Por *$_*$* / Para Siete Personas. 8pp.(-1). Madrid: Librería de (Manuel?) González. Modern s.
–Don Antonio, amigo mio,
–perdonad las faltas nuestras.
With title page. P 979-22

1106. Saynete Nuevo / Intitulado / EL PAYO DE LA CARTA. / Por ... ... / Para Siete Personas. 8pp.(-1). Sevilla: Hidalgo y Compañía, 1847. Modern s.
–Don Antonio, amigo mio,

—perdonad las faltas nuestras.
With title page. P 1353-6

PAYOS ASTUTOS, LOS. Anonymous.

1107. Saynete, / Intitulado / LOS PAYOS ASTUTOS, / Representado En Los Teatros De Esta Corte. / Para Seis Personas. (a)-A_3, 12pp.(-1). Madrid: Manuel de Quiroga.

—Sígueme muy queitito [sic].
—de gracia, perdon, y aplauso.

Paz y Melia (I, p.2779) gives first and last lines as: "Sígueme muy quedito / perdón de defectos tantos." With title page, in bound volume issued Madrid: Benito Cano; Manuel Quiroga, 1791. CS I-30

PAYOS HECHIZADOS, JUANITO Y JUANITA, LOS.
Ramón de la Cruz.

1108. Saynete, / Intitulado / *LOS PAYOS HECHIZADOS,* / JUANITO, Y JUANITA, / Representado En Los Teatros De Esta Corte. / Para Seis Personas. A-A_2, 12pp.(-1). Madrid: Manuel Quiroga, 1791. Modern s.

—Al sonsonito
—logre perdon de sus yerros.

With title page, in bound volume issued Madrid: Benito Cano; Manuel Quiroga, 1792. CS IIa-33

1108a. Identical printing, in bound volume issued Madrid: Benito García; Viuda de Quiroga, 1806. CS IIb-33

PAZ DE ARTAJERJES CON GRECIA. Antonio Bazo.

1109. Comedia Nueva, / Intitulada: / PAZ DE ARTAXERXES / CON GRECIA: / Su Autor Don Antonio Bazo, A-F, 44pp.(-1). Madrid: Francisco Xavier García; Hypolito Rodríguez, 1763.

—PUes sobre Persia, y Grecia
—por quien os quiere agradar. P 978-1

1110. N. 88. / Comedia Famosa. / PAZ DE ARTAXERXES / CON GRECIA. / De Don Antonio Bazo. A-E, 36pp. Valencia: Viuda de Joseph de Orga, 1765.

—PUes sobre Persia, y Grecia
—por quien os quiere agradar. P 907-10

PEDIR FAVOR AL CONTRARIO. Daniel Leví de Barrios.

1111. Plieg. 4. y medio. Num. 30. / PEDIR FAVOR AL CONTRARIO. / Comedia / Famosa. / De Don Migvel de Barrios. A-E, 36pp. Sevilla: Diego López de Haro.
–No temes ser conocida?
–pedir favor al contrario. P 914-5

PEDIR JUSTICIA AL CULPADO. Antonio Martínez de Meneses.

1112. PEDIR IVSTICIA AL CVLPADO. / Comedia Famosa. / De Don Antonio Martinez. A-D_2, 16fols.(-1).
–Siendo quien eres, el Rey,
–merecen verse logrados.
Comedias escogidas, 16, 1. Madrid: Melchor Sanchez for Mateo de la Bastida, 1662. P 911-10

1112a. Another copy. P 963-4

PEDRO DE URDEMALAS. Anonymous.

1113. *N. 239. / Comedia Famosa. / PEDRO / DE URDIMALAS. / De Un Ingenio De Esta Corte. A-E, (36pp.). Madrid: Antonio Sanz, 1750.
–HAS jugado?
–Tengan fin con vuestro aplauso.
According to McKnight (item 1407): "has been attributed to Montalván, Diamante, Cañizares, Cervantes, and to Lope de Vega." P 930-7

1113a. Another copy. P 967-10

PEDRO EL GRANDE, CZAR DE MOSCOVIA.
Luciano Francisco Comella.

1114. Núm. 127. / PEDRO EL GRANDE / CZAR DE MOSCOVIA. / Drama En Tres Actos / Por Don Luciano Francisco Comella. A-D_2, 32pp.(-1). Barcelona: Juan Francisco Piferrer; Juan Sellent. Modern s.
–No entreis Señor.
–de tan digno soberano. P 954-8

PELEAR HASTA MORIR. Pedro Rosete Niño.

1115. Comedia Famosa. / PELEAR HASTA / MORIR. / De Don Pedro

Rosete Niño. (Y)-Z_4, pp.328-367.

–Esta es la carta. *Rey.* Gran dia.

–os pide perdon feliz.

Comedias escogidas, 32, 10. Madrid: Andres Garcia de la Iglesia for Francisco Serrano de Figueroa, 1669. P 933-3

PELIGRAR EN LOS REMEDIOS. Francisco de Rojas Zorrilla.

1116. PELIGRAR EN LOS REMEDIOS, / Comedia Famosa, / De Don Francisco de Roxas. A-E_2, (40pp.).

–Dexa esse llanto Violante

–los que escrivan la Comedia. P 998-4

PELIGRO EN LA AMISTAD, EL. Cristóbal de Morales.

1117. EL PELIGRO EN LA AMISTAD. / Comedia / Famosa. / De Don Christoval De Morales. A-D_2, 28pp.

–Gracias a Dios, que besar

–perdonandole las faltas.

Second and third pages missing. P 939-11

PEÑA DE FRANCIA, Y TRAICIÓN DESCUBIERTA, LA.
Gabriel Téllez (Tirso de Molina).

1118. Comedia Famosa. / LA PENA DE FRANCIA, / Y TRAICION DESCUBIERTA. / Del Maestro Tirso De Molina. A-E_2, 39pp.+*licencia,* etc., on p.40. Madrid: Theresa de Guzmán, Lonja de Comedias de la Puerta del Sol.

–DOS años, sobrino, havrà,

–ỳ esta la Peña de Francia.

1736? P 1120-11

1118a. Another copy? In missing volume. P 973-*t*

PEOR ESTÁ QUE ESTABA. Pedro Calderón de la Barca.

1119. Num. 260. / Comedia Famosa, / PEOR ESTA, / QUE ESTABA. / De Don Pedro Calderon / de la Barca. A-E_2, 20fols.(-1).

–Mucho à sentir he llegado

–pues se pone`à vuestros pies. P 1054-17

PERDERSE POR NO PERDERSE. Alvaro Cubillo de Aragón.

1120. Num. 250. / PERDERSE POR NO PERDERSE. / Comedia Famosa, / De Don Alvaro Cvbillo. A-D_2, 32pp.(-1). Sevilla: Francisco de Leefdael.

—Dame essos papeles. *Merl.* Toma,
—Perderse por no Perderse. P 901-9

1121. Comedia famosa / Perderse por no perderse. / de Don Aluaro Cubillo. (ms). Aa-Cc_4, fols.190v-214v. Mixed modern and long s in ms portion.

—Dame essos papeles. (ms).
—perderse por no perderse.

Ink stamp of Libraria Colonna. *Comedias escogidas,* 8, 9. Madrid: Andres Garcia de la Iglesia for Iuan de San Vicente, 1657. First page ms. P 994-12

1122. N. 252. / Comedia Famosa. / PERDERSE / POR NO PERDERSE. / De Alvaro Cubillo De Aragon. A-F, 38pp. Valencia: Joseph y Thomás de Orga, 1781.

—DAme essos papeles.
—perderse por no perderse. P 902-6

1122a. Another copy. P 946-10

PERFECTA CASADA, PRUDENTE, SABIA, Y HONRADA, LA.
Alvaro Cubillo de Aragón.

1123. Num. 136. / Comedia Famosa. / LA PERFECTA / CASADA, / POR OTRO NOMBRE, / PRUDENTE, SABIA, / Y HONRADA. / De Don Alvaro Cubillo. A-C_2, 24pp.(-1). Sevilla: Joseph Padrino.

—Este es, señor, mi cuidado,
—en el perdon de sus yerros. P 902-7

1124. Comedia Famosa. / Prudente, Sauia, y Honrada. / de Alvaro Cubillo. (ms). R_3-T, fols.130v-145v. Modern s in ms portion.

—Esto es Señor, mi cuidado (ms).
—perdonad faltas, y yerros.

Comedias escogidas, 12, 7. Madrid: A(n)dres Garcia de la Iglesia for Iuan de S. Vicente, 1658. First page ms. P 994-11

1125. Num. 175. / Comedia Famosa. / LA PERFECTA / CASADA, / PRUDENTE, / SABIA, Y HONRADA, / De Alvaro Cubillo De Aragon. A-D, 28pp. (Madrid): Antonio Sanz, 1746.

–ESTE es, señor, mi cuidado,
–perdonad faltas, y yerros. P 901-10

PERICO, EL DE LOS PALOTES. Anonymous.

1126. Comedia Famosa, / PERICO / EL DE LOS PALOTES. / De Tres Ingenios. P-Q_4, fols.110v-128v. (*Comedias escogidas,* 46, 6. Madrid: Francisco Sanz, 1679).
–Alçò el cerco Celin, y Barba Roja,
–tengamos por justo premio. P 1000-14

PERICO EL EMPEDRADOR, O LOS CIEGOS HIPÓCRITAS Y EMBUSTEROS. Anonymous.

1127. Saynete, / Intitulado / PERICO EL EMPEDRADOR, / O LOS CIEGOS HIPOCRITAS Y EMBUSTEROS, / Representado En Los Teatros De Esta Corte. / Para Seis Personas. (a)-a_3, 12pp.(-1). Madrid: Manuel Quiroga. Modern s.
–Ya es mas de la media tarde,
–aplauso y perdon logremos.
With title page, in bound volume issued Madrid: Benito Cano; Manuel Quiroga, 1791. CS I-31

1128. 81. / Saynete Nuevo. / Intitulado / PERICO EL EMPEDRADOR, / O LOS CIEGOS HIPOCRITAS Y EMBUSTEROS. / Representado En Los Teatros De Esta Corte. / Para Seis Personas. 12pp.(-1). Valencia: José Ferrer de Orga y compañía; José Carlos Navarro, 1811. Modern s.
–Ya es mas de la media tarde,
–aplauso y perdon logremos.
With title page. P 979-23

PERLA DE INGLATERRA Y PEREGRINA DE HUNGRÍA, LA. Anonymous.

1129. Num. 63. / Comedia Famosa. / LA PERLA / DE INGLATERRA, / Y PEREGRINA / DE UNGRIA. / De Un Ingenio De Salamanca. A-E_2, (40pp.). Madrid: Antonio Sanz, 1737.
–VIvan los Reyes de Ungria,
–perdonad aora las faltas. P 939-5

1130. N. 230. / Comedia Famosa. / LA PERLA / DE INGLATERRA, /

Y PEREGRINA DE UNGRIA. / De Un Ingenio. A-D_2, 32pp. Valencia: Hermanos de Orga, 1780. Modern s.

–VIvan los Reyes de Ungría,

–perdonad ahora las faltas. P 944-7

PERLA DEL SACRAMENTO, LA. Francisco de Acevedo?

1131. LA PERLA / DEL / SACRAMENTO. / Comedia Americana. A-E, 36pp. Sevilla: Joseph Padrino.

–El Emperador Carlos Quinto, cuyas glorias

–el Soberano Rocio. P 936-10

1131a. Another copy. P 953-3

PERLÁTICO FINGIDO, EL. Anonymous.

1132. Saynete, / Intitulado / EL PERLATICO / FINGIDO: / Representado En Los Teatros De Esta Corte: / Para Nueve Personas. (a)-a_3, 10pp.(-1)+2pp. of titles. Madrid: Manuel Quiroga, 1792. Modern s.

–Todo el barrio está en silencio,

–el perdon de sus defectos.

With title page. P 979-24

1132a. Another printing, identical save with first line of title in italics, in bound volume issued Madrid: Benito Cano; Manuel Quiroga, 1792.
CS IIa-34

1132b. Another copy of 1132a, in bound volume issued Madrid: Benito García; Viuda de Quiroga, 1806. CS IIb-34

PERRO DEL HORTELANO, EL. Lope Félix de Vega Carpio.

1133. Comedia Famosa. / LA CONDESA / DE BELFLOR. / De Don Agustin Moreto. A-D_2, 31pp. Barcelona: Pedro Escuder.

–Huye Tristan por qui [sic].

–fin la famosa Comedia. P 903-6

1134. N. 6. / EL PERRO DEL HORTELANO. / Comedia / De Lope De Vega Carpio. (Aa)-Dd_2, pp.165-196. Madrid: Librería de Castillo, Librería de Sancha, Puesto de (Josef) Sánchez. Modern s.

–Huye, Tristan, por aquí

–fin la famosa comedia.

1804. See comment to item 133. P 974-2

PICARILLO EN ESPAÑA, EL. José de Cañizares.

1135. N. 59. / Comedia Famosa. / EL PICARILLO / EN ESPANA. / De Don Joseph De Cañizares. A-D_2, 32pp. Valencia: Viuda de Joseph de Orga, 1763. Modern s.

–VIva el Rey. *Otros.* La libertad
–siendo señor de la gran Canaria. P 920-18

1135a. Another printing: Señor for señor. P 946-1

PICO Y CANENTE. Luis de Ulloa y Pereyra & Rodrigo Dávila Ponce de León.

1136. Comedia / Famosa, / FABVLA DE PICO, / Y CANENTE. Fiesta / Qve La Se- / renissima Infanta / Doña Maria Teresa / de Austria mandò hazer, en celebracion de la salud de la Reyna nues- / tra Señora Doña Mariana / de Austria. / Execvtose / En El Sa- / lon Del Palacio / De El Bven Retiro, / Y Despves En Sv / Coliseo. A-H_2, 32 fols.(-1). (Madrid): Juan (de) Valdés.

–Alcançaràsle si igualas
–digo que viua.

With title page. Preceded, fols.1v-3v, by: "Loa Para La Comedia / de PICO, Y CANENTE."

–Esperando estàn la Rosa,
–se quexa el Libro.

Between Acts I and II, fols.11v-13v: "Entremes De LOS / BOLATINES."

–Amigas mias, dexadme
–Vèle aqui, quedense vstedes / con Dios.

Between Acts II and III, fols21r-23r: "Entremes / De IVAN RANA / POETA."

–Iuan Rana, que teneis, que embelesado
–Haziendo vna reuerencia.

Loa and "Entremés de Juan Rana, poeta" are by Antonio de Solís; the "Entremés de los volatines" is anonymous, according to La Barrera.
P 921-2

PIEDAD DE UN HIJO VENCE LA IMPIEDAD DE UN PADRE, Y REAL JURA DE ARTAJERJES, LA. Antonio Bazo.

1137. N. 87. / Comedia Famosa. / LA PIEDAD DE UN HIJO / VENCE LA IMPIEDAD / DE UN PADRE, / Y REAL JURA / DE ARTA-XERXES. / De Don Antonio Bazo. A-E, 38pp. Valencia: Viuda de Joseph de Orga, 1765.
–SUpuesto que ya la Aurora
–en el mundo entero. P 940-1

PIEDRA FILOSOFAL, LA. Francisco Antonio de Bances Candamo.

1138. 184. / Comedia Famosa, / LA PIEDRA / FILOSOFAL. / De Don Francisco Bances Candamo. A-E_2, (40pp.).
–A la deidad invencible,
–de que el perdon os pedimos. P 923-2

1139. Num. (182?). / Comedia Famosa. / LA PIEDRA / FILOSOFAL. / De D. Francisco Vances Candamo. A-(E_2), (40pp.).
–A la deidad invencible,
–la Piedra Filosofal, (inc.)
Number illegible. Margins badly cut. Last line lost, should be: "de que el perdon os pedimos." P 983-11

PINTOR DE SU DESHONRA, EL. Pedro Calderón de la Barca.

1140. Num. 26. / La Gran Comedia. / EL PINTOR / DE SU DESHONRA. / De Don Pedro Calderon De La Barca. A-D_2, 32pp.(-1). Sevilla: (Manuel) Nicolás Vázquez.
–OTra vez, Don Juan, me dad,
–perdonad yerros tan grandes. P 1054-19

PINTOR FINGIDO, EL. Vicente Rodríguez de Arellano.

1141. Núm. 13. / Comedia Nueva, / En Tres Actos. / EL PINTOR FINGIDO, / Por / D. Vicente Rodriguez Arellano. / Representada / Por / La Compañía De Luis Navarro. (A)-D, 28pp.(-1). Valencia: Miguel Domingo, 1815. Modern s.
–Sin quitarme las espuelas
–Y disimulad sus yerros.
With title page. P 960-7

PLAGA DEL TIEMPO, LA. Anonymous.

1142. Saynete Nuevo / Intitulado / LA PLAGA / DEL TIEMPO. / Para

Cinco Personas. 8pp.(-1). Barcelona: Pablo Nadal. Modern s.

– ¡Ay infelice de mí,

–el perdon de nuestras faltas.

With title page. P 1353-12

PLATERO DEL CIELO, EL. Antonio Martínez de Meneses.

1143. EL PLATERO DEL CIELO. / Comedia Famosa / De Don Antonio Martinez. O_3-Q_4, pp.(211)-246.

–El bien que tu amor me haze,

–fin del Platero del cielo.

Comedias escogidas, 21, 6. Madrid: Ioseph Fernandez de Buendia for Agustin Verges, 1663. P 963-8

PLAYA DE SANLÚCAR, LA. Bartolomé Cortés.

1144. Comedia Famosa De / LA PLAYA DE SANLVCAR. / De Bartolomè Cortès. Cc-Ee4, fols.200r-223v. (*Comedias escogidas,* 40, 11. Madrid: Iulian de Paredes, 1675).

–Bie claro mostrais Lupercio

–que huviereis hallado en ella. P 915-11

PLEITO DE HERNÁN CORTÉS CON PÁNFILO DE NARVÁEZ, EL. José de Cañizares.

1145. N. 79. / Comedia Famosa. / EL PLEYTO / DE HERNAN CORTES / CON PANFILO / DE NARVAEZ. / De Don Joseph De Cañizares. A-D_2, 32pp. Madrid: Antonio Sanz, 1762.

–PUes en mì servirte es ley,

–perdoneis al que lo escribe. P 920-19

PLEITO DEL DEMONIO CON LA VIRGEN, EL. Anonymous.

1146. EL PLEYTO DEL DEMONIO / CON LA VIRGEN. / Comedia Famosa. / De Tres Ingenios. (A-D_2), (32pp.).

–En vna duda cruel

–perdonad a tres ingenios.

Bottom margins badly cut. Signatures lost. P 965-7

1147. Num. c[sic] / Comedia Famosa. / EL PLEYTO / DEL DEMONIO / CON LA VIRGEN. / De Tres Ingenios. A-D_2, (32pp.).

–En vna duda cruel

—perdonad à tres ingenios.
Number lost in cutting of right margin. P 942-8

PLEITO DEL PASTOR, EL. Ramón de la Cruz.

1148. Saynete, / Intitulado / EL PLEYTO DEL PASTOR / Representado En Los Teatros De Esta Corte. / Para Diez Personas. (a)-a_3, 12pp.(-1). Madrid: Manuel Quiroga. Modern s.

—«Las Mozas á su Ama
—si ha gustado el pasatiempo.

With title page, in bound volume issued Madrid: Benito Cano; Manuel Quiroga, 1791. CS I-32

PLUMA, PÚRPURA, Y ESPADA, SÓLO EN CISNEROS SE HALLA, Y RESTAURACIÓN DE ORÁN. Juan Bautista Diamante & Pedro Francisco de Lanini y Sagredo.

1149. *N. 241. / Comedia Famosa. / PLUMA, PURPURA, Y ESPADA, / SOLO EN CISNEROS SE HALLA, / Y RESTAURACION / DE ORAN. / De Un Ingenio De Esta Corte. A-E, 36pp. Madrid: Antonio Sanz, 1759.

—MUera, amigos, quien se atreve
—perdon de sus muchas faltas. P 922-4

POBREZA, AMOR, Y FORTUNA.
Diego & José de Figueroa y Córdoba.

1150. Num. 195. / Comedia Famosa. / POBREZA, AMOR, / Y FORTUNA. / De D. Diego, Y D. Joseph De Figueroa Y Cordoba. A-D, 28pp.(-1).

—Tapate, Inés, que no quiero
—perdonad los yerros mios. P 985-10

1151. N. 262. / Comedia Famosa. / POBREZA, / AMOR Y FORTUNA. / De D. Diego, Y D. Joseph De Figueroa. A-D_2, 34pp. Valencia: Joseph y Thomás de Orga, 1782.

—TApate, Inès, que no quiero
—perdonad los yerros mios. P 941-7

POCO APROVECHAN AVISOS CUANDO HAY MALA INCLINACIÓN. Juan de Matos Fragoso.

1152. Comedia Famosa, / POCO APROVECHAN / Auisos, quando ay mala inclinacion. / De D. Ivan De Matos Fregoso. M-O_4, fols.87v-108r.

—Tu conmigo? *Infant.* Soy tu hermano,

—dadle al Poeta perdon.

Comedias escogidas, 14, 5. Madrid: Domingo Garcia y Morràs for Domingo Palacio y Villegas, 1660. P 943-6

1153. *N. 200. / Comedia Famosa. / POCO APROVECHAN AVISOS, / QUANDO AY MALA INCLINACION. / De Don Juan De Matos Fregoso. A-D_2, (32pp.). Madrid: Antonio Sanz, 1746.

—TU conmigo? *Inf.* Soy tu hermano,

—dadle al Poeta perdon. P 986-17

PODER DE LA RAZÓN, EL. Tomás de Añorbe y Corregel.

1154. (Cross patée) / Comedia Nueva. / EL PODER / DE LA RAZON. / Compuesta Por Don Thomas / de Añorbe y Corregèl, Capellan del Real Monasterio / de la Encarnacion de esta Corte. A-D_2, 32pp.

—Mia serà esta Corona,

—*Hominibus est errare.*

At top of first page is ms note: "Fábula disparatada." P 958-11

1154a. Another copy. P 976-4

POETA DE BAILES Y EL LETRADO, BAILE DEL. *Parte Segunda.* Luis Quiñones de Benavente.

1155. Segunda Parte / Del BAYLE DEL POETA DE BAYLES / Y EL LETRADO / De Benavente. (2pp.).

—Como son mis letras vnas

—Del Bayle exemplo tomad.

See item 232 for another edition. P 903-2

POLIFEMO, EL. Juan Pérez de Montalván.

1156. Num. 257. / Comedia Famosa / Sacramental. / EL POLIFEMO. / Del Doctor Juan Perez De Montalvan. A-B_2, (16pp.). Barcelona: Juan Serra.

—VAlientes Ciclopes mios,

—el perdon que ella tuviere. P 984-20

POLÍTICA DE AMOR, LA. Matías Janer y Perarnau.

1157. Num. 2. / Comedia Famosa, / LA POLITICA DE AMOR. / De Mathias Janer Y Perarnau. A-G, 52pp.

–VEnid, venid de Venus
–ser su tiro crisol de corazones. P 916-8

1157a. Another copy. P 953-13

PONERSE HÁBITO SIN PRUEBAS, Y GUAPO JULIÁN ROMERO.
José de Cañizares.

1158. N. 134. / Comedia Famosa. / PONERSE AVITO / SIN PRUEBAS, / Y GUAPO JULIAN ROMERO. / De Don Joseph De Cañizares. A-D_2, 32pp. Valencia: Viuda de Joseph de Orga, 1768.

–SOpaenvino, entra con tiento,
–y guapo Julian Romero. P 920-20

POR ACRISOLAR SU HONOR, COMPETIDOR HIJO Y PADRE.
José de Cañizares.

1159. N. 241. / Comedia Famosa. / POR ACRISOLAR / SU HONOR, / COMPETIDOR / HIJO, Y PADRE. / De Don Joseph De Cañizares. A-E, 36pp. Madrid: Antonio Sanz, 1757.

–AL repecho, à la ladera
–si acaso merece un vitor. P 920-2

POR AMPARAR LA VIRTUD OLVIDAR SU MISMO AMOR, O LA HIDALGUÍA DE UNA INGLESA. Gaspar Zavala y Zamora.

1160. *Num.* 60. / POR AMPARAR LA VIRTUD / OLVIDAR SU MISMO AMOR, / O LA HIDALGUIA DE UNA INGLESA. / Comedia Nueva En Tres Actos. / Por Don Gaspar Zavala Y Zamora. A-C_2, 24pp. Barcelona: Juan Francisco Piferrer; Juan Sellent, Madrid: Librería de Quiroga. Modern s.

–Oh infeliz Estuarda! oh padre,
–perdon de nuestros defectos.

With ink stamp of the Imprenta de Orga, Valencia (see item 29). P 954-1

POR EL MAL ME VINO EL BIEN. Juan Pérez de Montalván.

1161. POR EL MAL ME VINO EL BIEN. / Comedia / Famosa. / Del Doctor Ivan Perez De Montalvan. A-D_2, 16fols.

–Suelta el guante, o viue Dios
–A mi del mal lo peor. P 912-12

POR LA PUENTE, JUANA. Lope Félix de Vega Carpio.

1162. Comedia En Tres Actos / POR LA PUENTE JUANA / De Lope De Vega Carpio / Representada / Por La Compañía De La Cruz / En El Año De 1803. (1)-4, 32pp.(-1)+list of titles on last page. Madrid: Antonio Martínez; Viuda de Quiroga, Librería y Puesto de Romeral, Librería de (Manuel) González, Librería de Cuesta, 1825. Modern s.

–Templad, Señora, el dolor,
–dadnos perdon de las faltas.

With title page. P 972-25

POR OÍR MISA Y DAR CEBADA NUNCA SE PERDIÓ JORNADA.
Antonio de Zamora.

1163. N. 302. / Comedia Famosa. / POR OIR MISA / Y DAR CEBADA, / NUNCA SE PERDIO JORNADA. / De Don Antonio De Zamora. A-E_2, 40pp. Valencia: Hermanos de Orga, 1795. Modern s.

–YA, generoso Hiscen, Monarca
–de esta verdadera historia. P 944-10

POR SER LEAL Y SER NOBLE DAR PUÑAL CONTRA SU SANGRE: LA TOMA DE MILÁN. Gaspar Zavala y Zamora.

1164. POR SER LEAL Y SER NOBLE / DAR PUNAL CONTRA SU SANGRE: / LA TOMA DE MILAN: / Comedia En Tres Actos, / Representada Por La Compañía De Ribera / En Este Presente Año De 1790. / Por Don Gaspar Zavala Y Zamora. A-E, 36pp.(-1). Madrid: Librería de Castillo, Librería y Puesto de Cerro, Puesto del Diario. Modern s.

–AMigo, ya que la noche
–el glorioso Carlos Quinto. P 944-11

POR SU REY Y POR SU DAMA.
Francisco Antonio de Bances Candamo.

1165. Num. 167. / Comedia Famosa. / POR SU REY / Y / POR SU DAMA. / De Don Francisco Antonio Bances Candamo. A-E, 36pp.(-1). Sevilla: Joseph Padrino.

–Necia es tu curiosidad,
–por su rey, y por su Dama. P 958-17

1166. N. 161. / Comedia Famosa. / POR SU REY, / Y POR SU DAMA. / De D. Francisco Bances Candamo. A-E_2, 39pp. Valencia:

Viuda de Joseph de Orga, 1770.

–NEcia es tu curiosidad,
–por su Rey, y por su Dama.

Acting copy? P 923-9

1166a. Another copy, later printing: modern s and accent; no comma in title; no comma in last line. P 947-7

1166b. Another copy of 1166a. P 983-14

PORCIA Y TANCREDO. Luis de Ulloa y Pereyra.

1167. PORCIA, Y TANCREDO. / De Don Lvis De Vlloa. D-E_4, pp.45-78. (*Comedias escogidas,* 43, 2. Madrid: Antonio Gonçalez de Reyes for Manuel Melendez, 1678).

–Gracias al cielo, que ya
–que no ha querido casarse. P 919-2

1167a. Another copy. P 907-12

POSTRER DUELO DE ESPAÑA, EL. Pedro Calderón de la Barca.

1168. Num. 37. / Comedia Famosa. / EL POSTRER DUELO / DE ESPANA. / De Don Pedro Calderon De La Barca. A-E_2, (40pp.). Barcelona: Francisco Suriá y Burgada. Modern s.

–NUestro heroyco Cesar viva.
–perdon á esas Reales plantas. P 1054-20

PREMIO DE LA HUMANIDAD, EL. Gaspar Zavala y Zamora.

1169. N. 308. / Comedia Famosa. / EL PREMIO / DE LA HUMANIDAD. / De Don Gaspar Zavala Y Zamora. A-E, 30pp. Valencia: Hermanos de Orga, 1795. Modern s.

–BEndita sea la sábia
–quien su virtud exercita. P 960-16

PREMIO DEL BIEN HABLAR, EL. Lope Félix de Vega Carpio.

1170. N. 9. / EL PREMIO DEL BIEN HABLAR. / Comedia / De Lope De Vega Carpio. A-D_2, pp.285-314+page (unnumbered) of printer data. Madrid: Librería de Castillo, Librería de Sancha, Puesto de (Josef) Sánchez, 1804. Modern s.

—Doblaste el manto? *Ruf.* Ya vengo
—si no es que ántes me arrepiento.
See comment to item 133. P 972-26

PREMIOS SON VENGANZAS DE AMOR.
Narciso Agustín Solano y Lobo.

1171. N. 122. / Zarzuela: / PREMIOS SON / VENGANZAS DE AMOR. / Por / Don Narciso Agustin Solano Y Lobo. A-F, 44pp. Barcelona: Carlos Gibert y Tutó.
—EN vano pretendemos
—pues premios son siempre ven- / ganzas de amor.
Preceded, pp.1-2, by: "Introduccion Laudatorio."
—SOnoros aplausos,
—En clausulas lisongeras.
Between Acts I and II, pp.17-25: "LOS PAGES FINGIDOS. / Entremes Nuevo."
—DExad, dexad, amigos,
—los espectantes.
At end, pp.43-44, the sonnet: "EN siglo en que el Teatro se desdeña."
P 957-2

PRESO, MUERTO, Y VENCEDOR, TODOS CUMPLEN CON SU HONOR EN DEFENSA DE CREMONA. Antonio de Zamora.

1172. N. 118. / Comedia Famosa. / PRESO, MUERTO / Y VENCEDOR, / TODOS CUMPLEN CON SU HONOR / EN DEFENSA DE CREMONA. / De Don Antonio De Zamora. A-E, 38pp. Valencia: Viuda de Joseph de Orga, 1767. Modern s.
—PUes desde aquí se descubre
—todos cumplen con su honor. P 976-7

PRESO POR AMOR, O EL REAL ENCUENTRO, EL.
Antonio Valladares de Sotomayor.

1173. Núm. 326. / E PRESO POR AMOR, / O EL REAL ENCUENTRO. / Comedia Nueva En Dos Actos. / Su Autor Don Antonio Valladares De Sotomayor. A-D, 28pp., last p. misnumbered 82. Valencia: Josef Ferrer de Orga y compañía, 1810. Modern s.
—Centinela, dé Vm. la órden
—Y que un aplauso merezca. P 956-10

PRESUMIDA Y LA HERMOSA, LA. Fernando de Zárate.

1174. Num. 298. / Comedia Famosa. / LA PRESUMIDA, / Y LA HERMOSA. / De Don Fernando De Zarate. A-E, 18fols.

—GRacias a los Cielos doy
—la Presumida, y la Hermosa. P 933-10

1175. Famosa / Comedia / LA PRESVMIDA, Y LA HERMOSA. / De Don Fernando de Zarate. M-N_4, fols.82v-107r. (*Comedias escogidas*, 41, 11. Pamplona: Ioseph del Espiritu Santo, undated but probably 1675 or 1676).

—Gracias a los cielos doy
—la Presumida, y la Hermosa. P 909-11

1176. N. 20. / Comedia Famosa. / LA PRESUMIDA / Y LA HERMOSA. / De Don Fernando De Zarate. A-D_2, 32pp. Valencia: Viuda de Joseph de Orga, 1762. Modern s.

—GRracias [sic] á los Cielos doy
—la Presumida y la Hermosa.

Sticker for Librería y Puesto de Cuesta (Madrid) pasted over printer data. P 985-22

PRETENDIENTE AL REVÉS, EL. Gabriel Téllez (Tirso de Molina).

1177. "El pretendiente al revès. Comedia sin fama. Madrid, *n.d.*" In missing volume. Possibly: Num. 65, A-F, 43pp. Madrid: Theresa de Guzmán. P 973-*u*

PRIMER CONDE DE FLANDES, EL. Fernando de Zárate.

1178. EL PRIMER CONDE DE FLANDES. / Comedia Famosa, / De Don Fernando De Zarate. S-X_2, pp.(273)-323.

—Muerto esta el Emperador.
—tiene su origen preclaro.

Comedias escogidas, 29, 8. Madrid: Ioseph Fernandez de Buendia for Manuel Melendez, 1668. P 914-12

PRIMER DUELO DEL MUNDO, EL.
Francisco Antonio de Bances Candamo.

1179. Auto Sacramental / DEL PRIMER DUELO DEL MUNDO, / De / Don Francisco Banzes Candamo. A-D, 50pp.

—Pues la Naturaleza
—de sentidos materiales.

Preceded, pp.1-5, by: "Loa / Para El Auto Sacramental / DEL PRIMER

DUELO DEL MUNDO. / De / Don Francisco De Banzes Candamo."

—Cantad al Señor el cantico nuevo,

—al prodigio de los prodigios.

Followed, pp.36-43, by: "Entremes, / Para El Auto Sacramental, / DEL PRIMER DUELO DEL MUNDO, / De / Don Francisco Banzes Candamo," the "Entremes del Astrologo Tunante."

—Ha del Meson?

—que tenga filis vn leno.

And also, pp.44-49, by: "Mogiganga, / Para El Auto Sacramental / DEL PRIMER DUELO DEL MUNDO, / De / Don Francisco Banzes Candamo."

—Viendome con la vara yà empuñada,

—dàn, dàn, dàn.

Poesias comicas, obras posthumas de D. Francisco Banzes Candamo. Tomo primero. Madrid: Blàs de Villa-Nueva for Joseph Antonio Pimentèl, 1722. First item P 958-18

PRIMER FLOR DEL CARMELO, LA. Pedro Calderón de la Barca.

1180. Avto / Sacramental / Historial Alegorico, / Intitvlado / LA PRIMER FLOR / DEL CARMELO. / De Don Pedro Calderon De La Barca. A-D, (27pp.). Valladolid: Alonso del Riego.

—Donde me llevas Luzbèl?

—y el Segundo David vivan. P 1055-1

PRIMERO ES LA HONRA. Agustín Moreto y Cabaña.

1181. (Comedia Famosa / PRIMERO ES LA HONRA / De Don Agustin Moreto.) D-F_2, fols.23r-42v.

—publicar vn galanteo (first line of copy)

—aqui Primero es la Honra.

Comedias escogidas, 17, 2. Madrid: Melchor Sanchez for San Vicente, 1662. First page (fol.22v) missing. P 992-8

1182. N. 6. / Comedia Famosa. / PRIMERO / ES LA HONRA. / De Don Agustin Moreto. A-D_2, 32pp. Valencia: Viuda de Joseph de Orga, 1761. Modern s.

—MArques, ya estais enfadoso:

—aquí primero es la Honra. P 913-9

1182a. Another copy. P 951-20

1183. Comedia. / PRIMERO / ES LA HONRA. / De Don Agustin Moreto. A-D_2, 32pp.(-1). Madrid: Manuel Quiroga, 1792. Modern s.

—MArqués, yá estais enfadoso:
—aqui primero es la Honra. P 906-10

PRIMERO SOY YO. Pedro Calderón de la Barca.

1184. Comedia Famosa. / PRIMERO / SOY YO. / De Don Pedro Calderon / de la Barca. A-E_2, 40pp.

—Quedan ya en la Quinta?
—el perdon de nuestros yerrs.o [sic] P 1055-2

PRINCESA, RAMERA, Y MÁRTIR, SANTA AFRA.
Tomás de Añorbe y Corregel.

1185. N. 11. / Comedia Famosa. / PRINCESA, / RAMERA, Y MARTIR. / SANTA AFRA. De D. Thomas De Añorbe Y Corregel. A-D, 28pp. Valencia: Viuda de Joseph de Orga, 1761.

—A La Deidad de Venus
—y saben para callarlos. P 931-10

1185a. Another copy. P 952-1

1185b. Another copy. P 958-12

PRÍNCIPE CONSTANTE Y MÁRTIR DE PORTUGAL, EL.
Pedro Calderón de la Barca.

1186. Comedia Famosa. / *N. 104. / EL PRINCIPE / CONSTANTE, / Y MARTYR DE PORTUGAL. / De Don Pedro Calderon De La Barca. A-D_2, (32pp.). Madrid: Antonio Sanz, 1749.

—CAntad aqui, que ha gustado,
—Principe en la Fè constante.
Acting copy? P 1055-3

PRÍNCIPE DE LA ESTRELLA, Y CASTILLO DE LA VIDA, EL.
Antonio Martínez de Meneses, Juan de Zabaleta, & Vicente Suárez.

1187. Comedia Famosa. / EL PRINCIPE DE LA ESTRELLA, / y Castillo de la vida. / La primera Iornada es de Don Antonio Martinez. La segunda / de Don Iuan de Zavaleta. La tercera de Don / Vicente

Suarez. Ee-Ff_4, pp.429-466. (*Comedias escogidas,* 43, 12. Madrid: Antonio Gonçalez de Reyes for Manuel Melendez, 1678).

–Piedad, Iupiter santo.

–he de echarlo todo a doze. (inc.).

Incomplete: three pages of text lacking at end; would be Ee-Ff_4, pp.429-469. P 919-11

PRÍNCIPE DE LOS MONTES, EL. Juan Pérez de Montalván.

1188. Num. 63. / Comedia Famosa, / EL PRINCIPE DE LOS MONTES. / Del Doctor Don Jvan Perez De Montalvan. A-D_2, 16fols.(-1), last numbered 15.

–Toda soy, Clavela, vn yelo.

–Y aqui acaba la comedia.

Com. nuevas, item six. Madrid: Andres Gracia [sic] de la Iglesia, 1702. See item 834. P 1121-9?

1189. *N. 105. / Comedia Famosa. / EL PRINCIPE / DE LOS MONTES. / Del Doct. Juan Perez De Montalvan. A-D_2, 32pp. Madrid: Antonio Sanz, 1783.

–TOda soy, Clavela, un yelo,

–Y aqui acaba la Comedia. P 984-21

PRÍNCIPE DON CARLOS, EL. Diego Jiménez de Enciso.

1190. EL PRINCIPE DON CARLOS. / Comedia Famosa. / De D. Diego Ximenez De Enciso. A-E_2, (40pp.).

–Solo España hallar podria

–viua Carlos.

Last line differs from that in following item. P 964-11

1191. N. 13. / Comedia Famosa. / EL PRINCIPE / DON CARLOS. / De Don Diego Ximenez De Enciso. A-D_2, 32pp. Valencia: Joseph y Thomás de Orga, 1773.

–SOlo España hallar podria

–perdonad sus faltas siempre. P 930-1

1191a. Another copy, later printing: modern accent and s; "podia" in first line. P 968-16

PRÍNCIPE ESCLAVO, EL. *Primera Parte.* Luis Vélez de Guevara.

1192. EL PRINCIPE / ESCLAVO / Comedia Famosa. / De Lvis Velez

De Gvevara. A-E, 18 fols.

–Quien eres Palas Christiana?

–le bastarà alentar solo.

Ink stamp of Libraria Colonna. More commonly known as *El príncipe Escanderbey.* This particular *suelta* appears identical to that in Parma (cc. II, 28057. L^{o}) mentioned by Restori (cited by Spencer and Schevill, p.223). P 993-12

PRÍNCIPE ESCLAVO, EL. *Segunda Parte.* Luis Vélez de Guevara.

1193. EL PRINCIPE / ESCLAVO. / Comedia / Famosa. / De Lvis Velez De Gvevara. A-D_2, 30pp.(-1).

–Ataja, ataja, ataja

–repite eterna la fama. P 943-5

PRÍNCIPE JARDINERO, Y FINGIDO CLORIDANO, EL.

Santiago de Pita.

1194. Num. 4. / Comedia Famosa. / EL PRINCIPE / JARDINERO, / X [sic] FINGIDO CLORIDANO. / De Don Santiago De Pita. A-D_2, 32pp.(-1). Madrid: Manuel Quiroga. Modern s.

–AL salir el Sol miró

–Perdoneis sus muchas faltas. P 940-9

PRÍNCIPE JARDINERO, Y MAYOR CIENCIA LAUREADA, EL.

Pedro Cordero.

1195. EL PRINCIPE / JARDINERO / Y MAYOR CIENCIA / LAUREADA / Comedia Americana / De Don Pedro Cordero. A-E_2, 40pp. Sevilla: Joseph Padrino.

–Cruel, impiadosa Esphera

–y Principe Jardinero. P 901-2

PRÍNCIPE PERSEGUIDO, EL.

Luis de Belmonte Bermúdez?, Agustín Moreto y Cabaña? , & Antonio Martínez de Meneses?

1196. EL PRINCIPE PERSEGVIDO. / Comedia Famosa / De Tres Ingenios. A-E_2, (40pp.).

–Iuan, Basilio, señor nuestro,

–vuestra piedad reconozcan.

Boyer (p.110) describes a *suelta* attributing play to Juan Pérez de Montalván. P 965-6

1197. *N. 106. / Comedia Famosa. / EL PRINCIPE / PERSEGUIDO. / De Tres Ingenios. A-D_2, 32pp. Madrid: Antonio Sanz, 1759.

–JUAN Basilio, señor nuestro,
–vuestra piedad reconozcan. P 922-2

1197a. Another copy. Actor's copy? P 980-12

PRÍNCIPE PRODIGIOSO, Y DEFENSOR DE LA FE, EL.
Juan de Matos Fragoso &
Agustín Moreto y Cabaña.

1198. N. 223. / Comedia Famosa. / EL PRINCIPE / PRODIGIOSO, / Y DEFENSOR / DE LA FE. / De Don Juan De Matos Fragoso, / y de Don Agustin Moreto. A-D_2, 32pp. Valencia: Joseph y Thomás de Orga, 1777.

–MUeran Soliman y Hacen,
–el Príncipe Prodigioso. P 986-18

1199. Comedia / EL PRINCIPE / PRODIGIOSO, / Y DEFENSOR / DE LA FE / De Don Juan De Matos Fragoso, / y de Don Agustin Moreto. A-D_2, 32pp. Madrid: Librerías de Quiroga, 1802. Modern s.

–MUeran Soliman y Hacen,
–el Principe Prodigioso. P 903-16

PRÍNCIPE VILLANO, EL. Luis de Belmonte Bermúdez.

1200. Num. 199. / Comedia Famosa. / EL PRINCIPE VILLANO. / De Don Luis Bermudez De Velmonte. A-C_2, (24pp.). Barcelona: Juan Serra.

–CAnsada de la caza baxo errante
–Los bien nacidos deseos. P 931-8

1200a. Another copy. P 975-1

1201. Comedia famosa / el Principe Villano. / de Luis de Velmonte / Vermudez. (ms). R-S_4, fols.126v-142v. Modern s in ms portion.

–Cansada de la caça baxo errante (ms)
–Los bien nacidos deseos.

Comedias escogidas, 14, 7. Madrid: Domingo Garcia y Morràs for Domingo Palacio y Villegas, 1660. First page ms. P 990-5

PRÍNCIPES DE LA IGLESIA, LOS. Cristóbal de Monroy y Silva.

1202. Comedia Famosa. / LOS PRINCIPES / DE LA IGLESIA. / De Don Christoval De Monroy. A-D(D_2), (32pp.). Valladolid: Alonso del Riego.

—ESta montaña de vidrio,
—digan victor el Mecenas. P 953-2

PRIVAR CONTRA SU GUSTO. Gabriel Téllez (Tirso de Molina).

1203. "Privar contra su gusto. Madrid, *n.d.*" In missing volume. Possibly: A-E, 36pp. Madrid: Theresa de Guzmán. P 973-*v*

PRODIGIO DE VITERVO, Y EMPERADOR MÁS TIRANO, EL. Anonymous.

1204. Plieg. 4. Num. 14. / EL PRODIGIO DE VITERVO, / Y EMPERADOR MAS TYRANO. / Comedia / Nueva. / De Vn Ingenio Sevillano. A-D_2, 32pp.

—Suspended los Marciales instrumentos,
—Amen, amen. *Tic.* Laus Deo. P 942-9

PRODIGIOS DE LA VARA, Y CAPITÁN DE ISRAEL, LOS. Antonio Mira de Amescua.

1205. Comedia Famosa / Los Prodigios de la Vara, y Capitan de Israel. / Del Doctor Mirademescva. L-O, pp.(153)-203.

—El militar alboroto,
—hasta la segunda parte.

Comedias escogidas, 37, 5. Madrid: Melchor Alegre for Domingo Palacio y Villegas, 1671. P 911-4

PROFETA FALSO MAHOMA, EL. Francisco de Rojas Zorrilla.

1206. N. 12. / Comedia Famosa. / EL PROFETA / FALSO / MAHOMA. / De Don Francisco De Roxas. A-E, 36pp. Valencia: Viuda de Joseph de Orga, 1761.

—GAllarda Rachèl divina::-
—Mahoma el falso Profeta. P 971-20

PROGNE Y FILOMENA. Francisco de Rojas Zorrilla.

1207. Comedia Famosa. / PROGNE, / Y FILOMENA. / De Don Francisco De Roxas. A-E_2 40pp.(-1). Madrid: Antonio Sanz, 1744.

–DExa el llanto, Filomena,
–que la de sus propios yerros. P 971-21

PRUDENCIA EN LA NIÑEZ, LA. Antonio Pablo Fernández.

1208. N. 182. / Comedia Famosa. / LA PRUDENCIA / EN LA NINEZ. / De Un Ingenio. A-D_2, 32pp. Valencia: Joseph y Thomás de Orga, 1773. Modern s.
–LOgre en hora dichosa
–á vuestros pies ofrecemos. P 927-6

1208a. Another copy. P 944-5

PRUDENTE, SABIA, Y HONRADA.
See: *Perfecta casada, prudente, sabia, y honrada, La.*

PRUEBA DE LAS PROMESAS, LA. Juan Ruiz de Alarcón y Mendoza.

1209. Comedia Famosa. / LA PRUEBA / DE LAS PROMESSAS. / De Don Juan Ruiz De Alarcon. A-D_2, 32pp. Madrid: Theresa de Guzmán, Lonja de Comedias de la Puerta del Sol.
–DE las desventuras largas,
–de un Magico de Toledo. P 968-8

1209a. Another copy. P 1057-10

PUENTE DE MANTIBLE, LA. Pedro Calderón de la Barca.

1210. Num. 255. / Comedia Famosa. / LA PUENTE DE MANTIBLE. / De Don Pedro Calderon De La Barca. A-E, 36pp.(-1).
–Solo el valor merece.
–tenga fin con tal victoria. P 1055-4

PUERTA MACARENA, LA. *Primera Parte.* Juan Pérez de Montalván.

1211. Num. 90. / Comedia Famosa. / LA PUERTA / MACARENA. / Primera Parte. / Del Doct. Don Juan Perez De Montalvan. A-D, 28pp.(-1). Sevilla: Joseph Padrino.
–Los montes de nieve canos,
–por la Puerta Macarena. P 984-22

PUERTA MACARENA, LA. *Segunda Parte.* Juan Pérez de Montalván.

1212. Num. 89. / Comedia Famosa. / LA PUERTA / MACARENA. / Secunda [sic] Parte. / Del Doct. Don Juan Perez De Montalvan. A-D, 28pp.(-1). Sevilla: Joseph Padrino.

–Serranos, estalla el viento

–las crueldades de Don Pedro.

Numbering for this and the preceding item indicates the plays were printed in reverse order. P 984-23

PURGATORIO DE SAN PATRICIO, EL. Pedro Calderón de la Barca.

1213. Num. 64. / Comedia Famosa / EL PURGATORIO / DE SAN PATRICIO. / De Don Pedro Calderon De La Barca. A-E, 36pp.(-1). Salamanca: Santa Cruz.

–Dexadme dar la muerte.

–y su admiracion empiece. P 1055-5

1214. Num. 170. / EL PURGATORIO DE SAN PATRICIO / Comedia / Famosa / De Don Pedro Calderon De La Barca. A-D_2, 32pp.(-1). Sevilla: Joseph (Antonio) de Hermosilla.

–Dexadme dar la muerte.

–y su admiracion empiece. P 905-4

PÚRPURA DE LA ROSA, LA. Pedro Calderón de la Barca.

1215. Comedia Famosa. / LA PURPURA / DE LA ROSA. / Fiesta de Zarçuela, y Representacion musica, que se / hizo à sus Magestades en el Coliseo de Buen- / Retiro. / De Don Pedro Calderon / de la Barca. A-D_2, (32pp.).

–Al bosque, al bosque monteros,

–su Flor las Flores.

Preceded, A-A_3, pp.1-8, by: "Loa Para La Comedia / De LA PURPURA / DE LA ROSA. / Representacion musica, que se hizo en el Coliseo de / Buen-Retiro, en la publicaciõ de las Pazes, y felizes Bodas / de la Serenissima Infanta de España, Maria Teresa, / con el Christianissimo Rey de Francia / Luis Dezimoquarto. / De Don Pedro Calderon / de la Barca."

–Quien creerà que ayan sabido

–destas riberas, &c. P 1054-1

PÚSOSEME EL SOL, SALIOME LA LUNA. Andrés de Claramonte.

1216. PVSOSEME EL SOL, SALIOME LA LVNA. / Comedia /

Famosa. / De Lope De Vega Carpio. A-E_2, (40pp.).

–Tu honesto talamo embidien,
–suya es la ventura. P 998-9

* * *

QUERER SABIENDO QUERER, Y GRAN REINA DE TINACRIA.
Diego de Aguayo.

1217. N. 80. / Comedia Famosa. / QUERER / SABIENDO QUERER, / Y GRAN REYNA / DE TINACRIA. / De Un Ingenio. A-D_2, 32pp. Valencia: Viuda de Joseph de Orga, 1764.

–FAvor, Cielos!
–y gran Reyna de Tinacria. P 922-5

QUERERSE SIN DECLARARSE. Fernando de Zárate.

1218. Quererse sin declararse / Comedia Famosa / de Don Fernando de Zarate. (ms). G_2-I_4, pp.96-137. Modern s in ms portion.

–Laura Ermosa. (ms)
–quererse sin declararse.

Comedias escogidas, 21, 3. Madrid: Ioseph Fernandez de Buendia for Agustin Verges, 1663. First page ms. P 990-8

QUIÉN ENGAÑA MÁS A QUIÉN. Juan Ruiz de Alarcón y Mendoza.

1219. Comedia Famosa, / QVIEN ENGANA MAS A QVIEN, / De Don Juan De Alarcon Y Mendoza. A-D_2, (32pp.). Valladolid: Alonso del Riego.

–YO vine, Elena querida,
–quedarà mas engañado. P 958-5

1219a. Another copy. P 968-9

1220. Num. 14. / QVIEN ENGANA MAS A QVIEN. / Comedia / Famosa, / De Don Jvan Del Arcon[sic] Y Mendoza. A-D_2, 32pp.(-1). Sevilla: Francisco de Leefdael.

–Yo vine, Elena querida,
–quedarà mas engañado. P 1057-3

QUIÉN ES QUIEN PREMIA AL AMOR.
Francisco Antonio de Bances Candamo.

1221. Comedia Famosa. / QVIEN ES QVIEN PREMIA / AL AMOR. / Fiesta A Svs Magestades, Para / el Domingo de Carnestolendas, en el gran Salon / de su Real Palacio. / De D. Francisco Bances Candamo. A-(E_2), 40pp.(-1).

–Hasta llegar donde pisen

–ò aplauso, ò perdon merezca.

Pages 25-40 are misbound between the two preceding plays in the volume: P 983-11 (item 1139) and P 983-12 (item 334a). P 983-13

1222. Num. 166. / QVIEN ES QVIEN PREMIA AL AMOR. / Comedia / Famosa, / Fiesta A Svs Magestades, Para / el Domingo de Carnestolendas, en el gran Salon de su Real Palacio. / De D. Francisco Bances Candamo. A-E, 36pp.(-1). Sevilla: Imprenta del Correo Viejo.

–Hasta llegar donde pisen

–ó aplauso, ó perdon merezca. P 926-5

QUIEN HABLA MÁS OBRA MENOS. Fernando de Zárate.

1223. Num. 19. / Comedia Famosa. / QUIEN HABLA MAS / OBRA MENOS. / De Don Fernando De Zarate. A-D_2, 32pp. Madrid: Lonja de Comedias de la Puerta del Sol.

–Pues que no es bastante el ruego,

–solo serviros desea. P 926-10

QUIÉN HALLARÁ MUJER FUERTE. Pedro Calderón de la Barca.

1224. Avto / Historial / Alegorico, / Intitvlado, / QIEN [sic] HALLARA / MVGER FVERTE. Y-Z_4, pp.339-372.

–Aqui de la ciencia mia

–nos ha de parir el Sol.

At headlines recto: "de D. Pedro Calderon de la Barca." Preceded, pp.339-343, by: "Loa / Para El Avto / Intitvlado, / QVIEN HALLARA / MVGER FVERTE."

–Pues mas que nunca vfanas

–de vèr que èl se regozija, &c.

I have not been able to identify the volume from which this, presumably, was *desglosada.* Possibly: *Autos sacramentales alegóricos y historiales;* Madrid: Imprenta Imperial for Ioseph Fernández de Buendía, 1677, item ten? P 1056-8

QUIEN MAL ANDA EN MAL ACABA.
Juan Ruiz de Alarcón y Mendoza.

1225. Num. 190. / QVIEN MAL ANDA EN MAL ACABA. / Comedia / Famosa, / De Don Jvan De Alarcon. A-D_2, 32pp.(-1). Sevilla: Francisco de Leefdael.

–Ni beldad ni gentileza
–Quien mal anda en mal acaba. P 1057-5

QUINTA ESENCIA DE LA MISERIA, LA. Anonymous.

1226. Saynete, / Intitulado / LA QUINTA ESENCIA / DE LA MISERIA, / Representado En Los Teatros De Esta Corte, / Para Once Personas. (a)-a_4, 12pp.(-1). Madrid: Manuel Quiroga. Modern s.

–Nadie parece me ha visto,
–que vuestra piedad franquea.

With title page, in bound volume issued Madrid: Benito Cano; Manuel Quiroga, 1791. CS I-33

QUITAR EL FEUDO A SU PATRIA, ARISTÓMENES MESENIO. Alonso de Alfaro.

1227. N. 9. / Comedia Famosa. / QUITAR EL FEUDO / A SU PATRIA, / ARISTOMENES MESENIO. / De Don Juan De Matos Fragoso. A-D_2, 32pp. Valencia: Viuda de Joseph de Orga, 1761.

–EChale por el balcon,
–del valeroso Aristomenes. P 986-19

1227a. Another copy, later printing: modern s and accent. P 903-17

* * *

RAQUEL. Vicente García de la Huerta.

1228. N. 182. / RAQUEL, / Tragedia En Tres Actos. / Su Autor / Don Vicente García De La Huerta. I-4, 27pp.(-1)+page of titles. Valencia: (Miguel) Domingo y (Ildefonso) Mompié, 1821. Modern s.

–Toda júbilo es hoy la gran Toledo:
–no hay fueros, no hay poder que la de- / fienda. P 959-21

1228a. Another copy. P 966-2

RAYO DE ANDALUCÍA, Y GENIZARO DE ESPAÑA, EL. *Primera Parte.* Alvaro Cubillo de Aragón.

1229. EL RAYO DE ANDALUZIA. / Comedia Famosa, / De Albaro Cvbillos. / Primera Parte. A-D_2, (32pp.).
–Couardes viles que huyendo
–y el Castellano Mudarra. P 994-8

1230. Comedia Famosa. / EL RAYO DE ANDALUCIA / Y GENIZARO DE ESPANA. / Primera Parte. / De Don Alvaro Cubillo De Aragon. A-D_2, 32pp.(-1). Salamanca: Santa Cruz, Francisco de Tóxar; Madrid: Manuel Quiroga, 1792. Modern s.
–Cobardes viles, que huyendo
–y Castellano Mudarra. P 902-9

RAYO DE ANDALUCÍA, Y GENIZARO DE ESPAÑA, EL. *Segunda Parte.* Alvaro Cubillo de Aragon.

1231. Comedia Famosa. / EL RAYO DE ANDALUCIA / Y GENIZARO DE ESPANA. / Segunda Parte. / De Don Alvaro Cubillo De Aragon. A-D, 27pp.(-1). Salamanca: Santa Cruz, Francisco de Tóxar; Madrid: Manuel Quiroga, 1792. Modern s.
–COmo, Señor, se halla V. Alteza
–del Genizaro de España. P 902-10

1231a. Another copy. P 904-14

RAZÓN BUSCA VENGANZA, LA. Manuel Morchón.

1232. Comedia Famosa / LA RAZON BVSCA / VENGANZA. / De Don Manvel Morchon: Aa-Bb_4, pp.363-397.
–Esto, señor, ha passado.
–la Razon busca Vengança.
Comedias escogidas, 9, 10. Madrid: Gregorio Rodriguez for Mateo de la Bastida, 1657. P 964-3

RAZÓN HACE DICHOSOS, LA.
Antonio Martínez de Meneses, Juan de Zabaleta, & Jerónimo de Cáncer y Velasco.

1233. LA RAZON HAZE DICHOSOS. / Comedia Famosa / De Tres Ingenios, La Primer / jornada de Don Antonio Martinez, la segunda de / Don Iuan de Zaualeta, y la tercera de Don / Geronimo Cancer. X_2-Z_4, pp.(321)-364.
–Quien me dio el ser me disculpa

—y la traycion desdichados.
Comedias escogidas, 21, 9. Madrid: Ioseph Fernandez de Buendia for Agustin Verges, 1663. P 965-2

REAL CLEMENCIA DE TITO, LA. Sebastián Vázquez?

1234. *N.* 53. / *Comedia Heroica.* / LA REAL CLEMENCIA / DE TITO. / En Tres Actos. A-D, 28pp.(-1). Barcelona: Viuda Piferrer; Juan Sellent, Madrid: Librería de Quiroga. Modern s.
—Nuestro Augusto Emperador
—es la Clemencia.
Also attributed to Gaspar Zavala y Zamora or Ignacio de Luzán. Probably from Metastasio (Pietro Trapassi): *Clemenza di Tito.* P 956-7

REBELDE AL BENEFICIO, EL. Tomás Osorio.

1235. EL REBELDE AL BENEFICIO. / Comedia Famosa / De D. Tomas Ossorio. Y_2-Aa_3, fols.170r-187v.
—Feliz camina el deseo.
—tan lastimosa tragedia.
Comedias escogidas, 4, 9. Madrid: Imprenta Real for Diego Balbuena, 1653. P 991-5

RECIBO DEL PAJE, EL. Anonymous.

1236. Saynete / Titulado / EL RECIBO / DEL PAGE. / Para Cinco Personas. 8pp.(-1)+list of titles at end. Sevilla: Aragón, 1816. Modern s.
—Hermosa tarde, cierto,
—perdonad defectos tantos.
With title page. P 1353-13

REDENTOR CAUTIVO, EL. Juan de Matos Fragoso & Sebastián de Villaviciosa.

1237. N. 304. / Comedia Famosa. / EL REDEMPTOR CAVTIVO. / De Dos Ingenios, Don Juan De Matos, Y De Villaviciosa. A-D_2, 16fols.(-1). Madrid: Herederos de Gabriel (de) León.
—Vistele passar, Elvira?
—tendrà el Redemptor Cautivo.
Jardin ameno, 26, item four. Madrid: (Herederos de Gabriel de León), 1704. See item 308. P 986-20

REINA EN EL BUEN-RETIRO, LA. Antonio Martínez de Meneses.

1238. Comedia / Famosa / LA REYNA EN EL BVEN-RETIRO. / De Don Antonio Martinez. V_2-Y_3, fols.(154r)-173(172)r. Modern s in ms portion.

–No amar sino a quien os ama,

–la Reyna en el Buen Retiro. (ms)

Comedias escogidas, 19, 10. Madrid: Pablo de Val for Domingo Palacio y Villegas, 1663. Last page ms, with ms page number; should be V_2-Y_4, fols.154r-172r. P 911-7

REINA JUANA DE NÁPOLES, Y MARIDO BIEN AHORCADO, LA. Lope Félix de Vega Carpio.

1239. Num. 24. / LA REYNA JUANA / DE NAPOLES, / Y MARIDO BIEN AHORCADO. / Comedia Famosa, / De Lope De Vega Carpio. A-F(E), 36pp. Madrid: Lonja de Comedias de la Puerta del Sol.

–Tal passa en ausencia tuya?

–Pues dè fin la Reyna Juana. P 972-27

1239a. Another copy. P 1120-5

REINA MARÍA ESTUARDO, LA. Juan Bautista Diamante.

1240. Num. 50. / Comedia Famosa / LA REYNA / MARIA ESTUARDO / De Don Iuan Bautista Diamante. A-E_2, (40pp.).

–La infeliz Reyna Eduarda [sic],

–lo que le costò al ingenio. P 903-18

1241. Comedia Famosa. / LAS RELIGIOSAS CONSTANCIAS / EN LA [sic] BARBARAS TRAGEDIAS / De Don Juan Bautista Diamante. A-E, 36pp. Salamanca: Francisco Diego (de Torres).

–LA infeliz Reyna Estuarda,

–lo que le costò al ingenio. P 982-14

REINAR DESPUÉS DE MORIR. Luis Vélez de Guevara.

1242. REYNAR DESPVES DE MORIR. / Comedia / Famosa. / De Lvis Velez de Gvevara. A-D_2, (32pp.).

–Soles, pues sois tan hermosos

–Reynar despues de Morir. P 943-1

1243. Comedia Famosa. / REYNAR DESPUES DE MORIR. / De Luis Velez de Guevara. a-d, 28pp.(-1). Madrid: Viuda de Quiroga. Modern s.

–Soles, pues sois tan hermosos,
–reynar despues de morir. P 975-8

1244. Núm. 118. / Comedia En Tres Actos. / REYNAR DESPUES DE MORIR. / De Don Luis Velez De Guevara. I-3, 24pp.(-1). Valencia: Ildefonso Mompié, 1822. Modern s.

–Soles, pues sois tan hermosos,
–Reynar despues de Morir. P 923-4

1244a. Another copy. P 949-10

RELIGIOSAS CONSTANCIAS EN LAS BÁRBARAS TRAGEDIAS, LAS.

See: *Reina María Estuardo, La.*

REMEDIO EN EL PELIGRO, EL. Juan Bautista Diamante.

1245. La Gran / Comedia, / EL REMEDIO EN EL PELIGRO. / De Don Juan Bautista Diamante. D-F_3, pp.41-84.

–Ha tyranos! *Enr.* Octavio salga fuera
–perdonar sus muchos yerros.

Ameno jardin, item six. Madrid, 1734. See item 389. P 982-15

REMENDÓN Y LA PRENDERA, EL. Anonymous.

1246. 134. / Saynete Nuevo. / Intitulado / EL REMENDON, / Y LA PRENDERA. / Para Siete Personas. (A)-B_2, 12pp.(-1). Valencia: José Ferrer de Orga y compañía; José Carlos Navarro, 1814. Modern s.

–Que me pariera mi madre.
–perdonad sus muchos yerros [sic].

With title page. P 979-25

RENDIRSE A LA OBLIGACIÓN.
Diego & José de Figueroa y Córdoba.

1247. Comedia Famosa. / RENDIRSE / A LA OBLIGACION. / De Don Diego, y Don Joseph de Cordova y Figueroa, Cavalleros de la Or- / den de Alcantara, y Calatrava. A-E, (36pp.).

–Ata en essos verdes troncos
–perdonad sus muchas faltas. P 985-11

1248. N. 109. / Comedia Famosa. / RENDIRSE A LA OBLIGACION. / De Don Diego Y Don Joseph De Cordoba / y Figueroa, Caballeros de la Orden de Alcantara y Calatrava. A-E, (36pp.). Barcelona: Francisco Suriá y Burgada. Modern s.

—ATA de esos verdes troncos
—perdonad sus muchas faltas. P 941-3

1249. N. 3. / Comedia Famosa. / RENDIRSE / A LA OBLIGACION. / De Don Diego, y Don Joseph de Cordova y Figueroa, / Cavalleros de la Orden de Alcantara, / y Calatrava. A-E, 36pp. Valencia: Agustín Laborda, 1773.

—ATA en essos verdes troncos
—perdonad sus muchas faltas. P 961-14

RENEGADA DE VALLADOLID, LA. Luis de Belmonte Bermúdez.

1250. (Cross patée) / Comedia Famosa. / LA RENEGADA / DE VALLADOLID. / De Luis De Belmonte Bermudez. A-E, (36pp.). Madrid: Antonio Sanz, 1744.

—QUè dices, necia? no quede
—piadosa disculpa alcance. P 975-2

RENEGADO DE CARMONA, EL. Bernardo García?

1251. N. 111. / Comedia Famosa. / EL RENEGADO / DE CARMOÑA. / De Un Ingenio De Esta Corte. A-D_2, 32pp. Madrid: Antonio Sanz, 1753.

—Veinte años ha, *q* en Africanas playas
—dignos de eterna alabanza. P 925-10

RENEGADO DE FRANCIA, SIMÓN ANSA, EL.
Antonio Manuel del Campo.

1252. Num. 294. / EL RENEGADO DE FRANCIA / SIMON ANSA. / Comedia / Famosa, / De Don Manvel Del Campo. A-E_2, 40pp.(-1). Sevilla: Viuda de Francisco de Leefdael. Modern s.

—O, traydor Simon villano!
—piden perdon de las faltas. P 942-6

RENEGADO DEL CIELO, EL. Cristóbal de Morales.

1253. Comedia Famosa. / EL RENEGADO DEL / CIELO. / De Don

Christoval De Morales. A-D_2, (32pp.).
–Aue destos Orizontes
–fin del Cielo el Renegado. P 988-10

1254. N. 112. / Comedia Famosa. / EL RENEGADO / DEL CIELO. / De Don Christoval De Morales. A-D, 28pp. Madrid: Manuel Quiroga, 1791.
–AVE destos Orizontes.
–fin, del Cielo el Renegado. P 939-1

RENEGADO, REY, Y MÁRTIR. Cristóbal de Morales.

1255. N. 251. / Comedia Famosa. / RENEGADO, REY, / Y MARTIR. / De Don Christoval De Morales. A-D, 28pp. Valencia: Joseph y Thomás de Orga, 1781.
–EN esta umbrosa falda,
–que el Cielo mil años guarde. P 939-2

1255a. Another copy. P 969-8

RENEGADO ZANAGA, EL. Bernardino Rodríguez.

1256. Comedia Famosa. / EL RENEGADO ZANAGA. / Del Licenciado Bernardino Rodriguez. A-E, (36pp.).
–Entra, y cierra el aposento,
–el Iob segundo de Argel. P 969-11

1257. EL RENEGADO ZANAGA. / Comedia Famosa / Del Lic. Bernardino Rodrigvez. A-(D_2), (32pp.).
–Entra, y cierra el aposento,
–el Iob segundo de Argel. P 987-1

REPÚBLICA AL REVÉS, LA. Gabriel Téllez (Tirso de Molina).

1258. (Cross patée) / Comedia Sin Fama. / LA REPUBLICA AL REVES. / Del Maestro Tirso De Molina. A-E, 35pp.(-1)+page with *licencia,* etc. Madrid: Theresa de Guzmán, Lonja de Comedias de la Puerta del Sol.
–CEssen, Griegos, las Trompetas,
–La Republica al Revès.
1733? P 1120-14

RESPETO EN EL AUSENCIA, EL. Gaspar de Avila.

1259. EL RESPETO EN EL AVSENCIA. / Comedia Famosa / De Gaspar De Avila. S-T_4, fols.137r-152v.
–No se viste?
–del Respeto en el ausencia.
Comedias escogidas, 4, 7. Madrid: Imprenta Real for Diego Balbuena, 1653. P 995-9

RESTAURACIÓN DE BUDA, LA.
Francisco Antonio de Bances Candamo.

1260. Num. 1. / La Gran / Comedia / De LA RESTAVRACION / DE BVDA. / Fiesta Que Se Hizo A Sus Magestades, Al Augusto / nombre del Señor Emperador, en el Real Palacio del Buen-Retiro. / Escrita Por Don Francisco Bances Candamo. A-E_2, (40pp.).
–Venga en hora buena
–Columna del Imperio es oy su Imperio. P 923-10

1260a. Another copy. P 958-19

1260b. Another copy. P 983-15

RESUCITAR CON EL AGUA. José Ruiz, Jacinto Hurtado, & Pedro Francisco de Lanini y Sagredo.

1261. Num. 142. / Comedia Famosa. / RESUCITAR / CON EL AGUA. / De Don Josep Rviz, De Don Jacinto Hurtado, / y de Don Pedro Francisco Lanini. A-D_2, (32pp.). Barcelona: Carlos Sapera; Carlos Sapera y Pi, 1770.
–NO me mates, Pedro, aguarda,
–gloria y aplauso os ofrecen.
Bottom margins badly cut. P 937-11

REY DON ALFONSO EL BUENO, EL.
See: *Batalla de Las Navas, y el rey don Alfonso el Bueno, La.*

REY DON ALFONSO EL DE LA MANO HORADADA, EL.
Luis Vélez de Guevara?

1262. Comedia / Burlesca / Del Rey Don Alfonso, el de la mano Horadada. / De vn Ingenio desta Corte. A-C_2, (24pp.).

–Si sabes lo que son zelos,
–y dà fin esta Comedia. P 999-10

1263. EL REY D. ALFONSO / EL DE LA MANO HORADADA. / Comedia Famosa. / De Un Ingenio De Esta Corte. A-C_2, 23pp.
–Si sabes lo que son zelos,
–y dà fin esta Comedia. P 939-8

1264. Num. 56. / EL REY D. ALFONSO / EL DE LA MANO HORADADA. / Comedia Famosa. / De Un Ingenio De Esta Corte, [sic] A-C_2, 23pp. Sevilla: Imprenta de la Universidad; Joseph Navarro y Armijo, Viuda de Diego López de Haro.
–SI sabes lo que son zelos,
–y dà fin esta Comedia. P 967-11

1265. Comedia Famosa, / De Disparates, / Del Rey Don Alfonso, el de la mano Horadada. / de vn Ingenio desta Corte. I-K_2, fols.65r-76v.
–Si sabes lo que son zelos,
–y dà fin esta Comedia.
Comedias escogidas, 18, 12. Madrid: Gregorio Rodriguez, 1662.
P 991-12

REY ENRIQUE EL ENFERMO, EL. José de Cañizares.

1266. N. 125. / Comedia Famosa. / EL REY ENRIQUE / EL ENFERMO. / De Un Ingenio. A-D_2, 32pp. Valencia: Viuda de Joseph de Orga, 1768. Modern s.
–Hagan alto las carrozas,
–el Rey Enrique el enfermo.
Attributed, variously, to José de Cañizares or to "Seis ingenios:" Zabaleta, Martínez de Meneses, Rosete Niño, Villaviciosa, Cáncer, and Moreto. Possibly two separate plays, this may be that by Cañizares.
P 927-11

RIESGOS QUE TIENE UN COCHE, LOS.
Antonio Hurtado de Mendoza.

1267. LOS RIESGOS QUE TIENE VN COCHE: / Comedia Famosa / De D. Antonio De Mendoza. P_4-R_4, fols.116r-136r.
–Viue el cielo que te mate.
–de semejantes historias.
Comedias escogidas, 4, 6. Madrid: Imprenta Real for Diego Balbuena, 1653. P 943-10

1268. *N. 247. / Comedia Famosa. / LOS RIESGOS / QUE TIENE UN COCHE. / De Don Antonio De Mendoza. A-E, (36pp.). Madrid: Antonio Sanz, 1750.
—VIve el Cielo que te mate.
—de semejantes historias. P 916-11

RIESGOS Y ALIVIOS DE UN MANTO. Juan de Matos Fragoso.

1269. N. 207. / Comedia Famosa. / RIESGOS, Y ALIVIOS / DE UN MANTO. / De Don Juan De Matos Fragoso. A-E_2, 40pp. Valencia: Joseph y Thomás de Orga, 1776.
—NOrabuena dè à los prados
—diga un victor quien no silva. P 948-8

1269a. Another copy. P 986-21

RIGOR EN LA INOCENCIA, EL. Juan Pérez de Montalván.

1270. EL RIGOR EN LA INOCENCIA. / Comedia / Famosa. / Del Doctor Iu*a* Perez de Montalvan. A-(D_2), 16fols.
—Aqui señor Regidor.
—es priuarse de priuar.
Lacking fols.14-15. P 912-6

ROBO DE ELENA, EL. Cristóbal de Monroy y Silva.

1271. Num. 74. / EL ROBO DE ELENA. / Comedia / Famosa, / De Don Christoval De Monroy. A-D, 28pp.(-1). Sevilla: Imprenta Real.
—Resplandeciente Aurora,
—de la bella Elena el Robo. P 970-4

1272. N. 128. / Comedia Famosa. / EL ROBO / DE ELENA. / De D. Christoval De Monroy Y Silva. A-D, 30pp. Valencia: Viuda de Joseph de Orga, 1768.
—REsplandeciente Aurora,
—de la Bella Elena el Robo. P 929-3

ROBO DE LAS SABINAS, EL. Juan Coello y Arias.

1273. Comedia Famosa. / EL ROBO DE LAS SABINAS. / De Don Juan Coello, / Y Arias. (ms). H-K_4, fols.(54v)-76v. Modern s in ms portion.

–Muera Romulo muera. (ms)
–perdon por mi, y los Poetas.
Also attributed to Juan Coello y Arias in collaboration with Francisco de Rojas Zorrilla. *Comedias escogidas,* 11, 4. Madrid: Gregorio Rodríguez for Iuan de S. Vicente, 1658. First page ms. P 987-6

1274. *N. 117. / Comedia Famosa. / EL ROBO / DE LAS / SABINAS. / De Don Juan Coello Y Arias. A-D_2, 32pp. Madrid: Antonio Sanz, 1754.
–MUera Romulo, muera.
–perdon por mì, y los Poetas. P 940-6

1274a. Another copy. P 977-7

ROCA DEL HONOR, LA. Pedro Calderón de la Barca?

1275. Num. 123. / LA ROCA DE EL HONOR. / Comedia / Famosa, / De Don Pedro Calderon. A-D, 28pp.(-1). Sevilla: Viuda de Francisco de Leefdael.
–Rosaura hermosa, advertid
–segunda parte del caso. P 1055-7

ROMERA DE SANTIAGO, LA. Luis Vélez de Guevara.

1276. N. 211. / Comedia Famosa. / LA ROMERA / DE SANTIAGO. / De Luis Velez De Guevara. A-D_2, 32pp. Valencia: Joseph y Thomás de Orga, 1777.
–DE Ordoño, Rey de Leon,
–la Romera de Santiago. P 923-1

ROSA DE ALEJANDRÍA, LA. Luis Vélez de Guevara.

1277. Comedia Famosa / LA ROSA DE ALEXANDRIA. Z-Aa_4, fols.181r-199r.
–Pues os llam*a* mis suspiros
–la Rosa de Alexandria.
Comedias escogidas, 2, 8. Madrid: Imprenta Real for Antonio de Ribero, 1652. At headlines (recto): "De Luis Velez de Gueuara."
P 910-8

ROSA DE ALEJANDRÍA, LA. Pedro Rosete Niño.

1278. Comedia Famosa. / LA ROSA / DE ALEXANDRIA. / De Don Pedro Rosete. A-E, (36pp.).

—HErmosa Catalina

—la Rosa de Alexandria. P 969-12

ROSARIO PERSEGUIDO, EL. Anonymous.

1279. N. 118. / Comedia Famosa. / EL ROSARIO. / PERSEGUIDO. / De Un Ingenio De Esta Corte. A-D_2, 32pp. Madrid: Antonio Sanz, 1751.

—EL Santo Rosario viva

—el Rosario Perseguido.

Attributed, erroneously, to Agustín Moreto y Cabaña. P 927-10

1280. N. 185. / Comedia Famosa. / EL ROSARIO / PERSEGUIDO. / De Un Ingenio. A-D_2, 32pp. Valencia: Joseph y Thomás de Orga, 1773.

—EL Santo Rosario viva,

—el Rosario Perseguido. P 952-10

RUEDA DE LA FORTUNA, LA. Antonio Mira de Amescua.

1281. LA / RUEDA DE LA FORTUNA / Comedia / Famosa Del / Doctor Mira De / Mesqva. A-E_2, (40pp.).

—Invicto Cesar famoso,

—porque siempre està rodando. P 903-19

1282. Num. 40. / Comedia Famosa. / LA RVEDA / DE LA FORTUNA. / Del Doctor Mira De Mesqua. A-D_2, 32pp.(-1). Barcelona: Pedro Escuder.

—INvicto Cesar famoso,

—porque siempre està rodando. P 974-19

1283. Comedia Famosa. / LA RVEDA DE LA / FORTVNA, Compvesta Por / el Doctor Mira de Mescua. Pp-Ss, fols.279r-306r.

—Inuicto Cesar famoso

—porque siempre esta rodando.

Preceded, fol.279r-v, by: "Loa Famosa, ha la de echar muger, y en habito de Lahradora [sic]."

—PErdiose en vn monte vn Rey

—beso os los pies, Dios os guarde.

And, fols.280r-v, by: "Bayle curioso y graue."

—Quando desde Aragon vino la Infanta

—Veni en buen hora.
At bottom of first page: "QUINTA PARTE." *Flor de las comedias de España, de diferentes avtores. Quinta Parte.* Barcelona: Sebastian de Cormellas, 1616. Item eleven. P 916-6

* * *

SABER DEL MAL Y DEL BIEN. Pedro Calderón de la Barca.

1284. Num. 201. / Comedia / Famosa. / SABER DEL MAL, / Y DEL BIEN. / De Don Pedro Calderon / de la Barca. A-E, 36pp.(-1).
—En tanto que el gran Planeta
—porque otros vengan mañana. P 1055-8

SABER DESMENTIR SOSPECHAS. Pedro Calderón de la Barca.

1285. Plieg. 3 1/2. Num. 38. / SABER DESMENTIR SOSPECHAS. / Comedia / Famosa, / De D. Pedro Calderon De La Barca. A-D, 27pp. Sevilla: Diego López de Haro.
—Por què con tanto desprecio
—saber desmentir Sospechas. P 1055-9

SABER PREMIAR LA INOCENCIA Y CASTIGAR LA TRAICIÓN. Antonio Valladares de Sotomayor.

1286. N. 319. / Comedia Famosa. / SABER PREMIAR / LA INOCENCIA, / CASTIGAR LA TRAICION. / De D. Antonio Valladares De Sotomayor. A-E, 38pp. Valencia: Joseph de Orga; Madrid: Librería de Quiroga, 1796. Modern s.
—Válgame Dios! La afliccion
—quedarémos satisfechos. P 944-9

SABER SER LOCO ES CORDURA. Alonso Crespo de la Pinilla.

1287. Comedia Nueva. / SABER SER LOCO / ES CORDURA. / Por Don Alonso Crespo De La Pinilla. A-E, (36pp.). Valladolid: Alonso del Riego, 1749.
—SEñor Fabio, poco os debe
—un vitor por tantos yerros. P 978-8

SABIO EN SU RETIRO Y VILLANO EN SU RINCÓN, JUAN LABRADOR, EL. Juan de Matos Fragoso.

1288. Comedia Famosa / EL SABIO EN SV RETIRO. / De D. Ivan De Matos Fragoso. A-E_2, 20fols.

–Con que estilo tan galan
–dȁ fin, perdonad sus yerros. P 917-6

1289. *N. 119. / Comedia Famosa. / EL SABIO / EN SU RETIRO, / Y VILLANO EN SU RINCON, / JUAN LABRADOR. / De Don Juan De Matos Fragoso. A-E, 36pp. Madrid: Antonio Sanz, 1759.

–CON quȅ estilo tan galȁn
–dȁ fin, perdonad sus yerros. P 986-22

1290. N. 187. / Comedia Famosa. / EL SABIO / EN SU RETIRO, / Y VILLANO EN SU RINCON, / JUAN LABRADOR. / De Don Juan De Matos Fragoso. A-E, 36pp. Valencia: Joseph y Thomás de Orga, 1773. Modern s.

–COn qué estilo tan galan
–da fin, perdonad sus yerros. P 948-2

1290a. Another copy. P 960-15

SACRIFICIO DE IFIGENIA, EL. José de Cañizares.

1291. N. 106* / Comedia Famosa. / EL SACRIFICIO / DE EFIGENIA. / De Don Joseph De Cañizares. A-D, 26pp. Madrid: Antonio Sanz, 1758.

–VIVA Agamenȍn; y Troya
–ù dos palmadas, ò un vitor. P 920-21

SALTA EN BANCO, EL. *Entremés.*
See: *Triunfos de amor y fortuna.*

SAN BERNARDO ABAD. Francisco Antonio de Bances Candamo & Juan Claudio de la Hoz y Mota.

1292. Comedia Famosa, / S. BERNARDO / ABAD. / De D. Francisco Banzes Candamo / las dos primeras Jornadas; y la tercera de Don / Juan de la Hoz Mota. Bb_3-Ee_2, pp.389-435.

–BAsta, Fortuna, yȁ tantas
–la Pluma, que os la dedica.

Poesías Banzes Candamo, 2, 10. Madrid: Lorenço Francisco Mojados for Joseph Antonio Pimentȅl, 1722. See item 555. P 983-2

SAN DIEGO DE ALCALÁ. Lope Félix de Vega Carpio.

1293. Comedia Famosa. / SAN DIEGO / DE ALCALA. / De Lope De Vega Carpio. A-E_2, 40pp.(-1). Valladolid: Alonso del Riego.

–Han venido los demàs?

–de nuestro Español San Diego. P 972-28

SAN ESTACIO (EUSTAQUIO). Antonio Martínez de Meneses.

1294. La Gran / Comedia / De SAN ESTACIO. / De Don Antonio Martinez. A-D_2, (32pp.).

–Entre la sospecha, y miedo

–si desta perdon alcança. P 963-3

SAN FRANCISCO JAVIER, EL SOL EN ORIENTE.

Diego Calleja, S. J.

1295. La Gran Comedia / De / S. FRANCISCO / XAVIER, / EL SOL EN ORIENTE. / De Un Ingenio De Esta Corte. A-I_2, 72pp.

–En quanto al Tẽplo de Amida

–si esta agradare, segunda. P 927-1

1295a. Another copy. P 957-9

SAN FRANCO DE SENA. Agustín Moreto y Cabaña.

1296. *N. 252. / Comedia Famosa. / SAN FRANCO / DE SENA. / De Don Agustin Moreto. A-D_2, 32pp.

–NO huyais, que yo solo soy.

–de Sena, el Lego del Carmen. P 905-18

1297. Num. 100. / Comedia Famosa. / SAN FRANCO / DE SENA. / De Don Agustin Moreto. A-D_2, 32pp.(-1). Salamanca: Santa Cruz.

–No huyas, que yo soy solo.

–de Sena, el Lego del Carmen. P 952-8

SAN PEDRO DE ARBUÉS. Francisco de la Torre y Sevil.

1298. Comedia Famosa. / S^n PEDRO DE ARBUES / De Don Fernando De / La Torre. (ms). Aa_3-Cc_4, fols.(197r)-215(216)v. Modern s in ms portion.

–ha de mis vicios Ynfernal quadrilla, (ms)

–gloria, y honor de su patria.

Comedias escogidas, 24, 10. Madrid: Mateo Fernandez de Espinosa

Arteaga for Iuan de San Vicente, 1666. First two pages ms. P 908-2

SANCHO ORTIZ DE LAS ROELAS. Cándido María Trigueros.

1299. N. 330. / SANCHO ORTIZ / DE LAS ROELAS, / Tragedia, / Arreglada / Por Don Candido Maria Trigueros. A-D, 28pp. Valencia: José Ferrer de Orga y compañía, 1813. Modern s.

–SE que es vana mi porfia:

–donde la flaqueza acaba.

Has W. B. Chorley ink stamp. A reworking of *La estrella de Sevilla.*

P 960-1

SANTA JULIANA. Juan Bautista Diamante.

1300. La Gran / Comedia, / De SANTA JULIANA. / De Don Juan Bautista Diamante. G-I_3, pp.85-128+list of titles at end. Madrid: Francisco Manuel de Mena.

–Cierra essa ventana Irene.

–dà de serviros gustosa.

Ameno jardin, item seven. Madrid, 1734. See item 389. P 982-9

1300a. Another copy, lacking bookseller data. P 901-19

SANTA MARÍA EGIPCIACA, Y GITANA DE MENFIS.

See: *Gitana de Menfis, La.*

SANTA OLALLA DE MÉRIDA. Francisco González de Bustos.

1301. Comedia Famosa. / De SANTA OLALLA DE MERIDA, / De Francisco Gonzalez De Bvstos. X-Z_3, fols.157v-179r.

–Viua el grande Diocleciano,

–perdonad las faltas nuestras.

Comedias escogidas, 22, 9. Madrid: Andres Garcia de la Iglesia for Iuan Martin Merinero, 1665. P 914-9

SANTA PELAGIA. Fernando de Zárate.

1302. Comedia Famosa / SAN^{ta} PELAGIA / Don Fernando Zarate. L-N_3, pp.160-197.

–En este jardin que gasta,

–de Margarita Pelagia.

Comedias escogidas, 44, 5. Madrid: Roque Rico de Miranda for Iuan Martin Merinero, 1678. P 911-11

SANTA ROSA DEL PERÚ. Agustín Moreto y Cabaña & Pedro Francisco de Lanini y Sagredo.

1303. Comedia Famosa. / SANTA ROSA / DEL PERU. / De Don Agustin Moreto. A-E_2, 40pp.

–SEr Reyna de las Flores

–dà fin a sus maravillas.

Segunda parte de las comedias de Don Agustin Moreto. Valencia: Benito Macè for Francisco Duarte, 1676. Item two. A factitious volume containing *sueltas* dated between 1748 and 1772. P 906-13

SANTO DOMINGO EN SORIANO. Juan Pérez de Montalván.

1304. SANTO DOMINGO EN SORIANO. / Comedia Famosa / Del Doctor Ivan Perez De / Montaluan. A-D_2, 32pp.

–No me obligues a reñir,

–Santo Domingo en Soriano. P 912-1

SANTO, ESCLAVO, Y REY A UN TIEMPO, Y MEJOR LIS DE FRANCIA, SAN LUIS. Nicolás González Martínez?

1305. Num. 40. / Comedia Nueva. / SANTO, ESCLAVO, Y REY A UN TIEMPO, / Y MEJOR LIS DE FRANCIA / SAN LUIS. / De Un Ingenio De Esta Corte. A-E, (36pp.). Madrid: Antonio Sanz, 1743.

–YA, hermano, que en este oculto

–Santo, Esclavo, y Rey à un tiempo. P 925-9

SASTRE DEL CAMPILLO, EL. Francisco Antonio de Bances Candamo.

1306. Comedia Famosa. / EL SASTRE / DEL CAMPILLO. / De Don Francisco Vances Candamo. (A)-D_2, (32pp.). Madrid: Antonio Sanz, 1743.

–AY de mì!

–duelos de honor, y de zelos. P 958-20

1307. N. 103. / Comedia Famosa. / EL SASTRE / DEL CAMPILLO. / De Don Francisco Vances Candamo. A-D_2, 34pp. Valencia: Viuda de Joseph de Orga, 1765.

–AY de mì!

–duelos de honor, y de zelos. P 947-8

1307a. Another copy. P 983-16

1308. Num. 138. / Comedia Famosa. / EL SASTRE / DEL CAMPILLO. / De Don Francisco Vances Candamo. A-E, (35pp.). Barcelona: Carlos Sapera, 1770.

–AY de mi!

–duelos de honor, y zelos. P 934-10

SASTRE, REY, Y REO A UN TIEMPO, EL SASTRE DE ASTRACÁN. Antonio Frumento.

1309. Comedia Nueva. / SASTRE, REY, Y REO A UN TIEMPO, / EL SASTRE DE ASTRACAN: / Su Autor D. Antonio Furmento. A-G, 51pp. Madrid: Joseph Gómara, 1755.

–QUien mejor curò una pena?

–de sus ansias el anhelo. P 942-4

SASTRE Y SU HIJO, EL. Anonymous.

1310. Saynete, / INTITULADO / EL SASTRE, / Y SU HIJO, / Representado En Los Teatros De Esta Corte, / Para Diez Personas. (a)-a_3, 11pp.(-1). Madrid: Manuel Quiroga. Modern s.

–TIene usted mucha razon,

–el fin con una Tonada.

With title page, in bound volume issued Madrid: Benito Cano; Manuel Quiroga, 1791. CS I-34

SECRETO A VOCES, EL. Pedro Calderón de la Barca.

1311. *N. 121. / Comedia Famosa. / EL SECRETO / A VOCES. / De Don Pedro Calderon De La Barca. A-E_2, 40pp. Madrid: Antonio Sanz, 1753*.

–RAzon tienes, corazon.

–humildes à vuestras plantas. P 1055-11

SECRETO DE DOS MALO ES DE GUARDAR, EL. Anonymous.

1312. Saynete Nuevo: / EL SECRETO DE DOS / MALO ES / DE GUARDAR. / Para Tres Personas. (a)-a_2, 8pp.(-1). Madrid: Manuel Quiroga. Modern s.

–Mira, Perico, yo quiero

–Perdon de las faltas nuestras.

With title page, in bound volume issued Madrid: Benito Cano; Manuel Quiroga, 1791. See also *Lidian amor y poder hasta llegar a vencer, Seleuco rey de Siria, o a buen padre mejor hijo* for another edition of this *sainete.*
CS I-35

1313. Saynete Nuevo. / EL SECRETO DE DOS / MALO ES / DE GUARDAR. / Para Tres Personas. 8pp.(-1). Sevilla: Aragón, 1816. Modern s.

–Mira, Perico, yo quiero
–Perdon de las faltas nuestras.

With title page.
P 1353-14

SECRETO ENTRE DOS AMIGOS, EL. Agustín Moreto y Cabaña.

1314. Num. 261. / Comedia Famosa. / EL SECRETO ENTRE DOS AMIGOS. / De Don Agustin Moreto. A-D_2, (32pp.). Barcelona: Juan Serra.

–HOmbre, que quieres? que apuras
–quien calla, que otorga dice.
P 906-14

1314a. Another copy.
P 951-1

SEGUNDA MAGDALENA Y SIRENA DE NÁPOLES, LA.
Francisco de Rojas Zorrilla.

1315. LA SEGVNDA MAGDALENA, / Y SIRENA DE NAPOLES. / Comedia / Famosa: / De Don Francisco De Roxas. A-D_2, 32pp.(-1).

–Guarda el loco, que assegura
–venerada y verdadera.
P 971-16

1315a. Another copy.
P 998-3

SEGUNDO ESCIPIÓN, EL. Pedro Calderón de la Barca.

1316. Comedia Famosa, / EL SEGVNDO / SCIPION, / Fiesta que se representò à los años del Rey nuestro Señor / Don Carlos Segundo. / De Don Pedro Calderon / de la Barca. A-H, 30fols.(-1).

–Arma, arma.
–y el Ayre con visos.
P 1055-10

SEGUNDO MOISÉS, SAN FROILÁN, EL. Juan de Matos Fragoso.

1317. N. 21. / Comedia Famosa. / EL SEGUNDO / MOYSES / S. FROYLAN. / De D. Juan De Matos Fragoso. A-D_2, 32pp. Valencia: Viuda de Joseph de Orga, 1762.

—AVisaste al Rey, que aqui
—del Rey Don Alfonso el Quinto. P 952-11

1317a. Another copy. P 986-15

SEGUNDO SÉNECA DE ESPAÑA, Y PRÍNCIPE DON CARLOS, EL.
Juan Pérez de Montalván.

1318. Num. 38. / Comedia Famosa. / EL SEGVNDO / SENECA DE ESPANA, / Y PRINCIPE DON CARLOS. / Del Doctor Juan Perez De Montalvan. A-E, 34pp.(-1). Barcelona: Pedro Escuder.

—Yà Laura no hay otro medio.
—del Gran Seneca de España. P 984-24

SENTENCIA CONTRA SÍ, Y HÚNGARO MÁS VALIENTE, LA.
Juan Pérez de Montalván.

1319. LA SENTENCIA CONTRA SI, / Y VNGARO MAS VALIENTE. / Comedia / Famosa. / Del Doctor Ivan Perez De Montalvan. A-D_2, 16fols.(-1).

—Desta suerte el fuerte Ciro,
—y sentencia contra si. P 912-9

SENTENCIA SIN FIRMA, LA. Gaspar de Avila y Perea.

1320. Comedia Famosa / De LA SENTENCIA SIN FIRMA. P-R_4, fols.120r-140v.

—Dexame, Leonor, llorar
—y el buen sucesso es ventura.

Comedias escogidas, 2, 5. Madrid: Imprenta Real for Antonio de Ribero, 1652. At headlines (recto): "De Gaspar de Avila." P 910-5

SEÑOR DON JUAN DE AUSTRIA, EL. Juan Pérez de Montalván.

1321. Num. 121. / EL SENOR DON JVAN DE / AVSTRIA. / Comedia / Famosa, / Del Doct. D. Jvan Perez De Montalvan. A-D_2, 32pp.(-1). Sevilla: Francisco de Leefdael.

—Gran dia.
—la historia de D. Juan de Austria. P 984-12

SEÑORA Y LA CRIADA, LA. Pedro Calderón de la Barca.

1322. Num. 58. / Comedia Famosa. / LA SENORA, / Y LA CRIADA. / De Don Pedro Calderon De La Barca. A-D_2, 32pp.(-1). Salamanca: Santa Cruz.

–ESto queda assi tratado.
–ya que no merezca aplauso. P 1055-12

1323. Comedia Famosa, / LA SENORA / Y LA CRIADA. / De D. Pedro Calderon De La Barca. R-T_4, fols.128v-149r. (*Comedias escogidas,* 46, 7. Madrid: Francisco Sanz, 1679).

–Esto queda assi tratado.
–ya que no merezca aplauso. P 1000-15

SEÑORITA MAL CRIADA, LA. Tomás de Iriarte.

1324. *Núm.* 50. / Comedia Famosa / LA SENORITA MAL CRIADA, / Comedia Moral En Tres Actos / Por El Autor Del Señorito Mimado. A-F, 44pp.(-1). Barcelona: Juan Francisco Piferrer; Juan Sellent. Modern s.

–¿Qué sirve regar ahí,
–Otros Padres descuidados. P 966-8

SEÑORITO ENAMORADO, EL. Anonymous.

1325. Saynete, / Intitulado / EL SENORITO / ENAMORADO, / Representado En Los Teatros De Esta Corte: / Para Ocho Personas. (a)-a_3, 12pp.(-1). Madrid: Manuel Quiroga, 1792. Modern s.

–Señoritos de los chicos.
–y dos vítores al Patio.

With title page, in bound volume issued Madrid: Benito Cano; Manuel Quiroga, 1792. CS IIa-35

1325a. Identical printing, in bound volume issued Madrid: Benito García; Viuda de Quiroga, 1806. CS IIb-35

SEÑORITO MIMADO, O LA MALA EDUCACIÓN, EL.
Tomás de Iriarte.

1326. Núm. 13. / Comedia Famosa / EL SENORITO MIMADO / O / LA MALA EDUCACION, / Comedia Moral En Tres Actos, / Por Don Tomas De Yriarte. A-E_2, 40pp. Barcelona: Juan Francisco Piferrer;

Juan Sellent. Modern s.

–Nueve, y seis quince . . . . . diez y ocho . . . .
–Pasará tambien por ellos. P 966-9

SERVIR A BUENOS. Lope Félix de Vega Carpio.

1327. N. 2. / SERVIR A BUENOS. / Comedia / De Lope De Vega Carpio. F-K, pp.35-69. Modern s.

–Por eso del alma sale,
–senado, á servicio vuestro.

Essentially the same as item 1328. Madrid: Librería de Castillo, Puesto de (Josef) Sánchez, 1804. See comment to item 133. P 950-8

1328. N. 2. / SERVIR A BUENOS. / Comedia / De Lope De Vega Carpio. A-E, 35pp. Madrid: Librería de Castillo, Puesto de (Josef) Sánchez. Modern s.

–Por eso del alma sale,
–senado, á servicio vuestro

1804. See comment to item 133. P 945-8

1328a. Another copy. P 972-29

SERVIR CON MALA ESTRELLA. Lope Félix de Vega Carpio.

1329. Num. 25. / Comedia Famosa. / SERVIR CON MALA / ESTRELLA. / De Lope De Vega Carpio. A-E_2, 40pp. Madrid: Lonja de Comedias de la Puerta del Sol.

–No te agrada la Ciudad?
–el servir con mala estrella, [sic] P 972-30

SERVIR PARA MERECER. Juan Bautista Diamante.

1330. Comedia Famosa. / SERVIR PARA MERECER. / De Don Ivan Bavtista Diamante. P_2-R_2, fols. 114r-13(0)v.

–Ya en fin auemos llegado
–en seruir ha merecido.

Comedias escogidas, 12, 6. Madrid: A(n)dres Garcia de la Iglesia for Iuan de S. Vicente, 1658. P 993-7

SERVIR SIN LISONJA, EL. Gaspar de Avila.

1331. Comedia Famosa. / Del SERVIR SIN LISONJA. / De Gaspar de

Auila. A-E_2, 20fols.(-1).

—Yo tengo de obedecer
—os la haze con el fin.

Comedias escogidas, 16, 8. Madrid: Melchor Sanchez for Mateo de la Bastida, 1662.
P 995-11

SÍ, EL. Antonio Pacheco?

1332. Núm. 116. / Saynete Nuevo / Intitulado: / EL SI. / Para Seis Personas. 8pp.(-1). Valencia: Estevan, 1816. Modern s.

—AMigo, ya el noble oficio
—no, no, no, no

With title page.
P 979-26

SI UNA VEZ LLEGA A QUERER, LA MÁS FIRME ES LA MUJER.
José de Cañizares.

1333. *Comedia Nueva.* / SI UNA VEZ / LLEGA A QUERER, / *LA MAS FIRME* / ES LA MUGER. / De Don Josef De Cañizares. A-D_2, 32pp.(-1). Madrid: Manuel Quiroga, 1792. Modern s.

—AMigas, pues mi contento
—si lo ha sabido probar.
P 920-24

SIBILA DEL ORIENTE, Y GRAN REINA DE SABA, LA.
Pedro Calderón de la Barca.

1334. *Num.* 9 / Comedia Famosa, / LA SIBILA / DEL ORIENTE, / Y GRAN REYNA DE SABA. / De Don Pedro Calderon De La Barca. A-D_2, 32pp.

—Dios grande, inmenso Señor,
—sus faltas, que ay infinitas.
P 1055-13

SIEMPRE HAY QUE ENVIDIAR AMANDO. Antonio de Zamora.

1335. N. 220. / Comedia Famosa. / SIEMPRE HAY QUE EMBIDIAR/ AMANDO. / De Un Ingenio. A-F, 44pp. Valencia: Joseph y Thomás de Orga, 1777.

—PUes ya sale el Alva,
—de Amor hermano.
P 925-11

SÍES DEL MAYORDOMO DON CIRITECA, LOS. Anonymous.

1336. Saynete, / Intitulado / LOS SIES DEL MAYORDOMO / DON CIRITECA, / Representado En Los Teatros De Esta Corte. / Para Nueve Personas. (a)-a_3, 11pp.(-1). Madrid: Manuel Quiroga, 1791. Modern s.

–Amigo Don Sebastian,
–de todas las faltas nuestras.

With title page. P 979-27

1336a. Another copy, in bound volume issued Madrid: Benito Cano, Manuel Quiroga, 1791. CS I-36

SIETE DURMIENTES, Y MÁS DICHOSOS HERMANOS, LOS.
Agustín Moreto y Cabaña.

1337. N. 36. / Comedia Famosa. / LOS SIETE DURMIENTES, / Y MAS DICHOSOS / HERMANOS. / De Don Agustin Moreto. A-D_2, 32pp. Valencia: Viuda de Joseph de Orga, 1769.

–FLora, Aurelia, entrad aqui:
–los defectos que tuviere. P 906-15

SIETE ESTRELLAS DE FRANCIA, SAN BRUNO, LAS.
Luis de Belmonte Bermúdez.

1338. LAS SIETE ESTRELLAS DE FRANCIA. / Comedia Famosa / De Lvis De Belmonte. M-(0_3), pp.173-(211). Modern s in ms portion.

–Que venga vn hombre de bien
–tantas estrellas se eclipsan. (ms)

Comedias escogidas, 21, 5. Madrid: Ioseph Fernandez de Buendia for Agustin Verges, 1663. Last page ms. P 990-6

1339. N. 26. / Comedia Famosa. / LAS SIETE ESTRELLAS / DE FRANCIA. / SAN BRUNO. / De Don Luis De Belmonte. A-D_2, 32pp. Valencia: Viuda de Joseph de Orga, 1762.

–QUe venga un hombre de bien
–tantas Estrellas se eclipsan. P 922-12

1339a. Another copy. P 975-3

SILLA DE SAN PEDRO, LA. Antonio Martínez de Meneses.

1340. Comedia Famosa. / LA SILLA DE SAN PEDRO. / de D: Antonio Martinez. (ms). Cc-Dd_4, fols.(196v)-215v. Modern s in ms portion.

–Julio. *Jul.* Flora, que te veo, (impf. ms)
–piadosas disculpas tengan.
Comedias escogidas, 11, 11. Madrid: Gregorio Rodríguez for Iuan de S. Vicente, 1658. First page ms. P 963-7

1340a. Another copy. First page ms. P 914-1

SIN HONRA NO HAY VALENTÍA. Agustín Moreto y Cabaña.

1341. N. 107. / Comedia Famosa. / SIN HONRA / NO HAY VALENTIA. / De Don Agustin Moreto. A-D_2, 32pp. Valencia: Viuda de Joseph de Orga, 1765.
–DIvino y claro objeto,
–aquí acaba, perdon pide. P 905-23

1341a. Another copy. P 951-7

SIRENA DE TINACRIA, LA. Diego de Figueroa y Córdoba.

1342. Num. 146. / LA SIRENA DE TINACRIA. / Comedia / Famosa, / De D. Diego De Cordova Y Figveroa, / Caballero del Abito de Alcantara. A-D_2, 32pp.(-1). Sevilla: Francisco de Leefdael.
–Sobre estas altas Rocas,
–perdoneis sus muchas faltas. P 941-4

1342a. Another copy. P 985-5

SIRENA DEL JORDÁN, SAN JUAN BAUTISTA, LA.
Cristóbal de Monroy y Silva.

1343. Num. 169. / Comedia Famosa. / LA SYRENA / DEL JORDAN, / SAN JUAN / BAPTISTA. / De Don Christoval De Monroy. A-C_2, 24pp.(-1). Sevilla: Joseph Padrino.
–Monarcha Omnipotente,
–quando à vuestros pies me postro. P 970-13

SITIO DE BREDA, EL. Pedro Calderón de la Barca.

1344. Comedia Famosa, / EL SITIO / DE BREDA. / De Don Pedro Calderon De La Barca. A-F_2, (48pp.).
–Oy es, señor, el venturoso dia,
–obligado à tantas leyes. P 1055-14

SOCORRO DE LOS MANTOS, EL.

Francisco de Leiva Ramírez de Arellano.

1345. EL SOCORRO DE LOS MANTOS. / Comedia Famosa. / De Don Carlos De Arellano. A-E_2, (38pp.).

–Lleua luego esse recado

–y algun vitor que la alcance.

Ink stamp of Libraria Colonna. P 917-7

1346. N. 210. / Comedia Famosa. / EL SOCORRO / DE LOS MANTOS. / De Don Carlos De Arellano. A-D_2, 32pp. Valencia: Joseph y Thomás de Orga, 1776.

–LLeva luego esse recado

–y algun vitor, que la ensalce. P 940-4

1346a. Another copy, later printing: modern accent and s; ese for esse. P 977-3

SOL A MEDIANOCHE, Y ESTRELLAS A MEDIODÍA, EL.

Juan Bautista de Villegas.

1347. Comedia Famosa. / Del Sol à media noche y estrellas à / medio dia. / De Juan Bautista de Villegas. (ms). M-O, fols.(88v)-105v. Modern s in ms portion.

–Ya que espirando el dia (ms)

–en materia tan copiosa.

Ink stamp of Libraria Colonna. *Comedias escogidas,* 7, 5. Madrid: Domingo Garcia y Morràs for Domingo de Palacio, 1654. First page ms. P 989-12

SOL DE LA SIERRA, EL. Juan Bautista Diamante.

1348. La Gran / Comedia, / EL SOL DE LA SIERRA. / De Don Juan Bautista Diamante. N-P_3, pp.165-177(207)+page of titles. Madrid: Francisco Manuel de Mena.

–Monstruo cruel!

–à mas eloquente estilo.

Ameno jardin, item nine. Madrid, 1734. See item 389. P 901-21

1348a. Another copy. P 982-16

SOL DE ORIENTE, SAN BASILIO MAGNO, EL.

Pedro Francisco de Lanini y Sagredo.

1349. Num. 230. / EL SOL DE ORIENTE, / SAN BASILIO MAGNO. / Comedia / Famosa, / De D. Pedro Francisco Lanini Sagredo. A-D_2, 32pp.(-1). Sevilla: Francisco de Leefdael.
–Camine, hermano Alcaparra.
–el Sol del Oriente Claro. P 908-9

SOL OBEDIENTE AL HOMBRE, EL. Andrés González de Barcia.

1350. Num. 217. / EL SOL OBEDIENTE AL HOMBRE. / Comedia / Famosa, / De Don Garzia Aznar Velez S. A-D_2, 32pp.(-1). Sevilla: Joseph Antonio de Hermosilla.
–Embestid, fuertes soldados,
–dà fin: perdonad sus yerros. P 933-9

1350a. Another copy. P 977-4

SOLDADO VENCEDOR, EL. Cosme Tejada de los Reyes.

1351. Auto, / EL SOLDADO / VENCEDOR. A-E, 34pp.(-1).
–APenas soy concebido
–à Dios, Joseph, Padre virgen.
Preceded, pp.1-4, by: "Loa / Para El Auto / Del Nacimiento De Christo N. S. / Intitulado: EL SOLDADO VENCEDOR, / Del Licenciado Don Cosme / Tejada de los Reyes."
–DEtente, espera.
–En albricias. P 969-13

SÓLO EL PIADOSO ES MI HIJO. Juan de Matos Fragoso, Sebastián de Villaviciosa, / Francisco de Avellaneda.

1352. Num. 258. / Comedia Famosa. / SOLO EL PIADOSO ES MI HIJO. / De Matos, Villaviciosa Y Avellaneda. A-E, (36pp.). Barcelona: Francisco Suriá y Burgada.
–ESte, sin duda, es Milan.
–Solo el piadoso es mi hijo. P 986-23

SÓLO EN DIOS LA CONFIANZA. Pedro Rosete Niño.

1353. SOLO EN DIOS LA CONFIANZA. / Comedia Famosa, / De Don Pedro Rosete. A-D_2, 16fols.(-1).
–Vaya el demonio conmigo.
–y vn perdon si ha auido faltas.

Comedias escogidas, 16, 2. Madrid: Melchor Sanchez for Mateo de la Bastida, 1662. P 963-11

SOPISTA CUBILETE, MÁGICO, EL. Anonymous.

1354. Saynete, / Intitulado / *EL SOPISTA* / CUBILETE, / MAXICO, / Representado En Los Teatros De Esta Corte, / Para Diez Personas. (a)-a_3, 12pp.(-1). Madrid: Manuel Quiroga, 1792. Modern s.

–Seguid todos mis pisadas;

–por ser de gracias el tiempo.

With title page, in bound volume issued Madrid: Benito Cano; Manuel Quiroga, 1792. CS IIa-36

1354a. Identical printing, in bound volume issued Madrid: Benito García; Viuda de Quiroga, 1806. CS IIb-36

SORDO EN LA POSADA, EL. Félix Enciso Castrillón.

1355. Núm. 19. / Drama En Dos Actos, / Intitulado: / EL SORDO / EN LA POSADA. / Traducido Del Francés. / Por D. F. E. C. I-3*, 22pp.+2pp. of titles. Valencia: Ildefonso Mompié; Miguel Domingo, 1816. Modern s.

–HOmbre, qué impaciente es- / tás!

–del placer que disfrutamos.

Probably from Pierre Jean Baptiste Choudard Desforges: *Le sourd, ou l'auberge pleine.* P 954-6

SORDO Y EL MONTAÑÉS, EL. Melchor Fernández de León.

1356. *N. 122. / Comedia Famosa. / EL SORDO, / Y EL MONTANES. / De Don Melchor Fernandez De Leon. A-D_2, (32pp.). Madrid: Antonio Sanz, 1750.

–COrriendo voy como un gamo.

–del Sordo, y el Montañes. P 940-12

SORTIJA DE FLORENCIA, LA. Sebastián de Villaviciosa.

1357. La Gran Comedia / La Sortija de Florencia / de D. Sebastian Villauiciosa. (ms). F_3-H_4, fols.(42v)-(62r). Modern s in ms portions.

–Viste Aurora? (ms)

–la Sortija de Florencia. (ms)

Comedias escogidas, 17, 3. Madrid: Melchor Sanchez for San Vicente, 1662. First and last fols. ms. P 999-2

1357a. Another copy: lacks first and last fols. P 992-1

1358. Num. 157. / Comedia Famosa. / LA SORTIJA / DE FLORENCIA. / De Don Sebastian De Villaviciosa. A-D_2, (32pp.). Madrid: Antonio Sanz, 1745.
–VIste à Aurora? *Turr.* Señor, si,
–la Sortija de Florencia. P 903-20

1358a. Another copy. P 941-9

1358b. Another copy. P 969-16

SUFRIR MÁS POR QUERER MENOS. Rodrigo Enríquez.

1359. SVFRIR MAS POR QVERER MENOS. / Comedia Famosa. / De Don Rodrigo Enriqvez. Cc-Ee_4, fols.200r-222r.
–Ya señora que la suerte
–venga vn vitor de barato.
Comedias escogidas, 10, 11. Madrid: Imprenta Real for Francisco Serrano de Figueroa, 1658. P 999-5

SUTIL TRAMPOSO, O AL FIN TODO SE DESCUBRE, EL. Anonymous.

1360. Saynete. / EL SUTIL TRAMPOSO / O / AL FIN TODO SE DESCUBRE. 8pp.(-1). Modern s.
–No tienes que replicarme,
–los yerros disimularnos. P 979-28

* * *

TAMBIÉN DA AMOR LIBERTAD. Antonio Martínez de Meneses.

1361. Comedia Famosa, / TAMBIEN DA AMOR LIBERTAD. / De D. Antonio Martinez. V-X_4, fols.149r-168v.
–Que nos trae aqui a los dos
–perdon de sus yerros pida.
Comedias escogidas, 17, 8. Madrid: Melchor Sanchez for San Vicente, 1662. P 963-9

1361a. Another copy. P 992-5

TAMBIÉN HAY DUELO EN LAS DAMAS. Pedro Calderón de la Barca.

1362. *N. 257. / Comedia Famosa. / TAMBIEN AY DUELO / EN LAS DAMAS. / De Don Pedro Calderon De La Barca. A-F, 44pp. Madrid: Antonio Sanz, 1757*

–LLega, Isabel, essa luz.
–perdonad sus muchos yerros. P 1056-9

TAMBIÉN HAY DUELO EN LOS SANTOS. Juan Salvo y Vela.

1363. N. 236. / Comedia Famosa. / TAMBIEN HAY DUELO /EN LOS SANTOS. / De Un Ingenio. A-D_2, 32pp. Valencia: Joseph y Thomás de Orga, 1781.

–ARmoniosos lazos,
–tambien hay duelo en los Santos. P 927-8

TAMBIÉN LA AFRENTA ES VENENO.
Luis Vélez de Guevara, Luis Antonio Coello y Ochoa, & Francisco de Rojas Zorrilla.

1364. Comedia Famosa / TAMBIEN LA AFRENTA ES VENENO. / Comedia / Famosa. / La primera jornada de Luis Velez de Guevara. / La segunda de Don Antonio Coello. / La tercera de Don Francisco de Roxas. A-E_2, 40pp.(-1).

–A las fiestas que haze el valle,
–a quien el fauor debemos. P 998-1

1365. *Num. 259. / Comedia Famosa. / TAMBIEN LA AFRENTA / ES VENENO. / La primera Jornada de Luis Velez de Guevara; la / segunda de Don Antonio Coello; y la tercera de / Don Francisco de Roxas. A-E, 36pp. Madrid: Antonio Sanz, 1754.

–A Las fiestas que hace el Valle
–à quien el favor debemos. P 904-12

1365a. Another copy. P 971-2

TAMBIÉN POR LA VOZ HAY DICHA. José de Cañizares.

1366. N. 141. / Comedia Famosa. / TAMBIEN / POR LA VOZ HAY DICHA. / De Don Joseph De Cañizares. A-E, 36pp. Valencia: Viuda de Joseph de Orga, 1769.

–AL Heroe glorioso,
–no necessita otro vitor. P 920-22

TAMBIÉN SE AMA EN EL ABISMO. Agustín de Salazar y Torres.

1367. Comedia Famosa. / TAMBIEN SE AMA EN EL ABISMO. / Fiesta De Zarzuela A Los Años De La Reyna / nuestra Señora Doña Mariana de Austria. / De Don Agustin de Salazar y Torres. K-M, pp.141-178. (*Comedias escogidas,* 41, 4. Pamplona: Ioseph del Espiritu Santo, undated but probably 1675 or 1676).

—Aguarda Nave enemiga.

—Tambien se Ama en el Abismo, [sic] P 909-4

1368. Num. 20. / Comedia Famosa. / TAMBIEN SE AMA / EN EL ABISMO. / Fiesta A Los Años De La Reyna N. Señora. / De Don Agustin De Salazar. A-D_2, (32pp.). Madrid: Antonio Sanz, 1736.

—AGuarda, Nave enemiga.

—tambien se ama en el Abismo. P 981-7

1369. N. 261. / Comedia Famosa. / TAMBIEN SE AMA / EN EL ABISMO. / Fiesta A Los Años De La Reyna N. Señora. / De Don Agustin De Salazar. A-D_2, 32pp. Madrid: Antonio Sanz, 1754.

—AGuarda, Nave enemiga.

—tambien se ama en el Abismo. P 930-9

TANCREDO, EL. Bernardo de Iriarte.

1370. Num. 61. / Tragedia. / EL TANCREDO. / En Cinco Actos. / A-C_2, 24pp. Barcelona: Pablo Nadal, 1798. Modern s.

—ILustres vengadores de Sicilia,

—que anses [sic] que muera yo, cobre la vida.

A translation of François Marie Arouet de Voltaire's *Tancréde.*

P 1353-16

TEJEDOR DE SEGOVIA, EL. *Primera Parte.*

Juan Ruiz de Alarcón y Mendoza.

1371. N. 115. / Comedia Famosa. / EL TEXEDOR / DE SEGOVIA. / De Don Juan De Alarcon. / Primera Parte. A-D_2, (32pp.). Madrid: Antonio Sanz, 1745.

—MUerto soy: Jesus!

—las lanzas por lanzaderas. P 968-10

1372. Num. 174. / Comedia Famosa. / EL TEXEDOR DE SEGOVIA. / De Don Juan De Alarcon. / Primera Parte. A-D_2, (32pp.). Barcelona: Thomás Piferrer, 1771.

—MUerto soy! Jesus!

—las lanzas por lanzaderas. P 1057-1

TEJEDOR DE SEGOVIA, EL. *Segunda Parte.*
Juan Ruiz de Alarcón y Mendoza.

1373. N. 290. / Comedia Famosa. / EL TEXEDOR / DE SEGOVIA. / Segunda Parte. / De Don Juan De Alarcon. A-D_2, 32pp. Valencia: Hermanos de Orga, 1792. Modern s.
–ESta que miras, señor,
–á que perdone los nuestros. P 947-9

1373a. Another copy. P 968-11

1373b. Another copy. P 1057-2

TERCERO DE SU AFRENTA, EL. Antonio Martínez de Meneses.

1374. Num. 22. / EL TERCERO DE SV AFRENTA. / Comedia / Famosa, / De D. Antonio Martinez / Fiesta Qve Se Hizo A Sv Magestad / en el Real Palacio. A-D_2, 32pp.(-1). Sevilla: Francisco de Leefdael.
–acabadme de vestir,
–por ser muger quien lo ruega. P 930-11

1375. Comedia Famosa / EL TERCERO DE SV AFRENTA. / De D. Antonio Mattinez [sic]. / Fiesta Qve Se Hizo A Sv Magestad / en el Real Palacio. S-V_2, fols.135r-154v.
–Acabadme de vestir,
–Algo en contante quisiera. (inc.)
Incomplete copy: last eight lines of play (fol.154v) are pasted over. *Comedias escogidas,* 15, 7. Madrid: Melchor Sanchez for Iuan de S. Vicente, 1661. P 963-5

1376. N. 175. / Comedia Famosa. / EL TERCERO / DE SU AFRENTA. / De Don Antonio Martinez. A-D_2, 32pp. Valencia: Joseph y Thomás de Orga, 1772. Modern s.
–ACabadme de vestir,
–por ser muger quien lo ruega. P 946-3

TÍO CHIVARRO, EL. Anonymous.

1377. Saynete, / Intitulado / EL TIO / CHIVARRO, / Representado En Los Teatros De Esta Corte, / Para Trece Personas. (a)-a_3, 12pp.(-1). Madrid: Manuel Quiroga, 1792. Modern s.
–Despues que comí, me fuí
–perdon de las faltas nuestras.

With title page. P 979-29

1377a. Another printing (identical save second line of title in italics), in bound volume issued Madrid: Benito Cano; Manuel Quiroga, 1792. CS IIa-37

1377b. Another copy of 1377a, in bound volume issued Madrid: Benito García; Viuda de Quiroga, 1806. CS IIb-37

TÍO NAYDE, O EL ESCARMIENTO DEL INDIANO, EL. Anonymous.

1378. Saynete, / Intitulado / EL TIO NAYDE / O / EL ESCARMIENTO / *DEL INDIANO,* / Representado En Los Teatros De Esta Corte: / Para Once Personas. (a)-a_3, 12pp.(-1). Madrid: Manuel Quiroga, 1792. Modern s.

–Voy á buscar: : : ¡mas qué miro!

–tolerancia, si no obsequio.

With title page, in bound volume issued Madrid: Benito Cano; Manuel Quiroga, 1792. CS IIa-38

1378a. Another copy, in bound volume issued Madrid: Benito García; Viuda de Quiroga, 1806. CS IIb-38

1378b. Another printing, loose, without title page. P 979-30

TÍO PEREGIL, O EL TRAGABALAS, EL.
Juan Ignacio González del Castillo.

1379. Núm. 90. / Saynete Nuevo / Titulado: / EL TIO PEREGIL, / O EL TRAGA BALAS. / Para Diez Personas. 8pp.(-1). Valencia: Estevan, 1816. Modern s.

–EL que inventó lotería,

–perdonad las faltas nuestras.

With title page. P 979-31

TÍO VIGORNIA EL HERRADOR, EL. Anonymous.

1380. Saynete, / Intitulado / EL TIO VIGORNIA / EL HERRADOR, / Representado En Los Teatros De Esta Corte, / Para Siete Personas. (a)-a_3, 12pp.(-1). Madrid: Manuel Quiroga, 1792. Modern s.

–„Siempre machacando,

–ya que otro premio no tenga.

With title page. P 979-32

1380a. Another printing (identical save first line of title in italics), in bound volume issued Madrid: Benito Cano; Manuel Quiroga, 1792.
CS IIa-39

1380b. Another copy of 1380a, in bound volume issued Madrid: Benito García; Viuda de Quiroga, 1806. CS IIb-39

TODO ES DAR EN UNA COSA, Y HAZAÑAS DE LOS PIZARROS.
Primera Parte. Gabriel Téllez (Tirso de Molina).

1381. Comedia Famosa. / TODO ES DAR EN UNA COSA, / Y HAZANAS DE LOS PIZARROS. / Del Maestro Tirso De Molina. / Parte Primera. A-F, 43pp. Madrid: Theresa de Guzmán, Lonja de Comedias de la Puerta del Sol.

–DOS interpretes, señora,

–todos es dàr en una cosa.

1736? For parts two and three see: *Las amazonas en las Indias, y hazañas de los Pizarros,* and *La lealtad contra la envidia, y hazañas de los Pizarros.* P 904-4

1381a. Another copy. P 1120-18

1381b. Another copy? In missing volume. P 973-*w*

TODO ES ENREDOS AMOR, Y DIABLOS SON LAS MUJERES.
Diego de Figueroa y Córdoba *or*
Agustín Moreto y Cabaña.

1382. Num. 332. / Comedia Famosa, / TODO ES ENREDOS / AMOR, / De Don Agustin Moreto. A-E, (36pp.).

–Anda, Juana. *Jua.* Yà te sigo.

–dà fin; perdonad sus yerros.

Com. Moreto, 3, item seven. Valencia: Benito de Macè for Vicente Cabrera, 1703. See item 294. P 906-16

1383. Num. 233. / Comedia Famosa. / TODO ES ENREDOS / AMOR, / Y DIABLOS SON / LAS MUGERES. / De Don Agustin Moreto. A-D_2, 32pp.(-1). Sevilla: Joseph Padrino.

–Anda, Juana.

–dà fin, perdonad sus yerros. P 951-6

1384. Num. 233. / Comedia Famosa. / TODO ES ENREDOS AMOR, / Y DIABLOS SON LAS MUGERES. / De Don Agustin Moreto. A-D_2,

(32pp.). Barcelona: Francisco Suriá y Burgada. Modern s.

—Anda, Juana.

—da fin, perdonad sus yerros. P 913-8

1385. *N. 262. / Comedia Famosa. / TODO ES ENREDOS / AMOR, / Y DIABLOS SON LAS MUGERES. / De Don Diego De Cordova Y Figueroa. A-E, (36pp.). Madrid: Antonio Sanz, 1751.

—ANda Juana.

—dà fin, perdonad sus yerros. P 985-6

TODO ES INDUSTRIA EL AMOR. Cristóbal de Monroy y Silva.

1386. TODO ES INDVSTRIA EL AMOR. / Comedia Famosa / De D. Christoval De Monroy. A-D_2, (32pp.).

—No te vio mi hermana? *Isab.* No.

—Amor, zelos y industria. P 989-2

TONTO ALCALDE DISCRETO, EL. Anonymous.

1387. Saynete, / Intitulado / EL TONTO ALCALDE DISCRETO, / Representado En Los Teatros De Esta Corte, / Para Once Personas. (a)-a_3, 12pp.(-1). Madrid: Manuel Quiroga. Modern s.

—Se ha logrado nuestro intento

—perdon de las faltas nuestras.

With title page, in bound volume issued Madrid: Benito Cano; Manuel Quiroga, 1791. CS I-37

TOQUERA VIZCAÍNA, LA. Juan Pérez de Montalván.

1388. Num. 89. / LA TOQVERA VIZCAINA. / Comedia / Famosa, / Del Doctor Jvan Perez De Montalvan. A-D_2, 32pp.(-1). Sevilla: Viuda de Francisco de Leefdael.

—Hemos de passar de aqui?

—empieze a ser vuestra esclava. P 984-25

TORMENTO DEL DEMONIO, EL. Anonymous.

1389. Num. 6. / Auto Al Nacimiento / De Christo Nuestro Señor / Intitulado: EL TORMENTO / DEL DEMONIO. A-C, 19pp.(-1). Salamanca: Santa Cruz.

—Es possible, que las furias,

—de alegria à los farsantes.

Followed, p. 19, by: "Villancico Al Nacimiento De Christo / Señor Nuestro" (REgocijo, y placer han llegado . . .), and "Coplas" (YO soy el solar . . .). P 967-15

TORRE DEL ORBE, LA. Pedro Rosete Niño.

1390. LA TORRE DEL ORBE. / Comedia / Famosa. / De Don Pedro Rossete. A-D_2, (32pp.).
–Esta es la Torre del Orbe,
–y el noble supla las faltas. P 932-4

TRABAJAR POR CUENTA AJENA. Mariano Zacarías Cazurro.

1391. TRABAJAR POR CUENTA AJENA, / Comedia Original / En Tres Actos Y En Verso, / Por / Don Mariano Zacarias Cazurro. / Representada Con Aplauso En El Teatro De La Cruz De Esta Corte. (I)-(6):, 87pp.(-1). Madrid: Imprenta de la Sociedad de Operarios del Mismo Arte, Oct. 30, 1848. Modern s.
–Miren el pobre señor!
–tendré que buscar otra ama.
With title page. P 955-2

TRABAJOS DE DAVID, Y FINEZAS DE MICHOL, LOS.
Cristóbal Lozano.

1392. N. 214. / Comedia Famosa. / LOS TRABAJOS / DE DAVID, / Y FINEZAS DE MICHOL. / De el Licenciado Gaspàr Lozano Montesino. A-E, 36pp. Madrid: Antonio Sanz, 1752.
–TEmplad, hermanos, las iras,
–y finezas de su esposa. P 969-5

TRABAJOS DE JOB, LOS. Felipe Godínez.

1393. LOS TRABAIOS DE IOB. / Comedia Famosa / La Nveva Del Doctor / Felipe Godinez. A-B_4, (32pp.).
–Da Iob a tus tres amigos,
–amparadnos como siempre. P 914-3

TRABAJOS DE TOBÍAS, LOS. Francisco de Rojas Zorrilla.

1394. Núm. 108. / Comedia Famosa. / LOS TRABAJOS / DE TOBIAS / De Don Francisco De Roxas. (A)-E_2, 39pp.(-1). Barcelona: Viuda

Piferrer; Juan Sellent. Modern s.
–Viva el gran Senaquerib,
–perdon en lugar de vitor. P 971-23

TRAICIÓN EN PROPIA SANGRE, Y SIETE INFANTES DE LARA, LA.
Diego de Ribera.

1395. Num. 234. / LA TRAYCION EN PROPRIA SANGRE, / Y SIETE INFANTES DE LARA. / Comedia / Burlesca, / De Vn Ingenio De Esta Corte. A-C_2, 24pp.(-1). Sevilla: Francisco de Leefdael.
–Ni me turbo, ni me aflijo
–de los Infantes de Lara. P 925-2

TRAIDOR CONTRA SU SANGRE, Y SIETE INFANTES DE LARA, EL.
Juan de Matos Fragoso.

1396. N. 296. / Comedia Famosa. / EL TRAIDOR / CONTRA SU SANGRE, / Y SIETE INFANTES DE LARA. / De Don Juan De Matos Fragoso. A-D_2, 32pp. Valencia: Hermanos de Orga, 1793. Modern s.
–YA que os habeis de partir.
–si es que un vitor os merece. P 986-24

TRAMPA ADELANTE. Agustín Moreto y Cabaña.

1397. N. 238. / Comedia Famosa. / TRAMPA ADELANTE. / De Don Agustin Moreto. A-E, 36pp. Valencia: Joseph y Thomás de Orga, 1781.
–ESpera, Leonor, detente,
–llevar la trampa adelante. P 906-17

1397a. Another copy. P 913-7

1397b. Another copy. P 951-16

1397c. Another copy. P 960-12

TRAMPOSO, EL. Ramón de la Cruz.

1398. Saynete, / Intitulado / *EL TRAMPOSO,* / Representado En Los Teatros De Esta Corte, / Para Diez Personas. (a)-a_3, 12pp.(-1). Madrid: Manuel Quiroga, 1792. Modern s.
–«El que no tiene oficio,
–de nuestros apasionados.

With title page, in bound volume issued Madrid: Benito Cano; Manuel Quiroga, 1792. CS IIa-40

1398a. Identical printing, in bound volume issued Madrid: Benito García; Viuda de Quiroga, 1806. CS IIb-40

TRAMPOSO CON LAS DAMAS, Y CASTIGO MERECIDO, EL.
Alvaro Cubillo de Aragón *or* Alonso Jerónimo de Salas Barbadillo?

1399. Comedia Famosa / EL TRAMPOSO CON LAS DAMAS / Y CASTIGO MERECIDO. / De Don Albaro Cuvillo De Aragon. A-L, (43)pp.(-1), see below. Madrid: Francisco Assension [sic], 1734.

—DIgo, señor, que tu primo
—el Castigo merecido.

Faulty signatures (A, B, G_2, H, H_2, I, I_2, K, K_2, L) and pagination ((1)-9, 50, 51, 12, 13, 54-55, 16, 58-68, 53, 70, 71, 72, 71, 74-84). *Ameno jardin,* item fourteen. Madrid, 1734. See item 389. P 902-11

TRAPERO DE MADRID, EL. Antonio Valladares y Sotomayor.

1400. Comedia Nueva / En Dos Actos / EL TRAPERO DE MADRID. / Por Don Antonio Balladares. A-(D_2), 28pp.(-1). Madrid: (Puesto de) Josef Sánchez. Modern s.

—Qué paz reina en esta casa! / (ap.
—el generoso Trapero.

With ink stamp of Librería de Josef Carlos Navarro, Valencia. Bottoms and tops badly cut. P 961-15

TRATO MUDA COSTUMBRE, EL. Antonio Hurtado de Mendoza.

1401. Comedia Famosa, / EL TRATO / MVDA COSTVMBRE. / De Don Antonio de Mendoza. A-D_2, (30pp.). Valladolid: Alonso del Riego.

—A Pares andan las bodas,
—que esta farsa acaba bien.

P 968-12

TRAVESURAS DE DON LUIS CUELLO, LAS. *Segunda Parte.*
Marcelo Antonio de Ayala y Guzmán.

1402. Num. 197. / Comedia Famosa. / LAS TRAVESURAS / DE D. LUIS CUELLO. / Segunda Parte. / De Don Marcelo De Ayala Y

Guzman. A-E_2, (40pp.). Madrid: Antonio Sanz, 1748.
–DAte elemosynam pauperi
–con vuestro aplauso buen logro.
The first part has the same title. P 924-5

TRAVESURAS DE PANTOJA, LAS. Agustín Moreto y Cabaña.

1403. Num. 166. / Comedia Famosa. / LAS TRAVESURAS / DE PANTOJA. / De Don Agustin Moreto. A-C_2, 24pp.(-1). Barcelona: Pedro Escuder.
–VUestros aumentos, Don Lope,
–para serviros sus Obras. P 906-18

1404. *N. 198. / Comedia Famosa. / LAS TRAVESURAS / DE PANTOJA. / De Don Agustin Moreto. A-C_2, 24pp. Madrid: Antonio Sanz, 1751.
–VUestros aumentos, D. Lope,
–para serviros sus Obras. P 951-9

TRAVESURAS SON VALOR. Agustín Moreto y Cabaña.

1405. N. 264.* / Comedia Famosa. / TRAVESURAS / SON VALOR. / De Don Agustin Moreto. A-D_2, 32pp.(-1). Madrid: Antonio Sanz, 1747.
–POR ladron de las flores
–Travesuras son Valor.
Apparently a reworking by Moreto of the following item. P 906-19

TRAVESURAS SON VALOR; SANCHO EL MALO Y SANCHO EL BUENO, O EL EJEMPLO EN EL CASTIGO.
Agustín Moreto y Cabaña & two others.

1406. Num. 248. / TRAVESVRAS SON VALOR. / Comedia / Famosa, / De Tres Ingenios. A-D_2, 32pp.(-1). Sevilla: Francisco de Leefdael.
–Esperanzas amorosas
–del exemplo en el castigo. P 929-12

TRES AFECTOS DE AMOR: PIEDAD, DESMAYO, Y VALOR, LOS.
Pedro Calderón de la Barca.

1407. Num. 322. / Comedia Famosa. / LOS TRES AFECTOS / DE AMOR, / PIEDAD, DESMAYO, Y VALOR. / Fiesta que se representò à sus Magestades en el Salon de su Real Palacio. / De Don Pedro Calderon De La Barca. A-E_2, (40pp.).

—Sobre el regazo de Venus

—acierta en lo que obedece. P 1055-15

TRES CORONACIONES DEL EMPERADOR CARLOS QUINTO, LAS. Fernando de Zárate.

1408. Las tres Coronaciones del / EMPERADOR CARLOS V. / De Don Fernando de Zarate. Q-S_3, fols.118v-139r. (*Comedias escogidas,* 40, 7. Madrid: Iulian de Paredes, 1675).

—El invicto Carlos Quinto,

—darle Gran Senado el vitor. P 915-7

TRES JUSTICIAS EN UNA, LAS. Pedro Calderón de la Barca.

1409. N. 258. / Comedia Famosa. / LAS TRES JUSTICIAS EN UNA. / De D. Pedro Calderon De La Barca. A-D_2, 32pp. Valencia: Joseph y Thomás de Orga, 1782.

—BArbaro esquadron fiero,

—merezca el Autor disculpa. P 1055-16

TRES MAYORES PORTENTOS EN TRES DISTINTAS EDADES, LOS. EL ORIGEN RELIGIOSO Y BLASÓN CARMELITANO.
Antonio Bazo.

1410. Num. 190. / LOS TRES MAYORES PORTENTOS / EN TRES DISTINTAS EDADES. / Comedia Nueva, Intitulada: / EL ORIGEN RELIGIOSO, / Y BLASON CARMELITANO; / Su Autor Don Antonio Bazo. A-E, 36pp.(-1). Madrid: Andrés de Sotos.

—VIva el gran Rey de Israèl.

—y Blasones del Carmelo. P 931-9

TRES MAYORES PRODIGIOS, LOS. Pedro Calderón de la Barca.

1411. LOS TRES MAYORES / PRODIGIOS. / Comedia Famosa. / De Don Pedro Calderon De La Barca. A-H_2, (62pp.).

—Al Templo altivo de Marte,

—por pedirle à vuestras plantas.

At head of Act I: "Representòla Thomàs Fernandez, en el Teatro que estava / à mano derecha." At head of Act II: "Representòla la Compañia de Prado de la Rosa en el teatro / de mano izquierda." At head of Act III: "Representòla Sebastian de Prado en el Teatro de en medio."

Play preceded, A-A_2, pp.1-8, by: "Loa Para La Comedia / De LOS TRES MAYORES / PRODIGIOS. / Fiesta que se representò à sus Magestades en el Real Sitio / de la Casa del Campo. / De Don Pedro Calderon De La Barca."

–Noche hermosa, que con solo
–donde la Comedia empiece. P 1055-17

TRES NOVIOS IMPERFECTOS: SORDO, TARTAMUDO, Y TUERTO, LOS. Anonymous.

1412. Saynete, / Intitulado / LOS TRES NOVIOS IMPERFECTOS, / SORDO, TARTAMUDO, Y TUERTO. / Representado En Los Teatros De Esta Corte. / Para Doce Personas. (a)-a_3, 12pp.(-1). Madrid: Manuel Quiroga, 1791. Modern s.

–Robledo, vente con migo,
–si no ha sido del agrado.

With title page. P 979-33

1412a. Another copy, in bound volume issued Madrid: Benito Cano; Manuel Quiroga, 1791. CS I-38

TRES PORTENTOS DE DIOS, LOS. Luis Vélez de Guevara.

1413. Num. 217. / Comedia Famosa. / LOS TRES PORTENTOS DE DIOS. / Comedia / Famosa, / De Lvis Velez De Gvevara. A-C_2, 24pp.(-1). Sevilla: Imprenta Real.

–Ya braman suelto los ayres,
–los tres Prodigios de Dios. P 953-7

1414. Num. 217. / LOS TRES PORTENTOS DE DIOS. / Comedia / Famosa, / De Lvis Velez De Gvevara. A-D_2, 32pp.(-1). Sevilla: Francisco de Leefdael.

–Ya braman sueltos los ayres,
–los Tres Prodigios de Dios.

Note variation in first lines. P 934-1

TRES SEÑORES DEL MUNDO, LOS. Luis de Belmonte Bermúdez.

1415. LOS TRES SENORES DEL / MVNDO. / Comedia / Famosa / De Don Lvis De Belmonte. Hh_2-Kk_2, fols.242r-261r.

–Soy villano, y el amor
–le dè fin al Triumbirato.

Comedias escogidas, 3, 12. Madrid: Melchor Sanchez for Ioseph Muñoz Barma, 1653. P 921-5

1415a. Another copy. P 990-7

TRES SOLES DE MADRID, LOS. Cristóbal de Monroy y Silva.

1416. N. 10. / Comedia Famosa. / LOS TRES SOLES / DE MADRID. / De D. Christoval De Monroy. A-D, 28pp. Valencia: Viuda de Joseph de Orga, 1761.
–NO estoy en mì de tristeza.
–refieren nuestros Anales. P 970-12

1416a. Another copy, later printing: modern accent and s; "Monroy Y Silva." P 929-4

TRIUNFO DE JUDIT, Y MUERTE DE HOLOFERNES, EL.
Juan de Vera Tassis y Villarroel.

1417. Comedia Nueva. / EL TRIUNFO / DE JUDITH, / Y MUERTE DE OLOFERNES, / De Don Juan De Vera Tassis Y Villarroel. A-D_2, 33pp. Alacalá; Madrid: Isidro López, 1790. Modern s.
–ASirios esforzados,
–yace humilde á vuestros pies.
At end: "En Alcalá, Año de 1790." P 934-5

TRIUNFO DE LAS MUJERES, EL. Juan Ignacio González del Castillo.

1418. 129. / Saynete Nuevo / Intitulado, / EL TRIUNFO / DE LAS MUGERES. / Para Nueve Personas. (A)-A_2, 8pp.(-1). Valencia: José Ferrer de Orga y compañía; José Carlos Navarro, 1814. Modern s.
–Escuchad hombres crueles.
–perdon de las faltas nuestras.
With title page. P 979-34

1419. Saynete Nuevo / Titulado / EL TRIUNFO / DE LAS MUGERES. / Para Nueve Personas. 8pp.(-1). Sevilla: Aragón, 1816. Modern s.
–Escuchad, hombres crueles.
–perdon de las faltas nuestras.
With title page. P 1353-15

TRIUNFO DEL AMOR Y LA AMISTAD, JENWAL Y FAUSTINA, EL.
Gaspar Zavala y Zamora.

1420. Comedia Original En Prosa. / EL TRIUNFO DEL AMOR Y LA AMISTAD, / JENWAL Y FAUSTINA. / En Tres Actos. / Por D. Gaspar Zavala Y Zamora. A-C, 24pp. Barcelona: Agustín Roca. Modern s.

–Es ocioso: no está mi espíritu para

–ga- / nado el Amor, y la Amistad. P 962-12

TRIUNFO DEL AVE MARÍA, EL. Pedro Rosete Niño?

1421. Comedia / EL TRIUNFO / DEL AVE MARIA. / De Un Ingenio De La Corte. A-E, 36pp.(-1). Madrid: Manuel Quiroga, 1793. Modern s.

–ARma, arma.

–aqui la Comedia acabe. P 921-6

TRIUNFOS DE AMOR Y FORTUNA. Antonio de Solís.

1422. La Gran / Comedia / TRIVNFOS DE AMOR, Y / FORTVNA. / Fiesta Real, Que Se Represento / à sus Magestades en el Coliseo de / el Buen-Retiro. / Al Feliz Nacimiento Del Serenissimo / Principe Don Felipe Prospero nuestro Señor. / Escrita por Don Antonio de Solis, Secretario del Rey nues- / tro Señor, y su Oficial de Estado. A-I, 34fols.

–Donde me llevas, Morfeo?

–los triunfos del Amor, y la Fortuna.

Preceded, fols.1r-3r, by *Loa*.

–El Cielo, y la Tierra

–y èl concede mas.

Followed by "Entremeses, Y Saynetes, / que se representaron à sus Magestades con la Comedia in- / titulada Triunfos de Amor, y Fortuna, en el Coliseo del / Buen-Retiro, el año de 1658."

"Entremes Del Niño Cavallero" (fols.27v-30r).

–No me detengais, amigas,

–y darle esse quarto.

"Entremes Del Salta En Banco" (fols.30r-32v).

–Juan Rana, què buscais en el Retiro?

–y tenganme.

"Entremes, Y Saynete" (fols.32v-35r).

–Aguardad, supremos Dioses,

–y gozen las del chico Felipe el / Grande.

Com. Solís, item one (omitting *loas* and *entremeses*). Madrid: Melchor Alvarez for Justo Antonio de Logroño, 1681. See item 455. P 981-19

TRIUNFOS DE FELIPE QUINTO, Y EFECTOS DEL REY JACOBO.
Bernardo de Arteaga y Montalván.

1423. Comedia Famosa. / TRIVNFOS / DE FELIPE QUINTO, / Y EFECTOS DEL REY JACOBO. / De D. Bernardo De Arteaga Y Montalvan. A-E_2, 40pp. Barcelona: Pedro Escuder, 1758.

–Astros, que dominais en los vivientes,
–perdonad sus muchas faltas. P 939-10

TRIUNFOS DE MISERICORDIA, Y LA JUSTICIA VENCIDA.
Anonymous.

1424. Num. 18. / Auto Al Nacimiento / De El Hijo De Dios, / Intitulado: / TRIUMPHOS / DE MISERICORDIA, / Y LA JUSTICIA / VENCIDA. A-D, 28pp.(-1). Madrid: Antonio Sanz.

–VEnid, y adorad, Creaturas de Dios
–buenas noches, y Laus Deo.

Followed, pp.27-28, by: "Bayle Famoso De El Arquitecto. / De Don Juan Velez."

–UN Arquitecto de amor
–ponerle cola. P 967-16

* * *

UN BOBO HACE CIENTO. Antonio de Solís *or* Diego Muget y Solís?

1425. Num. 12. / La Gran Comedia / De VN BOBO / HAZE CIENTO. / Fiesta que se representò à sus Magestades Martes / de Carnestolendas. / De Don Antonio De Solis. E, A-D(E), fols.125r-126v+(36pp.).

–Juanilla estaba con ella,
–con el Poeta, id en paz.

Preceded, E, fols.125r-126v, by: (*Loa de*) "La Gran / Comedia / De VN BOBO HAZE CIENTO. / Fiesta que se representò à sus Magestades Martes de / Carnestolendas. / De Don Antonio De Solis."

–Donde estàs caduco Tiempo?
–si huviere cuenta.

Com. Solís, item seven (omitting *loas* and *entremeses*). Madrid: Melchor Alvarez for Justo Antonio de Logroño, 1681. See item 455. P 981-13

1425a. Another copy, *Loa* only. P 903-4

* * *

VACANTE GENERAL, LA. Pedro Calderón de la Barca.

1426. Plieg. 3. / Auto / Sacramental / Alegorico, / Intitulado / LA VACANTE / GENERAL / De D. Pedro Calderon De La Barca. A-C_3, 24pp.(-1).

–VEnid, mortales, venid. *Cat.*

–premios. *Laus Deo* P 1055-18

VALIENTE CAMPUZANO, EL. Fernando de Zárate.

1427. Num. 152. / Comedia Famosa. / EL VALIENTE / CAMPUZANO. / De Don Fernando De Zarate. A-D_2, 32pp.(-1). Salamanca: Santa Cruz.

–CReed que mi voluntad,

–dignas de immortal [sic] memoria. P 934-4

1428. Comedia Famosa / de el Valiente Campuzano. / de D. Fernando de Zarate. (ms). (P)-Q_4, fols.(108v)-126r. Modern s in ms portion.

–Creed, que mi uoluntad (ms)

–dignas de inmortal memoria.

Comedias escogidas, 14, 6. Madrid: Domingo Garcia y Morràs for Domingo Palacio y Villegas, 1660. First page ms. P 990-11

VALIENTE JUSTICIERO, Y EL RICOHOMBRE DE ALCALÁ, EL. Agustín Moreto y Cabaña.

1429. Comedia Famosa / EL VALIENTE / IVSTICIERO. / De Don Agvstin Moreto. X_3-Z_4, pp.325-(363). Modern s in ms portion.

–No me escuchas.

–el Valiente Justiciero. (ms)

Comedias escogidas, 9, 9. Madrid: Gregorio Rodriguez for Mateo de la Bastida, 1657. Last page ms. P 994-6

1430. *N. 129. / Comedia Famosa. / EL VALIENTE / JUSTICIERO, / Y EL RICO-HOMBRE DE ALCALA. / De Don Agustin Moreto. A-D_2, 32pp. Madrid: Antonio Sanz, 1751.

–NO me escuchas?

–el Valiente Justiciero.

Com. Moreto, 2, item eleven. Valencia: Benito Macè for Francisco Duarte, 1676. See item 1303. P 906-20

1431. N. 189. / Comedia Famosa. / EL VALIENTE / JUSTICIERO, / Y EL RICO-HOMBRE DE ALCALA. / De Don Agustin Moreto. A-D_2, 32pp. Valencia: Joseph y Thomás de Orga, 1773. Modern s.

—NO me escuchas?
—el Valiente Justiciero. P 960-8

VALIENTE NEGRO EN FLANDES, EL. *Primera Parte.*
Andrés de Claramonte y Corroy.

1432. EL VALIENTE NEGRO EN FLANDES. / Comedia / Famosa. / De Andres De Claramonte. A-D_3, (32pp.).
—Vaya el perro. *Iu.* No està el yerro
—y largamente las cuenta.
Title of second part is *El negro valiente en Flandes,* by Manuel Vicente Guerrero. P 993-2

1433. N. 113. / Comedia Famosa. / EL VALIENTE NEGRO / EN FLANDES. / De Don Andres De Claramonte. A-D, (28pp.). Madrid: Antonio Sanz, 1745.
—VAya el perro.
—y largamente las cuenta. P 975-5

1434. N. 64. / Comedia Famosa. / EL NEGRO / VALIENTE / EN FLANDES. / Primera Parte. / De Don Andres De Claramonte. A-D, 28pp. Valencia: Viuda de Joseph de Orga, 1764. Modern s.
—VAya el perro.
—perdonad las faltas de esta. P 938-11

VALOR, AGRAVIO, Y MUJER. Ana Caro y Mallén de Soto.

1435. VALOR, AGRAVIO, Y MVGER. / Comedia / Famosa. / Por Doña Ana Caro De Mallen. A-E, 18fols.(-1).
—Por aqui, gallarda Estela,
—que perdoneis sus defetos.
Last fol. misnumbered 16. P 908-12

VALOR CONTRA FORTUNA, EL. Andrés de Baeza.

1436. Comedia Famosa, / DEL VALOR CONTRA / FORTVNA. / De Don Andres De Baeza. C-E_3, fols.17r-35v.
—Ha fortuna! el valor mio
—el Valor contra Fortuna.
Comedias escogidas, 11, 2. Madrid: Gregorio Rodríguez for Iuan de S. Vicente, 1658. P 911-12

1436a. Another copy. P 996-10

VALOR, FORTUNA, Y LEALTAD.

See: *Valor, lealtad, y ventura de los Tellos de Meneses. Segunda Parte.*

VALOR, LEALTAD, Y VENTURA DE LOS TELLOS DE MENESES. *Primera Parte.* Lope Félix de Vega Carpio.

1437. N. 144. / Comedia Famosa. / VALOR, LEALTAD / Y VENTURA / DE LOS TELLOS / DE MENESES. / Primera Parte. / De Frey Lope De Vega Carpio. A-D, 30pp. Valencia: Viuda de Joseph de Orga, 1769. Modern s.

–PArecerá loca accion.
–que refiera sus hazañas. P 950-3

1437a. Another copy. P 974-10

VALOR, LEALTAD, Y VENTURA DE LOS TELLOS DE MENESES. *Segunda Parte.* Lope Félix de Vega Carpio.

1438. VALOR, FORTVNA, Y LEALTAD. / Comedia / Famosa. / De Lope De Vega Carpio. A-D_3, (32pp.).

–Quien se levanta, hermosa,
–de la historia de los Tellos. P 998-8

1439. N. 145. / Comedia Famosa. / VALOR, LEALTAD, / Y VENTURA / DE LOS TELLOS / DE MENESES. / Segunda Parte. / De Frey Lope De Vega Carpio. A-D, 30pp. Valencia: Viuda de Joseph de Orga, 1769.

–QUien se levanta hermosa,
–de la Historia de los Tellos. P 950-4

1439a. Another copy, later printing: modern accent and s; no comma in title; no comma at end of first line. P 903-21

1439b. Another copy of 1439a. P 974-11

VALOR NO TIENE EDAD, Y SANSÓN DE ESTREMADURA, EL. Juan Bautista Diamante.

1440. Comedia Famosa. / EL VALOR / NO TIENE EDAD, / Y SANSON / DE ESTREMADURA. / De Don Juan Baptista Diamante. A-E_2, 39pp. Barcelona: Pedro Escuder, 1758.

–PErnil, mete essos cavallos,
–los yerros que aya tenido. P 901-21

1440a. Another copy. P 982-17

VALOR NUNCA VENCIDO, Y HAZAÑAS DE JUAN DE ARÉVALO, EL. Francisco Scotti Fernández de Córdoba.

1441. Comedia Nueva / EL VALOR / NUNCA VENCIDO, / Y HAZANAS / DE JUAN DE AREVALO: / De Un Ingenio Andaluz. A-D_2, (32pp.). Madrid: Antonio Sanz, 1743.
–No me diras la intencion.
–quando el vitor no merezca. P 924-3

VALOR PERSEGUIDO, Y TRAICIÓN VENGADA, EL.
Juan Pérez de Montalván.

1442. Num. 80. / Comedia Famosa. / EL VALOR PERSEGUIDO, / Y TRAICION VENGADA. / Del Doctor Juan Perez De Montalvan. A-D_2, 32pp.(-1). Salamanca: Santa Cruz.
–Cesse el belico furor,
–fin, y la traycion vengada. P 984-26

VENCEDOR DE SÍ MISMO, EL. Alvaro Cubillo de Aragón.

1443. Num. 122. / EL VENCEDOR DE SI MISMO. / Comedia / Famosa, / De Alvaro Cvbillo De Aragon. A-D_2, 32pp.(-1). Sevilla: Francisco de Leefdael.
–Dexame Dudon, no quieras
–en el perdon de sus yerros. P 902-13

VENENO EN LA GUIRNALDA, Y LA TRIACA EN LA FUENTE, EL.
Melchor Fernández de León.

1444. Comedia Famosa, / EL VENENO / EN LA GVIRNALDA, / Y LA TRIACA EN LA FVENTE. / Fiesta que se representò à su Magestad à los años / de la Reyna nuestra señora. / De Don Melchor De Leon. Ee_2-Gg_4, fols.214(218)r-235(239)v. (*Comedias escogidas,* 46, 11. Madrid: Francisco Sanz, 1679).
–A Pan celebremos
–limpio holocausto, y oblaci*o* eter / (na, [sic] P 1000-19

1444a. Another copy. P 933-8

VENGADA ANTES DE OFENDIDA. Jerónimo de Cifuentes.

1445. Comedia famosa / Vengada antes de Ofendida. / de D. Geronimo de Zifuentes. (ms). K-M_4, fols.72v-93v. Modern s in ms portion.

–Jauali presuroso (ms)

–perdoneis sus muchas faltas.

Comedias escogidas, 12, 4. Madrid: A(n)dres Garcia de la Iglesia for Iuan de S. Vicente, 1658. First page ms. P 993-9

VENGADOR DE LOS CIELOS, Y RAPTO DE ELÍAS, EL.
Francisco Antonio de Bances Candamo.

1446. Num. 264. / Comedia Famosa. / EL VENGADOR DE LOS CIELOS, / Y RAPTO DE ELIAS. / De Don Francisco Banzes Candamo. A-D_3(D_2), (32pp.). Barcelona: Juan Centené, Juan Serra. Modern s.

–VIva nuestro Rey Achab.

–el Vengador de los Cielos. P 923-3

1446a. Another copy. P 958-21

1446b. Another copy. P 983-17

VENGANZA EN EL DESPEÑO, Y TIRANO DE NAVARRA, LA.
Juan de Matos Fragoso.

1447. Num. 6. / Comedia Famosa. / LA VENGANZA EN EL DESPENO, / Y TYRANO DE NAVARRA. / De Don Juan De Matos Fragoso. A-D_2, 32pp.(-1). Modern s.

–Cese el estruendo de Marte,

–pues con un vitor no es facil. P 986-26

VENGANZA DE TAMAR, LA. Gabriel Téllez (Tirso de Molina).

1448. Num. 191. / LA VENGANZA DE THAMAR. / Comedia / Famosa, / Del Doctor Felipe Godinez. A-D_2, 32pp.(-1). Sevilla: Francisco de Leefdael.

–Quitame aquestas espuelas,

–dà Thamar fin à sus quexas.

Followed, pp.30-32, by: "Entremes / Gracioso, / Del / Morogveco" (of Luis Quiñones de Benavente).

–Ropasanta, ya estamos en Sevi- / (lla.
–celebrêmos la boda con vn bayle. P 932-7

VENGANZA Y EL AMOR, LA. Diego de Villegas.

1449. LA VENGANZA, Y EL AMOR. / Comedia Famosa. / De Don Diego De Villegas. A-D_3, 16fols.
–Que seguirle no pudieras
–y yo perdon os pida. P 907-7

VENIR EL AMOR AL MUNDO. Melchor Fernández de León.

1450. (Cross patée) / VENIR EL AMOR AL MUNDO. / Comedia / Famosa, / De Don Melchor Fernandez De Leon. / Fiesta que se representò à sus Magestades. A-B_2, 16pp.
–Vaya de alegria
–los hombres, las aves, las llamas, / los pezes. P 937-9

1451. Num. 42. / VENIR EL AMOR AL MVNDO. / Comedia / Famosa, / De Don Melchor Fernandez De Leon. A-B_2, 16pp.(-1). Sevilla: Francisco de Leefdael.
–Vaya de alegria,
–los hombres, las aves, las llamas, los / (pezes. P 969-2

VENTURA TE DÉ DIOS, HIJO, QUE EL SABER POCO TE BASTA.
Gabriel Téllez (Tirso de Molina).

1452. (Cross patée) Num. 95. / VENTURA / TE DE DIOS, HIJO, / QUE EL SABER POCO, / TE BASTA. / Comedia Famosa. / Del Maestro Tirso De Molina. A-E_2, 39pp.+page with *licencia,* etc. Madrid: Theresa de Guzmân, Lonja de Comedias de la Puerta del Sol.
–QUè os hice yo, Estrellas pìas,
–que el saber poco, te basta.
1734? P 1120-16

1452a. Another copy? In missing volume. P 973-*x*

VER Y CREER: SEGUNDA PARTE DE DOÑA INÉS DE CASTRO.
Juan de Matos Fragoso.

1453. Comedia Famosa. / VER, Y CREER. / Segunda Parte / De DONA INES DE CASTRO. A-E, 36pp. Barcelona: Pedro Escuder, 1758.

—Vuestra Alteza, gran Señor,
—perdonad sus desaciertos.

Pp.3-6 ms. First part is *Reinar después de morir* of Luis Vélez de Guevara.
P 986-27

VERDAD EN EL ENGAÑO, LA.
Juan Vélez de Guevara, Jerónimo de Cáncer y Velasco, & Antonio Martínez de Meneses.

1454. La Gran Comedia, / De LA VERDAD EN EL ENGANO. / De don Iuan Velez, de don Geronimo Cancer, y de don Antonio Martinez. R-T_4, fols.128r-148v.
—Que tienes?
—y el Febo de España Quarto.

Comedias escogidas, 17, 7. Madrid: Melchor Sanchez for San Vicente, 1662.
P 992-4

VERGONZOSO EN PALACIO, EL. Gabriel Téllez (Tirso de Molina).

1455. Num. 92. / Comedia Sin Fama. / EL VERGONZOSO EN PALACIO. / Del Maestro Tirso De Molina. A-F_2. 48pp.(-1). Madrid: Theresa de Guzmán, Lonja de Comedias de la Puerta del Sol.
—DE industria à esta espesura retirado.
—las faltas perdone el sabio.

1734?
P 957-11

1456. EL VERGONZOSO EN PALACIO, / Comedia / Del Maestro Tirso De Molina. (A)-F_2, 46pp.(-1)+2pp. of titles. Madrid: Imprenta que fue de Fuentenebro; Librería y Puesto de Cuesta, 1817. Modern s.
—De industria á esta espesura retirado
—las faltas perdone el sábio.*
P 959-19

1456a. Another copy? In missing volume. P 973-*y*

VERSE Y TENERSE POR MUERTOS. Manuel Freire de Andrade.

1457. Num. 60. / Comedia Famosa. / VERSE, Y TENERSE / POR MUERTOS. / De Don Manuel Freyle De Andrade. A-E, 36pp.(-1). Salamanca: Santa Cruz.
—GRan tempestad!
—de limosna os pide un Victor.
P 940-7

1458. Num. 112. / Comedia Famosa. / VERSE, Y TENERSE / POR MUERTOS. / De Don Manuel Freyle De Andrade. A-D_2, (32pp.). Barcelona: Francisco Suriá y Burgada. Modern s.

–GRan tempestad!
–de limosna os pide un victor. P 1121-20?

VIAJES DEL EMPERADOR SEGISMUNDO, O EL ESCULTOR Y EL CIEGO, LOS. Domingo Botti.

1459. Núm. 162. / Comedia En Prosa. / LOS VIAGES / DEL EMPERADOR SEGISMUNDO, / O / EL ESCULTOR / Y EL CIEGO. / En Quatro Actos. / Traducida Por Domingo Botti. A-D(D_2), 29pp.(-1). Barcelona: Imprenta del Diario. Modern s.

–¿Qué significa aquella gente
–ca- / rácter de la verdadera nobleza.

Original source has not been identified. P 956-5

VÍCTIMAS DEL AMOR, ANA Y SINDHAM, LAS.
Gaspar Zavala y Zamora.

1460. LAS VICTIMAS DEL AMOR, / ANA Y SINDHAM, / Comedia En Tres Actos / Por Don Gaspar De Zavala Y Zamora. A-E, 36pp.(-1). Modern s.

–AUN descansan todos: ¡Ah!
–é indulto nuestra fatiga.

According to McClelland (II, p.484): "from an English novel, presumably *Pamela,* perhaps through one of its many stage-versions in English, French, or Italian, or from adaptations of d'Arnaud's Pamelan *Fanni*" (i.e., François-Thomas de Baculard d'Arnaud). *Col. com. nuevas,* 1, item one. Madrid: Manuel Gonzalez, 1789. See item 334. P 957-12

1461. N. 274. / LAS VICTIMAS DEL AMOR, / ANA Y SINDHAM. / Comedia En Tres Actos. / Por Don Gaspar Zavala Y Zamora. A-E, 36pp. Valencia: José Ferrer de Orga y compañiá, 1813. Modern s.

–Aun descansan todos: Ah,
–é indulto nuestra fatiga. P 962-6

VICTORIA POR EL AMOR, LA. Manuel Morchón.

1462. Comedia Famosa / LA VITORIA / DEL AMOR. / De Don Manvel Morchon. O_2-Q, pp.211-242.

–En tan dichoso dia,

—con que queda de agradaros.
Comedias escogidas, 9, 6. Madrid: Gregorio Rodriguez for Mateo de la Bastida, 1657. P 964-8

1463. Comedia Famosa / VICTORIA / POR EL AMOR. / De Don Manuel Morchon. A-D, (28pp.). Madrid: Antonio Sanz, 1743.
—EN tan dichoso dia,
—con que queda de agradaros. P 931-3

VIDA DE SAN ALEJO, LA. Agustín Moreto y Cabaña.

1464. N. 185. / Comedia Famosa. / LA VIDA / DE S. ALEXO. / De Don Agustin Moreto. A-D_2, 32pp. Madrid: Antonio Sanz, 1746.
—DE su propia resistencia
—la Vida de San Alexo. P 906-22

1464a. Another copy. P 952-14

VIDA DEL GRAN TACAÑO, LA. José de Cañizares.

1465. N. 186. / Comedia Famosa. / LA VIDA / DEL GRAN TACANO. / De Don Joseph Cañizares. A-D_2, 32pp.(-1). Madrid: Antonio Sanz, 1747.
—EStas, segun los rincones,
—la Vida del Gran Tacaño. P 920-25

VIDA EN EL ATAÚD, LA. Francisco de Rojas Zorrilla.

1466. LA VIDA. / EN EL ATAHVD. / Comedia Famosa. / De Don Francisco De Roxas. A-D_2, (32pp.).
—Gusto he tenido de verte.
—Dios dà a mi vida principio.
A few pages are numbered. P 998-5

VIDA ES SUEÑO, LA. Pedro Calderón de la Barca.

1467. Comedia Famosa / LA VIDA ES SVENO / De D. Pedro Calderon de la Barca. A-C_4, 47pp. Barcelona: Ivan Piferrer.
—Hipogrifo violento,
—es tan proprio el perdonarlas.
Lower left corner, first page: "Part I." P 1056-10

1468. N. I. / Comedia Famosa / LA VIDA ES SUENO. / De Don Pedro Calderon De La Barca. A-E, 36pp. Valencia: José Ferrer de Orga y compañía, 1813. Modern s.

–Hipogrifo violento

–es tan propio el perdonarlas. P 960-9

VIDA Y MUERTE DE SAN LÁZARO Antonio Mira de Amescua.

1469. VIDA, Y MVERTE DE SAN LAZARO / Comedia Famosa / Del Doctor Mira De Mescva. I-(L_4), pp.125-(167). Modern s in ms portion.

–Dexa que blasfemias diga

–perdonad las faltas nuestras (ms)

Comedias escogidas, 9, 4. Madrid: Gregorio Rodriguez for Mateo de la Bastida, 1657. Last page ms. P 996-2

VIDA Y MUERTE DEL CID, Y NOBLE MARTÍN PELÁEZ.
Fernando de Zárate.

1470. *N. 267. / Comedia Famosa. / VIDA, Y MUERTE / DE EL CID, / Y NOBLE MARTIN PELAEZ. / De Un Ingenio De Esta Corte. A-E, (36pp.). Madrid: Antonio Sanz, 1750.

–QUE à vista de Valencia està la Infanta?

–del Noble Martin Pelaez. P 925-4

1471. N. 192. / Comedia Famosa. / VIDA, Y MUERTE / DEL CID, / Y NOBLE MARTIN PELAEZ. / De Un Ingenio. A-D_2, 34pp. Valencia: Joseph y Thomás de Orga, 1774.

–QUè a vista de Val*e*cia està la Infanta?

–del Noble Martin Pelaez. P 1121-16?

VIEJA HIPÓCRITA, LA. Anonymous.

1472. Saynete Nuevo, / Intitulado / LA VIEJA HYPOCRITA / Para Diez Personas. / P. D. F. T. S. (a)-b_2, 16pp.(-1). Salamanca: Francisco de Tóxar, Santa Cruz, 1797. Modern s.

–AL paso que mas medito,

–el perdon de sus defectos.

With title page. Note coincidence of author's initials: *P*or *D*on *F*rancisco de *T*oxar, *S*alamanca/anta cruz. P 979-35

VIEJO Y LA NIÑA, EL. Leandro Fernández de Moratín.

1473. N. 163. / EL VIEJO Y LA NINA. / Comedia En Tres Actos. / Por I. C. P. A. A-E, 36pp. Valencia: José Ferrer de Orga y compañía, 1815. Modern s.

–Muñoz. *Mun.* Señor. (adentro.

–mas niños y mas troneras. P 962-4

VILLANO DEL DANUBIO, Y EL BUEN JUEZ NO TIENE PATRIA, EL. Juan Claudio de la Hoz y Mota.

1474. N. 231. / Comedia Famosa. / EL VILLANO / DEL DANUBIO, / Y EL BUEN JUEZ / NO TIENE PATRIA. / De Don Juan De La Hoz Mota. A-D_2, 32pp. Valencia: Joseph y Thomás de Orga, 1780.

–PUes el Sol es solo

–tenga perdon, si no vitor, P 946-2

1474a. Another copy. P 985-3

VINATERO DE MADRID, EL. Antonio Valladares de Sotomayor.

1475. Comedia Nueva. / Original, / EL VINATERO / DE MADRID: / En Dos Actos / Su Autor / Don Antonio Valladares / De Sotomayor. / Cuarta Edicion. (A)-D_2, 32pp.(-1). Madrid: Librerías de Quiroga. Modern s.

–Aun parece que es temprano,

–de Madrid, vuestros aplausos.

With title page. P 960-5

1475a. Another copy, with ink stamp of Librería de Josef Carlos Navarro, Valencia. P 961-16

VIOLENCIAS DEL AMOR, LAS. Cristóbal de Monroy y Silva.

1476. Comedia Famosa. / LAS VIOLENCIAS / DEL AMOR. / De Don Christoval De Monroy Y Silva. A-D, (28pp.). Madrid: Antonio Sanz, 1745.

–BRuto con alas por pies

–te perdoneis al Poeta.

Upper corner first page cut, number lost. N. 168? P 970-14

VIRGEN DE LA SALCEDA, LA. Manuel de León Marchante & Diego Calleja, S. J.

1477. Num. 159. / Comedia Famosa. / LA VIRGEN / DE LA SALCEDA. / Del Maestro Leon y Calleja. A-D_2, (32pp.). Madrid: Antonio Sanz, 1745.

–ZAgales de Peñalvèr,

–dadle un vitor por aora. P 937-5

1477a. Another copy. P 969-1

VIRGEN DE LOS DESAMPARADOS DE VALENCIA, LA.

Marco Antonio Ortiz & Jacinto Alonso Maluenda.

1478. Comedia Famosa. / LA VIRGEN DE LOS / DESAMPARADOS DE VALENCIA. / De Marco Antonio Ortiz. M_3-O_4, pp.180-217.

–No son essos mis cuydados.

–de limosna, ò de barato.

Comedias escogidas, 32, 6. Madrid: Andres Garcia de la Iglesia for Francisco Serrano de Figueroa, 1669. P 921-11

VIRGEN DEL SAGRARIO: SU ORIGEN, PÉRDIDA, Y RESTAURACIÓN, LA.

See: *Origen, pérdida, y restauración de la Virgen del Sagrario.*

VIRTUD CONSISTE EN MEDIO: EL PRÓDIGO Y RICO AVARIENTO, LA. Anonymous.

1479. N. 173. / Comedia Nueva. / LA VIRTUD / CONSISTE EN MEDIO. / EL PRODIGO, / Y RICO AVARIENTO. / De Un Ingenio. A-E, 36pp. Valencia: Joseph y Thomás de Orga, 1772.

–FUnesta horrible boca,

–diadema en el Cielo. P 924-9

VIRTUD PREMIADA, O EL VERDADERO BUEN HIJO, LA.

Luis A. J. Moncín.

1480. Num. 63(68?). / Comedia Nueva En Tres Actos. / LA VIRTUD PREMIADA, / O EL VERDADERO BUEN HIJO. / Por L. A. J. M. A-E, 34pp. Barcelona: Juan Francisco Piferrer; Juan Sellent, Madrid: Librería de Quiroga. Modern s.

–Viva el Conde de Ossemont,

–y á la maldad da el castigo.

With ink stamp of the Imprenta de Orga, Valencia (see item 29).P 954-9

VÍSPERAS SICILIANAS, LAS. Anonymous.

1481. N. 119. / Comedia Famosa. / LAS VISPERAS / SICILIANAS. / De Tres Ingenios. A-D, 28pp. Valencia: Viuda de Joseph de Orga, 1767.
—VIvan Francia, y Sicilia eternamente.
—como de limosna un vitor. P 922-7

VIUDO, EL. Ramón de la Cruz.

1482. 177. / Saynete Nuevo. / Intitulado / EL VIUDO. / Para Seis Personas. (A)-B, 10pp.(-1)+2pp. of titles. Valencia: José Ferrer de Orga y compañía; José Carlos Navarro, 1814. Modern s.
—Quien es quien me busca?
—ya que no le dén aplauso.
With title page. P 979-37

VIVANDERAS ILUSTRES, LAS. Antonio Valladares de Sotomayor.

1483. Comedia Nueva / LAS VIVANDERAS / ILUSTRES. / Por Don Antonio Valladares. A-E, 36pp.(-1). Barcelona: Carlos Gibert y Tutó. Modern s.
—AUN no sé si estoi [sic] despierta.
—merezcamos que se aplaudan. P 957-4

1484. Núm. 3. / Comedia Nueva. / LAS VIVANDERAS ILUSTRES. A-E, 30pp. Barcelona: Agustín Roca, 1804. Modern s.
—Aun no sé si estoy despierta.
—merezcamos, que se aplaudan. P 960-2

VOLATINES, LOS.
See: *Pico y Canente.*

* * *

YERRO DEL ENTENDIDO, EL. Juan de Matos Fragoso.

1485. N. 171. / Comedia Famosa. / EL YERRO / DEL ENTENDIDO. / De Don Juan De Matos Fragoso. A-E, 38pp. Valencia: Joseph y Thomás de Orga, 1772.
—VIva el invicto Alexandro,
—si es que algun perdon merece. P 986-28

YO ME ENTIENDO, Y DIOS ME ENTIENDE. José de Cañizares.

1486. N. 51. / Comedia Famosa. / YO ME ENTIENDO, / Y DIOS ME ENTIENDE. / De Don Joseph De Cañizares. A-D_2, 32pp. Valencia: Viuda de Joseph de Orga, 1763.

–LO mas padezco, que mas
–perdonad defectos tantos. P 920-26

YO POR VOS, Y VOS POR OTRO. Agustín Moreto y Cabaña.

1487. Num. 8. / Comedia Famosa. / YO POR VOS, / Y VOS POR OTRO. / De Don Agustin Moreto. A-E, (36pp.).

–SEas Motril, bien venido,
–yo por vos, y vos por otro.

Com. Moreto, 3, item one. Valencia: Benito de Macè for Vicente Cabrera, 1703. See item 294. P 906-23

APPENDIXES

APPENDIX I

Pamphlet Grouping Within the Collection.
Many of the Pamphlets are identifiable through binding or contents as distinctly belonging to "made" (factitious) sets or collections. Each recognizable grouping is listed in decreasing order of size. Italic titles are from the spine or frontispiece. A question mark indicates that the given Pamphlet has been rebound but appears—through content or other indication—to belong to that series. The Pamphlets comprised in each set are listed in sequence; the superscript indicates the volume number within the set.

Comedias antiguas. Tome: [1]P 911, [2]P 907, [3]P 914, [4]P 908, [5]P 910, [6]P 915 (see *Comedias escogidas, parte* 40), [7]P 916, [8]P 939, [9]P 935, [10]P 936, [11]P 937, [12]P 938, [13]P 940, [14]P 942, [15]P 941, [16]P 934, [17]P 933, [18]P 932, [19]P 931, [20]P 921, [21]P 928, [22]P 930? , [23]P 929, [24]P 924, [25]P 925, [26]P 926, [27]P 922, [28]P 923, [29]P 927.

Colección de comedias sueltas. Tomo: [1]P 974, [2]P 975, [3]P 973? , [4]P 968, [5]P 970, [6]P 984, [7]P 905, [8]P 906, [9]P 971, [10]P 982, [11]P 986, [12]P 902, [13]P 985, [14]P 981, [15]P 977, [16]P 969, [17]P 967, [18]P 980, [19]P 983, [20]P 920, [21]P 976, [22]P 978, [23]P 979, [24]P 966.

Comedias de diversos autores. Tomo: [1]P 917, [2]P 909 (see *Comedias escogidas, parte* 41), [3]P 997, [4]P 998, [5]P 999, [6]P 995, [7]P 989, [8]P 987, [9]P 988, [10]P 996, [11]P 993, [12]P 994, [13]P 912? , [14]P 964, [15]P 943, [16]P 992, [17]P 963, [18]P 965, [19]P 990, [20]P 991. Almost all the volumes contain the ink stamp of the Libraria Colonna, usually on the first and last pages.

(W. B. Chorley collection) *Tomo:* [1]P 962, [2]P 956, [3]P 960, [4]P 959? , [5]P 961, [6]P 954. With handwritten index pages.

Comedias escogidas. Parte: [5]P 918, [40]P 915 (see *Comedias antiguas,* 6), [41]P 909 (see *Comedias de diversos autores,* 2), [43]P 919, [46]P 1000.

Comedias de Lope de Vega: P 950. With bookplate of Henry Eyre, Esq.

Comedias de Moreto: P 951. With bookplate of Henry Eyre, Esq.

Comedias varias sueltas: P 903.

Colección de comedias modernas: P 955. Presented by Mrs. Dawkins, May, 1892.

Comedias varias: P 952.

Iʳ Tomo (Pte, II): Lope de Vega Carpio: P 972.

Although untitled, the following are obviously "made" collections:

"*Comedias*" of Calderón de la Barca:" P 1050, P 1051, P 1052, P 1053, P 1054, P 1055, P 1056. Calderón plays in approximately alphabetical order. Several of the volumes have the ink stamp of W. B. Chorley.

"*Comedias* of Lope de Vega and Tirso de Molina:" P 1120. Items one through ten are by Lope; eleven through twenty-three by Tirso.

"*Comedias* of Juan Ruiz de Alarcón:" P 1057. Presented by Mrs. Dawkins, May, 1892.

"*Sainetes*:" P 1353.

APPENDIX II

Pamphlet Contents.

Following each Pamphlet number are the specific *sueltas* which it contains, each identified by its item number in the *Index*. The superscript indicates the numerical sequence within the Pamphlet.

P 901– [1]1041, [2]1195, [3]302, [4]304, [5]402, [6]687, [7]737, [8]967, [9]1120, [10]1125, [11]389, [12]659, [13]730, [14]802, [15]846, [16]980, [17]1099, [18]342, [19]1300a, [20]1348, [21]1440.

P 902– [1]303, [2]305, [3]687a. [4]737a, [5]967a, [6]1122, [7]1123, [8]713, [9]1230, [10]1231, [11]1399, [12]167, [13]1443, [14]403.

P 903– [1]74a, [2]1155, [3]185, [4]1425a, [5]286, [6]1133, [7]326, [8]464, [9]853, [10]886, [11]966, [12]1007, [13]1026, [14]1040a, [15]1061, [16]1199, [17]1227a, [18]1240, [19]1281, [20]1358, [21]1439a, [22]261.

P 904– [1]290, [2]739, [3]963, [4]1381, [5]77, [6]746, [7]996, [8]856, [9]245, [10]174, [11]29, [12]1365, [13]497, [14]1231a.

P 905– [1]438, [2]616, [3]718, [4]1214, [5]33a, [6]104, [7]127, [8]597a, [9]194, [10]204, [11]271, [12]924, [13]387, [14]406, [15]521, [16]599, [17]912, [18]1296, [19]379, [20]609, [21]647, [22]653, [23]1341.

P 906– [1]510, [2]703, [3]756, [4]758, [5]897, [6]903, [7]973, [8]1067, [9]1097a, [10]1183, [11]770, [12]1031, [13]1303, [14]1314, [15]1337, [16]1382, [17]1397, [18]1403, [19]1405, [20]1430, [21]294, [22]1464, [23]1487.

P 907– [1]794, [2]945, [3]680, [4]1086, [5]444, [6]255, [7]1449, [8]39, [9]997, [10]1110, [11]1036, [12]1167a.

P 908– [1]822, [2]1298, [3]990, [4]374, [5]850, [6]1008, [7]714, [8]958, [9]1349, [10]645, [11]601, [12]1435.

P 909– [1]732, [2]913, [3]496, [4]1367, [5]1033, [6]644, [7]203, [8]49, [9]123, [10]651, [11]1175, [12] 258.

P 910– [1]931, [2]726, [3]256, [4]600, [5]1320, [6]598, [7]710, [8]1277, [9] 192, [10]1004, [11]1058, [12]102.

P 911– [1]972, [2]841, [3]1046, [4]1205, [5]385, [6]100, [7]1238, [8]672, [9]412, [10]1112, [11]1302, [12]1436.

P 912– [1]1304, [2]626, [3]10, [4]789, [5]431, [6]1270, [7]293, [8]272, [9]1319, [10]862, [11]509, [12]1161.

P 913– [1]771, [2]1069, [3]973a, [4]609a, [5]104a, [6]609b, [7]1397a, [8]1384, [9]1182, [10]925.

P 914– [1]1340a, [2]6, [3]1393, [4]499, [5]1111, [6]1089, [7]872, [8]72, [9]1301, [10]910, [11]951, [12]1178.

P 915– [1]889, [2]178, [3]585, [4]338, [5]1006, [6]55, [7]1408, [8]661, [9]442, [10]168, [11]1144, [12]1078.

P 916– [1]279, [2]772, [3]874, [4]689, [5]669, [6]1283, [7]57, [8]1157, [9]316, [10]564, [11]1268, [12]524.

P 917– [1]1037, [2]608, [3]895, [4]1030, [5]95, [6]1288, [7]1345.

P 918– [1]1076, [2]58, [3]558, [4]299, [5]467, [6]826, [7]755, [8]1049, [9]500, [10]38, [11]999, [12]107.

P 919– [1]347, [2]1167, [3]1048, [4]583, [5]278, [6]508, [7]435, [8]335, [9]708, [10]911, [11]1187.

P 920– [1]27, [2]1159, [3]115, [4]116, [5]117, [6]4, [7]234, [8]345, [9]456, [10]380, [11]664, [12]688, [13]712, [14]855, [15]777, [16]987, [17]1000, [18]1135, [19]1145, [20]1158, [21]1291, [22]1366, [23]161, [24]1333, [25]1465, [26]1486.

P 921– [1]604, [2]1136, [3]935, [4]97, [5]1415, [6]1421, [7]263, [8]825, [9]968, [10]280, [11]1478, [12]482.

P 922– [1]544, [2]1197, [3]165, [4]1149, [5]1217, [6]947, [7]1481, [8]641, [9]211, [10]848, [11]515, [12]1339.

P 923– [1]1276, [2]1138, [3]1446, [4]1244, [5]266, [6]265, [7]479, [8]720, [9]1166, [10]1260, [11]1002, [12]91.

P 924– [1]307, [2]164, [3]1441, [4]656b, [5]1402, [6]43, [7]505, [8]1010, [9]1479, [10]861, [11]20, [12]880.

P 925– [1]323, [2]1395, [3]634, [4]1470, [5]5, [6]1, [7]943, [8]1016, [9]1305, [10]1251, [11]1335, [12]584.

P 926– [1]334, [2]300, [3]917, [4]543, [5]1222, [6]143, [7]12, [8]798, [9]534, [10]1223, [11]124, [12]351.

P 927– [1]1295, [2]16, [3]1100, [4]477, [5]795, [6]1208, [7]269, [8]1363, [9]649, [10]1279, [11]1266, [12]51.

P 928– [1]352, [2]778, [3]788, [4]310, [5]197, [6]845, [7]975, [8]368, [9]40, [10]734, [11]552, [12]411.

P 929– [1]153, [2]181, [3]1272, [4]1416a, [5]871, [6]206, [7]420, [8]952, [9]1102, [10]1073, [11]709, [12]1406.

P 930– [1]1191, [2]876, [3]1065, [4]978, [5]549, [6]619, [7]1113, [8]1075, [9]1369, [10]370, [11]1374, [12]98.

P 931– [1]74, [2]1083, [3]1463, [4]186, [5]1003, [6]1087, [7]113, [8]1200, [9]1410, [10]1185, [11]311a, [12]869.

P 932– [1]624, [2]541, [3]1055, [4]1390, [5]23, [6]554, [7]1448, [8]528, [9]922, [10]745, [11]346, [12]988.

P 933– [1]437, [2]860, [3]1115, [4]321, [5]320a, [6]314a, [7]858a, [8]1444a, [9]1350, [10]1174, [11]1047, [12]441, [13]840.

P 934– [1]1414, [2]733, [3]587, [4]1427, [5]1417, [6]741, [7]886a, [8]866, [9]340, [10]1308, [11]923, [12]899.

P 935– [1]839, [2]140, [3]141, [4]142, [5]149, [6]138, [7]139, [8]462, [9]460, [10]803, [11]805, [12]808, [13]810, [14]811.

P 936– [1]90, [2]847, [3]1051, [4]315, [5]483, [6]343, [7]901, [8]676, [9]853a, [10]1131, [11]1094, [12]364.

P 937– [1]512, [2]1053, [3]291, [4]1071, [5]1477, [6]208, [7]427, [8]793, [9]1450, [10]547, [11]1261, [12]134.

P 938– [1]392, [2]588, [3]954, [4]407, [5]179, [6]112, [7]939, [8]157, [9]542, [10]353, [11]1434, [12]60.

P 939– [1]1254, [2]1255, [3]748, [4]259, [5]1129, [6]865, [7]738, [8]1263, [9]527, [10]1423, [11]1117, [12]813.

P 940– [1]1137, [2]114, [3]779, [4]1346, [5]292, [6]1274, [7]1457, [8]890, [9]1194, [10]969, [11]507, [12]1356.

P 941– [1]932, [2]933, [3]1248, [4]1342, [5]750, [6]908, [7]1151, [8]1001, [9]1358a, [10]715, [11]859, [12]274.

P 942– [1]991, [2]986, [3]573, [4]1309, [5]849, [6]1252, [7]927, [8]1147, [9]1204, [10]166, [11]131, [12]428.

P 943– [1]1242, [2]273, [3]9, [4]350, [5]1193, [6]1152, [7]607, [8]883, [9]1062, [10]1267, [11]851, [12]920.

P 944– [1]298, [2]124a, [3]150, [4]962, [5]1208a, [6]953, [7]1130, [8]40a, [9]1286, [10]1163, [11]1164.

P 945– [1]492, [2]118, [3]985, [4]764, [5]540a, [6]892, [7]950, [8]1328, [9]22, [10]13.

P 946– [1]1135a, [2]1474, [3]1376, [4]513, [5]179a, [6]781, [7]206a, [8]229, [9]445, [10]1122a.

P 947– [1]86, [2]50, [3]110, [4]289, [5]1028, [6]349, [7]1166a, [8]1307, [9]1373, [10]1019.

P 948– [1]904, [2]1290, [3]697, [4]623, [5]955, [6]786, [7]1077, [8]1269

P 949– [1]174a, [2]221, [3]856a, [4]466, [5]599a, [6]759, [7]388, [8]1097b, [9]859a, [10]1244a.

P 950– [1]985a, [2]930, [3]1437, [4]1439, [5]242, [6]465, [7]950a, [8]1327, [9]202, [10]763, [11]414, [12]882a, [13]1066, [14]133, [15]443, [16]329, [17]918, [18]590, [19]122.

P 951– [1]1314a, [2]973b, [3]599b, [4]312, [5]388a, [6]1383, [7]1341a, [8]1068, [9]1404, [10]597, [11]1097, [12]104b, [13]128, [14]378, [15]926, [16]1397b, [17]771a, [18]1034, [19]611, [20]1182a, [21]754, [22]703a, [23]204a.

P 952– [1]1185a, [2]578, [3]311, [4]751, [5]525, [6]429, [7]404, [8]1297, [9]916, [10]1280, [11]1317, [12]584a, [13]787, [14]1464a, [15]3, [16]352a, [17]477a, [18]828, [19]264, [20]522.

P 953– [1]1083a, [2]1202, [3]1131a, [4]421, [5]171, [6]418, [7]1413, [8]535, [9]441a, [10]971, [11]521a, [12]1092, [13]1157a, [14]143a, [15]579.

P 954– [1]1160, [2]366, [3]439, [4]47, [5]432, [6]1355, [7]160, [8]1114, [9]1480, [10]574, [11]196, [12]800, [13]620, [14]453, [15]252, [16]892a, [17]824, [18]1013, [19]223, [20]941.

P 955–[1]533, [2]1391, [3]630, [4]463, [5]1095, [6]281.

P 956–[1]948, [2]693, [3]397, [4]797, [5]1459, [6]637, [7]1234, [8]1100a, [9]473, [10]1173, [11]287, [12]40b, [13]487, [14]582, [15]580, [16]581.

P 957–[1]656, [2]1171, [3]777a, [4]1483, [5]742, [6]33, [7]606, [8]227, [9]1295a, [10]156, [11]1455, [12]1460.

P 958–[1]82, [2]486, [3]504, [4]1054, [5]1219, [6]64, [7]371, [8]515a, [9]1053a, [10]1084, [11]1154, [12]1185b, [13]158, [14]479a, [15]720a, [16]699, [17]1165, [18]1179, [19]1260a, [20]1306, [21]1446a.

P 959–[1]686, [2]956, [3]716, [4]692, [5]545, [6]184, [7]183, [8]105, [9]498, [10]189, [11]472, [12]1097c, [13]736, [14]332, [15]705, [16]643, [17]65, [18]831, [19]1456, [20]1082, [21]1228, [22]26, [23]724.

P 960–[1]1299, [2]1484, [3]696, [4]230, [5]1475, [6]233, [7]1141, [8]1431, [9]1468, [10]950b, [11]547a, [12]1397c, [13]151, [14]59, [15]1290a, [16]1169, [17]757.

P 961–[1]73, [2]506, [3]32, [4]498a, [5]717, [6]682, [7]1100b, [8]879, [9]827, [10]230a, [11]550, [12]688a, [13]701, [14]1249, [15]1400, [16]1475a, [17]736a, [18]301.

P 962–[1]921, [2]198, [3]454, [4]1473, [5]176, [6]1461, [7]586, [8]31, [9]937, [10]681, [11]717a, [12]1420, [13]29a, [14]396, [15]235, [16]762.

P 963–[1]7, [2]530, [3]1294, [4]1112a, [5]1375, [6]71, [7]1340, [8]1143, [9]1361, [10]548, [11]1353, [12]313.

P 964–[1]907, [2]749, [3]1232, [4]440, [5]527a, [6]813a, [7]437a, [8]1462, [9]79, [10]422, [11]1190, [12]885.

P 965–[1]823, [2]1233, [3]447, [4]355, [5]675, [6]1196, [7]1146, [8]957a, [9]391, [10]476, [11]19, [12]992.

P 966–[1]547b, [2]1228a, [3]398, [4]965, [5]488, [6]594, [7]111, [8]1324, [9]1326, [10]752.

P 967–[1]2, [2]407a, [3]430, [4]461, [5]459, [6]572, [7]943a, [8]974, [9]1100d, [10]1113a, [11]1264, [12]17, [13]269a, [14]906, [15]1389, [16]1424.

P 968–[1]82a, [2]333, [3]1017, [4]504a, [5]815a, [6]765a, [7]1054a, [8]1209, [9]1219a, [10]1371, [11]1373a, [12]1401, [13]1042, [14]735, [15]877, [16]1191a, [17]884.

P 969–[1]1477a, [2]1451, [3]67, [4]663, [5]1392, [6]84, [7]549a, [8]1255a, [9]814, [10]41, [11]1256, [12]1278, [13]1351, [14]986a, [15]1071a, [16]1358b, [17]363, [18]445a, [19]825a.

P 970–[1]870, [2]205, [3]625, [4]1271, [5]654, [6]419, [7]532, [8]518, [9]936, [10]768, [11]1073a, [12]1416, [13]1343, [14]1476, [15]264a.

P 971–[1]29b, [2]1365a, [3]468, [4]297, [5]995, [6]894, [7]145, [8]531, [9]220, [10]232, [11]245a, [12]251, [13]401, [14]520, [15]551, [16]1315, [17]1059, [18]1025, [19]1104, [20]1206, [21]1207, [22]395, [23]1394, [24]172, [25]856b.

P 972–[1]119, [2]121, [3]133a, [4]191, [5]193, [6]201, [7]319, [8]328, [9]376, [10]540, [11]491, [12]590a, [13]662, [14]683, [15]764a, [16]785, [17]882,

[18]891, [19]918a, [20]919, [21]949, [22]985a, [23]1056, [24]1066a, [25]1162, [26]1170, [27]1239, [28]1293, [29]1328a, [30]1329.

P 973– [a]69, [b]70, [c]77a, [d]101, [e]103, [f]200a, [g]286a, [h]290b, [i]394, [j]494a, [k]539a, [l]563, [m]577a, [n]964, [o]746b, [p]832a, [q]963b, [r]1021, [s]1045a, [t]1118a, [u]1177, [v]1203, [w]1381b, [x]1452a, [y]1456a, [z]260. (order conjectured).

P 974– [1]81, [2]1134, [3]367, [4]443a, [5]464a, [6]612, [7]639, [8]930a, [9]938, [10]1437a, [11]1439b, [12]231, [13]298a, [14]917a, [15]619a, [16]976, [17]1015, [18]1064, [19]1282.

P 975–[1]1200a, [2]1250, [3]1339a, [4]932a, [5]1433, [6]108, [7]944, [8]1243.

P 976–[1]63, [2]291a, [3]1052, [4]1154a, [5]579a, [6]1020, [7]1172.

P 977– [1]656a, [2]793a, [3]1346a, [4]1350a, [5]852, [6]776, [7]1274a, [8]307a, [9]212, [10]292a, [11]89, [12]8, [13]169, [14]557, [15]1002a.

P 978– [1]1109, [2]780, [3]163a, [4]154, [5]864, [6]94, [7]1040, [8]1287, [9]902, [10]87, [11]433, [12]187, [13]961, [14]514, [15]804, [16]806, [17]807, [18]809, [19]811a, [20]767.

P 979– [1]175, [2]188, [3]222, [4]224, [5]240, [6]253, [7]457, [8]358, [9]360, [10]448, [11]561, [12]566, [13]570, [14]622, [15]694, [16]706, [17]711, [18]728, [19]475, [20]989, [21]1091, [22]1105, [23]1128, [24]1132, [25]1246, [26]1332, [27]1336, [28]1360, [29]1377, [30]1378b, [31]1379, [32]1380, [33]1412, [34]1418, [35]1472, [36]478, [37]1482.

P 980– [1]132, [2]356, [3]278a, [4]323a, [5]62, [6]854, [7]676a, [8]901a, [9]940, [10]957, [11]1079, [12]1197a, [13]339, [14]21.

P 981– [1]99, [2]495, [3]516, [4]731, [5]914, [6]900, [7]1368, [8]867, [9]50a, [10]76, [11]86a, [12]110a, [13]1425, [14]455, [15]568, [16]629, [17]880a, [18]1101, [19]1422.

P 982–[1]275, [2]352b, [3]389a, [4]425, [5]846a, [6]658, [7]704, [8]730a, [9]1300, [10]802a, [11]979, [12]1098, [13]342a, [14]1241, [15]1245, [16]1348a, [17]1440a.

P 983– [1]158a, [2]1292, [3]555, [4]915, [5]480, [6]485, [7]543a, [8]868, [9]700, [10]720b, [11]1139, [12]334a, [13]1221, [14]1166b, [15]1260b, [16]1307a, [17]1446b.

P 984– [1]66, [2]93, [3]382, [4]289a, [5]288, [6]349a, [7]416, [8]452, [9]1093, [10]628, [11]677, [12]1321, [13]774, [14]761, [15]835, [16]844, [17]449, [18]1074, [19]1090, [20]1156, [21]1189, [22]1211, [23]1212, [24]1318, [25]1388, [26]1442, [27]1029.

P 985– [1]28, [2]248, [3]1474a, [4]670, [5]1342a, [6]1385, [7]362, [8]750a, [9]908a, [10]1150, [11]1247, [12]707, [13]348, [14]369, [15]873, [16]1005, [17]1009, [18]337, [19]799, [20]888, [21]11, [22]1176.

P 986– [1]295, [2]218, [3]325, [4]400, [5]436, [6]614, [7]623a, [8]673, [9]697a, [10]722, [11]751a, [12]786a, [13]829, [14]905, [15]1317a, [16]1077a, [17]1153, [18]1198, [19]1227, [20]1237, [21]1269a, [22]1289, [23]1352,

[24]1396, [25]170, [26]1447, [27]1453, [28]1485.

P 987– [1]1257, [2]309, [3]657, [4]842, [5]833, [6]1273, [7]318, [8]646, [9]813b, [10]602, [11]567, [12]109.

P 988– [1]408, [2]1060, [3]244, [4]1014, [5]219, [6]458, [7]994, [8]213, [9]1024, [10]1253, [11]106, [12]565.

P 989– [1]934, [2]1386, [3]691, [4]262, [5]243, [6]766, [7]517, [8]390, [9]946, [10]747, [11]195, [12]1347.

P 990– [1]18, [2]721, [3]399, [4]613, [5]1201, [6]1338, [7]1415a, [8]1218, [9]182, [10]1057, [11]1428, [12]23a.

P 991– [1]75, [2]668, [3]1072a, [4]1018, [5]1235, [6]474a, [7]1070, [8]893, [9]306, [10]1014a, [11]1023, [12]1265.

P 992– [1]1357a, [2]474, [3]217, [4]1454, [5]1361a, [6]61, [7]1072, [8]1181, [9]373, [10]125, [11]1012, [12]959.

P 993– [1]417, [2]1432, [3]54, [4]983, [5]470, [6]690, [7]1330, [8]527b, [9]1445, [10]775, [11]1050, [12]1192.

P 994– [1]405, [2]610, [3]523, [4]760, [5]1032, [6]1429, [7]896, [8]1229, [9]129, [10]881, [11]1124, [12]1121.

P 995– [1]327, [2]446, [3]796, [4]863, [5]410, [6]638, [7]92, [8]631, [9]1259, [10]437b, [11]1331, [12]655.

P 996– [1]837, [2]1469, [3]977, [4]773, [5]587a, [6]618, [7]97a, [8]1063, [9]34, [10]1436a, [11]1035, [12]857.

P 997– [1]895a, [2]753, [3]324, [4]162, [5]88, [6]481, [7]559, [8]267, [9]982, [10]592, [11]959a, [12]15.

P 998– [1]1364, [2]1061a, [3]1315a, [4]1116, [5]1466, [6]30, [7]386, [8]1438, [9]1216, [10]413, [11]1027, [12]843.

P 999– [1]553, [2]1357, [3]530a, [4]317, [5]1359, [6]587b, [7]434, [8]684, [9]309a, [10]1262, [11]247, [12]393.

P 1000– [1]928, [2]341, [3]42, [4]1103, [5]136, [6]1126, [7]1323, [8]320, [9]314, [10]858, [11]1444, [12]838.

P 1050– [1]35, [2]37, [3]47a, [4]44, [5]56, [6]68, [7]96, [8]78, [9]126, [10]130, [11]135, [12]137, [13]14, [14]146, [15]155, [16]156a, [17]177, [18]190, [19]210.

P 1051– [1]215, [2]216, [3]226, [4]236, [5]250, [6]254, [7]282, [8]308, [9]285, [10]296, [11]365, [12]375, [13]384, [14]383, [15]409, [16]909, [17]942, [18]960, [19]898, [20]970, [21]981, [22]423.

P 1052– [1]424, [2]438a, [3]471, [4]484, [5]489, [6]501, [7]503, [8]519, [9]511, [10]529, [11]556, [12]537, [13]560, [14]569, [15]591, [16]596, [17]603, [18]605, [19]617.

P 1053– [1]615, [2]46, [3]632, [4]635, [5]636, [6]640, [7]642, [8]648, [9]666, [10]667, [11]679, [12]674, [13]685, [14]719, [15]723, [16]729, [17]743, [18]744, [19]593.

P 1054– [1]1215, [2]801, [3]821, [4]820, [5]819, [6]875, [7]878, [8]887, [9]984, [10]998, [11]1011, [12]993, [13]1038, [14]1039, [15]1080, [16]1096, [17]1119, [18]792, [19]1140, [20]1168.

P 1055–[1]1180, [2]1184, [3]1186, [4]1210, [5]1213, [6]336, [7]1275, [8]1284, [9]1285, [10]1316, [11]1311, [12]1322, [13]1334, [14]1407, [15]1409, [16]1411, [17]1426, [18]163, [19]1081, [20]257, [21]268.

P 1056– [1]372, [2]451, [3]383a, [4]546, [5]595, [6]812, [7]791, [8]1224, [9]1362, [10]1467.

P 1057–[1]1372, [2]1373b, [3]1220, [4]83, [5]1225, [6]765, [7]1054b, [8]815, [9]504b, [10]1209a, [11]1019a, [12]333a.

P 1120–[1]465a, [2]120, [3]785a, [4]1066b, [5]1239a, [6]377, [7]329a, [8]589, [9]918b, [10]929, [11]1118, [12]290a, [13]963a, [14]1258, [15]539, [16]1452, [17]494, [18]1381a, [19]77b, [20]746a, [21]832, [22]200, [23]577.

P 1121–[1]627, [2]450, [3]415, [4]834, [5]836, [6]957b, [7]381, [8]678, [9]1188, [10]931a, [11]113a, [12]502, [13]536, [14]1100c, [15]698, [16]1471, [17]493, [18]228, [19]298b, [20]1458, [21]740, [22]361, [23]173, [24]180, [25]50b, [26]1045. (order at time of indexing).

P 1353–[1]25, [2]148, [3]277, [4]152, [5]562 [6]1106, [7]702. [8]241, [9]284, [10]650, [11]783, [12]1142, [13]1236, [14]1313, [15]1419, [16]1370.

CS I–[1]24, [2]53, [3]85, [4]144, [5]147, [6]159, [7]199, [8]207, [9]238, [10]237, [11]246, [12]283, [13]283a, [14]331, [15]344, [16]426, [17]209, [18]490, [19]526, [20]570a, [21]621, [22]633, [23]671, [24]725, [25]782, [26]784, [27]817, [28]818, [29]1088, [30]1107, [31]1127, [32]1148, [33]1226, [34]1310, [35]1312, [36]1336a, [37]1387, [38]1412a, [39]270, [40]652, [41]276.

CS IIa–[1]36, [2]45, [3]48, [4]52, [5]80, [6]214, [7]225, [8]239, [9]249, [10]354, [11]359, [12]357, [13]322, [14]330, [15]469, [16]538, [17]571, [18]575, [19]576, [20]660, [21]665, [22]695, [23]702a, [24]727, [25]769, [26]790, [27]816, [28]830, [29]1022, [30]1043, [31]1044, [32]1085, [33]1108, [34]1132a, [35]1325, [36]1354, [37]1377a, [38]1378, [39]1380a, [40]1398.

CS IIb–[1]36a, [2]45a, [3]48a, [4]52a, [5]80a, [6]214a, [7]225a, [8]239a, [9]249a, [10]354a, [11]357a, [12]359a, [13]322a, [14]330a, [15]469a, [16]538a, [17]571a, [18]575a, [19]576a, [20]660a, [21]665a, [22]695a, [23]702b, [24]727a, [25]769a, [26]790a, [27]816a, [28]830a, [29]1022a, [30]1043a, [31]1044a, [32]1085a, [33]1108a, [34]1132b, [35]1325a, [36]1354a, [37]1377b, [38]1378a, [39]1380b, [40]1398b.

APPENDIX III

Desglosada Sources.

All volumes indicated in the *Index* as real, probable, or possible origin of *desglosada* items are included, in chronological order of publication within each group. Numbers following the volume identification are of the pertinent items in the *Index;* the superscript indicates the item's numerical position in the volume.

A. *Comedias escogidas:*

Segvnda parte de comedias escogidas de las mejores de España. Madrid: Imprenta Real for Antonio de Ribero, 1652: ^{2}726, ^{3}256, ^{4}600, ^{5}1320, ^{6}598, ^{7}710, ^{8}1277, ^{9}192, ^{10}1004, ^{11}1058, ^{12}102.

Parte tercera de comedias de los meiores ingenios de España. Madrid: Melchor Sanchez for Ioseph Muñoz Barma, 1653: ^{1}796, ^{2}863, ^{3}527, 527a, 527b, ^{4}446, ^{5}23, 23a, ^{8}587, 587a, 587b, ^{10}437, 437a, 437b, ^{12}1415, 1415a.

Lavrel de comedias. Qvarta parte de diferentes avtores. Madrid: Imprenta Real for Diego Balbuena, 1653: ^{2}1062, ^{4}1018, ^{6}1267, ^{7}1259, ^{9}1235, ^{10}553, ^{11}773, ^{12}977.

Qvinta parte de comedias escogidas de los meiores ingenios de España. Madrid: Pablo de Val for Iuan de S. Vicente, 1654 edition (complete copy, P 918): ^{1}1076, ^{2}58, ^{3}558, ^{4}299, ^{5}467, ^{6}826, ^{7}755, ^{8}1049, ^{9}500, ^{10}38, ^{11}999, ^{12}107.

Sexta parte de comedias nuevas escogidas de los mejores ingenios. Zaragoza: Herederos de Pedro Lanaja for Robert Dupont, 1654 edition: ^{1}1024, ^{2}212, ^{5}1061, 1061a, ^{9}162, ^{10}19.

Teatro poetico en doze comedias nvevas de los mejores ingenios de España. Septima parte. Madrid: Domingo Garcia y Morràs for Domingo de Palacio, 1654: ^{3}195, ^{4}18, ^{5}1347, ^{7}458, ^{8}946, ^{9}350.

Comedias nuevas escogidas de los meiores ingenios de España. Octava parte. Madrid: Andres Garcia de la Iglesia for Iuan de San Vicente, 1657: ^{9}1121, ^{10}393, ^{12}837.

Parte nona de comedias escogidas de los mejores ingenios de España. Madrid: Gregorio Rodriguez for Mateo de la Bastida, 1657: ^{3}75, ^{4}1469, ^{6}1462, ^{8}721, ^{9}1429, ^{10}1232, ^{11}638.

Nvevo teatro de comedias varias de diferentes avtores. Dezima parte. Madrid: Imprenta Real for Francisco Serrano de Figueroa, 1658: [3]317, [4]672, [5]983, [7]9, [8]447, [9]747, [10]881, [11]1359.

Comedias nvevas escogidas de los mejores ingenios de España. Onzena parte. Madrid: Gregorio Rodríguez for Iuan de S. Vicente, 1658: [1]690, [2]1436, 1436a, [3]646, [4]1273, [6]318, [10]1035, [11]1340, 1340a, [12]842.

Comedias nvevas escogidas de los meiores ingenios de España. Dvodezima parte. Madrid: A(n)dres Garcia de la Iglesia for Iuan de S. Vicente, 1658: [2]565, [4]1445, [6]1330, [7]1124, [9]657, [11]857, [12]833.

De los mejores el mejor, libro nvevo de comedias varias, nvnca impressas, compuestas por los mejores ingenios de España. Parte treze. Madrid: Mateo Fernandez for Francisco Serrano de Figueroa, 1660: [8]255, [12]6.

Pensil de Apolo, en doze comedias nvevas de los meiores ingenios de España. Parte catorze. Madrid: Domingo Garcia y Morràs for Domingo Palacio y Villegas, 1660: [1]1032, [2]749, [3]399, [4]907, [5]1152, [6]1428, [7]1201, [9]668, [10]607, [11]613, [12]883.

Parte qvinze. Comedias nvevas, escogidas de los mejores ingenios de España. Madrid: Melchor Sanchez for Iuan de San Vicente, 1661: [4]182, [5]610, [7]1375, [8]523, [10]1057, [12]548.

Parte diez y seis de comedias nvevas, y escogidas de los meiores ingenios de España. Madrid: Melchor Sanchez for Mateo de la Bastida, 1662: [1]1112, 1112a, [2]1353, [4]408, [6]434, [7]54, [8]1331, [10]684, [11]992, [12]247.

Parte diez y siete de comedias nuevas, y escogidas de los meiores ingenios de Evropa. Madrid: Melchor Sanchez for San Vicente, 1662 (one copy of each play is found in P 992, bound in order: 3, 5-10, 2, 1, 4, 11-12): [1]373, [2]1181, [3]1357, 1357a, [4]125, [5]474, 474a, [6]217, [7]1454, [8]1361, 1361a, [9]61, [10]1072, 1072a, [11]1012, [12]959, 959a.

Parte diez y ocho, de comedias nvevas, escogidas de los mejores ingenios de España. Madrid: Gregorio Rodriguez, 1662: [2]567, [5]885, [6]760, [8]775, [10]79, [11]602, [12]1265.

Parte diez y nveve de comedias nvevas, y escogidas de los meiores ingenios de España. Madrid: Pablo de Val for Domingo Palacio y Villegas, 1663: [10]1238.

Parte veinte y vna de comedias nvevas escogidas de los mejores ingenios de España. Madrid: Ioseph Fernandez de Buendia for Agustin Verges, 1663: [3]1218, [4]631, [5]1338, [6]1143, [7]313, [8]655, [9]1233, [10]71, [11]823, [12]851.

Parte veinte y dos de comedias nvevas, escogidas de los mejores ingenios de España. Madrid: Andres Garcia de la Iglesia for Iuan Martin Merinero, 1665: [8]72, [9]1301, [10]910, [11]951.

Parte veinte y tres de comedias nvevas, escritas por los mejores ingenios de España. Madrid: Ioseph Fernandez de Buendia for Manuel Melendez, 1665: ^{6}990.

Parte veinte y qvatro de comedias nvevas, y escogidas de los mejores ingenios de España. Madrid: Mateo Fernandez de Espinosa Arteaga for Iuan de San Vicente, 1666: ^{10}1298.

Parte veinte y ocho de comedias nvevas de los mejores ingenios desta corte. Madrid: Ioseph Fernandez de Buendia for Viuda de Francisco de Robles, 1667: ^{11}922, ^{12}321.

Parte veinte y nveve de comedias nvevas, escritas por los mejores ingenios de España: Madrid: Ioseph Fernandez de Buendia for Manuel Melendez, 1668: ^{1}714, ^{8}1178, ^{11}1046.

Parte treinta, Comedias nvevas, y escogidas de los mejores ingenios de España. Madrid: Domingo Garcia Morràs for Domingo Palacio y Villegas, 1668: ^{4}346.

Parte treinta y dos de comedias nvevas, nvnca impressas, escogidas de los mejores ingenios de España. Madrid: Andres Garcia de la Iglesia for Francisco Serrano de Figueroa, 1669: ^{4}968, ^{5}280, ^{6}1478, ^{7}482, ^{9}860, ^{10}1115.

Parte treinta y tres de comedias nvevas, nvnca impressas, escogidas de los mejores ingenios de España. Madrid: Ioseph Fernandez de Buendia for Iuan Martin Merinero, 1670: ^{9}872.

Parte treinta y seis. Comedias escritas por los mejores ingenios de España. Madrid: Ioseph Fernandez de Buendia for Manuel Melendez, 1671: ^{11}374.

Parte treinta y siete de comedias nvevas escritas por los mejores ingenios de España. Madrid: Melchor Alegre for Domingo Palacio y Villegas, 1671: ^{5}1205, ^{6}385, ^{9}629, ^{12}412.

Parte qvarenta de comedias nvevas. De diversos avtores. Madrid: Iulian de Paredes, 1675 (complete copy, P 915): ^{1}889, ^{2}178, ^{3}585, ^{4}338, ^{5}1006, ^{6}55, ^{7}1408, ^{8}661, ^{9}442, ^{10}168, ^{11}1144, ^{12}1078.

Parte qvarenta y vna, de famosas comedias de diversos avtores. Pamplona: Ioseph del Espiritu Santo. Undated, but probably 1675 or 1676 (complete copy, P 909): ^{1}732, ^{2}913, ^{3}496, ^{4}1367, ^{5}1033, ^{6}644, ^{7}203, ^{8}49, ^{9}123, ^{10}651, ^{11}1175, ^{12}258.

Parte qvarenta y tres de comedias nvevas de los mejores ingenios de España. Madrid: Antonio Gonçalez de Reyes for Manuel Melendez, 1678 (complete copy, P 919): ^{1}347, ^{2}1167, 1167a, ^{3}1048, ^{4}583, ^{5}278, 278a, ^{6}508, ^{7}435, ^{8}335, ^{9}708, ^{11}911, ^{12}1187.

Parte qvarenta y qvatro de comedias nvevas, nvnca impressas, escogidas de los mejores ingenios de España. Madrid: Roque Rico de Miranda for Iuan Martin Merinero, 1678: ^{5}1302, ^{7}1089.

Comedias nvevas, escogidas de los meiores ingenios de España. Parte qvarenta y cinco. Madrid: Ioseph Fernandez de Buendia for Iuan Fernandez, 1679: [12]100.

Primavera nvmerosa de mvchas armonias lvzientes, con doce comedias fragantes, parte qvarenta y seis. Madrid: Francisco Sanz, 1679 (complete copy, P 1000): [1]928, [2]341, [3]42, [4]1103, [5]126, [6]1126, [7]1323, [8]320, 320a, [9]314, 314a, [10]858, 858a, [11]1444, 1444a, [12]838.

B. *Collections of Several Authors:*

Flor de las comedias de España, de diferentes avtores. Quinta parte. Barcelona: Sebastian de Cormellas, 1616: [11]1283.

Doze comedias las mas grandiosas qve asta aora han salido de los meiores, y mas insignes Poetas. Segvnda Parte. Lisboa: Pablo Craesbeeck for Iuan Leite Pereira, 1647: [6]1017, [7]1029, [8]616.

Parte quarenta y una de comedias de varios autores. Valencia (1650? , see La Barrera, p.626): [8]173.

Parte Qvarenta y tres. De comedias de diferentes avtores. Zaragoza: Iuan de Ybar for Pedro Escuer, 1650: [11]1086.

El mejor de los mejores libros que han salido de comedias nuevas. Alcalá: María Fernandez for Tomás Alfay, 1651 (see La Barrera, p.708): [11]208.

Parte Qvarenta y qvatro de comedias de diferentes avtores. Zaragoza: herederos de Pedro Lanaja y Lamarca, 1652: [6]604.

Flor de las mejores doze comedias de los mayores ingenios de España. Madrid: Diego Diez de la Carrera for Mateo de la Bastida, 1652: [5]947.

Comedias nuevas de los megores ingenios de España. Madrid: Andres Gracia [sic] de la Iglesia, 1702 (apparently a factitious volume): [1]834, [6]1188.

Jardin ameno, de varias, y hermosas flores, cuyos matizes, son doze comedias, escogidas de los mejores ingenios de España. Parte (XXVI written in). Madrid: (Herederos de Gabriel de León), 1704: [4]1237, [11]308.

Ameno jardin de comedias, de los insignes autores don Antonio de Zamora, don Juan Bautista Diamante, y don Alvaro Cubillo de Aragon. Madrid, 1734 (a factitious volume): [4]579, 579a, [5]389, 389a, [6]1245, [7]1300, 1300a, [8]1099, [9]1348, 1348a, [10]846, 846a, [11]687, 687a, [12]967, 967a, [14]1399. The table of contents is three pieces of paper, pasted together, each listing plays of one author.

The 1670 edition of the *comedias* of Diamante has the same plays of his, in the same order, at the beginning of vol. 1, but with different signatures and pagination.

Coleccion de las mejores comedias que se van representando en los teatros de esta corte. T. I. Madrid: Manuel Gonzalez, 1789: [1]1460, [8]334, 334a.

Coleccion de las mejores comedias nuevas que se van representando en los teatros de esta corte. T. IX. Madrid: Antonio Cruzado, 1796: [6]150, [7]962.

C. *Collections of Individual Authors:*

Francisco Bances Candamo.

Poesias comicas, obras posthumas de D. Francisco Banzes Candamo. Tomo primero. Madrid: Blàs de Villa-Nueva for Joseph Antonio Pimentèl, 1722: [1]1179.

Poesias comicas, obras posthumas de D. Francisco Banzes Candamo. Tomo segundo. Madrid: Lorenço Francisco Mojados for Joseph Antonio Pimentèl, 1722: [8]868, [10]1292, [11]555, [12]915.

Pedro Calderón de la Barca.

Segvnda parte de las comedias de don Pedro Calderon de la Barca. Madrid: Carlos Sanchez for Antonio de Ribero, 1641 (the S edition): [8]15.

Tercera parte de comedias de D. Pedro Calderón de la Barca. Madrid: Domingo Garcìa Morrás for Domingo Palacio y Villega [sic], 1664 (the Excel[mo] edition): [8]982, [11]592.

Qvinta parte de comedias de D. Pedro Calderon de la Barca. Barcelona: Antonio de la Cavalleria, 1677 *or* Madrid: Antonio Francisco de Zafra, 1677: [2]559.

Autos Sacramentales, alegóricos e historiales . . . por Don Pedro Calderón de la Barca. Primera parte. Madrid: Imprenta Imperial for Joseph Fernandez de Buendia, 1677: [5]451, [10]1224.

Alvaro Cubillo de Aragón.

El enano de las mvsas. Comedias, y obras diversas, con vn poema de las cortes del leon, y del agvila, acerca del bvo gallego. Sv autor Alvaro Cvbillo de Aragon. Madrid: Maria de Quiñones for Iuan de Valdes, 1654: [4]403, [5]713, [6]966.

José Fernandez de Bustamante.

Comedias nuevas, su autor D. Joseph Fernandez de Bustamante. Primera parte. Madrid: Francisco Xavier Garcia; Francisco Palacios, Juan de Morales, 1759: [1]39, [3]1036, [7]259.

Agustín Moreto y Cabaña.

Segunda parte de las comedias de don Agustin Moreto. Valencia: Benito Macè for Francisco Duarte, 1676 (a factitious volume containing *sueltas* dated between 1748 and 1772): [2]1303, [11]1430.

Verdadera tercera parte de las comedias de don Agustin Moreto. Valencia: Benito de Macè for Vicente Cabrera, 1702 (a factitious volume containing *sueltas* undoubtedly of later date): [1]1487, [4]294, [7]1382.

Agustín de Salazar y Torres.

Cythara de Apolo, loas y comedias diferentes que escrivio D. Agvstin de Salazar Y Torres. Segvnda parte. Madrid: Francisco Sanz, 1681: [3]900, [7]914.

Antonio de Solís.

Comedias de don Antonio de Solis. Madrid: Melchor Alvarez for Justo Antonio de Logroño, 1681: [1]1422, [6]455, [7]1425, 1425a.

D. *Of Unknown Provenance:* 873, 884.

APPENDIX IV

Numbered Editions.

This listing also includes all items for which a number is suggested or attributed. Numbers refer to items in the *Index*.

1: 27, 161, 191, 397, 692, 741, 1066, 1066a, 1066b, 1260, 1260a, 1260b, 1468.
2: 1, 112, 179, 179a, 1021, 1157, 1157a, 1327, 1328, 1328a.
3: 360, 382, 464, 464a, 465, 465a, 495, 519, 1249, 1484.
4: 229, 735, 938, 1194.
5: 74, 74a, 96, 189, 513, 764, 764a, 873.
6: 4, 21, 46, 501, 1134, 1182, 1182a, 1389, 1447.
7: 33, 33a, 133, 133a, 153, 427, 488, 998.
8: 16, 173, 705, 785, 785a, 817, 953, 1028, 1487.
9: 779, 780, 828, 942, 1098, 1170, 1227, 1227a, 1334.
10: 233, 300, 348, 642, 882, 882a, 1416, 1416a.
11: 118, 301, 791, 849, 1185, 1185a, 1185b.
12: 11, 288, 396, 762, 1206, 1425, 1425a.
13: 20, 1104, 1141, 1191, 1191a, 1326.
14: 227, 647, 940, 1204, 1220.
15: 332, 388, 388a, 557.
16: 193, 697, 697a, 866.
17: 37, 292, 292a, 296.
18: 268, 328, 367, 378, 578, 643, 1081, 1424.
19: 315, 1002, 1002a, 1223, 1355.
20: 1176, 1368.
21: 14, 82, 82a, 83, 395, 855, 931, 931a, 1317, 1317a.
22: 26, 99, 311, 311a, 486.
23: 8, 366, 380, 815, 815a, 1001.
24: 242, 443, 443a, 649, 944, 1239, 1239a.
25: 128, 511, 936, 1329.
26: 216, 240, 340, 1041, 1140, 1339, 1339a.
28: 115, 171, 700.
29: 35, 116, 310.
30: 13, 113, 113a, 117, 158, 158a, 477, 477a, 1111.

31: 777, 777a, 973, 973a, 973b.
32: 666, 678.
33: 667, 955.
34: 186, 433, 656, 656a, 656b, 658, 974.
35: 297, 584, 584a.
36: 180, 352, 352a, 352b, 1039, 1337.
37: 197, 285, 305, 521, 521a, 545, 1168.
38: 137, 489, 1285, 1318.
39: 248, 831.
40: 1282, 1305.
41: 78, 856, 856a, 856b, 984.
42: 551, 1451.
43: 274, 988.
44: 445, 445a.
45: 303, 556, 723, 1069.
46: 483, 993, 1005.
47: 384, 387, 745, 840.
48: 365, 444, 958, 1077, 1077a.
49: 44, 487, 867.
50: 870, 898, 1240, 1324.
51: 429, 1486.
52: 728, 744.
53: 1234.
54: 425, 625, 925.
55: 1065.
56: 169, 693, 1264.
57: 198, 978.
58: 31, 121, 181, 236, 761, 1322.
59: 801, 1135, 1135a.
60: 572, 1160, 1457.
61: 814, 1008, 1370.
62: 614, 869.
63: 342, 342a, 609, 609a, 609b, 1129, 1188, 1480.
64: 1213, 1434.
65: 205, 767, 1177.
66: 152, 659, 1102.
67: 673, 676, 676a, 948.
68: 76, 291, 291a, 461, 520, 1480.
69: 419, 459, 751, 751a, 1053, 1053a.
70: 748.
71: 436, 736, 736a.
72: 737, 737a, 879, 1096.

73: 120, 919.
74: 605, 1271.
75: 62.
76: 901, 901a.
78: 479, 479a, 834, 835, 1003.
79: 512, 1000, 1145.
80: 375, 449, 485, 663, 1217, 1442.
81: 67, 1128.
82: 260.
84: 546, 787.
85: 110, 110a.
86: 50, 50a, 50b, 927.
87: 878, 1137.
88: 654, 1110.
89: 87, 90, 550, 568, 897, 1212, 1388.
90: 65, 525, 903, 1211, 1379.
91: 537, 874, 1082.
92: 563, 975, 1455.
95: 540, 540a, 1452, 1452a.
96: 69, 126.
97: 103.
98: 231, 430, 757.
99: 101.
100: 68, 70, 218, 1101, 1297.
101: 717, 717a.
102: 1100, 1100a, 1100b, 1100c, 1100d.
103: 210, 1307, 1307a.
104: 971, 1092, 1186.
105: 160, 980, 1189.
106: 606, 1197, 1197a, 1291.
107: 190, 1341, 1341a.
108: 41; 1394.
109: 1248.
110: 877.
111: 852, 1251.
112: 104, 104a, 104b, 448, 1254, 1458.
113: 275, 1433.
114: 356, 497.
115: 848, 1371.
116: 574, 1332.
117: 73, 798, 799, 1038, 1105, 1274, 1274a.
118: 1172, 1244, 1244a, 1279.

206: 2, 251, 404.
207: 1269, 1269a.
208: 549, 549a, 589.
209: 926.
210: 1346, 1346a.
211: 1276.
212: 142.
213: 149.
214: 304, 1392.
215: 124, 124a.
216: 850, 1019, 1019a.
217: 1350, 1350a, 1413, 1414.
218: 170, 803.
219: 264, 264a, 634, 805.
220: 536, 808, 1335.
221: 336, 792, 810.
222: 793, 793a, 894, 1374.
223: 5, 460, 1198.
224: 543, 543a.
225: 908, 908a, 969.
227: 960.
228: 1015.
229: 307, 307a, 688, 688a.
230: 1130, 1349.
231: 131, 1474, 1474a.
233: 174, 174a, 1025, 1383, 1384.
234: 1395.
236: 1363.
237: 349, 349a.
238: 632, 876, 1397, 1397a, 1397b, 1397c.
239: 1034, 1113, 1113a.
240: 788, 985, 985a, 985b.
241: 492, 1149, 1159.
242: 12, 502.
245: 22, 200, 200a, 339.
246: 685, 781, 786, 786a.
247: 232, 392, 1268.
248: 1406.
250: 289, 289a, 441, 441a, 503, 1120.
251: 1255, 1255a.
252: 456, 1122, 1122a, 1296.
253: 664, 729.

APPENDIX V

Date of Printing.
Where a date has been suggested or attributed (e.g., tentatively identified *desglosada* sources) the item will be listed by that date, and also as undated. Numbers refer to items in the *Index.*

Undated Editions: 3, 5, 6, 7, 8, 9, 10, 11, 14, 15, 18, 19, 20, 23, 23a, 24, 30, 31, 33, 33a, 34, 35, 37, 38, 41, 42, 44, 46, 49, 51, 53, 54, 55, 56, 57, 58, 59, 60, 61, 63, 67, 68, 69, 71, 72, 73, 74, 74a, 75, 76, 77, 77a, 77b, 78, 79, 81, 82, 82a, 83, 84, 85, 87, 88, 89, 90, 92, 93, 94, 95, 97, 97a, 98, 99, 100, 101, 102, 106, 107, 108, 109, 112, 114, 118, 119, 121, 123, 125, 127, 128, 129, 130, 131, 134, 135, 136, 137, 143, 143a, 144, 146, 147, 150, 151, 153, 155, 156, 156a, 157, 159, 160, 161, 162, 165, 166, 167, 168, 169, 170, 171, 172, 173, 177, 178, 180, 182, 185, 189, 190, 191, 192, 193, 195, 196, 198, 199, 200, 200a, 201, 203, 205, 207, 208, 209, 210, 211, 212, 213, 215, 216, 217, 219, 220, 226, 227, 228, 230, 230a, 231, 232, 235, 236, 237, 238, 242, 243, 244, 246, 247, 250, 251, 254, 255, 256, 257, 258, 260, 261, 262, 263, 265, 266, 267, 268, 270, 271, 272, 273, 276, 278, 278a, 279, 280, 283, 283a, 286, 286a, 290, 290a, 290b, 291, 291a, 292, 292a, 293, 294, 295, 297, 298, 298a, 298b, 299, 301, 302, 304, 306, 307, 307a, 308, 309, 309a, 312, 313, 314, 314a, 316, 317, 318, 319, 320, 320a. 321, 324, 325, 326, 327, 328, 329, 329a, 331, 332, 333, 333a, 334, 334a, 335, 337, 338, 341, 343, 344, 346, 347, 350, 355, 356, 359a, 361, 363, 367, 369, 371, 372, 373, 374, 376, 377, 381, 382, 383, 383a, 384, 385, 386, 389, 389a, 390, 391, 392, 393, 394, 397, 399, 401, 402, 403, 405, 408, 410, 411, 412, 413, 415, 417, 418, 419, 421, 422, 423, 424, 425, 426, 428, 431, 433, 434, 435, 437, 437a, 437b, 438, 438a, 439, 440, 441, 441a, 442, 444, 446, 447, 449, 450, 451, 452, 455, 458, 459, 460, 461, 464, 464a, 465, 465a, 466, 467, 470, 471, 472, 474, 474a, 475, 476, 479, 479a, 481, 482, 484, 485, 486, 488, 489, 490, 491, 494, 494a, 495, 496, 499, 500, 501, 502, 503, 504, 504a, 504b, 506, 507, 508, 509, 510, 511, 512, 514, 516, 517, 518, 519, 520, 521, 521a, 522, 523, 524, 526, 527, 527a, 527b, 528,

529, 530, 530a, 531, 532, 534, 535, 536, 537, 539, 539a, 542, 545, 546, 548, 552, 553, 555, 556, 558, 559, 560, 563, 565, 566, 567, 569, 574, 577, 577a, 579, 579a, 583, 585, 586, 587, 587a, 587b, 589, 591, 592, 593, 598, 600, 601, 602, 603, 604, 606, 607, 608, 609, 609a, 609b, 610, 613, 615, 616, 617, 618, 619, 619a, 620, 621, 622, 624, 626, 627, 629, 631, 632, 633, 635, 636, 637, 638, 639, 640, 642, 643, 644, 645, 646, 648, 651, 652, 653, 654, 655, 657, 661, 663, 666, 667, 668, 671, 672, 674, 675, 677, 678, 679, 680, 682, 683, 684, 685, 686, 688, 688a, 689, 690, 691, 693, 696, 699, 700, 701, 703, 703a, 704, 705, 707, 708, 710, 713, 714, 715, 716, 718, 719, 721, 723, 725, 726, 729, 731, 732, 735, 736, 736a, 737, 737a, 738, 739, 740, 741, 742, 744, 745, 746, 746a, 746b, 747, 749, 753, 754, 755, 758, 759, 760, 765, 765a, 766, 767, 768, 772, 773, 775, 777, 777a, 779, 780, 781, 782, 784, 788, 789, 791, 794, 795, 796, 797, 798, 799, 801, 803, 805, 807, 808, 809, 810, 811, 811a, 812, 813, 813a, 813b, 814, 815, 815a. 817, 818, 819, 820, 821, 822, 823, 824, 825, 825a, 826, 828, 832, 832a, 833, 834, 835, 837, 838, 841, 842, 843, 844, 845, 846, 846a, 847, 849, 850, 851, 855, 857, 858, 858a, 860, 862, 863, 866, 868, 869, 870, 872, 873, 875, 876, 879, 881, 883, 884, 885, 888, 889, 890, 893, 895, 895a, 896, 898, 899, 900, 902, 906, 907, 909, 910, 911, 913, 914, 915, 916, 919, 920, 921, 922, 923, 924, 925, 926, 927, 928, 929, 931, 931a, 934, 935, 940, 942, 943, 943a, 945, 946, 947, 948, 949, 951, 952, 956, 957, 957a, 957b, 958, 959, 959a, 961, 962, 963, 963a, 963b, 964, 965, 966, 968, 970, 971, 972, 974, 976, 977, 979, 980, 981, 982, 983, 987, 988, 990, 991, 992, 993, 994, 995, 997, 998, 999, 1000, 1001, 1002, 1002a, 1004, 1005, 1006, 1007, 1008, 1011, 1012, 1014, 1014a, 1017, 1018, 1023, 1024, 1026, 1027, 1028, 1029, 1030, 1031, 1032, 1033, 1035, 1037, 1038, 1039, 1040, 1040a, 1041, 1042, 1045, 1045a, 1046, 1047, 1048, 1049, 1050, 1051, 1052, 1053, 1053a, 1054, 1054a, 1054b, 1055, 1056, 1057, 1058, 1059, 1060, 1061, 1061a, 1062, 1063, 1064, 1065, 1066, 1066a, 1066b, 1067, 1068, 1070, 1072, 1072a, 1073, 1073a, 1075, 1076, 1078, 1080, 1083, 1083a, 1086, 1087, 1088, 1089, 1090, 1092, 1094, 1096, 1098, 1099, 1103, 1104, 1105, 1107, 1111, 1112, 1112a, 1114, 1115, 1116, 1117, 1118, 1118a, 1119, 1120, 1121, 1123, 1124, 1126, 1127, 1131, 1131a, 1133, 1134, 1136, 1138, 1139, 1140, 1142, 1143, 1144, 1146, 1147, 1148, 1150, 1152, 1154, 1154a, 1155, 1156, 1157, 1157a, 1160, 1161, 1164, 1165, 1167, 1167a, 1168, 1171, 1174, 1175, 1177, 1178, 1179, 1180, 1181, 1184, 1187, 1188, 1190, 1192, 1193, 1194, 1195, 1196, 1200, 1200a, 1201, 1202, 1203, 1204, 1205, 1209,

1209a, 1210, 1211, 1212, 1213, 1214, 1215, 1216, 1218, 1219, 1219a, 1220, 1221, 1222, 1223, 1224, 1225, 1226, 1229, 1232, 1233, 1234, 1235, 1237, 1238, 1239, 1239a, 1240, 1241, 1242, 1243, 1245, 1247, 1248, 1252, 1253, 1256, 1257, 1258, 1259, 1260, 1260a, 1260b, 1262, 1263, 1264, 1265, 1267, 1270, 1271, 1273, 1275, 1277, 1278, 1281, 1282, 1283, 1284, 1285, 1288, 1292, 1293, 1294, 1295, 1295a, 1296, 1297, 1298, 1300, 1300a, 1301, 1302, 1303, 1304, 1310, 1312, 1314, 1314a, 1315, 1315a, 1316, 1318, 1319, 1320, 1321, 1322, 1323, 1324, 1326, 1327, 1328, 1328a, 1329, 1330, 1331, 1332, 1334, 1338, 1340, 1340a, 1342, 1342a, 1343, 1344, 1345, 1347, 1348, 1348a, 1349, 1350, 1350a, 1351, 1352, 1353, 1357, 1357a, 1359, 1360, 1361, 1361a, 1364, 1367, 1374, 1375, 1381, 1381a, 1381b, 1382, 1383, 1384, 1386, 1387, 1388, 1389, 1390, 1393, 1394, 1395, 1400, 1401, 1403, 1406, 1407, 1408, 1410, 1411, 1413, 1414, 1415, 1415a, 1420, 1422, 1424, 1425, 1425a, 1426, 1427, 1428, 1429, 1432, 1435, 1436, 1436a, 1438, 1442, 1443, 1444, 1444a, 1445, 1446, 1446a, 1446b, 1447, 1448, 1449, 1450, 1451, 1452, 1452a, 1454, 1455, 1457, 1458, 1459, 1460, 1462, 1466, 1467, 1469, 1475, 1475a, 1478, 1480, 1483, 1487.

1616: 1283.

1641: 15.

1647: 616, 1017, 1029.

1650: 173, 1086.

1651: 208.

1652: 102, 192, 256, 598, 600, 604, 710, 726, 997, 1004, 1058, 1277, 1320.

1653: 23, 23a, 436, 436a, 436b, 446, 527, 527a, 527b, 553, 587, 587a, 587b, 773, 796, 863, 977, 1018, 1062, 1235, 1259, 1267, 1415, 1415a.

1654: 18, 19, 38, 58, 107, 162, 195, 212, 299, 350, 403, 458, 467, 500, 558, 713, 755, 826, 946, 966, 999, 1024, 1049, 1061, 1061a, 1076, 1347.

1657: 75, 393, 638, 721, 837, 1121, 1232, 1429, 1462, 1469.

1658: 9, 317, 318, 447, 565, 646, 657, 672, 690, 747, 833, 842, 857, 881, 983, 1035, 1124, 1273, 1330, 1340, 1340a, 1359, 1436, 1436a, 1445.

1660: 6, 255, 399, 607, 613, 668, 749, 883, 907, 1032, 1152, 1201, 1428.

1661: 182, 523, 548, 610, 1057, 1375.

1662: 54, 61, 79, 125, 217, 247, 373, 408, 434, 474, 474a, 567, 602, 684, 760, 775, 885, 959, 959a, 992, 1012, 1072, 1072a, 1112,

1112a, 1181, 1265, 1331, 1353, 1357, 1357a, 1361, 1361a, 1454.
1663: 71, 313, 631, 655, 823, 851, 1143, 1218, 1233, 1238, 1338.
1664: 592, 982.
1665: 72, 794, 910, 951, 990, 1301.
1666: 1298.
1667: 321, 922.
1668: 346, 714, 1046, 1178.
1669: 280, 482, 860, 968, 1115, 1478.
1670: 872.
1671: 374, 385, 412, 595, 629, 1205.
1675: 49, 55, 123, 168, 178, 203, 258, 338, 442, 496, 585, 644, 651, 661, 732, 889, 913, 1006, 1033, 1078, 1144, 1175, 1367, 1408.
1676: 49, 123, 203, 258, 496, 644, 651, 732, 913, 1033, 1175, 1303, 1367, 1430.
1677: 451, 559, 1224.
1678: 278, 278a, 335, 347, 435, 508, 583, 708, 911, 1048, 1089, 1167, 1167a, 1187, 1302.
1679: 42, 100, 136, 314, 314a, 320, 320a, 341, 838, 858, 858a, 928, 1103, 1126, 1323, 1444, 1444a.
1681: 455, 900, 914, 1422, 1425, 1425a.
1697: 884.
1702: 834, 1188.
1703: 294, 1382, 1487.
1704: 228, 308, 560, 678, 1237.
1722: 555, 868, 915, 1179, 1292.
1728: 944.
1729: 365.
1733: 70, 101, 260, 494, 494a, 563, 564, 761, 804, 806, 1258.
1734: 103, 260, 389, 389a, 552, 563, 579, 579a, 687, 687a, 832, 832a, 846, 846a, 967, 967a, 1099, 1245, 1300, 1300a, 1348, 1348a, 1399, 1452, 1452a, 1455.
1735: 69, 394, 577, 577a, 963, 963a, 963b, 1056.
1736: 77, 77a, 77b, 154, 539, 539a, 577, 577a, 683, 963, 963a, 963b, 1045, 1045a, 1118, 1118a, 1368, 1381, 1381a, 1381b.
1737: 1045, 1045a, 1129.
1739: 554.
1740: 658.
1743: 588, 1305, 1306, 1441, 1463.
1744: 164, 164a, 305, 407, 407a, 625, 871, 986, 986a, 1093, 1207, 1250.
1745: 21, 113, 113a, 348, 886, 886a, 1358, 1358a, 1358b, 1371, 1433, 1476, 1477, 1477a.

1746: 16, 288, 296, 345, 380, 409, 669, 670, 750, 750a, 878, 908, 908a, 954, 1084, 1125, 1153, 1464, 1464a.
1747: 4, 339, 353, 1405, 1465.
1748: 370, 387, 429, 477, 477a, 659, 802, 802a, 903, 1015, 1402.
1749: 248, 395, 514, 853, 853a, 864, 1186, 1287.
1750: 51, 542, 614, 776, 1113, 1113a, 1268, 1356, 1470.
1751: 197, 303, 404, 443, 443a, 720, 720a, 720b, 734, 741, 770, 778, 792, 793, 793a, 897, 1025, 1101, 1279, 1385, 1404, 1430.
1752: 1392.
1753: 597, 597a, 709, 1251, 1311.
1754: 1, 27, 96, 264, 264a, 743, 1274, 1274a, 1365, 1365a, 1369.
1755: 930, 930a, 1309.
1756: 186, 285, 352, 352a, 352b, 364, 628, 641, 673, 960, 975, 996.
1757: 265, 300, 712, 887, 1159, 1362.
1758: 39, 265, 541, 596, 1036, 1291, 1423, 1440, 1440a, 1453.
1759: 39, 259, 572, 1036, 1149, 1197, 1197a, 1289.
1761: 179, 179a, 427, 513, 557, 953, 1182, 1182a, 1185, 1185a, 1185b, 1206, 1227, 1227a, 1416, 1416a.
1762: 158, 158a, 310, 311, 311a, 315, 578, 584, 584a, 647, 649, 656, 656a, 656b. 697, 697a, 936, 955, 973, 973a, 973b, 1145, 1176, 1317, 1317a, 1339, 1339a.
1763: 181, 342, 342a, 445, 445a, 483, 551, 814, 840, 856, 856a, 856b, 867, 978, 1069, 1077, 1077a, 1109, 1135, 1135a, 1486.
1764: 62, 76, 115, 116, 117, 120, 436, 748, 751, 751a, 901, 901a, 1000, 1003, 1020, 1102, 1217, 1434.
1765: 50, 50a, 50b, 65, 110, 110a, 218, 375, 430, 525, 540, 540a, 568, 605, 787, 874, 877, 984, 1100, 1100a, 1100b, 1100c, 1100d, 1110, 1137, 1307, 1307a, 1341,1341a.
1766: 104, 104a, 104b, 126, 275, 497, 852.
1767: 848, 865, 1172, 1481.
1768: 204, 204a, 206, 206a, 351, 420, 917, 917a, 939, 952, 1097, 1097a, 1097b, 1097c, 1158, 1266, 1272.
1769: 138, 139, 145, 515, 515a, 573, 1337, 1366, 1437, 1437a, 1439, 1439a, 1439b.
1770: 234, 362, 368, 829, 839, 880, 880a, 918, 918a, 918b, 1074, 1166, 1166a, 1166b, 1261, 1308.
1771: 132, 140, 141, 142, 149, 698, 1079, 1081, 1096, 1372.
1772: 400, 599, 599a, 599b, 836, 854, 1016, 1376, 1479, 1485.
1773: 17, 91, 623, 623a, 1191, 1191a, 1208, 1208a, 1249, 1280, 1290, 1290a, 1431.
1774: 28, 771, 771a, 859, 859a, 1471.
1775: 756, 1009.

1776: 2, 340, 396, 549, 549a, 904, 1269, 1269a, 1346, 1346a.
1777: 124, 124a, 336, 634, 894, 1019, 1019a, 1198, 1276, 1335.
1778: 969.
1780: 174, 174a, 307, 307a, 1130, 1474, 1474a.
1781: 12, 22, 111, 221, 289, 289a, 349, 349a, 492, 664, 786, 786a, 985, 985a, 985b, 1034, 1122, 1122a, 1255, 1255a, 1363, 1397, 1397a, 1397b, 1397c.
1782: 47, 47a, 163, 269, 269a, 416, 432, 462, 480, 505, 543, 543a, 544, 733, 774, 861, 1071, 1071a, 1151, 1409.
1783: 274, 1189.
1785: 66, 282, 378, 388, 676, 676a.
1789: 334, 334a, 1460.
1790: 64, 379, 550, 682, 722, 827, 1417.
1791: 24, 36, 36a, 48, 48a, 52, 52a, 53, 80, 80a, 85, 144, 147, 159, 199, 207, 209, 225, 225a, 237, 238, 239, 239a, 246, 249, 249a, 270, 276, 283, 283a, 322, 322a, 330, 330a, 331, 344, 357, 426, 490, 526, 570, 570a, 571, 571a, 576, 576a, 621, 633, 652, 671, 694, 727, 727a, 782, 784, 817, 818, 830, 830a, 1043, 1043a, 1088, 1107, 1108, 1108a, 1127, 1148, 1226, 1254, 1310, 1312, 1336, 1336a, 1387, 1412, 1412a.
1792: 36, 45, 45a, 48, 52, 80, 194, 214, 214a, 225, 239, 249, 322, 330, 354, 354a, 357, 359, 366, 469, 469a, 538, 538a, 571, 575, 575a, 576, 612, 660, 660a, 665, 665a, 695, 695a, 702, 702a, 702b, 725, 727, 730, 730a, 769, 769a, 790, 790a, 800, 816, 816a, 830, 891, 1013, 1022, 1022a, 1043, 1044, 1044a, 1085, 1085a, 1108, 1132, 1132a, 1132b, 1183, 1230, 1231, 1231a, 1325, 1325a, 1333, 1354, 1354a, 1373, 1373a, 1373b, 1377, 1377a, 1377b, 1378, 1378a, 1378b, 1380, 1380a, 1380b, 1398, 1398a.
1793: 43, 245, 245a, 323, 323a, 611, 892, 892a, 941, 1010, 1396, 1421.
1795: 252, 580, 581, 582, 594, 1163, 1169.
1796: 40, 40a, 40b, 150, 183, 184, 223, 453, 493, 547, 547a, 547b, 681, 717, 717a, 905, 932, 932a, 933, 962, 1286.
1797: 1472.
1798: 187, 1370.
1799: 86, 86a, 152, 253, 590, 590a.
1800: 175, 706.
1801: 32.
1802: 468, 1199.
1803: 122, 202, 398, 406, 950, 950a, 950b.
1804: 133, 133a, 191, 357a, 358, 414, 464, 464a, 465, 465a, 764, 764a, 785, 785a, 882, 882a, 912, 938, 1021, 1066, 1066a, 1066b,

1134, 1170, 1327, 1328, 1328a, 1484.
1805: 498, 498a.
1806: 36a, 45a, 48a, 52a, 80a, 214a, 225a, 239a, 249a, 322a, 330a, 354a, 357a, 359a, 469a, 538a, 571a, 575a, 576a, 660a, 665a, 695a, 702b, 727a, 769a, 790a, 816a, 830a, 1022a, 1043a, 1044a, 1085a, 1108a, 1132b, 1325a, 1354a, 1377b, 1378a, 1380b, 1398a.
1808: 454, 473.
1810: 176, 937, 1173.
1811: 240, 287, 757, 831, 1128.
1812: 360.
1813: 222, 224, 989, 1299, 1461, 1468.
1814: 29, 29a, 29b, 448, 457, 487, 662, 728, 1246, 1418, 1482.
1815: 478, 762, 1141, 1473.
1816: 13, 25, 105, 148, 241, 277, 284, 561, 562, 650, 692, 783, 1236, 1313, 1332, 1355, 1379, 1419.
1817: 26, 188, 229, 388, 388a, 711, 752, 1456, 1456a.
1818: 456.
1819: 1091.
1820: 724.
1821: 233, 1082, 1228, 1228a.
1822: 1244, 1244a.
1825: 763, 1162.
1847: 1106.
1848: 463, 533, 630, 1391.
1849: 281, 1095.

APPENDIX VI

Place of Printing.

Where a place has been suggested or attributed (e.g., tentatively identified *desglosada* sources) the item will be listed by that place, and also as place unknown. Numbers refer to items in the *Index.*

Place Unknown: 6, 7, 9, 10, 15, 18, 19, 23, 23a, 30, 32, 34, 37, 38, 41, 42, 46, 49, 51, 54, 55, 56, 58, 59, 61, 63, 68, 71, 72, 75, 78, 79, 87, 88, 92, 94, 95, 97, 97a, 100, 101, 102, 106, 107, 108, 109, 121, 123, 125, 127, 129, 130, 135, 136, 146, 150, 155, 156, 156a, 157, 162, 165, 168, 170, 173, 177, 178, 180, 182, 185, 192, 195, 199, 200a, 201, 203, 208, 210, 212, 213, 215, 216, 217, 219, 226, 230, 230a, 236, 243, 244, 247, 250, 254, 255, 256, 257, 258, 260, 261, 262, 265, 267, 271, 272. 273, 278, 278a, 279, 280, 286, 286a, 293, 294, 299, 301, 302, 306, 307, 307a, 308, 309, 309a, 312, 313, 314, 314a, 316, 317, 318, 320, 320a, 321, 324, 327, 334, 334a, 335, 338, 341, 346, 347, 350, 355, 356, 361, 363, 371, 372, 373, 374, 381, 385, 386, 389, 389a, 390, 391, 393, 399, 403, 405, 408, 410, 412, 413, 415, 417, 422, 423, 431, 434, 435, 437, 437a, 437b, 438, 438a, 439, 440, 442, 446, 447, 449, 450, 451, 455, 458, 464, 464a, 467, 470, 474, 474a, 476, 481, 482, 484, 485, 495, 496, 499, 500, 501, 502, 503, 506, 508, 509, 510, 512, 517, 519, 520, 523, 527, 527a, 527b, 528, 529, 530, 530a, 531, 532, 536, 548, 552, 553, 555, 558, 559, 560, 563, 565, 567, 569, 579, 579a, 583, 585, 587, 587a, 587b, 591, 592, 593, 598, 600, 601, 602, 603, 604, 607, 608, 610, 613, 615, 616, 618, 624, 626, 629, 631, 636, 638, 639, 640, 642, 644, 645, 646, 648, 651, 653, 655, 657, 661, 668, 672, 674, 675, 679, 684, 685, 690, 691, 708, 710, 713, 714, 718, 719, 721, 726, 731, 732, 737, 737a, 738, 740, 747, 749, 753, 755, 760, 766, 773, 775, 789, 791, 793, 793a, 794, 795, 796, 797, 812, 813, 813a, 813b, 815a, 819, 820, 821, 822, 823, 826, 833, 834, 837, 838, 841, 842, 843, 846, 846a, 847, 851, 857, 858, 858a, 860, 862, 863, 868, 872, 873, 875, 881, 883, 884, 885, 888, 889, 890, 893, 895, 895a, 896, 900, 902, 905, 907, 910, 911, 913, 914, 915, 916, 920, 922, 924, 928, 934, 935, 940, 945, 946, 949, 951, 957, 957a, 957b, 958,

959, 959a, 961, 962, 966, 967, 967a, 968, 970, 972, 977, 979, 981, 982, 983, 987, 990, 992, 994, 997, 998, 999, 1000, 1004, 1006, 1011, 1012, 1014, 1014a, 1017, 1018, 1023, 1024, 1026, 1027, 1028, 1029, 1030, 1032, 1033, 1035, 1037, 1038, 1046, 1048, 1049, 1050, 1052, 1053, 1053a, 1055, 1057, 1058, 1059, 1060, 1061, 1061a, 1062, 1063, 1067, 1070, 1072, 1072a, 1076, 1078, 1080, 1083, 1083a, 1086, 1089, 1098, 1099, 1103, 1112, 1112a, 1115, 1116, 1117, 1119, 1121, 1124, 1125, 1126, 1136, 1138, 1139, 1143, 1144, 1146, 1147, 1150, 1152, 1154, 1154a, 1155, 1157, 1157a, 1161, 1167, 1167a, 1174, 1175, 1178, 1179, 1181, 1184, 1187, 1188, 1190, 1192, 1193, 1196, 1201, 1204, 1205, 1210, 1215, 1216, 1218, 1221, 1224, 1229, 1232, 1233, 1235, 1238, 1240, 1242, 1245, 1247, 1253, 1256, 1257, 1259, 1260, 1260a, 1260b, 1262, 1263, 1265, 1267, 1270, 1273, 1277, 1278, 1281, 1283, 1284, 1288, 1292, 1294, 1295, 1295a, 1296, 1298, 1301, 1302, 1303, 1304, 1315, 1315a, 1316, 1319, 1320, 1323, 1327, 1330, 1331, 1334, 1338, 1340, 1340a, 1344, 1345, 1347, 1351, 1353, 1357, 1357a, 1359, 1360, 1361, 1361a, 1364, 1367, 1375, 1382, 1386, 1390, 1393, 1407, 1408, 1411, 1415, 1415a, 1422, 1425, 1425a, 1426, 1428, 1429, 1432, 1435, 1436, 1436a, 1438, 1444, 1444a, 1445, 1447, 1449, 1450, 1454, 1460, 1462, 1466, 1469, 1478, 1487.

Alcalá: 208, 1417.

Barcelona: 5, 11, 14, 28, 31, 35, 64, 73, 90, 91, 112, 126, 128, 131, 140, 141, 142, 149, 151, 152, 160, 166, 186, 189, 190, 198, 211, 220, 235, 251, 253, 285, 290, 290a, 290b, 291, 291a, 298, 298a, 298b, 300, 304, 316, 319, 329, 329a, 332, 343, 352, 352a, 352b, 362, 368, 375, 377, 379, 397, 433, 466, 472, 488, 489, 498, 498a, 511, 541, 545, 546, 550, 559, 564, 573, 574, 589, 596, 605, 619, 619a, 620, 635, 637, 643, 682, 686, 688, 688a, 693, 696, 698, 703, 703a, 705, 736, 736a, 777, 777a, 788, 798, 803, 805, 808, 810, 817, 824, 827, 829, 839, 849, 869, 876, 879, 887, 918, 918a, 918b, 921, 926, 942, 943, 943a, 948, 956, 984, 991, 1002, 1002a, 1068, 1073, 1073a, 1074, 1081, 1087, 1092, 1096, 1104, 1114, 1133, 1142, 1156, 1160, 1168, 1171, 1200, 1200a, 1234, 1248, 1261, 1282, 1283, 1308, 1314, 1314a, 1318, 1324, 1326, 1352, 1370, 1372, 1384, 1394, 1403, 1420, 1423, 1440, 1440a, 1446, 1446a, 1446b, 1453, 1458, 1459, 1467, 1480, 1483, 1484.

Burgos: 84.

Cologne: 884.

Granada: 996.

Lima: 128.

Lisboa: 616, 1017, 1029.
Madrid: 1, 2, 4, 6, 8, 9, 15, 16, 18, 21, 23, 23a, 24, 27, 29, 29a, 29b, 32, 33, 33a, 36, 36a, 38, 39, 40, 40a, 40b, 42, 45, 45a, 48, 48a, 51, 52, 52a, 53, 54, 55, 58, 61, 63, 64, 66, 69, 70, 71, 72, 74, 74a, 75, 76, 77, 77a, 77b, 79, 80, 80a, 81, 82, 82a, 85, 86, 86a, 96, 100, 101, 102, 103, 107, 111, 113, 113a, 114, 115, 116, 117, 122, 125, 133, 133a, 134, 136, 144, 145, 147, 150, 158a, 159, 161, 164, 164a, 165, 168, 178, 182, 183, 184, 187, 191, 192, 193, 194, 195, 196, 197, 199, 202, 207, 209, 214, 214a, 217, 223, 225, 225a, 228, 231, 237, 238, 239, 239a, 245, 245a, 246, 247, 248, 249, 249a, 253, 255, 256, 259, 260, 264, 264a, 270, 274, 276, 278, 278a, 280, 281, 282, 283, 283a, 288, 292, 292a, 296, 299, 303, 305, 307, 307a, 308, 313, 314, 314a, 317, 318, 320, 320a, 321, 322, 322a, 330, 330a, 331, 333, 333a, 334, 334a, 335, 338, 339, 341, 344, 345, 346, 347, 348, 350, 353, 354, 354a, 357, 357a, 358, 359, 359a, 362, 364, 365, 370, 373, 374, 378, 379, 380, 385, 387, 389, 389a, 393, 394, 395, 397, 398, 399, 402, 403, 404, 406, 407, 407a, 408, 409, 411, 412, 414, 426, 429, 433, 434, 435, 437, 437a, 437b, 442, 443, 443a, 445a, 446, 447, 451, 453, 454, 455, 458, 463, 464, 464a, 465, 465a, 467, 468, 469, 469a, 473, 474, 474a, 477, 477a, 482, 486, 490, 493, 494, 494a, 500, 504, 504a, 504b, 506, 508, 514, 520, 523, 526, 527, 527a, 527b, 533, 538, 538a, 539, 539a, 542, 545, 547, 547a, 547b, 548, 550, 552, 553, 554, 555, 558, 559, 560, 563, 565, 566, 567, 570, 570a, 571, 571a, 572, 575, 575a, 576, 576a, 577, 577a, 579, 579a, 583, 585, 586, 587, 587a, 587b, 588, 590, 590a, 592, 594, 597, 597a, 598, 599, 599a, 599b, 600, 602, 607, 610, 611, 612, 614, 621, 625, 628, 629, 630, 631, 633, 638, 641, 643, 646, 652, 655, 657, 658, 659, 660, 660a, 661, 665, 665a, 668, 669, 670, 671, 672, 673, 676, 676a, 678, 682, 683, 684, 687, 687a, 690, 694, 695, 695a, 702, 702a, 702b, 706, 708, 709, 710, 712, 713, 714, 716, 717, 717a, 720, 720a, 720b, 721, 722, 725, 726, 727, 727a, 730, 730a, 734, 736, 736a, 737, 737a, 741, 742, 743, 746, 746a, 746b, 747, 749, 750, 750a, 755, 758, 760, 761, 764, 764a, 765, 765a, 769, 769a, 770, 773, 775, 776, 777, 777a, 778, 782, 784, 785, 785a, 790, 790a, 792, 793, 793a, 794, 796, 797, 799, 802, 802a, 804, 806, 814, 815, 815a, 816, 816a, 817, 818, 823, 826, 827, 830, 830a, 832, 832a, 833, 834, 835, 837, 838, 842, 844, 846, 846a, 851, 853, 853a, 857, 858, 858a, 860, 863, 864, 868, 869, 871, 872, 878, 879, 881, 882, 882a, 883, 885, 886, 886a, 889, 891, 897, 900, 903, 905, 907, 908, 908a, 910, 911, 912, 914, 915, 917a, 922, 928, 930, 930a, 938, 944, 946, 950, 950a, 950b, 951, 952, 954, 959, 959a, 960, 962, 963, 963a, 963b,

964, 965, 966, 967, 967a, 968, 975, 977, 982, 983, 986, 986a, 990, 992, 995, 997, 999, 1004, 1005, 1006, 1010, 1012, 1015, 1018, 1020, 1021, 1022, 1022a, 1025, 1031, 1032, 1035, 1036, 1043, 1043a, 1044, 1044a, 1045, 1045a, 1046, 1048, 1049, 1054, 1054a, 1054b, 1056, 1057, 1058, 1062, 1064, 1066, 1066a, 1066b, 1072, 1072a, 1076, 1078, 1083, 1083a, 1084, 1085, 1085a, 1088, 1089, 1093, 1095, 1099, 1100d, 1101, 1103, 1104, 1105, 1107, 1108, 1108a, 1109, 1112, 1112a, 1113, 1113a, 1115, 1118, 1118a, 1121, 1124, 1125, 1126, 1127, 1129, 1132, 1132a, 1132b, 1134, 1136, 1143, 1144, 1145, 1148, 1149, 1152, 1153, 1159, 1160, 1162, 1164, 1167, 1167a, 1170, 1176, 1177, 1178, 1179, 1181, 1183, 1186, 1187, 1188, 1189, 1194, 1197, 1197a, 1199, 1201, 1203, 1205, 1207, 1209, 1209a, 1218, 1223, 1226, 1230, 1231, 1231a, 1232, 1233, 1234, 1235, 1237, 1238, 1239, 1239a, 1243, 1245, 1250, 1251, 1254, 1258, 1259, 1265, 1267, 1268, 1273, 1274, 1274a, 1277, 1279, 1286, 1289, 1291, 1292, 1298, 1300, 1300a, 1301, 1302, 1305, 1306, 1309, 1310, 1311, 1312, 1320, 1323, 1325, 1325a, 1327, 1328, 1328a, 1329, 1330, 1331, 1333, 1336, 1336a, 1338, 1340, 1340a, 1347, 1348, 1348a, 1353, 1354, 1354a, 1356, 1357, 1357a, 1358, 1358a, 1358b, 1359, 1361, 1361a, 1362, 1365, 1365a, 1368, 1369, 1371, 1375, 1377, 1377a, 1377b, 1378, 1378a, 1378b, 1380, 1380a, 1380b, 1381, 1381a, 1381b, 1385, 1387, 1391, 1392, 1398, 1398a, 1399, 1400, 1402, 1404, 1405, 1408, 1410, 1412, 1412a, 1415, 1415a, 1417, 1421, 1422, 1424, 1425, 1425a, 1428, 1429, 1430, 1433, 1436, 1436a, 1441, 1444, 1444a, 1445, 1452, 1452a, 1454, 1455, 1456, 1456a, 1460, 1462, 1463, 1464, 1464a, 1465, 1469, 1470, 1475, 1475a, 1476, 1477, 1477a, 1478, 1480.

Pamplona: 49, 123, 203, 258, 496, 644, 651, 732, 913, 1033, 1175, 1367.

Salamanca: 3, 8, 20, 33, 33a, 57, 87, 119, 137, 143, 143a, 167, 172, 263, 266, 325, 328, 376, 401, 428, 444, 452, 459, 461, 475, 491, 522, 534, 537, 606, 680, 701, 707, 723, 754, 759, 772, 828, 870, 906, 929, 947, 974, 976, 980, 1005, 1007, 1008, 1075, 1213, 1230, 1231, 1231a, 1241, 1297, 1322, 1389, 1427, 1442, 1457, 1472.

Sevilla: 25, 44, 60, 67, 89, 93, 98, 99, 118, 148, 153, 169, 171, 200, 200a, 205, 232, 241, 242, 268, 277, 284, 295, 326, 337, 369, 382, 384, 392, 402, 418, 419, 421, 425, 441, 441a, 460, 471, 479, 479a, 507, 516, 521, 521a, 524, 535, 556, 562, 609, 609a, 609b, 632, 650, 654, 663, 666, 667, 689, 699, 700, 704, 715, 729, 735, 739, 744, 745, 767, 779, 780, 781, 783, 801, 807, 809, 811, 811a, 825, 825a, 845, 850, 855, 866, 898, 899, 909, 923, 925, 927, 931, 931a,

971, 988, 993, 1001, 1039, 1040, 1040a 1041, 1042, 1047, 1051, 1064, 1065, 1090, 1094, 1106, 1111, 1120, 1123, 1131, 1131a, 1140, 1165, 1195, 1211, 1212, 1214, 1220, 1222, 1225, 1236, 1252, 1264, 1271, 1275, 1285, 1313, 1321, 1342, 1342a, 1343, 1349, 1350, 1350a, 1374, 1383, 1388, 1395, 1406, 1413, 1414, 1419, 1443, 1448, 1451.

Valencia: 2, 12, 13, 17, 22, 26, 29, 32, 40, 40a, 40b, 43, 47, 47a, 50, 50a, 50b, 51, 62, 65, 73, 76, 104, 104a, 104b, 105, 110, 110a, 120, 124, 124a, 132, 138, 139, 158, 158a, 163, 173, 174, 174a, 176, 179, 179a, 181, 183, 184, 188, 189, 196, 204, 204a, 206, 206a, 218, 221, 222, 223, 224, 229, 230a, 233, 234, 240, 252, 269, 269a, 275, 287, 289, 289a, 294, 307, 307a, 310, 311, 311a, 315, 323 323a, 332, 336, 340, 342, 342a, 349, 349a, 351, 360, 366, 388, 388a, 396, 400, 416, 420, 427, 430, 432, 436, 445, 445a, 448, 452, 456, 457, 462, 478, 480, 483, 487, 492, 497, 498a, 505, 506, 513, 515, 515a, 525, 540, 540a, 543, 543a, 544, 545, 547, 547a, 547b, 549, 549a, 550, 551, 557, 561, 568, 574, 578, 580, 581, 582, 584, 584a, 559, 599a, 599b, 662, 623, 623a, 634, 647, 649, 656, 656a, 656b, 662, 664, 681, 682, 688a, 692, 697, 697a, 701, 711, 717, 717a, 724, 728, 733, 748, 751, 751a, 752, 756, 757, 762, 763, 771, 771a, 774, 786, 786a, 787, 800, 814, 827, 831, 836, 840, 848, 852, 854, 856, 856a, 856b, 859, 859a, 861, 865, 867, 874, 877, 879, 880, 880a, 892, 892a, 894, 901, 901a, 904, 917, 917a, 932, 932a, 933, 936, 937, 939, 941, 950, 950a, 950b, 952, 953, 955, 969, 973, 973a, 973b, 978, 985, 985a, 985b, 989, 1000, 1003, 1009, 1013, 1016, 1019, 1019a, 1034, 1069, 1071, 1071a, 1077, 1077a, 1079, 1082, 1091, 1097, 1097a, 1097b, 1097c, 1100, 1100a, 1100b, 1100c, 1100d, 1102, 1110, 1122, 1122a, 1128, 1130, 1135, 1135a, 1137, 1141, 1151, 1158, 1160, 1163, 1166, 1166a, 1166b, 1169, 1172, 1173, 1176, 1182, 1182a, 1185, 1185a, 1185b, 1191, 1191a, 1198, 1206, 1208, 1208a, 1217, 1227, 1227a, 1228, 1228a, 1244, 1244a, 1246, 1249, 1255, 1255a, 1266, 1269, 1269a, 1272, 1276, 1280, 1286, 1290, 1290a, 1299, 1303, 1307, 1307a, 1317, 1317a, 1332, 1335, 1337, 1339, 1339a, 1341, 1341a, 1346, 1346a, 1355, 1363, 1366, 1373, 1373a, 1373b, 1376, 1379, 1382, 1396, 1397, 1397a, 1397b, 1397c, 1400, 1409, 1416, 1416a, 1418, 1430, 1431, 1434, 1437, 1437a, 1439, 1439a, 1439b, 1461, 1468, 1471, 1473, 1474, 1474a, 1475a, 1479, 1480, 1481, 1482, 1485, 1486, 1487.

Valladolid: 297, 383, 383a, 424, 518, 617, 627, 677, 768, 919, 1180, 1202, 1219, 1219a, 1287, 1293, 1401.

Vienna: 595.

Zaragoza: 19, 83, 154, 162, 212, 227, 367, 604, 1024, 1061, 1061a, 1086.

APPENDIX VII

Printers, Publishers, Booksellers.
No distinction is made among printers, publishers, and booksellers in this listing, Where a printer, etc., has been suggested or attributed (e.g., tentatively identified *desglosada* sources) the item will be listed by that printer, etc., and also as unknown. Names appear as given in the *Index*, but unabridged. Sequence is by date of printing with undated items preceding. Numbers refer to items in the *Index*.

Unknown: 6, 7, 9, 10, 15, 18, 19, 23, 23a, 30, 34, 37, 38, 39, 41, 42, 46, 49, 51, 54, 55, 56, 58, 59, 61, 68, 69, 70, 71, 72, 75, 78, 79, 87, 88, 92, 94, 95, 97, 97a, 100, 101, 102, 103, 106, 107, 108, 109, 121, 123, 125, 127, 129, 130, 135, 136, 146, 155, 156, 156a, 157, 162, 165, 170, 173, 177, 178, 180, 182, 185, 192, 195, 199, 201, 203, 208, 210, 212, 213, 215, 216, 217, 219, 226, 230, 230a, 236, 243, 244, 247, 250, 254, 255, 256, 257, 258, 259, 260, 261, 262, 265, 266, 267, 271, 272, 273, 278, 278a, 279, 280, 286, 286a, 293, 294, 299, 301, 302, 306, 308, 309, 309a, 312, 313, 314, 314a, 317, 318, 320, 320a, 321, 324, 327, 334, 334a, 335, 338, 341, 346, 347, 350, 355, 356, 361, 363, 371, 372, 373, 374, 379, 381, 385, 386, 389, 389a, 390, 391, 393, 394, 399, 403, 405, 406, 408, 410, 412, 413, 415, 417, 422, 423, 431, 434, 435, 437, 437a, 437b, 438, 438a, 439, 440, 442, 446, 447, 449, 450, 451, 455, 458, 464, 467, 470, 474, 474a, 476, 481, 482, 484, 485, 495, 496, 499, 500, 501, 502, 503, 508, 509, 510, 512, 514, 517, 519, 523, 527, 527a, 527b, 528, 529, 530, 530a, 531, 532, 536, 548, 553, 555, 559, 560, 563, 565, 567, 569, 577a, 579, 579a, 583, 585, 587, 587a, 587b, 591, 592, 593, 598, 600, 601, 602, 603, 604, 607, 608, 610, 613, 615, 616, 618, 624, 626, 629, 631, 636, 638, 639, 640, 642, 644, 645, 646, 648, 651, 653, 655, 657, 661, 668, 672, 674, 675, 678, 679, 684, 685, 690, 691, 708, 710, 713, 714, 718, 719, 721, 725, 726, 731, 737, 737a, 738, 740, 747, 749, 753, 755, 760, 766, 773, 775, 781, 789, 791, 793, 793a, 794, 795, 796, 812, 813, 813a, 813b, 819, 820, 821, 822, 823, 826, 832, 832a, 833, 834, 837, 838, 841, 842, 843, 846, 846a, 847, 851, 857, 858, 858a, 860, 862, 863, 864,

868, 872, 873, 875, 881, 883, 884, 885, 888, 889, 890, 893, 895, 895a, 896, 900, 902, 907, 910, 911, 913, 914, 915, 916, 920, 922, 924, 928, 934, 935, 940, 945, 946, 949, 951, 957, 957a, 957b, 958, 959, 959a, 961, 966, 968, 970, 972, 977, 979, 981, 982, 983, 987, 990, 992, 994, 997, 998, 999, 1000, 1004, 1006, 1011, 1012, 1014, 1014a, 1017, 1018, 1021, 1023, 1024, 1026, 1027, 1028, 1029, 1030, 1032, 1033, 1035, 1037, 1038, 1046, 1048, 1049, 1050, 1051, 1052, 1053, 1053a, 1055, 1057, 1058, 1059, 1060, 1061, 1061a, 1062, 1063, 1067, 1070, 1072, 1076, 1078, 1080, 1086, 1089, 1098, 1112, 1115, 1116, 1117, 1119, 1121, 1124, 1126, 1138, 1139, 1143, 1144, 1146, 1147, 1150, 1152, 1154, 1154a, 1155, 1157, 1157a, 1161, 1167, 1167a, 1174, 1175, 1177, 1178, 1179, 1181, 1184, 1187, 1188, 1190, 1192, 1193, 1196, 1201, 1203, 1204, 1205, 1210, 1215, 1216, 1218, 1221, 1224, 1232, 1233, 1235, 1238, 1240, 1242, 1245, 1247, 1253, 1256, 1257, 1259, 1260, 1260a, 1260b, 1262, 1263, 1265, 1267, 1270, 1273, 1277, 1278, 1281, 1283, 1284, 1288, 1292, 1294, 1295, 1295a, 1296, 1298, 1301, 1302, 1303, 1304, 1315, 1315a, 1319, 1320, 1323, 1327, 1330, 1331, 1334, 1338, 1340, 1340a, 1344, 1345, 1347, 1351, 1353, 1357, 1357a, 1359, 1360, 1361, 1361a, 1364, 1375, 1382, 1386, 1390, 1393, 1407, 1408, 1411, 1415, 1415a, 1422, 1425, 1425a, 1426, 1428, 1429, 1432, 1435, 1436, 1436a, 1438, 1444, 1444a, 1445, 1447, 1449, 1450, 1454, 1460, 1462, 1466, 1469, 1478, 1487.

Alegre, Melchor (Madrid). *1671:* 385, 412, 629, 1205.

Alfay, Tomás (Alcalá). *1651:* 208.

Alvarez, Melchor (Madrid). *1681:* 455, 1422, 1425, 1425a.

Aragón y Compañía (Sevilla). *1816:* 25, 148, 241, 277, 284, 562, 650, 783, 1236, 1313, 1419.

Asensio, Francisco (Madrid). *1734:* 687, 687a, 967, 967a, 1399.

Balbuena, Diego (Madrid). *1653:* 553, 773, 977, 1018, 1062, 1235, 1259, 1267.

Bastida, Mateo de la (Madrid). *1652:* 997. *1657:* 75, 638, 721, 1232, 1429, 1462, 1469. *1662:* 54, 247, 408, 434, 684, 992, 1112, 1112a, 1331, 1353.

Blangues, Juan (Madrid). *1781:* 111.

Caballero, Juan Andrés (Sevilla): 93, 535.

Cabrera, Vicente (Valencia). *1703:* 294, 1382, 1487.

Calle de la Paz, Imprenta de la (Madrid). *1757:* 712. *1785:* 66.

Campo, Librería de (Madrid). *1804:* 414.

Cano, Benito (Madrid). *1791:* 24, 53, 85, 144, 147, 159, 199, 207, 209, 237, 238, 246, 270, 276, 283, 283a, 331, 344, 426, 490, 526,

570a, 621, 633, 652, 671, 725, 782, 784, 817, 818, 1088, 1107, 1127, 1148, 1226, 1310, 1312, 1336a, 1387, 1412a. *1792:* 36, 45, 48, 52, 80, 214, 225, 239, 249, 322, 330, 354, 357, 359, 469, 538, 571, 575, 576, 660, 665, 695, 702a, 727, 769, 790, 816, 830, 1022, 1043, 1044, 1085, 1108, 1132a, 1325, 1354, 1377a, 1378, 1380a, 1398.

Cano, Josef (Madrid): 161.

Cassañas, Antonio (Barcelona). *1733:* 564.

Castillo, Librería de (Madrid): 196, 965, 1134, 1164, 1327. *1804:* 133, 133a, 191, 464, 464a, 465, 465a, 764, 764a, 785, 785a, 882, 882a, 938, 1066, 1066a, 1066b, 1170, 1328, 1328a.

Castillo, Antonio del (Madrid): 1104.

Cavallería, Antonio de (Barcelona). *1677:* 559.

Centené, Juan (Barcelona): 251, 329, 329a, 798, 1446, 1446a, 1446b.

Cerro, Librería y Puesto de (Madrid): 196, 586, 965. *1790:* 1164. *1796:* 150, 962.

Cerro, Librería y Puesto de la Viuda de (Madrid): 797.

Colonna, Libraria (Italy?): 109, 327, 565, 838, 843, 857, 959, 1121, 1192, 1345, 1347.

Cormellas, Sebastián (Barcelona). *1616:* 1283.

Correo Viejo, Imprenta del (Sevilla): 850, 1222.

Cosmerovio, Matheo (Vienna). *1671:* 595.

Craesbeeck, Pablo (Lisboa). *1647:* 616, 1017, 1029.

Cruzado, Imprenta de Antonio (Madrid). *1796:* 150, 962. *1803:* 122. *1804:* 414.

Cuesta, Librería de (Madrid). *1762:* 1176. *1763:* 445a. *1765:* 1100d. *1770:* 362. *1817:* 1456, 1456a. *1825:* 1162.

Diario, Imprenta del (Barcelona): 1459.

Diario, Imprenta del (Madrid): 196, 965. *1790:* 1164.

Diario, Imprenta del (Valencia): 622.

Díaz de la Carrera, Diego (Madrid). *1652:* 997.

Domingo, Miguel (Valencia): 233. *1815:* 762, 1141. *1816:* 1355. *1817:* 229, 388, 388a. *1818:* 456. *1819:* 1091. *1821:* 1082, 1228, 1228a.

Domínguez, Viuda de R. J. (Madrid). *1849:* 281, 1095.

Duarte, Francisco (Valencia). *1676:* 1303, 1430.

Dupont, Robert (Zaragoza). *1654:* 19, 162, 212, 1024, 1061, 1061a.

Elvira, Librería de Manuel (Madrid): 542.

Escuder, Pedro (Barcelona): 11, 112, 128, 343, 635, 942, 1002, 1002a, 1104, 1133, 1282, 1318, 1403. *1756:* 186, 285, 352, 352a, 352b. *1757:* 300, 887. *1758:* 541, 596, 1423, 1440, 1440a, 1453.

Escuer, Pedro (Zaragoza). *1650:* 1086.

Espíritu Santo, Joseph del (Pamplona). *1675-1676:* 49, 123, 203, 258, 496, 644, 651, 732, 913, 1033, 1175, 1367.
Estevan, Imprenta de (Valencia). *1816:* 1332, 1379. *1817:* 26, 188, 711.
Estevan, Yernos de Josef (Valencia). *1812:* 360.
Fernández, Juan (Madrid). *1679:* 100.
Fernández, María (Alcalá). *1651:* 208.
Fernández, Mateo (Madrid). *1660:* 6, 255.
Fernández de Buendía, Joseph (Madrid). *1663:* 71, 313, 631, 655, 823, 851, 1143, 1218, 1233, 1338. *1665:* 990. *1667:* 321, 922. *1668:* 714, 1046, 1178. *1670:* 872. *1671:* 374. *1677:* 451, 1224. *1679:* 100.
Fernández de Espinosa Arteaga, Mateo (Madrid). *1666:* 1298.
Ferrer de Orga, José (Valencia). *1814:* 487, 662. *1816:* 13.
Ferrer de Orga y compañía, José (Valencia). *1811:* 240, 831, 1128, *1813:* 222, 224, 989, 1299, 1461, 1468. *1814:* 448, 457, 728, 1246, 1418, 1482. *1815:* 478, 1473. *1816:* 105, 561.
Ferrer de Orga y compañía, Josef (Valencia). *1810:* 176, 937, 1173. *1811:* 287, 757.
Fuentenebro, Imprenta que fue de (Madrid). *1817:* 1456, 1456a.
García, Eugenio Antonio (Salamanca): 1007.
García, Francisco Xavier (Madrid). *1758:* 39, 1036. *1759:* 39, 259, 1036. *1763:* 1109.
García de la Iglesia, Andrés (Madrid). *1657:* 393, 837, 1121. *1658:* 565, 657, 833, 857, 1124, 1330, 1445. *1665:* 72, 794, 910, 951, 1301. *1669:* 280, 482, 860, 968, 1115, 1478. *1702:* 834, 1188.
García y Compañía, Benito (Madrid). *1806:* 36a, 45a, 48a, 52a, 80a, 214a, 225a, 239a, 249a, 322a, 330a, 354a, 357a, 359a, 469a, 538a, 571a, 575a, 576a, 660a, 665a, 695a, 702b, 727a, 769a, 790a, 816a, 830a, 1022a, 1043a, 1044a, 1085a, 1108a, 1132b, 1325a, 1354a, 1377b, 1378a, 1380b, 1398a. *1808:* 454, 473.
García y Morrás, Domingo (Madrid). *1654:* 18, 195, 350, 458, 946, 1347. *1660:* 399, 607, 613, 668, 749, 883, 907, 1032, 1152, 1201, 1428. *1664:* 592, 982. *1668:* 346.
Generas, Francisco (Barcelona). *1805:* 498, 498a.
Gibert, Carlos (Barcelona): 777, 777a.
Gibert y Tutó, Carlos (Barcelona): 73, 291, 291a, 693, 817, 849, 1092, 1171, 1483.
Gómara, Joseph (Madrid). *1755:* 1309.
Gómez, Imprenta de los (Sevilla): 382.
Gómez Bot, Joseph (Madrid): 63, 1083, 1083a.
González, Joseph (Madrid). *1733:* 70, 761.

González, Juan Pablo (Madrid): 161.
González, Librería de Manuel (Madrid): 33a, 82a, 333, 965, 1005, 1021, 1105. *1745:* 21. *1750:* 614. *1754:* 27. *1762:* 158a. *1763:* 814. *1764:* 76. *1768:* 917a. *1772:* 599. *1776:* 2. *1789:* 334, 334a, 1460. *1803:* 202. *1804:* 191, 912. *1825:* 1162.
González de Reyes, Antonio (Madrid). *1678:* 278, 278a, 335, 347, 435, 508, 583, 708, 911, 1048, 1167, 1167a, 1187.
Guasch, Ignacio (Barcelona): 316. *1733:* 564.
Gutiérrez, Puesto de Sebastián (Madrid): 542.
Guzmán, Theresa de (Madrid): 81, 286, 286a, 333, 333a, 504, 504a, 504b, 746, 746a, 746b, 765, 765a, 1054, 1054a, 1054b, 1177, 1203, 1209, 1209a. *1733:* 70, 101, 260, 494, 494a, 563, 1258. *1734:* 103, 260, 563, 832, 832a, 1452, 1452a, 1455. *1735:* 69, 394, 577, 577a, 963, 963a, 963b, 1056. *1736:* 77, 77a, 77b, 539, 539a, 577, 577a, 683, 963, 963a, 963b, 1045, 1045a, 1118, 1118a, 1381, 1381a, 1381b, *1737:* 1045, 1045a.
Hermosilla, Joseph Antonio de (Sevilla): 89, 369, 425, 471, 516, 715, 1350, 1350a.
Hidalgo y Compañía (Sevilla). *1847:* 1106.
Imperial, Imprenta (Madrid). *1677:* 451, 1224.
Imprenta de la Tienda (Lima): 128.
Laborda, Agustín (Valencia). *1773:* 1249.
Lanaja y Lamarca, Herederos de Pedro (Zaragoza). *1652:* 604. *1654:* 19, 162, 212, 1024, 1061, 1061a.
Leefdael, Francisco de (Sevilla): 326, 402, 524, 663, 689, 729, 735, 745, 780, 899, 927, 931, 931a, 1001, 1039, 1047, 1064, 1120, 1220, 1225, 1321, 1342, 1342a, 1349, 1374, 1395, 1406, 1414, 1443, 1448, 1451.
Leefdael, Viuda de Francisco de (Sevilla): 60, 205, 295, 419, 807, 809, 811, 811a, 971, 1042, 1090, 1252, 1275, 1388.
León, Herederos de Gabriel de (Madrid). *1704:* 228, 308, 560, 678, 1237.
Logroño, Justo Antonio de (Madrid). *1681:* 455, 1422, 1425, 1425a.
Lonja de Comedias de la Puerta del Sol (Madrid): 8, 81, 82, 82a, 193, 292, 292a, 333, 333a, 402, 486, 504, 504a, 504b, 746, 746a, 746b, 765, 765a, 815, 815a, 1054, 1054a, 1054b, 1064, 1209, 1209a, 1223, 1239, 1239a, 1329. *1733:* 494, 494a, 761, 1258. *1734:* 832, 832a, 1452, 1452a, 1455. *1735:* 577, 577a, 963, 963a, 963b, 1056. *1736:* 77, 77a, 77b, 539, 539a, 577, 577a, 683, 963, 963a, 963b, 1045, 1045a, 1118, 1118a, 1381, 1381a, 1381b. *1737:* 1045, 1045a. *1744:* 407, 407a.
López, Francisco (Madrid). *1750:* 51.

López, Isidro (Madrid): 134, 799, 869, 964. *1790:* 64, 379, 550, 682, 827, 1417. *1799:* 253.
López, Juan Antonio (Madrid). *1734:* 552.
López, Manuel (Valencia). *1816:* 692.
López de Haro, Imprenta Castellana y Latina de Diego (Sevilla): 700, 988, 1111, 1285.
López de Haro, Viuda de Diego (Sevilla): 1264.
López de Haro, Herederos de Tomás (Sevilla): 866.
Macé, Benito (Valencia). *1676:* 1303, 1430. *1703:* 294, 1382, 1487.
Martínez, Antonio (Madrid). *1825:* 1162.
Meléndez, Manuel (Madrid). *1665:* 990. *1668:* 714, 1046, 1178. *1671:* 374. *1678:* 278, 278a, 335, 347, 435, 508, 583, 708, 911, 1048, 1167, 1167a, 1187.
Mena, Francisco Manuel de (Madrid). *1734:* 1099, 1300, 1348, 1348a.
Mercurio, Imprenta del (Valencia). *1750:* 51.
Merinero, Juan Martín (Madrid). *1665:* 72, 794, 910, 951, 1301. *1670:* 872. *1678:* 1089, 1302.
Mojados, Lorenzo Francisco (Madrid). *1722:* 555, 868, 915, 1292.
Mompié, Ildefonso (Valencia). *1816:* 1355. *1817:* 229, 388, 388a. *1818:* 456. *1819:* 1082, 1091. *1822:* 1228, 1228a, 1244, 1244a. *1825:* 763.
Morales, Juan de (Madrid). *1758:* 39, 1036. *1759:* 39, 259, 1036.
Muñoz Barma, Joseph (Madrid). *1653:* 23, 23a, 437, 437a, 437b, 446, 527, 527a, 527b, 587, 587a, 587b, 796, 863, 1415, 1415a.
Nadal, Juan (Barcelona). *1774:* 28.
Nadal, Pablo (Barcelona): 1142. *1798:* 1370. *1799:* 152.
Navarro, José Carlos (Valencia). *1811:* 831, 1128. *1812:* 360. *1813:* 222, 224, 989. *1814:* 448, 457, 728, 1246, 1418, 1482. *1815:* 478, 762. *1816:* 105, 561.
Navarro, Josef Carlos (Valencia): 73, 230a, 506, 688a, 701, 879, 1400, 1475a. *1790:* 550, 682, 827. *1801:* 32. *1805:* 498a.
Navarro, Viuda de José Carlos (Valencia). *1817:* 752. *1820:* 724.
Navarro y Armijo, José (Sevilla): 1264.
Orga, Hermanos de (Valencia). *1780:* 1130. *1792:* 366, 800, 1013, 1373, 1373a, 1373b. *1793:* 43, 323, 323a, 892, 892a, 941, 1396. *1795:* 252, 580, 581, 582, 1163, 1169. *1796:* 681.
Orga, Imprenta de (Valencia): 189, 196, 332, 452, 453, 545, 574, 1160, 1480. *1811:* 831. *1814:* 29.
Orga, Joseph de (Valencia). *1750:* 51. *1796:* 40, 40a, 40b, 183, 184, 223, 547, 547a, 547b, 717, 717a, 1286. *1803:* 950, 950a, 950b.
Orga, Viuda de Joseph de (Valencia). *1761:* 179, 179a, 427, 513, 557, 953, 1182, 1182a, 1185, 1185a, 1185b, 1206, 1227, 1227a, 1416,

1416a. *1762:* 158, 158a, 310, 311, 311a, 315, 578, 584, 584a, 647, 649, 656, 656a, 656b, 697, 697a, 936, 955, 973, 973a, 973b, 1176, 1317, 1317a, 1339, 1339a. *1763:* 181, 342, 342a, 445, 445a, 483, 551, 814, 840, 856, 856a, 856b, 867, 978, 1069, 1077, 1077a, 1135, 1135a, 1486. *1764:* 62, 76, 120, 436, 748, 751, 751a, 901, 901a, 1000, 1003, 1102, 1217, 1434. *1765:* 50, 50a, 50b, 65, 110, 110a, 218, 430, 525, 540, 540a, 568, 787, 874, 877, 1100, 1100a, 1100b, 1100c, 1100d, 1110, 1137, 1307, 1307a, 1341, 1341a. *1766:* 104, 104a, 104b, 275, 497, 852. *1767:* 865, 1172, 1481. *1768:* 204, 204a, 206, 206a, 351, 420, 917, 917a, 939, 952, 1097, 1097a, 1097b, 1097c, 1158, 1266, 1272. *1769:* 138, 139, 515, 515a, 1337, 1366, 1437, 1437a, 1439, 1439a, 1439b. *1770:* 234, 880, 880a, 1166, 1166a, 1166b.

Orga, Joseph y Thomás de (Valencia). *1767:* 848. *1771:* 132, 1079. *1772:* 400, 599, 599a, 599b, 836, 854, 1016, 1376, 1479, 1485. *1773:* 17, 623, 623a, 1191, 1191a, 1208, 1208a, 1280, 1290, 1290a, 1431. *1774:* 771, 771a, 859, 859a, 1471. *1775:* 756, 1009. *1776:* 2, 340, 396, 549, 549a, 904, 1269, 1269a, 1346, 1346a. *1777:* 124, 124a, 336, 634, 894, 1019, 1019a, 1198, 1276, 1335. *1778:* 969. *1780:* 174, 174a, 307, 307a, 1474, 1474a. *1781:* 12, 22, 221, 289, 289a, 349, 349a, 492, 664, 786, 786a, 985, 985a, 985b, 1034, 1122, 1122a, 1255, 1255a, 1363, 1397, 1397a, 1397b, 1397c. *1782:* 47, 47a, 163, 269, 269a, 416, 432, 462, 480, 505, 543, 543a, 544, 733, 774, 861, 1071, 1071a, 1151, 1409. *1796:* 932, 932a, 933.

Ortiz, Viuda de Manuel (Zaragoza). *1736:* 154.

Padrino, Joseph (Sevilla): 44, 99, 118, 153, 169, 171, 200, 200a, 232, 242, 268, 384, 418, 441, 441a, 460, 507, 521, 521a, 556, 609, 609a, 609b, 654, 699, 739, 744, 781, 845, 898, 909, 923, 925, 993, 1041, 1051, 1094, 1123, 1131, 1131a, 1165, 1195, 1211, 1212, 1343, 1383.

Palacio y Villegas, Domingo de (Madrid). *1654:* 18, 195, 350, 458, 946, 1347. *1660:* 399, 607, 613, 668, 749, 883, 909, 1032, 1152, 1201, 1428. *1663:* 1238. *1664:* 592, 982. *1668:* 346. *1671:* 385, 412, 629, 1205.

Palacios, Francisco (Madrid). *1758:* 39, 1036. *1759:* 39, 259, 1036.

Paredes, Julián de (Madrid). *1675:* 55, 168, 178, 338, 442, 585, 661, 889, 1006, 1078, 1144, 1408.

Pereira, Juan Leite (Lisboa). *1647:* 616, 1017, 1029.

Peris, Martín (Valencia). *1820:* 724.

Piferrer, Juan Francisco (Barcelona): 31, 90, 151, 160, 189, 198, 235, 332, 397, 472, 574, 620, 637, 686, 696, 705, 736, 736a, 824, 879, 921, 948, 956, 1114, 1160, 1324, 1326, 1467, 1480.

Piferrer, Thomás (Barcelona). *1771:* 698, 1372.
Piferrer, Viuda de (Barcelona): 433, 545, 643, 1234, 1394.
Pimentel, Joseph Antonio (Madrid). *1722:* 555, 868, 915, 1179, 1292.
Plaza del Carbón, Imprenta de la (Zaragoza): 83, 227, 367.
Plazuela de la Calle de la Paz, Imprenta de la (Madrid). *1728:* 944. *1783:* 274.
Puerta, Joseph de la (Granada). *1756:* 996.
Quiñones, María de (Madrid). *1654:* 403, 713, 966.
Quiroga, Librería de (Madrid): 397, 433, 545, 643, 736, 736a, 879, 1031, 1160, 1234, 1480. *1796:* 40, 40a, 40b, 183, 184, 223, 547, 547a, 547b, 717, 717a, 1286. *1803:* 398, 950, 950a, 950b.
Quiroga, Librería de Manuel (Losada y?) (Madrid): 33, 33a, 307, 307a, 411, 742, 758, 777, 777a, 835, 844, 952, 1194. *1790:* 722. *1791:* 24, 36, 36a, 48, 48a, 52, 52a, 53, 80, 80a, 85, 144, 147, 159, 199, 207, 209, 214, 225, 225a, 237, 238, 239, 239a, 246, 249, 249a, 270, 276, 283, 283a, 322, 322a, 330, 330a, 331, 344, 357, 426, 490, 526, 570, 570a, 571, 571a, 576, 576a, 621, 633, 652, 671, 694, 725, 727, 727a, 782, 784, 817, 818, 830, 830a, 1043, 1043a, 1088, 1107, 1108, 1108a, 1127, 1148, 1226, 1254, 1310, 1312, 1336, 1336a, 1387, 1412, 1412a. *1792:* 36, 45, 45a, 48, 52, 80, 194, 214, 214a, 225, 239, 249, 322, 330, 354, 354a, 357, 359, 469, 469a, 538, 538a, 571, 575, 575a, 576, 612, 660, 660a, 665, 665a, 695, 695a, 702, 702a, 702b, 727, 730, 730a, 769, 769a, 790, 790a, 816, 816a, 830, 891, 1022, 1022a, 1043, 1044, 1044a, 1085, 1085a, 1108, 1132, 1132a, 1132b, 1183, 1230, 1231, 1231a, 1325, 1325a, 1333, 1354, 1354a, 1377, 1377a, 1377b, 1378, 1378a, 1378b, 1380, 1380a, 1380b, 1398, 1398a. *1793:* 245, 245a, 611, 1010, 1421. *1795:* 594. *1796:* 453, 493, 905. *1798:* 187. *1799:* 86, 86a, 590, 590a. *1800:* 175.
Quiroga, Librerías de (Madrid): 1475, 1475a. *1800:* 706. *1802:* 468, 1199.
Quiroga, Viuda de (Madrid): 716, 1243. *1804:* 357a. *1806:* 36a, 45a, 48a, 52a, 80a, 214a, 225a, 239a, 249a, 322a, 330a, 354a, 357a, 359a, 469a, 538a, 571a, 575a, 576a, 660a, 665a, 695a, 702b, 727a, 769a, 790a, 816a, 830a, 1022a, 1043a, 1044a, 1085a, 1108a, 1132b, 1325a, 1354a, 1377b, 1378a, 1380b, 1398a. *1808:* 454, 473. *1814:* 29, 29a, 29b. *1825:* 1162.
Quiroga, Viuda e Hijo de (Madrid). *1804:* 358.
Real, Imprenta (Madrid). *1652:* 102, 192, 256, 598, 600, 710, 726, 1004, 1058, 1277, 1320. *1653:* 553, 773, 977, 1018, 1062, 1235, 1259, 1267. *1658:* 9, 317, 447, 672, 747, 881, 983, 1359.
Real, Imprenta (Sevilla): 67, 98, 337, 392, 479, 479a, 632, 704, 779, 825, 825a, 1271, 1413.

Ribero, Antonio de (Madrid). *1641:* 15. *1652:* 102, 192, 256, 598, 600, 710, 726, 1004, 1058, 1277, 1320.
Rico de Miranda, Roque (Madrid). *1678:* 1089, 1302.
Riego, Alonso del (Valladolid): 297, 383, 383a, 424, 518, 617, 627, 677, 768, 919, 1180, 1202, 1219, 1219a, 1293, 1401. *1749:* 1287.
Robles, Viuda de Francisco de (Madrid). *1667:* 321, 922.
Roca, Agustín (Barcelona): 488, 1420. *1804:* 1484.
Rodríguez, Gregorio (Madrid). *1657:* 75, 638, 721, 1232, 1429, 1462, 1469. *1658:* 318, 646, 690, 842, 1035, 1273, 1340, 1340a, 1436, 1436a. *1662:* 79, 567, 602, 760, 775, 885, 1265.
Rodríguez, Hipólito (Madrid). *1763:* 1109.
Romeral, Librería y Puesto de (Madrid). *1825:* 1162.
Rúa, Imprenta de la Calle de la (Salamanca): 870.
Ruiz, Imprenta de (Madrid): 520.
Sainz, (FNU) (Madrid). *1808:* 454, 473.
San Vicente, Juan de (Madrid). *1654:* 38, 58, 107, 299, 467, 500, 558, 755, 826, 999, 1049, 1076. *1657:* 393, 837, 1121. *1658:* 318, 565, 646, 657, 690, 833, 842, 857, 1035, 1124, 1273, 1330, 1340, 1340a, 1445, 1436, 1436a. *1661:* 182, 523, 548, 610, 1057, 1375. *1662:* 61, 125, 217, 373, 474, 474a, 959, 959a, 1012, 1072, 1072a, 1181, 1357, 1357a, 1361, 1361a, 1454. *1666:* 1298.
Sancha, Librería de (Madrid). *1804:* 133, 133a, 764, 764a, 785, 785a, 1066, 1066a, 1066b, 1134, 1170.
Sánchez, Carlos (Madrid). *1641:* 15.
Sánchez, Melchor (Madrid). *1653:* 23, 23a, 437, 437a, 437b, 446, 527, 527a, 527b, 587, 587a, 587b, 796, 863, 1415, 1415a. *1661:* 182, 523, 548, 610, 1057, 1375. *1662:* 54, 61, 125, 217, 247, 373, 408, 434, 474, 474a, 684, 959, 959a, 992, 1012, 1072, 1072a, 1112, 1112a, 1181, 1331, 1353, 1357, 1357a, 1361, 1361a, 1454.
Sánchez, Puesto de (Madrid): 134, 506, 566, 1400. *1801:* 32. *1803:* 122. *1804:* 133, 133a, 191, 414, 464, 464a, 465, 465a, 764, 764a, 785, 785a, 882, 882a, 912, 938, 1066, 1066a, 1066b, 1134, 1170, 1327, 1328, 1328a.
Santa Cruz, Imprenta de la (Salamanca): 3, 20, 33, 33a, 57, 87, 119, 137, 143, 143a, 172, 263, 266, 325, 328, 376, 401, 428, 444, 452, 459, 461, 491, 522, 534, 537, 606, 680, 707, 723, 754, 772, 828, 906, 929, 947, 974, 976, 980, 1005, 1008, 1075, 1213, 1297, 1322, 1389, 1427, 1442, 1457. *1792:* 1230, 1231, 1231a. *1797:* 1472.
Santa Iglesia, Imprenta de la (Burgos): 84.
Santos Alonso, Hilario (Madrid). *1781:* 111.
Sanz, Antonio (Madrid): 114, 737, 737a, 1424. *1729:* 365. *1733:* 804, 806. *1736:* 1368. *1737:* 1129. *1739:* 554. *1740:* 658. *1743:* 588, 1305, 1306, 1441, 1463. *1744:* 164, 164a, 305, 625, 871, 986,

986a, 1093, 1207, 1250. *1745:* 21, 113, 113a, 348, 886, 886a, 1358, 1358a, 1358b, 1371, 1433, 1476, 1477, 1477a. *1746:* 16, 288, 296, 345, 380, 409, 669, 670, 750, 750a, 878, 908, 908a, 954, 1084, 1125, 1153, 1464, 1464a. *1747:* 4, 339, 353, 1405, 1465. *1748:* 370, 387, 429, 477, 477a, 659, 802, 802a, 903, 1015, 1402. *1749:* 248, 395, 853, 853a, 1186. *1750:* 614, 776, 1113, 1113a, 1268, 1356, 1470. *1751:* 197, 303, 404, 443, 443a, 720, 720a, 720b, 734, 741, 770, 778, 792, 793, 793a, 897, 1025, 1101, 1279, 1385, 1404, 1430. *1752:* 1392. *1753:* 597, 597a, 709, 1251, 1311. *1754:* 1, 27, 96, 264, 264a, 743, 1274, 1274a, 1365, 1365a, 1369. *1755:* 930, 930a. *1756:* 364, 628, 641, 673, 960, 975. *1757:* 1159, 1362. *1758:* 1291. *1759:* 572, 1149, 1197, 1197a, 1289. *1762:* 1145. *1764:* 115, 116, 117, 1020. *1769:* 145. *1783:* 1189. *1785:* 282, 378, 676, 676a.

Sanz, Francisco (Madrid). *1679:* 42, 136, 314, 314a, 320, 320a, 341, 838, 858, 858a, 928, 1103, 1126, 1323, 1444, 1444a. *1681:* 900, 914.

Sanz, Herederos de Juan (Madrid): 74, 74a, 231.

Sapera, Carlos (Barcelona): 1096. *1765:* 375, 605, 984. *1766:* 126. *1769:* 573. *1770:* 362, 368, 829, 839, 918, 918a, 918b, 1261, 1308. *1771:* 1081.

Sapera y Pi, Carlos (Barcelona). *1770:* 1074, 1261. *1773:* 91.

Sellent, Juan (Barcelona): 31, 90, 151, 160, 189, 198, 235, 332, 397, 433, 472, 545, 574, 620, 637, 643, 686, 696, 705, 736, 736a, 824, 879, 921, 948, 956, 1114, 1160, 1234, 1324, 1326, 1394, 1480.

Serra, Juan (Barcelona): 251, 329, 329a, 589, 798, 1073, 1073a, 1156, 1200, 1200a, 1314, 1314a, 1446, 1446a, 1446b.

Serra y Centené, Juan (Barcelona): 703, 703a.

Serra y Nadal, Juan (Barcelona): 220, 298, 298a, 298b, 304, 377, 489.

Serrano de Figueroa, Francisco (Madrid). *1658:* 9, 317, 447, 672, 747, 881, 983, 1359. *1660:* 6, 255. *1669:* 280, 482, 860, 968, 1115, 1478.

Siete Revueltas, Imprenta de las (Sevilla): 421.

Sociedad de Operarios del Mismo Arte, Imprenta de la (Madrid). *1848:* 463, 533, 630, 1391.

Sotos, Andrés de (Madrid): 995, 1410.

Suriá, Francisco (Barcelona): 788, *1765:* 375, 605. *1769:* 573. *1770:* 839.

Suriá y Burgada, Francisco (Barcelona): 5, 14, 35, 131, 166, 190, 211, 290, 290a, 290b, 319, 466, 511, 546, 619, 619a, 688, 688a, 803, 805, 808, 810, 876, 926, 943, 943a, 991, 1068, 1087, 1096, 1168, 1248, 1352, 1384, 1458. *1765:* 984. *1766:* 126. *1771:* 140, 141, 142, 149, 1081.

Torres, Francisco Diego de (Salamanca): 8, 167, 1241.
Tóxar, Francisco de (Salamanca): 475, 701, 759. *1792:* 1230, 1231, 1231a. *1797:* 1472.
Universidad, Imprenta de la (Sevilla): 1264.
Val, Pablo de (Madrid). *1654:* 38, 58, 107, 299, 467, 500, 558, 755, 826, 999, 1049, 1076. *1663:* 1238.
Valdés, Juan de (Madrid): 1136. *1654:* 403, 713, 966.
Vallestilla, Imprenta de la (Sevilla): 1040, 1040a.
Vázquez, Manuel Nicolás (Sevilla): 666, 667, 767, 801, 855, 1065, 1140.
Verges, Agustín (Madrid). *1663:* 71, 313 631, 655, 823, 851, 1143, 1218, 1233, 1338.
Villa-Nueva, Blas de (Madrid). *1722:* 1179.
Ybar, Juan de (Zaragoza). *1650:* 1086.
Zafra, Antonio Francisco de (Madrid). *1677:* 559.

APPENDIX VIII

Authors.

All authors named in the *Index* are included. Pseudonyms and major name variations are cross-referred to the author name as standardized for the *Index*. Initial-only attributions are listed by the first initial. Doubtful attributions are listed as by the author named, and also as anonymous. Numbers refer to items in the *Index*.

Anonymous: 1, 2, 5, 13, 16, 17, 24, 25, 36, 36a, 40, 40a, 40b, 43, 45, 45a, 48, 48a, 51, 52, 52a, 53, 59, 74, 74a, 75, 80, 80a, 85, 90, 117, 138, 139, 140, 141, 144, 147, 148, 150, 151, 159, 164, 164a, 165, 166, 175, 183, 184, 188, 189, 197, 199, 207, 208, 209, 214, 214a, 222, 224, 225, 225a, 230, 230a, 233, 235, 237, 238, 239, 239a, 240, 241, 246, 249, 249a, 253, 269, 269a, 270, 276, 277, 279, 283, 283a, 284, 287, 306, 310, 315, 316, 322, 322a, 330, 330a, 331, 343, 344, 353, 354, 354a, 357, 357a, 358, 359, 359a, 360, 368, 385, 397, 403, 407, 407a, 411, 426, 428, 429, 430, 448, 453, 457, 459, 460, 461, 462, 469, 469a, 475, 477, 477a, 478, 483, 490, 505, 526, 538, 538a, 542, 545, 547, 547a, 547b, 552, 561, 562, 564, 566, 570, 570a, 571, 571a, 572, 573, 575, 575a, 576, 576a, 583, 584, 584a, 595, 620, 621, 622, 627, 633, 634, 637, 643, 645, 649, 650, 652, 660, 660a, 665, 665a, 671, 682, 692, 693, 694, 695, 695a, 701, 702, 702a, 702b, 706, 711, 715, 725, 727, 727a, 728, 734, 757, 769, 769a, 778, 782, 783, 784, 787, 788, 790, 790a, 795, 797, 816, 816a, 818, 830, 830a, 831, 839, 845, 847, 849, 861, 865, 867, 906, 909, 922, 943, 943a, 947, 953, 965, 967, 967a, 974, 975, 988, 989, 1004, 1010, 1016, 1022, 1022a, 1043, 1043a, 1044, 1044a, 1051, 1085, 1085a, 1088, 1091, 1092, 1094, 1100, 1100a, 1100b, 1100c, 1100d, 1105, 1106, 1107, 1108, 1108a, 1113, 1113a, 1127, 1128, 1129, 1130, 1131, 1131a, 1132, 1132a, 1132b, 1136, 1142, 1148, 1149, 1155, 1171, 1204, 1208, 1208a, 1217, 1226, 1234, 1236, 1246, 1251, 1262, 1263, 1264, 1265, 1266, 1279, 1280, 1295, 1295a, 1305, 1310, 1312, 1313, 1324, 1325, 1325a, 1332, 1335, 1336, 1336a, 1351, 1354, 1354a, 1360, 1363, 1370, 1377, 1377a, 1377b, 1378, 1378a, 1378b, 1379, 1380,

1250, 1338, 1339, 1339a, 1415, 1415a.
Benavente, Luis Quiñones de: *see* Quiñones de Benavente, Luis.
Benavides, Juan Antonio de: 779, 780, 781.
Bocángel y Unzueta, Gabriel: 507, 508.
Botti, Domingo: 472, 1459.
Brioso y Ossorio, Pablo Anselmo: 154, 777, 777a.
Bustos, Francisco de: *see* González de Bustos, Francisco.
Calderón de la Barca, Pedro: 14, 15, 35, 37, 38, 44, 46, 47, 47a, 56, 68, 78, 79, 88, 96, 125, 126, 130, 135, 136, 137, 146, 155, 156, 156a, 162, 163, 177, 190, 210, 215, 216, 226, 227, 228, 236, 250, 254, 257, 258, 267, 268, 282, 285, 296, 308, 336, 365, 366, 372, 373, 375, 383, 383a, 384, 385, 409, 421, 422, 423, 424, 438, 438a, 451, 471, 481, 484, 489, 501, 502, 503, 511, 519, 528, 529, 536, 537, 546, 556, 559, 560, 569, 591, 592, 593, 595, 596, 597, 597a, 603, 605, 615, 616, 617, 632, 635, 636, 640, 642, 648, 666, 667, 674, 679, 685, 718, 719, 723, 729, 743, 744, 791, 792, 801, 812, 819, 820, 821, 823, 853, 853a, 854, 875, 878, 887, 893, 894, 898, 901, 901a, 909, 940, 941, 942, 959, 959a, 960, 970, 971, 981, 982, 984, 993, 998, 1011, 1012, 1037, 1038, 1080, 1081, 1096, 1101, 1119, 1140, 1168, 1180, 1184, 1186, 1210, 1213, 1214, 1215, 1224, 1275, 1284, 1285, 1311, 1316, 1322, 1323, 1334, 1344, 1362, 1407, 1409, 1411, 1426, 1467, 1468.
Calvo de Barrionuevo, José: 550.
Calle, Teodoro de la: *see* La Calle, Teodoro de.
Calleja, Diego, S.J.: 474, 474a, 476, 583, 584, 584a, 644, 1295, 1295a, 1477, 1477a.
Camacho y Martínez, Antonio: 864.
Campo, Antonio Manuel del: 1252.
Cáncer y Velasco, Jerónimo de: 19, 33, 33a, 131, 132, 194, 217, 218, 355, 356, 391, 597, 597a, 608, 609, 609a, 609b, 610, 611, 646, 647, 675, 676, 676a, 823, 901, 901a, 931, 931a, 954, 1233, 1266, 1454.
Candamo, Francisco Antonio de Bances: *see* Bances Candamo, Francisco Antonio de.
Cañizares, José de: 3, 4, 19, 20, 21, 22, 27, 115, 116, 117, 140, 161, 209, 234, 345, 380, 456, 459, 460, 461, 462, 572, 573, 664, 688, 688a, 712, 777, 777a, 778, 839, 855, 987, 1000, 1113, 1135, 1135a, 1145, 1158, 1159, 1266, 1291, 1333, 1465, 1486.
Carbonell, Francisco: 991.
Cardona, Alagón y Borja, Antonio Folch de: *see* Folch de Cardona Alagón y Borja, Antonio.

Caro y Mallén de Soto, Ana: 309, 309a, 1435.
Carvallo de Figueredo, Diego: 1066, 1066a, 1066b.
Castilla, Antonio de: 114.
Castillo, Juan del: 544.
Castillo, Juan del: *see* González del Castillo, Juan Ignacio.
Castillo Solórzano, Alonso del: 838.
Castrillón, Félix Enciso: *see* Enciso Castrillón, Félix.
Castro, Antonio: *see* Castro, Pedro Antonio de.
Castro, José Julián de: *see* López de Castro, José Julián.
Castro, Pedro Antonio de: 841.
Castro y Bellvis, Guillén de: 54, 226, 227, 228, 470, 932, 932a, 933, 983.
Cazurro, Manuel Zacarías: 1391.
Celenio P.A., Inarco: *see* Fernández de Moratín, Leandro.
Cervantes Saavedra, Miguel de: 1113.
Cienfuegos, Nicolás: *see* Alvarez de Cienfuegos, Nicasio.
Cifuentes, Jerónimo de: 775, 776, 833, 842, 1445.
Claramonte, Andrés de: 417, 710, 1216, 1432, 1433, 1434.
Coello y Arias, Juan: 1273, 1274, 1274a.
Coello y Ochoa, Luis Antonio: 251, 306, 307, 307a, 501, 502, 1101, 1364, 1365, 1365a.
Comella, Luciano Francisco: 31, 160, 196, 252, 332, 439, 574, 580, 581, 582, 586, 681, 686, 701, 716, 717, 717a, 797, 824, 948, 1114.
Concha, José de: 149, 199, 433, 724.
Cordero, Jacinto: 735, 1041, 1042.
Cordero, Pedro: 1195.
Cordido y Montenegro, Antonio: 1040, 1040a.
Córdoba y Figueroa (Diego or José): *see* Figueroa y Córdoba (Diego or José).
Correa, Pedro: 87.
Cortés, Bartolomé: 1144.
Cortés, Cristóbal María: 152.
Crespo de la Pinilla, Alonso: 1287.
Cruz, Ramón de la: 36, 36a, 53, 80, 80a, 159, 175, 207, 222, 224, 238, 239, 239a, 240, 241, 246, 283, 283a, 284, 357, 357a, 358, 359, 359a, 360, 448, 453, 457, 469, 469a, 475, 526, 545, 575, 575a, 576, 576a, 622, 633, 643, 650, 694, 695, 695a, 706, 727, 727a, 728, 817, 818, 830, 830a, 831, 989, 1043, 1043a, 1044, 1044a, 1108, 1108a, 1148, 1398, 1398a, 1482.
Cubillo de Aragón, Alvaro: 129, 167, 301, 302, 303, 304, 305, 389, 402, 403, 404, 687, 687a, 713, 737, 737a, 881, 966, 967, 967a, 1120, 1121, 1122, 1122a, 1123, 1124, 1125, 1229, 1230, 1231, 1231a, 1399, 1443.

Cuéllar, Jerónimo de: 211, 212, 1100, 1100a, 1100b, 1100c, 1100d.
Cuenca y Argüello, Ambrosio de: 6.
Cueva, Antonio de la: 292, 292a.
Cueva, Salvador de la: 335.
D. A. M. y E.: *see* Marqués y Espejo, Antonio.
D. F. E. C.: *see* Enciso Castrillón, Félix.
D. F. T. S.: 1472.
D. P. L. G.: *see* Calvo de Barrionuevo, José.
D. V. M. y M.: 26.
D. V. R. D. A.: *see* Rodríguez de Arellano, Vicente.
Dávila Ponce de León, Rodrigo: 1136.
Desforges, Pierre Jean Baptiste Choudard: 1355.
Destouches, Philippe Néricault: *see* Néricault, Philippe.
Diamante, Juan Bautista: 275, 323, 323a, 342, 342a, 352, 352a, 352b, 389, 389a, 425, 658, 659, 690, 704, 730, 730a, 802, 802a, 846, 846a, 979, 980, 1098, 1099, 1113, 1149, 1240, 1241, 1245, 1300, 1300a, 1330, 1348, 1348a, 1440, 1440a.
Dianeo, Larisio: *see* Cruz, Ramón de la.
Ducis, Jean François: 1082.
Dueña, Diego de la: *see* La Dueña, Diego de.
Duval, Alexandre Vincent Pineux: 235.
Enciso, Diego Jiménez de: *see* Jiménez de Enciso, Diego.
Enciso Castrillón, Félix: 29, 29a, 29b, 454, 473, 1355.
Enríquez, Rodrigo: 1359.
Enríquez Gómez, Antonio: 7, 8, 10, 11, 12, 89, 169, 170, 267, 268, 269, 269a, 317, 528, 529, 530, 530a, 798, 799, 800, 1004. *See also:* Zárate, Fernando de.
Espinosa Malagón y Valenzuela, Juan de: 440, 441, 441a.
Fajardo y Acevedo, Antonio de: 168, 1078.
Federici, Camillo: *see* Viassolo, G.B.
Fermín de Laviano: *see* Laviano, Manuel Fermín de.
Fernández, Antonio Pablo: 113, 113a, 138, 139, 1208, 1208a.
Fernández de Bustamante, José: 39, 259, 1036.
Fernández de León, Melchor: 314, 314a, 1356, 1444, 1444a, 1450, 1451.
Fernández de Moratín, Leandro: 176, 287, 937, 1473.
Fernández Martínez, Nicolás: 5.
Figueroa y Córdoba, Diego de: 1, 2, 361, 362, 668, 669, 670, 749, 750, 750a, 907, 908, 908a, 1150, 1151, 1247, 1248, 1249, 1342, 1342a, 1382, 1383, 1384, 1385.
Figueroa y Córdoba, José de: 1, 2, 361, 362, 749, 750, 750a, 907, 908, 908a, 951, 1150, 1151, 1247, 1248, 1249.

Folch de Cardona, Alagón y Borja, Antonio: 850, 851, 852.
Forner, Juan Pablo: 547, 547a, 547b.
Francisco, Antonio: 601, 602.
Freire de Andrade, Manuel: 1457, 1458.
Freyle de Andrade, Manuel: *see* Freire de Andrade, Manuel.
Frumento, Antonio: 742, 1309.
Fuente, Jerónimo de la: 527, 527a, 527b.
Furmento, Antonio: *see* Frumento, Antonio.
Gálvez Amandi, Rafael: 1095.
García, Bernardo: 1251.
García de la Huerta, Vicente: 1228, 1228a.
Garzía Aznar Vélez S.: *see* González de Barcia, Andrés.
Garro, Santiago: 969.
Gasca y Medrano, María de: 921.
Godínez, Felipe: 57, 58, 153, 740, 741, 1055, 1393, 1448.
Goldoni, Carlo: 183, 184, 1092.
González, Manuel: 553, 554.
González de Barcia, Andrés: 1350, 1350a.
González de Bustos, Francisco: 557, 585, 1301.
González del Castillo, Juan Ignacio: 652, 1091, 1105, 1106, 1379, 1418, 1419.
González de Canedo, Miguel: 23, 23a.
González de Cunedo, Miguel: *see* González de Canedo, Miguel.
González Martínez, Nicolás: 1305.
Grati y Alava, Antonio: 993.
Guedeja y Quiroga, Jerónimo: 902.
Guilbert: *see* Pixérécourt.
Guzmán, Luis de: 192.
Herrera y Barrionuevo (FNU): 117.
Herrera y Ribera, Rodrigo de: 247, 392, 393, 578.
Herrera y Sotomayor, Jacinto de: 481, 482.
Hidalgo, Manuel: 142.
Horozco, Juan de: *see* Orozco, Juan de.
Hoz y Mota, Juan Claudio de la: 28, 248, 411, 943, 943a, 947, 1292., 1474, 1474a.
Huerta, Antonio de: *see* Sigler de Huerta, Antonio.
Hurtado, Jacinto: 1261.
Hurtado de Mendoza, Antonio: 459, 460, 617, 858, 858a, 1267, 1268, 1401.
I. C. P. A.: *see* Fernández de Moratín, Leandro.
Igual, Manuel Andrés: 705.
Inarco Celenio P. A.: *see* Fernández de Moratín, Leandro.

Iriarte, Bernardo de: 1370.
Iriarte, Tomás de: 594, 752, 1324, 1326.
Janer y Perarnau, Matías: 1157, 1157a.
Jiménez de Enciso, Diego: 726, 822. 876, 877, 884, 885, 886, 886a, 1190, 1191, 1191a.
Jovellanos, Gaspar Melchor de: 397, 398, 965.
L. A. J. M.: *see* Moncín, Luis A.J.
La Calle, Teodoro de: 1082.
La Dueña, Diego de: 842.
Lanini y Sagredo, Pedro Francisco de: 112, 178, 179, 179a, 374, 375, 411, 524, 525, 939, 1149, 1261, 1303, 1349.
Larisio Dianeo: *see* Cruz, Ramón de la.
Laviano, Manuel Fermín de: 40, 40a, 40b.
Leiva, Pedro de: 87.
Leiva Ramírez de Arellano, Francisco de: 55, 337, 338, 347, 348, 369, 370, 680, 689, 707, 708, 709, 873, 874, 974, 975, 1005, 1006, 1007, 1008, 1009, 1047, 1048, 1345, 1346, 1346a.
Le Mierre, Antoine-Marin: 696.
Lemus, Juan de: 972.
León Marchante, Manuel de: 474, 474a, 476, 1477, 1477a.
Leví de Barrios, Daniel: 552, 1111.
Leyva: *see* Leiva.
Liaño, Lope de: 185, 186, 187.
Lobera y Mendieta, José de: 961.
López de Castro, José Julián: 869.
Lozano, Cristóbal: 67, 512, 513, 663, 1392.
Lozano Estarrués, Francisco: 588.
Lozano Montesino, Gaspar: *see* Lozano, Cristóbal.
Luzán, Ignacio de: 1234.
Llano, Lope de: *see* Liaño, Lope de.
M. S. C., Don: 682.
Madrid, Juan de: 890.
Máiquez, Juan: 621.
Malaespina, Francisco de: 607.
Maldonado, Juan: 833, 842.
Malo de Molina, Jerónimo: 84, 318.
Maluenda, Jacinto Alonso: 1478.
Marmontel, Jean-François: 453.
Marqués y Espejo, Antonio: 105.
Martínez de Meneses, Antonio: 71, 131, 132, 548, 549, 549a, 651, 734, 901, 901a, 955, 1076, 1077, 1077a, 1112, 1112a, 1143, 1187, 1196, 1197, 1197a, 1233, 1238, 1266, 1294, 1340, 1340a, 1361, 1361a, 1374, 1375, 1376, 1454.

Matos Fragoso, Juan de: 18, 33, 33a, 60, 61, 62, 95, 169, 170, 194, 217, 218, 295, 323, 323a, 324, 325, 326, 399, 400, 436, 558, 613, 614, 623, 623a, 646, 647, 673, 675, 676, 676a, 697, 697a, 698, 721, 722, 751, 751a, 786, 786a, 828, 829, 903, 904, 905, 955, 1049, 1067, 1068, 1069, 1076, 1077, 1077a, 1152, 1153, 1198, 1199, 1227, 1227a, 1237, 1269, 1269a, 1288, 1289, 1290, 1290a, 1317, 1317a, 1352, 1396, 1447, 1453, 1485.

Matos Fregoso, Juan de: *see* Matos Fragoso, Juan de.

Matos y Guzmán, Francisco de: 134.

Mendoza, Antonio Hurtado de: *see* Hurtado de Mendoza, Antonio.

Merano y Guzmán, Antonio: 514.

Mesa, Antonio de: 738.

Metastasio, Pietro: 1016.

Mira de Amescua, Antonio: 34, 97, 97a, 121, 231, 232, 297, 298, 298a, 299, 300, 491, 492, 493, 587, 587a, 587b, 618, 619, 619a, 730, 730a, 773, 837, 916, 917, 917a, 976, 977, 978, 999, 1014, 1014a, 1015, 1063, 1064, 1065, 1205, 1281, 1282, 1283, 1469.

Mojica, Juan Antonio de: 1072, 1072a.

Molina, Tirso de: *see* Téllez, Gabriel.

Moncín, Luis A.J.: 13, 150, 151, 478, 660, 660a, 848, 962, 1480.

Monroy y Silva, Cristóbal de: 180, 181, 205, 206, 206a, 243, 261, 262, 263, 264, 264a, 418, 419, 420, 517, 518, 532, 624, 625, 654, 691, 766, 768, 870, 871, 934, 935, 936, 952, 1073, 1073a, 1102, 1202, 1271, 1272, 1343, 1386, 1416, 1416a, 1476.

Montalván, Juan Pérez de: *see* Pérez de Montalván, Juan.

Montero de Espinosa, Román: 598, 745.

Monteser, Francisco Antonio de: 208.

Montesino, Gaspar: *see* Lozano, Cristóbal.

Monzín: *see* Moncín.

Moore, Edward: 189.

Morales, Cristóbal de: 106, 390, 565, 748, 1117, 1253, 1254, 1255, 1255a.

Morchón, Manuel: 1232, 1462, 1463.

Moreno y Posuonel, Félix: 1087.

Moreto y Cabaña, Agustín: 33, 33a, 104, 104a, 104b, 127, 128, 194, 203, 204, 204a, 217, 218, 271, 294, 312, 378, 379, 387, 388, 388a, 391, 405, 406, 509, 510, 521, 521a, 522, 523, 597, 597a, 599, 599a, 599b, 606, 608, 609, 609a, 609b, 610, 611, 646, 647, 653, 675, 676, 676a, 703, 703a, 753, 754, 755, 756, 758, 759, 760, 770, 771, 771a, 895, 895a, 896, 897, 901, 901a, 903, 904, 905, 911, 912, 924, 925, 926, 972, 973, 973a, 973b, 1030, 1031, 1032, 1033, 1034, 1049, 1067, 1068, 1069, 1076, 1077, 1077a, 1097, 1097a,

1097b, 1097c, 1133, 1181, 1182, 1182a, 1183, 1196, 1197, 1197a, 1198, 1199, 1266, 1279, 1280, 1296, 1297, 1303, 1314, 1314a, 1337, 1341, 1341a, 1382, 1383, 1384, 1385, 1397, 1397a, 1397b, 1397c, 1403, 1404, 1405, 1406, 1429, 1430, 1431, 1464, 1464a, 1487.
Muget y Solís, Diego: 1425, 1425a.
N. N.: 498, 498a.
Nanclares, Antonio de: 655.
Néricault, Philippe: 594.
Nifo, Francisco Mariano: 1016.
Olivares Vadillo, Sebastián de: 968.
Orozco, Juan de: 813, 813a, 813b, 814.
Ortiz, Marco Antonio: 1478.
Osorio, Tomás: 435, 1235.
Osuna, Alonso de: 920.
Pacheco, Antonio: 1332.
Pacheco, Rodrigo: 822.
Paz, Tomás Manuel de: 41, 42, 927, 928.
Pereyra, Manuel de: 427.
Pérez de Montalván, Juan: 10, 65, 66, 92, 93, 272, 288, 289, 289a, 293, 349, 349a, 381, 382, 410, 413, 415, 416, 431, 442, 449, 450, 452, 509, 626, 627, 628, 638, 677, 678, 761, 774, 789, 834, 835, 836, 843, 844, 862, 940, 941, 1026, 1027, 1028, 1029, 1074, 1090, 1093, 1113, 1156, 1161, 1188, 1189, 1211, 1212, 1270, 1304, 1318, 1319, 1321, 1388, 1442.
Peyrón y Queralt, Martín: 604.
Pierres, Mosén Guillén: 100.
Pita, Santiago de: 1194.
Pixérécourt, René Charles Guilbert de: 921.
Quintana, Manuel José: 488.
Quiñones de Benavente, Luis: 232, 1155, 1448.
Quirós, Francisco Bernardo de: 794.
Rey, Fermín del: 229.
Ribera, Diego de: 1395.
Ribera, José de: 910.
Ripoll, Domingo María de: 214, 214a.
Ripoll Fernández de Uruena, Francisco Antonio de: 139.
Rodríguez, Bernardino: 1256, 1257.
Rodríguez Brioso Osorio, Pablo Anselmo: *see* Brioso Osorio, Pablo Anselmo.
Rodríguez de Arellano, Vicente: 85, 487, 762, 763, 956, 1141.
Rojas Isunza, Alvaro: 757.

Rojas Zorrilla, Francisco de: 29, 29a, 29b, 30, 145, 171, 172, 173, 174, 174a, 213, 219, 220, 221, 232, 244, 245, 245a, 251, 297, 395, 396, 401, 408, 458, 466, 467, 468, 520, 531, 551, 853, 853a, 854, 856, 856a, 856b, 893, 894, 940, 941, 994, 995, 996, 1014, 1014a, 1023, 1024, 1025, 1059, 1060, 1061, 1061a, 1104, 1116, 1206, 1207, 1273, 1274, 1274a, 1315, 1315a, 1364, 1365, 1365a, 1394, 1466.
Rojo, Jusepe: 541.
Rosete Niño, Pedro: 131, 132, 313, 355, 356, 901, 901a, 1115, 1266, 1278, 1353, 1390, 1421.
Rox, Fermín Antonio: 478.
Roxas: *see* Rojas.
Roxo: *see* Rojo.
Ruiz, José: 1261.
Ruiz de Alarcón y Mendoza, Juan: 82, 82a, 83, 122, 333, 333a, 486, 504, 504a, 504b, 765, 765a, 815, 815a, 1017, 1018, 1019, 1019a, 1054, 1054a, 1054b, 1209, 1209a, 1219, 1219a, 1220, 1225, 1371, 1372, 1373, 1373a, 1373b.
Salas Barbadillo, Alonso Jerónimo de: 1399.
Salazar y Torres, Agustín de: 98, 99, 495, 496, 497, 516, 731, 732, 733, 866, 867, 899, 900, 913, 914, 1075, 1367, 1368, 1369.
Salgado, Francisco: 72, 1046.
Salvo y Vela, Juan: 803, 804, 805, 806, 807, 808, 809, 810, 811, 811a, 1363.
Saurin, Bernard-Joseph: 189.
Scotti, Fernández de Córdoba, Francisco: 1441.
Shakespeare, William: 1082.
Sigler de Huerta, Antonio: 280, 355, 356, 901, 901a, 997.
Solanés, Francisco: 483.
Solano y Lobo, Narciso Agustín: 73, 1171.
Solís, Diego de: 600.
Solís, Antonio de: 49, 50, 50a, 50b, 74, 74a, 75, 76, 86, 86a, 109, 110, 110a, 455, 567, 568, 629, 880, 880a, 1101, 1136, 1422, 1425, 1425a.
Suárez, Gabriel: 164, 164a.
Suárez, Vicente: 1187.
Suárez Bravo, Ceferino: 533.
Suárez de Langreo, Toribio: *see* Jovellanos, Gaspar Melchor de.
Tamayo y Baus, Manuel: 281.
Tejada de los Reyes, Cosme: 1351.
Téllez, Gabriel: 69, 70, 77, 77a, 77b, 101, 103, 200, 200a, 260, 286, 286a, 290, 290a, 290b, 394, 494, 494a, 539, 539a, 563, 577, 577a,

739, 746, 746a, 746b, 832, 832a, 963, 963a, 963b, 964, 1021, 1045, 1045a, 1118, 1118a, 1177, 1203, 1258, 1381, 1381a, 1381b, 1448, 1452, 1452a, 1455, 1456, 1456a.
Torre y Sevil, Francisco de la: 311, 311a, 1298.
Trepassi, Pietro: *see* Metastasio.
Trigueros, Cándido María: 202, 950, 950a, 950b, 1299.
Ulloa y Pereyra, Luis de: 1136, 1167, 1167a.
Valladares de Sotomayor, Antonio: 32, 230, 230a, 506, 620, 827, 1173, 1286, 1400, 1475, 1475a, 1483, 1484.
Vallés, José: 865.
Vargas, Manuel Antonio de: 19, 20, 21, 22, 986, 986a.
Vázquez, Sebastián: 1234.
Vázquez de Villasante, José: 767.
Vega Carpio, Lope Félix de: 81, 118, 119, 120, 121, 122, 133, 133a, 178, 191, 193, 201, 202, 242, 319, 327, 328, 329, 329a, 367, 376, 377, 386, 408, 414, 415, 416, 436, 443, 443a, 446, 464, 464a, 465, 465a, 491, 492, 493, 540, 540a, 589, 590, 590a, 612, 639, 662, 683, 762, 763, 764, 764a, 785, 785a, 796, 837, 863, 882, 882a, 891, 892, 892a, 918, 918a, 918b, 919, 929, 930, 930a, 938, 949, 950, 950a, 950b, 985, 985a, 985b, 1039, 1056, 1066, 1066a, 1066b, 1133, 1134, 1162, 1170, 1216, 1239, 1239a, 1293, 1327, 1328, 1328a, 1329, 1437, 1437a, 1438, 1439, 1439a, 1439b.
Vélez S., Garzía Aznar: *see* González de Barcia, Andrés.
Vélez de Guevara, Juan: 265, 323, 323a, 434, 901, 901a, 1002, 1002a, 1424, 1454.
Vélez de Guevara, Luis: 9, 43, 91, 107, 108, 143, 143a, 251, 256, 265, 266, 273, 274, 321, 350, 351, 499, 500, 859, 859a, 901, 901a, 944, 976, 977, 978, 1050, 1058, 1192, 1193, 1242, 1243, 1244, 1244a, 1262, 1263, 1264, 1265, 1276, 1277, 1364, 1365, 1365a, 1413, 1414, 1453.
Vera y Ordóñez de Villaquirán, Diego de: 910.
Vera Tassis y Villarroel, Juan de: 320, 320a, 341, 858, 858a, 866, 867, 1103, 1417.
Viassolo, G.B.: 574.
Villaizán y Garcés, Jerónimo de: 477, 477a, 1070, 1071, 1071a.
Villarroel, Lorenzo María de: 111.
Villaviciosa, Sebastián de: 60, 61, 62, 339, 340, 363, 364, 391, 751, 751a, 1049, 1237, 1266, 1352, 1357, 1357a, 1358, 1358a, 1358b.
Villegas, Diego de: 1449.
Villegas, Francisco de: 346, 444, 445, 445a, 524, 525, 541, 772, 860.
Villegas, Juan Bautista de: 195, 447, 747, 825, 825a, 826, 945, 946, 1086, 1347.

Villel y Suay, Lorenzo: 90.
Vitoria, Francisco de: 1062.
Voltaire, François Marie Arouet de: 1370.
Ximénez: *see* Jiménez.
Ygual, Manuel Andrés: *see* Igual, Manuel Andrés.
Yriarte: *see* Iriarte.
Zabaleta, Juan de: 60, 61, 62, 363, 364, 672, 823, 853, 853a, 854, 955, 990, 1187, 1233, 1266.
Zacarías Cazurro, Mariano: *see* Cazurro.
Zamora, Antonio de: 389, 432, 579, 579a, 787, 1013, 1020, 1163, 1172, 1335.
Zárate, Fernando de: 11, 12, 123, 124, 124a, 182, 412, 534, 535, 661, 798, 799, 800, 840, 888, 889, 923, 1057, 1089, 1174, 1175, 1176, 1178, 1218, 1223, 1302, 1408, 1427, 1428, 1470, 1471. *See also:* Enríquez Gómez, Antonio.
Zérate: *see* Zárate.
Zavala y Zamora, Gaspar: 59, 188, 198, 223, 696, 736, 736a, 879, 1160, 1164, 1169, 1234, 1420, 1460, 1461.

BIBLIOGRAPHY OF WORKS CITED

Ashcom, B. B. *A Descriptive Catalogue of the Spanish Comedias Sueltas in the Wayne State University Library and the Private Library of Professor B. B. Ashcom.* Detroit: Wayne State University Libraries, 1965.

Bainton, A. J. C. *"Comedias sueltas" in Cambridge University Library: a descriptive catalogue.* Cambridge University Library Historical Bibliography Series, 2. Cambridge: The University Library, 1977.

Bergman, Hannah E., and Szilvia E. Szmuk. *A Catalogue of "Comedias Sueltas" in The New York Public Library.* Vol. I. London: Grant & Cutler Ltd., 1980. Vol. II. London: Grant & Cutler Ltd., 1981.

Boyer, Mildred Vinson. *The Texas Collection of Comedias Sueltas: A Descriptive Bibliography.* Boston: G. K. Hall & Co., 1978.

Cotarelo y Mori, Emilio. *Mira de Amescua y su teatro.* Madrid: Revista de Archivos, 1931.

Gregg, Karl C. "The 1804 Castillo 'Volume' of Lope de Vega Plays," *RN*, 32, 2 (1981), 182-85.

Hagberg Wright, C. T., and C. J. Purnell. *Catalogue of The London Library, St. James's Square, London.* London: The London Library, 1914. Vol. II.

Jones, Harold G. *Hispanic Manuscripts and Printed Books in the Barberini Collection.* 2 vols. Studi E Testi, 280. Città del Vaticano: Biblioteca Apostolica Vaticana, 1978.

La Barrera y Leirado, Cayetano Alberto de. *Catálogo bibliográfico y biográfico del teatro antiguo español.* 1860; rpt. London: Támesis Books Limited, 1968.

McClelland, I. L. *Spanish Drama of Pathos, 1750-1808.* 2 vols. Toronto: University of Toronto Press, 1970.

McCready, Warren T. "Las comedias sueltas de la casa de Orga." In *Homenaje a William L. Fichter.* Ed. A. David Kossoff and José Amor y Vázquez. Madrid: Editorial Castalia, 1971, pp.515-24.

McKnight, William A., and Mabel Barrett Jones. *A Catalogue of Comedias Sueltas in the Library of the University of North Carolina.* University of North Carolina Library Studies, 4. Chapel Hill: University of North Carolina Library, 1965.

Metford, J. C. J. "An Early Liverpool Hispanist: John Rutter Chorley." *BHS,* 25 (1948), 247-59.

Molinaro, J. A., J. H. Parker, and Evelyn Rugg. *A Bibliography of "Comedias Sueltas" in the University of Toronto Library.* Toronto: University of Toronto Press, 1959.

Moll, Jaime. *Catálogo de comedias sueltas conservadas en la Biblioteca de la Real Academia Española.* Madrid: Real Academia Española, 1966.

___________. "La serie numerada de comedias de la imprenta de los Orga," *RABM,* 75 (1968-72), 365-456.

Paz y Melia, A. *Catálogo de las piezas de teatro que se conservan en el Departamento de Manuscritos de la Biblioteca Nacional.* Vol. I. 2nd. ed. Madrid: Blass, S. A., 1934. Vol. II. Madrid: Blass, S. A., 1935.

Rogers, Paul Patrick. *The Spanish Drama Collection in the Oberlin College Library: A Descriptive Catalog.* 2 vols. Oberlin: The Oberlin Printing Company, 1940; supplement, Oberlin, 1946.

Regueiro, José M. *Spanish Drama of the Golden Age: A Catalogue of the Comedia Collection in the University of Pennsylvania Library.* New Haven: Research Publications, Inc., 1971.

Sotheby, S. Leigh & Co. *Catalogue of an Extensive and Valuable Collection of Spanish Books, the Property of W. B. Chorley, Esq.* London: J. Davy & Sons, 1846.

Spencer, Forrest Eugene, and Rudolph Schevill. *The Dramatic Works of Luis Vélez de Guevara; Their Plots, Sources, and Bibliography.* Berkeley: University of California Press, 1937.

Stiefel, A. L. "Notizen zur Geschichte und Bibliographie des Spanischen Dramas." *ZRP,* 15 (1891), 217-27.

* * *